# Politisches Wissen

**Reihe herausgegeben von**

Bettina Westle, Philipps-Universität Marburg, Institut für Politikwissenschaft, Marburg, Deutschland

Markus Tausendpfund, Fakultät für Kultur- und Sozialwissenschaften, FernUniversität in Hagen, Hagen, Deutschland

Normative Theorien der Demokratie zeichnen nicht selten ein Bild von bestens informierten, politisch kenntnisreichen und ihre wohlgeordneten Präferenzen selbstbewusst und engagiert vertretenden Bürgern. Während sich eine Vielzahl nationaler und international vergleichender Studien seit Jahrzehnten kontinuierlich der empirischen Analyse von politischen Einstellungen und Verhaltensweisen widmet, fehlt es – trotz der so genannten kognitiven Wende in den Sozialwissenschaften – im deutschen Kontext an Studien zum politischen Kenntnisstand. Über das politische Wissen und das Verständnis politischer Vorgänge bei den Bürgerinnen und Bürger liegen nur äußerst fragmentarische, punktuelle empirische Analysen in Fachzeitschriften vor. Angesichts dessen, dass die Kenntnis politischer Fakten und Zusammenhänge jedoch eine grundlegende Voraussetzung ist, um die demokratische Staatsbürgerrolle kompetent zu erfüllen – z. B. die eigenen Interessen zu vertreten, die Handlungen der politischen Eliten verstehen und kontrollieren zu können – besteht hier ein erhebliches Defizit. Ziel der Reihe ist es, diese Lücke zu füllen.

Bettina Westle · Markus Tausendpfund
(Hrsg.)

# Politisches Wissen: Korrekte Kenntnisse, Fehlvorstellungen und Ignoranz

Springer VS

*Hrsg.*
Bettina Westle
Philipps-Universität Marburg
Marburg, Deutschland

Markus Tausendpfund
FernUniversität in Hagen
Hagen, Deutschland

ISSN 2523-8361 ISSN 2523-837X (electronic)
Politisches Wissen
ISBN 978-3-658-42978-2 ISBN 978-3-658-42979-9 (eBook)
https://doi.org/10.1007/978-3-658-42979-9

Die Deutsche Nationalbibliothek verzeichnet diese Publikation in der Deutschen Nationalbibliografie; detaillierte bibliografische Daten sind im Internet über https://portal.dnb.de abrufbar.

© Der/die Herausgeber bzw. der/die Autor(en), exklusiv lizenziert an Springer Fachmedien Wiesbaden GmbH, ein Teil von Springer Nature 2024

Das Werk einschließlich aller seiner Teile ist urheberrechtlich geschützt. Jede Verwertung, die nicht ausdrücklich vom Urheberrechtsgesetz zugelassen ist, bedarf der vorherigen Zustimmung des Verlags. Das gilt insbesondere für Vervielfältigungen, Bearbeitungen, Übersetzungen, Mikroverfilmungen und die Einspeicherung und Verarbeitung in elektronischen Systemen.
Die Wiedergabe von allgemein beschreibenden Bezeichnungen, Marken, Unternehmensnamen etc. in diesem Werk bedeutet nicht, dass diese frei durch jedermann benutzt werden dürfen. Die Berechtigung zur Benutzung unterliegt, auch ohne gesonderten Hinweis hierzu, den Regeln des Markenrechts. Die Rechte des jeweiligen Zeicheninhabers sind zu beachten.
Der Verlag, die Autoren und die Herausgeber gehen davon aus, dass die Angaben und Informationen in diesem Werk zum Zeitpunkt der Veröffentlichung vollständig und korrekt sind. Weder der Verlag noch die Autoren oder die Herausgeber übernehmen, ausdrücklich oder implizit, Gewähr für den Inhalt des Werkes, etwaige Fehler oder Äußerungen. Der Verlag bleibt im Hinblick auf geografische Zuordnungen und Gebietsbezeichnungen in veröffentlichten Karten und Institutionsadressen neutral.

Planung/Lektorat: Jan Treibel
Springer VS ist ein Imprint der eingetragenen Gesellschaft Springer Fachmedien Wiesbaden GmbH und ist ein Teil von Springer Nature.
Die Anschrift der Gesellschaft ist: Abraham-Lincoln-Str. 46, 65189 Wiesbaden, Germany

Das Papier dieses Produkts ist recycelbar.

# Inhaltsverzeichnis

**Politisches Wissen: Korrektes Wissen, Fehlvorstellungen und Ignoranz**................................................. 1
Bettina Westle und Markus Tausendpfund

**Persönlichkeit und politisches Wissen**........................... 13
Simone Abendschön und Markus Tausendpfund

**„Ich weiß, was ich nicht weiß" – Geschlechterunterschiede beim politischen Wissen**........................................ 47
Fabio Best und Sascha Huber

**Messung von Wissen zur staatlichen Alterssicherung und dessen Verteilung in der Bevölkerung**................................. 83
Daniel Moosdorf

**Folgen individuellen Wissens für die Bewertung der Gesetzlichen Rentenversicherung**........................................... 121
Bettina Westle

**Wenn falsch nicht das Gegenteil von richtig ist. Korrektes Wissen, falsche Vorstellungen und Ignoranz im sicherheits- und verteidigungspolitischen Politikfeld**.......................... 163
Markus Steinbrecher und Heiko Biehl

**Misskonzeptuelle Vorstellungen zum parlamentarischen Regierungssystem**............................................. 197
Katrin Hahn-Laudenberg

**Politisches Wissen und Pseudowissen in Online-Erhebungen:
Raten und Recherchieren**..................................... 227
Bettina Westle

# Politisches Wissen: Korrektes Wissen, Fehlvorstellungen und Ignoranz

Bettina Westle und Markus Tausendpfund

## 1   Einleitung

Mit der Moderne und nochmals verstärkt gegenwärtig – so der Tenor theoretischer Arbeiten – nimmt die Bedeutung von Wissen zu. Irrtümer und Fehlglauben sowie fehlendes Wissen seien zugunsten zutreffenden Wissens in nahezu allen Lebensbereichen erheblich zurückgegangen, und zwar sowohl im Alltagsleben als auch in der Wissenschaft. Allerdings nehme auch das Nichtwissen zu, da man keineswegs der Lösung einer endlichen Zahl von Problemen nahekomme. Vielmehr würden neben der Schließung von Wissenslücken gleichzeitig immer mehr neue Probleme und offene Fragen aufgedeckt (im Überblick Hebestreit 2013).

Im Bereich der Politik gehören nicht nur in vielen Theorien der Demokratie (z. B. Dahl 2000, S. 37–38), sondern auch im Selbstverständnis realer Demokratien die Information der Bevölkerung, öffentliche Debatten, Transparenz und Nachvollziehbarkeit von Entscheidungen zu den zentralen Anforderungen und Voraussetzungen für rationale Partizipation (Bennett 1989, S. 422; Schübel 2018, S. 46; Melcher 2021, S. 67–70). Im Zuge der Verbreitung des Internets haben

B. Westle (✉)
Philipps-Universität Marburg, Marburg, Deutschland
E-Mail: westle@staff.uni-marburg.de

M. Tausendpfund
FernUniversität in Hagen, Hagen, Deutschland
E-Mail: Markus.Tausendpfund@fernuni-hagen.de

© Der/die Autor(en), exklusiv lizenziert an Springer Fachmedien Wiesbaden GmbH, ein Teil von Springer Nature 2024
B. Westle und M. Tausendpfund (Hrsg.), *Politisches Wissen: Korrekte Kenntnisse, Fehlvorstellungen und Ignoranz*, Politisches Wissen,
https://doi.org/10.1007/978-3-658-42979-9_1

sich zwar einerseits die Informationsmöglichkeiten massiv vergrößert, allerdings sind die Quellen von sehr unterschiedlicher Vertrauenswürdigkeit (z. B. Van Aelst et al. 2017). Das Aufkommen und die potenziell weltweite Verbreitung sog. Postfakten und Fake News legt davon Zeugnis ab. Damit dürften nicht nur die Möglichkeiten des Wissenserwerbs zugenommen haben, sondern auch das vermeintliche (aber unzutreffende) Wissen eine neue Qualität und Quantität annehmen. Die zunehmende Heterogenisierung des Informationsverhaltens und der Rezipientenmärkte lässt zudem in Zukunft eine steigende Fragmentierung des Wissens erwarten (z. B. Gil de Zúñiga et al. 2017; Damstra et al. 2023).

Die Parallelität dieser unterschiedlichen Entwicklungen deutet darauf hin, dass korrektes Wissen, Wissenslücken und Fehlvorstellungen nicht notwendigerweise ein Nullsummenspiel bilden, sondern gleichzeitig zunehmen können. In der empirischen Politikwissenschaft ist jedoch seit Jahrzehnten eine Sichtweise dominant, in der korrektes Wissen den beiden anderen Formen (also fehlendem Wissen und vermeintlichem Wissen) ohne deren Differenzierung gegenübergestellt wird. Bei der Nutzung von Befragungen über Faktenwissen stellt sich dies als Gegenüberstellung richtiger Antworten auf der einen Seite und den zusammengefassten fehlenden („weiß nicht") und falschen Antworten auf der anderen Seite dar. Diese Zusammenfassung entspricht sowohl bei den einzelnen Fragen als auch bei Index- und Skalenbildungen einem simplen Spiegelbild von zwei statt der Abbildung von drei Formen.

Diese Sichtweise auf Wissen entspricht jedoch am ehesten der Schullogik von Lehre, Lernen und Prüfen: Nur richtige Antworten geben Punkte für die Note, während falsche und fehlende Antworten gleichermaßen nicht gezählt werden. Aus der Perspektive eines rationalen Schülers ist es daher nicht sinnvoll, Fragen nicht zu beantworten, denn selbst in zufälligen Rateversuchen könnten sich Körnchen an Wahrheit verbergen, die eine gut gewillte Lehrkraft anerkennen kann, während eine fehlende Antwort keine Möglichkeiten einer Bepunktung zulässt. Dem „richtigen Leben" käme jedoch ein Punkteabzug bei falschen Antworten eher nahe, da falsche Lösungen bzw. falsche Vorstellungen zu Fakten häufig andere Folgen haben als fehlende Vorstellungen. (Man denke hier bspw. an eine Gerichtsverhandlung: Die Aussage „ich kenne den Mörder nicht" hat andere Folgen als die Aussage „es war der Gärtner", während es sich später herausstellt, dass es der Butler war).

Nur sehr selten wurde in der Politikwissenschaft auch das sog. Nettowissen berechnet, also ein Abzug der Anzahl falscher von der Anzahl richtiger Antworten. Mit dem Nettowissen gewinnt man allerdings nur einen Einblick in das Verhältnis von richtigen zu falschen Antworten, kann diese jedoch nicht weiter im Hinblick auf Zusammenhänge untersuchen. Hinter der hier vertretenen Auffassung, dass korrektes Wissen, Fehlvorstellungen und fehlendes Wissen getrennt untersucht werden sollten, steht jedoch die Annahme, dass alle drei Komponenten des Wissens nicht nur gemeinsame, sondern auch unterschiedliche Determinanten und unterschiedliche Folgen haben können.

Hinzu kommt, dass die Verhaltenslogik bei freiwilligen Befragungen eine andere ist als die in der Schule, da es in der Befragung (außer bei experimentellen Ansätzen) weder Noten noch andere Belohnungen für richtige Antworten gibt. Das sollte – bei oberflächlicher bzw. naiver Betrachtung – zu ehrlichen Antworten beitragen, also dazu führen, dass mit einer korrekten Antwort auch korrektes Wissen und nichts anderes gemessen wird, mit einer falschen Antwort entsprechend nur eine Fehlvorstellung und mit einer „weiß nicht" oder fehlenden Antwort nur fehlende Kenntnisse zum Ausdruck kommen. Das ist jedoch nicht immer der Fall. Vielmehr können unterschiedliche Strategien als Störfaktoren intervenieren. Dazu gehören bspw. Raten, Betrügen, Satisfycing, expressive Antworten und Beeinflussung des Antwortverhaltens durch soziale Wünschbarkeit.

Sofern man davon ausgehen kann, dass das Antwortverhalten der Befragten nicht massiv und konsistent über alle Faktenfragen hinweg durch solche Strategien beeinträchtigt ist, wird in der Forschung entsprechend dem Konzept multipler Messung häufig nicht mit den einzelnen Items gearbeitet, sondern es werden Skalen daraus gebildet, die nicht den singulären inhaltlichen Wissensbestand zu einer Frage, sondern das dahinterliegende Konstrukt des Wissens im Allgemeinen abbilden sollen. Die bei weitem häufigste Form solcher Skalen umfassen in der Politikwissenschaft nur die richtigen Antworten. Bei der Skalenkonstruktion selbst werden überwiegend additive Zählindizes gebildet. Da die Fragen jedoch zumeist unterschiedliche Schwierigkeitsgrade haben (und haben sollen), werden auch andere Verfahren genutzt, wie z. B. die Mokkenskalierung, die beansprucht diese so zu berücksichtigen, dass die resultierende Skala als linear betrachtet werden kann (für eine Übersicht verschiedener Messmodelle s. Schübel 2018, S. 203–212). Dies ist bisher unseres Wissens ausschließlich auf Grundlage korrekter Antworten erfolgt. Ob eine Mokken-Skalierung gegenwärtig auch für falsche und nicht-substanzielle Antworten möglich ist, darf bezweifelt werden, da in der zugrunde liegenden Perspektive eben nicht ausschließlich der Schwierigkeitsgrad gemessen anhand der korrekten Antworten im Gegensatz zu allen anderen relevant ist, sondern weitere Faktoren in die Auswahl der Antwortoptionen hineinspielen. Hier wird es also zunächst wohl bei additiven Skalen bleiben.

Eine mögliche Alternative zu dem gängigen Vorgehen hat sich darüber hinaus bereits vor Jahrzehnten in der amerikanischen Debatte entwickelt. Hintergrund war eine Kontroverse über den Umgang mit Antwortvorgaben zu Faktenfragen in Umfragen. Während Delli Carpini und Keeter (1996) ein explizites Angebot von

„don't know" (weiß nicht) präferierten und hofften damit geratene Antworten weitgehend zu vermeiden, versuchten andere wie Mondak (1999) sowie Mondak und Davis (2001) das Problem unterschiedlicher Rateneigungen dadurch zu vermeiden, dass sie kein „weiß nicht" zuließen (und notfalls bei Verweigerungen substanzielle Antworten zufällig zuwiesen). Beide Vorgehensweisen sind jedoch mit Problemen verbunden. Mit der ersten Variante konnte Raten nicht völlig vermieden werden und es war nicht zweifelsfrei als solches identifizierbar. Die zweite Variante verhinderte die Möglichkeit der Unterscheidung zwischen dem Bewusstsein des eigenen Nichtwissens und falschen Antworten infolge von Fehlinformation und Überzeugung. Kuklinski et al. (2000) wiesen jedoch auf die Bedeutung der Differenzierung zwischen „confident held false beliefs" und „awareness of one's ignorance" hin, dem sie und seither auch andere theoretisch und/oder empirisch unterschiedliche Ursachen und verschiedene Folgen zuschreiben (im Überblick Jerit und Zhao 2020). Nur falsche Überzeugungen würden zur Meinungs- und Einstellungsbildung herangezogen werden und stellten damit eine wichtige, aber verzerrte Grundlage für Entscheidungen und Verhalten dar. Zu den Nichtwissenden wurde dagegen angenommen, dass sie – falls sie sich dennoch zu Meinungs- und Einstellungsfragen äußern – die Antworten zufällig aussuchen und sich ihre Antworten im Aggregat daher ausgleichen (z. B. Page und Shapiro 1992).

Von der Problematik des Ratens herkommend, vertraten weitere Forschende die Auffassung, dass sich infolge unterschiedlicher Rateneigungen hinter „weiß nicht" Antworten auch Wissen gepaart mit Unsicherheit der Respondenten verberge (Mondak 1999; Prior und Lupia 2008). Mondak (2001) sowie Mondak und Davis (2001) empfahlen daher unterschiedliche Rateneigungen zu minimieren. Dazu sollte Zwang zu substanziellen Antworten ausgeübt werden, wofür verschiedene Wege empfohlen wurden, von einer dringenden Aufforderung zu Raten auch bei (subjektiv) fehlendem Wissen über die Verweigerung einer „weiß nicht" Option und Möglichkeit der Antwortauslassung bis hin zu nachträglicher Imputation von Antworten.

Beide Argumentationsstränge zusammengeführt resultierten in dem Vorgehen, einen Zwang zu substanziellen Antworten auch mithilfe von Raten auszuüben, aber statt der nicht zugelassenen „weiß nicht" Option Fragen nach der subjektiven Sicherheit der Antworten hinzuzufügen. Der damit erhoffte Gewinn ist die gleichzeitige Nivellierung unterschiedlicher Rateneigungen und Aufdeckung verborgenen Wissens. Nach unserer Kenntnis wurde erst mit der Arbeit von Lee und Matsuo (2018) ein solches Vorgehen auch implementiert, wobei gezeigt werden konnte, dass korrekte Antworten und subjektive Sicherheit der Antworten voneinander unabhängige Dimensionen bilden, was die zentrale Voraussetzung für den damit erhofften Erkenntnisgewinn ist.

Der vorliegende Band enthält empirische Beiträge, die die Differenzierung von korrekten Antworten, falschen Antworten sowie „weiß nicht" Angaben aufgreifen und empirische Befunde zu dieser Frage präsentieren. Bevor wir die einzelnen Beiträge und die zentralen Befunde vorstellen, bieten wir eine knappe Betrachtung der oben angesprochenen Facetten politischen Wissens.

## 2 Sprachgebrauch und Definitionen

In der Forschungspraxis wird politisches Wissen meist als politisches Faktenwissen verstanden und definiert als „the range of factual information about politics that is stored in long-term memory" (Delli Carpini und Keeter 1996, S. 10). Es handelt sich um politische Kenntnisse, die eindeutig als richtig oder falsch klassifiziert werden können, und im Langzeitgedächtnis einer Person gespeichert sind (Westle und Tausendpfund 2019, S. 4).

Delli Carpini und Keeter (1996, S. 14) unterscheiden drei zentrale politische Wissensbereiche: Institutionen und Verfahren, Personen und Parteien sowie politische Themen. Die Bürgerinnen und Bürger sollten wissen, wie das politische System funktioniert und nach welchen Prinzipen es arbeitet. Um bei Wahlen begründete Entscheidungen für oder gegen eine politische Partei bzw. einen Kandidaten treffen zu können, stellt die Kenntnis der politischen Akteure, ihrer ideologischen Orientierungen sowie ihrer inhaltlichen Positionen ein weiteres zentrales Element politischen Wissens dar. Schließlich ist Wissen über politische und sozioökonomische Themen, Probleme und Streitfragen erforderlich, um vergangene Politik bewerten und politische Entscheidungen für künftige Politik begründet treffen zu können.

Der Begriff „*Wissen*" oder „*politisches Wissen*" wird in diesem Band als übergreifende Bezeichnung für die vier Facetten von Kognitionen benutzt, zu denen nachfolgend kurze Begriffsbezeichnungen und Definitionen erfolgen.

- Unter „*Korrektem Wissen*" werden zutreffende Vorstellungen zu politischen Fakten verstanden, indiziert durch richtige Antworten auf Faktenfragen.
- Als „*Fehlvorstellungen*" werden falsche Vorstellungen zu politischen Fakten benannt, indiziert durch unkorrekte Antworten auf Faktenfragen.
- Mit „*Ignoranz*" wird das Fehlen von Vorstellungen zu politischen Fakten bezeichnet, indiziert durch explizite „weiß nicht" Antworten (und je nach Gestaltung des Erhebungsinstrumentes auch durch explizite Antwortverweigerungen oder Auslassungen von Antworten).

- Mit *„Pseudowissen"* werden substanzielle Antworten auf Fragen zu fiktiven Objekten umschrieben, auf die es also keine richtige oder falsche substanzielle Antwort geben kann, sondern ein „weiß nicht" (Antwortverweigerung, Auslassung oder z. B. spontanes „kenne ich nicht", „gibt es nicht") die korrekte Antwort wäre.

Sofern es einen Antwortzwang gibt, der aber von der Erhebung der subjektiven Sicherheit begleitet wird, sind weitere Bezeichnungen erforderlich.

- Als *„Sicheres Wissen oder Expertise"* werden korrekte Antworten gepaart mit der subjektiven Auffassung, dass das Wissen korrekt ist, verstanden.
- Als *„Unsicheres Wissen"* werden korrekte Antworten gepaart mit subjektiver Unsicherheit bezeichnet.
- Mit *„Fehlüberzeugung"* werden falsche Antworten, die von Sicherheit über ihre Korrektheit begleitet sind, bezeichnet.
- Von *„Bekennender oder Offener Ignoranz/Unkundigkeit"* ist die Rede bei der Kombination falscher Antworten mit geringer subjektiver Sicherheit zu ihrer Korrektheit.

Zumeist werden Antwortmöglichkeiten auf Faktenfragen als *binär* angesehen, d. h. die Antwort kann objektiv richtig sein oder nicht. Berücksichtigt man allerdings die Begrenztheit menschlicher Erkenntnis, so kann die Validität von Fakten auch als *Kontinuum* verstanden werden. In diesem Fall ist dann die Rede von korrekten Antworten, wenn diese der besten verfügbaren Evidenz in der öffentlichen Domäne/Wissenschaft entsprechen, und von falschen Antworten, wenn sie dieser Evidenz widersprechen (Flynn et al. 2017).

Diese Konzeptualisierung eines Korrektheits-Kontinuums erlaubt ein weiteres Spektrum von politischen Objekten als Wissensobjekte zu behandeln als das binäre Konzept. Beispiele dafür sind etwa Klassifikationen von Parteien als „extrem" oder „nicht extrem" oder von Ländern als „demokratisch" oder „nicht demokratisch". In solchen Fällen sind unterschiedliche Orientierungspunkte für die Klassifikation der Antworten als richtig oder falsch denkbar, so etwa bei dem Beispiel des Extremismus die Definition des Bundesverfassungsgerichts, die Meinung von Experten, die dominante Darstellung in Massenmedien oder die Mehrheitsmeinung der Bevölkerung, wobei diese infolge der möglichen Interpretationsspielräume keineswegs notwendig deckungsgleich ausfallen, aber in der jeweiligen Forschungsarbeit zu begründen sind.

## 3 Beiträge in diesem Band

Alle Beiträge in diesem Band beschäftigen sich mit Fragen rund um die Differenzierung von korrekten, falschen und „weiß nicht" Antworten oder der subjektiven Sicherheit forcierter substanzieller (nur richtige und falsche) Antworten und nähern sich diesen Fragen auf unterschiedlichen Gebieten politischen Wissens sowie auf verschiedenen Datengrundlagen.

*Simone Abendschön* und *Markus Tausendpfund* untersuchen mittels Daten der GLES 2017 die Zusammenhänge von Persönlichkeit und politischem Wissen. Die Persönlichkeit von Individuen wurde bislang kaum als Determinante politischen Wissens berücksichtigt. Das ist erstaunlich, denn die Forschung konnte bereits die Relevanz von Persönlichkeitsfaktoren für diverse andere politische Orientierungen aufzeigen und es ist plausibel, dass Persönlichkeitsfaktoren auch das Antwortverhalten bei politischen Wissensfragen beeinflussen. Auf Grundlage des weit verbreiteten Fünf-Faktoren-Modells der Persönlichkeit (Big Five-Modell) werden in dem Beitrag die Zusammenhänge zwischen den fünf Persönlichkeitsmerkmalen und korrekten, falschen sowie „weiß nicht" Antworten bei politischen Wissensfragen analysiert. Die empirischen Ergebnisse deuten auf einen begrenzten direkten Einfluss der Persönlichkeitsmerkmale auf politisches Wissen hin. Zwar lassen sich zahlreiche bivariate Beziehungen statistisch absichern, aber es handelt sich um schwache Relationen. Bei den multivariaten Analysen zeigen die klassischen Erklärungsfaktoren nicht nur eine größere Varianzaufklärung, sondern auch deutlich stärkere Effekte als die Persönlichkeitsmerkmale.

Zu den am besten gesicherten Erkenntnissen der empirischen Politikwissenschaft gehört, dass Männer in Befragungen größeres politisches Wissen zeigen als Frauen (Dow 2009; Fraile 2014; Fortin-Rittberger 2020). Für die Erklärung dieses Unterschieds finden sich einerseits inhaltliche Ansätze und andererseits messmethodische Überlegungen. *Fabio Best* und *Sascha Huber* untersuchen auf Grundlage von zwei selbst entworfenen Experimenten, welchen Einfluss das Angebot einer „weiß nicht" Antwortkategorie auf das gemessene Wissensniveau hat. Außerdem wird geprüft, ob es geschlechtsspezifische Unterschiede bei der Nutzung unterschiedlich aussagekräftiger Hinweise zur Bewertung unbekannter Politikerinnen und Politiker gibt. Die Autoren ziehen drei Schlussfolgerungen. Erstens kann ein Drittel des Geschlechterunterschieds im korrekten politischen Wissen auf das Messinstrument mit einer „weiß nicht" Kategorie zurückgeführt werden. Zweitens nimmt dieser Unterschied in jüngeren Kohorten ab. Allerdings ist kein höheres Wissensniveau der Frauen festzustellen, sondern es zeigt sich eine angleichende Neigung von Männern ähnlich häufig wie Frauen mit „weiß nicht" zu antworten, statt zu raten. Drittens deuten die empirischen Befunde darauf hin, dass Männer bei Fragen zu unbekannten Politikern und Politikerinnen häufiger auch nicht valide Informationen nutzen, während Frauen häufiger mit „weiß nicht" antworten.

Das Wissen der Bevölkerung über den Policy-Bereich „Alterssicherung" ist in Deutschland aus zwei Gründen besonders wichtig: Erstens ist es als Voraussetzung einer fundierten Einschätzung der Ausgestaltung des Alterssicherungssystems für die Gesellschaft erforderlich. Zweitens kann infolge der durch die Reformen gestiegenen Eigenverantwortung unzureichendes Wissen zu einer Lücke der persönlichen Absicherung im Alter führen und bei Erkennen dieser Lücke Legitimitätsverluste nach sich ziehen. Im Rahmen des von der Fritz Thyssen Stiftung geförderten Projekts „Rente – Unwissend in die Krise?" wurde ein neues Erhebungsinstrument zur Messung des Alterssicherungswissens entwickelt und 2021 in einer telefonischen Repräsentativ-Befragung der wahlberechtigten Bevölkerung eingesetzt. Der Beitrag von *Daniel Moosdorf* stellt dieses Erhebungsinstrument vor. Neben der Erfassung des staatlichen Alterssicherungswissens in der Bevölkerung wurde auch die subjektive Sicherheit der Befragten zu ihrem Wissen erhoben. Auf dieser Grundlage unterscheidet Moosdorf folgende Typen: Fehlüberzeugte, Bekennende Unkundige, Unsicher Wissende und Sicher Wissende. Die empirischen Befunde zeigen, dass der größere Anteil der Bevölkerung zu den ersten beiden Typen gehört.

Auf Grundlage desselben Datensatzes und der zuvor vorgestellten Typologie beschäftigt sich *Bettina Westle* mit der politischen Unterstützung der Gesetzlichen Rentenversicherung. Deren langjährige Finanzierung mittels des Generationenvertrags ist durch den demografischen Wandel in Deutschland in Bedrängnis geraten. Ein nunmehr über 30 Jahre währender Reformprozess zog im Kontrast zu früheren Versprechen der Politik, die Renten seien sicher, vielfältige Veränderungen und Leistungseinschränkungen sowie neue Anforderungen an die eigenverantwortliche Altersvorsorge nach sich. Die Analysen zeigen, dass große Teile der Bevölkerung die veränderten Konditionen noch nicht kennt, vage und falsche Vorstellungen dagegen weit verbreitet sind. Personen mit sicherem korrektem Wissen zeigen jedoch die positivsten Urteile zur aktuellen Funktionsfähigkeit der GRV, solche mit falschen Überzeugungen die negativsten, während Unsichere und Bekennende Unkundige dazwischen liegen. Diese Urteilsunterschiede werden vor allem durch verschiedene Betroffenheiten und unterschiedliche Defizitwahrnehmungen zur Erfüllung von Gerechtigkeitsvorstellungen verschärft.

Das Wissen der Bevölkerung zur Außen- und Sicherheitspolitik wurde lange Zeit kaum beachtet, da vermutetet wurde, dass bei den meisten Bürgerinnen und Bürgern nur geringe Kenntnisse vorhanden seien. Der Beitrag von *Markus Stein-*

*brecher* und *Heiko Biehl* untersucht mittels der ZMSBw-Bevölkerungsbefragung 2022 das Niveau und die Determinanten verteidigungspolitischen Wissens in Deutschland. Dabei schwankt die bekundete Kenntnis zu verschiedenen Aspekten der Auslandseinsätze der Bundeswehr und der Bündnisverteidigung zwischen 7 % und über 70 %. Für die Erklärung korrekter und „weiß nicht" Antworten sind insbesondere motivationale Merkmale sowie in geringerem Maße persönliche Kontakte, Medienwahrnehmungen und individuelle Ressourcen relevant, während formale Bildung und andere Ressourcen kaum Bedeutung haben. Die Erklärungsfaktoren sind allerdings nur bedingt geeignet, das Ausmaß falscher Antworten zu bestimmen. Angesichts von „Postfakten" und „Fake-News" zeigt sich hier eine relevantes Forschungsdesiderat.

Das politische System der Bundesrepublik Deutschland ist als parlamentarische Demokratie organisiert. Die Wahl und Abberufungsmöglichkeit der Regierung durch das Parlament bilden das entscheidende Merkmal eines parlamentarischen Regierungssystems. Der dadurch entstehende „neue Dualismus" verläuft nicht wie in der klassischen Gewaltenteilungslehre zwischen Parlament und Regierung, sondern zwischen parlamentarischer Regierungsmehrheit und Regierung einerseits und der Opposition andererseits. Sind die damit verbundenen Machtstrukturen und Gewaltenverschränkungen nicht bekannt oder werden sie falsch verstanden, dann fehlen zentrale Kriterien oder es werden unangemessene Kriterien zur Beurteilung politischen Handelns genutzt. *Katrin Hahn-Laudenberg* untersucht in ihrem Beitrag, ob bei Jugendlichen misskonzeptuelle Vorstellungen zum parlamentarischen Regierungssystem verbreitet sind, insbesondere solche einer plebiszitären Abhängigkeit der Regierungsspitze oder der Existenz eines präsidentiellen Systems in Deutschland. Die Befragungen von 25 Klassen zu zwei Zeitpunkten weisen eine breite und systematische Verankerung plebiszitärer Misskonzepte nach, aber auch die Veränderbarkeit dieser Misskonzepte.

Die Digitalisierung erreicht inzwischen auch die Sphäre der wissenschaftlichen Forschung mittels Umfragen. Von Interviewern durchgeführte Erhebungsformen (face-to-face und Telefon) werden zunehmend durch selbstadministrierte Onlinebefragungen verdrängt. Diese stellen jedoch die valide Messung von politischem Wissen vor neue Herausforderungen. Im Schlussbeitrag beschäftigt sich *Bettina Westle* primär auf theoretischer Ebene mit Problemen des Antwortverhaltens in Onlineerhebungen zu Faktenwissen. So stellen sich vor allem die Fragen, ob Raten ganz oder teilweise durch die Möglichkeit des Recherchierens abgelöst wird und inwieweit die Artikulation von Pseudowissen unter den von früheren Studien abweichenden Befragungskontexten vorkommt und als Indikator der Anfälligkeit für Fake-Objekte sowie der Rateneigung genutzt werden kann. Da die Datenlage für solche Fragestellungen bislang in Deutschland sehr schwach ist, konnten nur wenige der zuvor erörterten Probleme auch empirisch untersucht werden. Der Beitrag versteht sich jedoch primär als grundlegende Anregung für weitere Studien in diesem schwierigen Terrain.

## Literatur

Bennett, Stephen Earl. 1989. Trends in Americans' political information, 1967–1987. *American Politics Research* 17 (4): 422–435.

Dahl, Robert A. 2000. *On Democracy*. New Haven: Yale University Press.

Damstra, Alyt, Rens Vliegenthart, Hajo Boomgaarden, Kathrin Glüer, Elina Lindgren, Jesper Strömbäck, und Yariv Tsfati. 2023. Knowledge and the News: An Investigation of the Relation Between News Use, News Avoidance, and the Presence of (Mis)beliefs. *The International Journal of Press/Politics* 28 (1): 29–48.

Delli Carpini, Michael X., und Scott Keeter. 1996. *What Americans know about politics and why it matters*. New Haven: Yale University Press.

Dow, Jay K. 2009. Gender Differences in Political Knowledge: Distinguishing Characteristics-Based and Returns-Based Differences. *Political Behavior* 31 (1): 117–136.

Flynn, D.J., Brendan Nyhan, und Jason Reifler. 2017. The Nature and Origins of Misperceptions: Understanding False and Unsupported Beliefs About Politics. *Political Psychology* 38 (S1): 127–150.

Fortin-Rittberger, Jessica. 2020. Political Knowledge: Assessing the Stability of Gender Gaps Cross-Nationally. *International Journal of Public Opinion Research* 32 (1): 46–65.

Fraile, Marta. 2014. Do Women Know Less About Politics Than Men? The Gender Gap in Political Knowledge in Europe. *Social Politics* 21 (2): 261–289.

Gil de Zúñiga, Homero, Brian Weeks, und Alberto Ardèvol-Abreu. 2017. Effects of the News-Finds-Me Perception in Communication: Social Media Use Implications for News Seeking and Learning About Politics. *Journal of Computer-Mediated Communication* 22 (3): 105–123.

Hebestreit, Ray. 2013. *Partizipation in der Wissensgesellschaft: Funktion und Bedeutung diskursiver Beteiligungsverfahren*. Wiesbaden.

Jerit, Jennifer, und Yangzi Zhao. 2020. Political Misinformation. *Annual Review of Political Science* 23 (1): 77–94.

Kuklinski, James H., Paul J. Quirk, Jennifer Jerit, David Schwieder, und Robert F. Rich. 2000. Misinformation and the Currency of Democratic Citizenship. *Journal of Politics* 62 (3): 790–816.

Lee, Seonghui, und Akitaka Matsuo. 2018. Decomposing political knowledge: What is confidence in knowledge and why it matters. *Electoral Studies* 51: 1–13.

Melcher, Reinhold. 2021. *Der Zusammenhang zwischen politischer Versiertheit und Wahlentscheidungsqualität. Eine Fundierung auf Basis der Bundestagswahl 2017*. Wiesbaden: Springer VS.

Mondak, Jeffery J. 1999. Reconsidering the Measurement of Political Knowledge. *Political Analysis* 8 (1): 57–82.

Mondak, Jeffery J., und Belinda Creel Davis. 2001. Asked and Answered: Knowledge Levels When We Will Not Take "Don't Know" for an Answer. *Political Behavior* 23 (3): 199–224.

Mondak, Jeffrey J. 2001. Developing Valid Knowledge Scales. *American Journal of Political Science* 45 (1): 224–238.

Page, Benjamin I., und Robert Y. Shapiro. 1992. *The rational public. Fifty years of trends in Americans' policy preferences*. Chicago: University of Chicago Press.

Prior, Markus, und Arthur Lupia. 2008. Money, Time, and Political Knowledge: Distinguishing Quick Recall and Political Learning Skills. *American Journal of Political Science* 52 (1): 169–183.

Schübel, Thomas. 2018. *Die soziale Verteilung politischen Wissens in Deutschland. Wissensunterschiede und deren Ursachen*. Wiesbaden: Springer VS.

Van Aelst, Peter, Jesper Strömbäck, Toril Aalberg, Frank Esser, Claes de Vreese, Jörg Matthes, David Hopmann, Susana Salgado, Nicolas Hubé, Agnieszka Stępińska, Stylianos Papathanassopoulos, Rosa Berganza, Guido Legnante, Carsten Reinemann, Tamir Sheafer, und James Stanyer. 2017. Political communication in a high-choice media environment: a challenge for democracy? *Annals of the International Communication Association* 41 (1): 3–27.

Westle, Bettina, und Markus Tausendpfund. 2019. Politisches Wissen. Relevanz, Messung, Befunde. In *Politisches Wissen. Relevanz, Messung und Befunde*, Hrsg. Bettina Westle und Markus Tausendpfund, 1–39. Wiesbaden: Springer VS.

**Dr. Bettina Westle** ist Professorin (i. R.) am Fachbereich Gesellschaftswissenschaften und Philosophie der Philipps-Universität Marburg. Forschungsschwerpunkte: Wahl-, Partizipations- und Einstellungsforschung, Politik-Kognitionen, Politische Kultur, Kollektive Identität, Migration und Demokratie. E-Mail: westle@staff.uni-marburg.de

**Dr. Markus Tausendpfund** ist außerplanmäßiger Professor an der Fakultät für Kultur- und Sozialwissenschaften, Arbeitsstelle „Quantitative Methoden", an der FernUniversität in Hagen. Forschungsschwerpunkte: Methoden der empirischen Sozialforschung, Einstellungs- und Verhaltensforschung sowie lokale Politikforschung. E-Mail: Markus.Tausendpfund@fernuni-hagen.de

# Persönlichkeit und politisches Wissen

Simone Abendschön und Markus Tausendpfund

## 1 Einleitung

Politisches Wissen ist eine wichtige Voraussetzung für die kompetente Teilhabe am politischen Prozess und stellt damit ein zentrales Konzept der sozialwissenschaftlichen Einstellungs- und Verhaltensforschung dar (Mondak 2001, S. 238; Westle 2020). Den Bürgerinnen und Bürgern wird durch politisches Wissen ermöglicht, ihre politischen Präferenzen auszubilden (Delli Carpini und Keeter 1996). Weiterhin steht politisches Wissen auf positive Weise mit anderen politischen Einstellungen wie Selbstwirksamkeit und Unterstützung sowie Partizipation in Zusammenhang (Westle und Tausendpfund 2019).

Die Forschung konnte bereits zahlreiche Bestimmungsfaktoren politischen Wissens identifizieren, z. B. Bildung und politisches Interesse (Westle und Tausendpfund 2019, S. 23–27; Tausendpfund 2020), aber die Rolle von Persönlichkeitsfaktoren wurde bisher kaum berücksichtigt. Dies ist aus zwei Gründen überraschend. Erstens konnte die Forschung die Relevanz von Persönlichkeitsfaktoren für diverse politische Orientierungen aufzeigen (z. B. Schumann 2005;

---

S. Abendschön (✉)
Justus-Liebig-Universität Gießen, Gießen, Deutschland
E-Mail: Simone.Abendschoen@sowi.uni-giessen.de

M. Tausendpfund
FernUniversität in Hagen, Hagen, Deutschland
E-Mail: Markus.Tausendpfund@fernuni-hagen.de

© Der/die Autor(en), exklusiv lizenziert an Springer Fachmedien Wiesbaden GmbH, ein Teil von Springer Nature 2024
B. Westle und M. Tausendpfund (Hrsg.), *Politisches Wissen: Korrekte Kenntnisse, Fehlvorstellungen und Ignoranz,* Politisches Wissen,
https://doi.org/10.1007/978-3-658-42979-9_2

Schoen 2012). Zweitens können Persönlichkeitsfaktoren auch das Antwortverhalten bei politischen Wissensfragen beeinflussen. Das letztgenannte Argument schließt an eine strittige Frage der politischen Wissensforschung an, nämlich die nach der „richtigen" Operationalisierung politischen Wissens in Umfragestudien. Dabei wird diskutiert, ob politische Wissensfragen eine „weiß nicht" Antwortkategorie bieten sollen oder nicht (Mondak 2001; Luskin und Bullock 2011). Studien fanden in diesem Zusammenhang bspw. heraus, dass weibliche Befragte „ehrlicher" antworten und bei Nichtwissen bzw. Unsicherheit häufiger die „weiß nicht" Kategorie wählten als männliche Personen, die wiederum bei Nichtwissen eher zum Raten neigen (Westle 2009a; Fraile 2014; unter Bedingungen der Aktivierung eines Geschlechtsstereotyps siehe auch Ihme und Tausendpfund 2019).

Trotz dieser Befunde werden in der Forschungspraxis bei der Erfassung politischen Wissens „weiß nicht" Angaben und objektiv falsche Antworten meist zusammengefasst und nicht als eigenständige Kategorien betrachtet. Wir nehmen an, dass auch die Persönlichkeit von Befragten das jeweilige Antwortverhalten beeinflusst. So könnten bspw. gewissenhafte Personen häufiger zu einer „weiß nicht" Antwort tendieren (aber: Jessee 2017), während extrovertierte Personen sich trauen, eine Antwort zu geben, auch wenn diese womöglich nur auf „Halbwissen" basiert.

Vor diesem Hintergrund zielt der vorliegende Beitrag darauf ab, den Einfluss von Persönlichkeitsfaktoren auf korrekte Antworten, „weiß nicht" Angaben und falsche Antworten bei politischen Wissensfragen zu analysieren. Für die Bearbeitung dieser Forschungsfrage ist der Beitrag wie folgt strukturiert. Im folgenden Abschnitt wird zunächst der Forschungsstand zum Zusammenhang des politischen Wissens mit Persönlichkeitsfaktoren des Big-Five-Modells präsentiert, ehe die Analysestrategie skizziert wird. Im dritten Abschnitt stellen wir die Datengrundlage und die Operationalisierung der zentralen Konzepte vor. Im Anschluss werden die empirischen Befunde präsentiert. Ein Fazit und ein Ausblick auf weitere Forschungsperspektiven schließen den Beitrag ab.

## 2 Forschungsstand und Hypothesen

### 2.1 Politisches Wissen

Wir verstehen politisches Wissen als kognitiv abgespeichertes Faktenwissen über politische Angelegenheiten und beziehen uns hierbei auf die klassische Definition von Delli Carpini und Keeter (1996, S. 10), in der „political knowledge" als „the range of factual information about politics that is stored in long-term memory" beschrieben wird oder mit Boudreau und Lupia (2011, S. 171) als „a citizen's ability to provide correct answers to a specific set of fact-based questions". Zu Inhalten politischen Wissens lassen sich mit Delli Carpini und Keeter (1996, S. 10–12) drei Dimensionen unterscheiden: Faktenwissen über politische Institutionen, Strukturen und Regeln, über politische Akteure und über politische Sachfragen.

Wir untersuchen nicht nur, ob bestimmte Persönlichkeitsmerkmale einen Einfluss auf das individuelle Niveau korrekten Wissens haben, sondern sind ebenfalls daran interessiert, inwieweit sich die Persönlichkeit im Antwortverhalten selbst ausdrückt. Daher unterscheiden wir nicht dichotom zwischen korrektem Faktenwissen auf der einen Seite und dem Spiegelbild der zusammengefassten „weiß nicht" Angaben und falschen Antworten auf der anderen Seite, sondern berücksichtigen Fehlüberzeugungen (falsche Antworten) und fehlende substantielle Antworten („weiß nicht" oder verweigert) als separate Formen.

Damit beschäftigen wir uns mit dem in der politischen Wissensforschung diskutierten Streitpunkt, ob bewusstes Nichtwissen eines politischen Sachverhalts ein „Mehr" oder „Weniger" oder „Anders" an politischem Wissen zum Ausdruck bringt oder ob es keinen Unterschied macht, ob jemand angibt, eine Antwort auf eine Frage nicht zu wissen und stattdessen eine falsche Antwort wählt. Mondak (1999) argumentiert, dass eine nur dichotome Unterscheidung zwischen Wissen und Nichtwissen das „wahre" Wissen der Befragten unterschätzen kann und somit sowohl konzeptionell unvollständig als auch empirisch nicht valide sei. Zwar halten auch Luskin und Bullock (2011, S. 554) fest, dass „weiß nicht" Antworten konzeptionell eine andere (Nicht-)Wissensebene abbilden als falsches Wissen, aber Frageformulierungen, die darauf abzielen, „weiß nicht" Antworten zu vermeiden, konnten nur wenig verborgenes Wissen offenlegen. Jessee (2017) kommt zudem zum Schluss, dass Befragte, die sich bei politischen Wissensfragen für „weiß nicht" entschieden, insgesamt über weniger politisches Wissen verfügten als diejenigen, die bei Nichtwissen eine falsche Antwort gaben.

Mit Blick auf politisches Verhalten könnte es aber problematisch sein, wenn nicht zwischen Personen unterschieden wird, denen ihr „Nichtwissen" bewusst ist („weiß nicht" Angaben) und denen, die von falschen Annahmen ausgehen (Mondak 1999; Mondak 2001; Luskin und Bullock 2011; für einen Überblick siehe auch Johann 2008; Westle 2011, S. 839–841; Vollmar 2012, S. 101–108). Hier weisen bspw. Braun und Tausendpfund (2019, S. 218–219) darauf hin, dass es – betrachtet man politisches Wissen als Basis für politische Partizipation – einen Unterschied machen könnte, ob dieses politische Verhalten auf reflektiertem Nichtwissen oder Fehlvorstellungen basiert. So zeigen zwar Personen mit korrekten Antworten eine höhere Wahlbeteiligung bei Europawahlen als Befragte mit falschen Angaben, aber Befragte mit falschen Antworten beteiligen sich eher an der Europawahl als Befragte, die bei Wissensfragen mit „weiß nicht" geantwortet haben (Braun und Tausendpfund 2019, S. 224–225). Aber nicht nur bei den Folgen, sondern auch bei den Determinanten könnte es Unterschiede für falsche und „weiß nicht" Antworten geben. Wir nehmen an, dass sich die zugrunde liegenden Mechanismen bei der Wahl einer „weiß nicht" Antwort und einer objektiv falschen Antwort unterscheiden und dass dabei auch die Persönlichkeit von Befragten das jeweilige Antwortverhalten beeinflussen könnte.

## 2.2 Persönlichkeit und Politik

Sozialpsychologische Überlegungen und Befunde spielen in der politikwissenschaftlichen Einstellungsforschung schon seit mehreren Jahrzehnten eine Rolle. So wird bspw. das Konzept der politischen Selbstwirksamkeit (Balch 1974; Vetter 1997) als Erklärungsfaktor für politische Partizipation genutzt, z. B. im Civic Voluntarism Modell von Verba et al. (1995), oder das Konzept der Parteiidentifikation als zentraler Erklärungsfaktor des sozialpsychologischen Erklärungsansatzes der Wahlforschung (Campbell et al. 1960; Schoen und Weins 2014). Auch fremdenfeindliche Einstellungen werden häufig unter Rückbezug auf psychologische Ansätze erklärt (Allport 1971; Mummendey und Otten 2002).

Spätestens seit der Jahrtausendwende verdichtet sich darüber hinaus in der sozialwissenschaftlichen Einstellungsforschung die Vorstellung, dass bestimmte Persönlichkeitsfaktoren politisches Denken und Handeln prägen könnten (z. B. Schumann 2005; Mondak 2010; Kandler et al. 2022). Das in der Psychologie entwickelte Big-Five-Konzept stellt dabei das etablierteste Bezugsmodell zur Analyse menschlicher Persönlichkeit dar (Neyer und Asendorpf 2018, S. 104–113). Es unterscheidet fünf breite Persönlichkeitsmerkmale, die auf Basis von Umfrageitems gemessen werden können: Extraversion, Verträglichkeit, Gewissenhaftigkeit, Neurotizismus (bzw. emotionale Stabilität) und Offenheit (für neue Erfahrungen):

1. *Extraversion:* Extravertierte (vs. introvertierte) Personen werden als aktiv, selbstbewusst, gesprächig, kommunikativ und durchsetzungsfähig beschrieben.
2. *Verträglichkeit:* Verträgliche Personen zeichnen sich im Gegensatz zu Personen, die nicht verträglich sind, durch ein Bedürfnis nach harmonischen

Beziehungen zu anderen Menschen aus, gelten als vertrauensvoll, altruistisch, mitfühlend, warmherzig und kooperativ.
3. *Gewissenhaftigkeit:* Gewissenhafte Personen gelten als zuverlässig und leistungsorientiert sowie als fleißig, gründlich und gut organisiert im Gegensatz zu nicht gewissenhaften Individuen.
4. *Neurotizismus:* Neurotische Menschen gelten im Gegensatz zu ihren emotional stabilen Gegenpolen als reizbar und können negative Emotionen wie Wut, Sorgen, Enttäuschung schlecht kontrollieren.
5. *Offenheit:* Offene Menschen gelten im Gegensatz zu nicht offenen Personen als neugierig, tolerant, vielfältig interessiert und aufgeschlossen für Neues.

Das Modell wird seit fast drei Jahrzehnten genutzt und wurde vielfach, auch kulturübergreifend, bestätigt. Es geht davon aus, dass diese fünf Faktoren die menschliche Persönlichkeit umfassend abbilden und strukturieren können und für Überzeugungen und Handeln relevant sind (s. ausführlich Mondak 2010, Kap. 3 zur Genese des Big-Five-Modells). Die Persönlichkeit gilt grundlegend und lebenslang bzw. bereits in der Jugend als konsistent strukturiert (Gerber et al. 2011).

Es liegen allerdings erst wenige Arbeiten vor, die eine Integration des Big-Five-Modells in die Forschung zum politischen Wissen bzw. des Antwortverhaltens bei politischen Wissensfragen vornehmen (z. B. Schoen 2005; Rasmussen 2016; Lyons 2017; Jessee 2017). Für Deutschland steht eine Analyse unter differenzierter Berücksichtigung der „weiß nicht" Angaben und falschen Antworten auf Wissensfragen noch aus. Welche Einflüsse auf das politische Wissen in den hier differenzierten drei Formen lassen sich von diesen fünf Persönlichkeitsfaktoren erwarten?

*Extraversion:* Extravertierte Personen gelten als gesellig, in sozialen Netzwerken aktiv, selbstsicher und „an gesellschaftlichen Vorgängen interessiert" (Kandler et al. 2022, S. 68). Das bringt sie auch in Kontakt mit einer großen Bandbreite an politischen Meinungen und Inhalten. Obwohl das nicht automatisch bedeuten muss, dass Extravertierte über ein höheres politisches Wissensniveau verfügen als introvertierte Personen, geben sie in zahlreichen Studien an, politisch interessiert zu sein (Mondak und Halperin 2008; Mondak 2010; Gerber et al. 2011) und sich auch häufiger an politischen Diskussionen zu beteiligen als introvertierte Personen (Mondak und Halperin 2008; Quintelier und Theocharis 2013; Hibbing et al. 2011; Russo und Amnå 2016; Abendschön und García-Albacete 2021). Beide Befunde deuten darauf hin, dass sie über solche Aktivitäten auch mehr korrektes politisches Wissen erlangen. Allerdings zeigen Untersuchungen einen negativen Zusammenhang zwischen Extraversion und genereller akademischer Leistung (Richardson et al. 2012). Rasmussen (2016) findet zudem einen signifikanten negativen Zusammenhang zwischen Extraversion und politischem Wissen (allerdings verschwindet die statistische Signifikanz, wenn neben den Persönlichkeitsfaktoren noch weitere Merkmale in das Erklärungsmodell aufgenommen werden). Dagegen kann Schoen (2005, S. 142) eine positive Korrelation zwischen Extraversion und politischem Wissen belegen. Insgesamt ist die empirische Befundlage zwischen Extraversion und korrekten Antworten auf politische Wissensfragen widersprüchlich. Wir postulieren an dieser Stelle einen positiven Zusammenhang, da Extraversion eine stärkere Auseinandersetzung mit Politik begünstigt und dadurch Personen, die über ein hohes Niveau dieser Persönlichkeitseigenschaft verfügen, auch ein größeres Wissensniveau erlangen können. Da extravertierte Personen selbstsicherer sind als introvertiertere Personen, könnten sie zudem eher dazu neigen, zu raten statt mit „weiß nicht" zu antworten. Entsprechend erwarten wir eine negative Korrelation zwischen Extraversion und „weiß nicht" Angaben und eine positive Beziehung zwischen Extraversion und falschen Angaben. Bei einer höheren Rateneigung sollten schließlich auch verstärkt falsche Antworten gewählt werden, da die Wahrscheinlichkeit eine falsche Antwort zu wählen mit der Anzahl der Antwortmöglichkeiten zunimmt. Folgende Hypothesen werden daher formuliert:

H1a: Je stärker die Extraversion, desto häufiger werden korrekte Antworten gewählt.
H1b: Je stärker die Extraversion, desto seltener werden „weiß nicht" Antworten gewählt.
H1c: Je stärker die Extraversion, desto häufiger werden falsche Antworten gewählt.

*Verträglichkeit:* Menschen, die einen hohen Wert bei Verträglichkeit aufweisen, werden als freundlich und hilfsbereit (Neyer und Asendorpf 2018, S. 109) sowie als kooperativ, bescheiden, nach Harmonie strebend und mitfühlend beschrieben (Mondak 2010, S. 58). Da Politik selbst konfliktreich ist, vermuten wir, dass sich verträgliche Personen insgesamt weniger mit dem konfliktreichen Thema Politik beschäftigen und daher auch weniger kognitiv politisch involviert sind. Da sie eher Konflikte mit anderen vermeiden, darauf deuten die empirischen Ergebnisse verschiedener Studien hin, nehmen sie auch weniger an politischen Diskussionen teil (Russo und Amnå 2016; Abendschön und García-Albacete 2021), was mit weniger Kontakt zu politischen Themen einhergeht. Die meisten Studien zeigen allerdings keine statistisch signifikanten Zusammenhänge zwischen Verträglichkeit und korrektem politischem Wissen (Mondak und Halperin 2008; Mondak 2010;

Gerber et al. 2011; Rasmussen 2016). Eine Ausnahme bildet die Untersuchung von Lyons (2017, S. 284) in Tschechien. Hier ließ sich ein statistisch signifikanter, wenn auch verhältnismäßig schwacher, negativer Effekt von Verträglichkeit auf politisches Faktenwissen nachweisen. Dagegen findet sich bei Schoen (2005, S. 142) ein schwacher, positiver Zusammenhang. Wir vermuten, dass verträgliche Personen womöglich aufgrund ihrer Konfliktscheu, Hilfsbereitschaft und Kooperationsneigung auch stärker von sozialer Erwünschtheit betroffen sind und es den Interviewenden in persönlichen Interviews möglichst recht machen wollen und sich deshalb um eine substanzielle Antwort bemühen, also bei Unsicherheit häufiger raten. Deshalb erwarten wir einen negativen Zusammenhang zwischen Verträglichkeit und „weiß nicht" Angaben und einen positiven Zusammenhang zwischen Verträglichkeit und falschen Antworten.

H2a: Zwischen Verträglichkeit und korrekten Angaben besteht kein Zusammenhang.
H2b: Je stärker die Verträglichkeit, desto seltener werden „weiß nicht" Antworten gewählt.
H2c: Je stärker die Verträglichkeit, desto häufiger werden falsche Antworten gewählt.

*Gewissenhaftigkeit:* Personen, die über eine ausgeprägte Gewissenhaftigkeit verfügen, gelten als gut organisiert, zuverlässig, pflichtbewusst und beharrlich (Neyer und Asendorpf 2018, S. 108; Mondak 2010). Das bedeutet im Hinblick auf ihre politische Involvierung, dass sie auch ihre Bürgerrolle verantwortungsvoller ausfüllen sollten als weniger gewissenhafte Mitbürger und sie sich daher eher politisch informieren und engagieren. Tatsächlich konnte Mondak (2010) belegen, dass sich gewissenhafte Individuen eher an Wahlen beteiligen. Neben der Wahlteilnahme als Bürgerpflicht gehen wir davon aus, dass sich gewissenhafte Personen im politischen Bereich verpflichtet fühlen, sich zu informieren und politisches Wissen zu erwerben, um politische Entscheidungen sachbegründet treffen zu können. Ältere Studien können zeigen, dass gewissenhaftere Personen ein größeres politisches Interesse aufweisen als weniger gewissenhafte Personen (Mondak und Halperin 2008; Mondak 2010; Gerber et al. 2011). Schoen (2005) und Rasmussen (2016) sowie teilweise auch Lyons (2017, S. 284) belegen positive Effekte von Gewissenhaftigkeit auf politisches Wissen. Vor diesem Hintergrund erwarten wir, dass gewissenhafte Personen über ein höheres Wissensniveau verfügen als weniger gewissenhafte Personen. Zum Antwortverhalten bei Situationen unter Unsicherheit gehen wir davon aus, dass gewissenhafte Menschen eher weniger zum Raten tendieren, da dies einer gewissenhaften Umfrageteilnahme widerspricht, und daher bei bewusstem Nichtwissen eher „weiß nicht" antworten als weniger gewissenhafte Personen. Entsprechend sollte sich ein positiver Zusammenhang zwischen Gewissenhaftigkeit und „weiß nicht" Angaben sowie eine negative Beziehung zwischen Gewissenhaftigkeit und falschen Antworten zeigen.

H3a: Je stärker die Gewissenhaftigkeit, desto häufiger werden korrekte Antworten gewählt.
H3b: Je stärker die Gewissenhaftigkeit, desto häufiger werden „weiß nicht" Antworten gewählt.
H3c: Je stärker die Gewissenhaftigkeit, desto seltener werden falsche Antworten gewählt.

*Neurotizismus:* Diese Eigenschaft ist wichtig für soziale Interaktionen bzw. Beziehungen zu anderen. Emotional instabile, neurotische Personen neigen dazu, weniger soziale Kontakte zu pflegen als emotional stabilere Menschen. Deshalb nehmen wir an, dass emotional instabilere Persönlichkeiten weniger Aufmerksamkeit auf politische Angelegenheiten verwenden. Allerdings gibt es bislang nur wenige Erkenntnisse über Einflüsse dieser Eigenschaft auf politische Involvierung und politische Beteiligung. Russo und Amnå (2016) zeigen für ihre schwedischen Daten, dass neurotische Jugendliche eine geringere politische Selbstwirksamkeit aufweisen als emotional gefestigtere, Abendschön und García-Albacete (2021) finden ebenfalls einen geringfügigen negativen Effekt von emotionaler Instabilität auf die Teilnahme an politischen Diskussionen. Die empirischen Befunde zur Beziehung zwischen Neurotizismus und korrekten Antworten sind allerdings widersprüchlich. Bei Rasmussen (2016, S. 1046) findet sich erwartungsgemäß eine negative Beziehung, dagegen kann Lyons (2017, S. 284) eine positive Korrelation von emotionaler Instabilität auf politisches Wissen belegen. Vor dem Hintergrund der theoretischen Argumentation vermuten wir einen negativen Zusammenhang zwischen Neurotizismus und korrekten Angaben. Zum weiteren Antwortverhalten gehen wir davon aus, dass emotional instabile Personen auch sozial unsicher sind und deshalb häufiger mit „weiß nicht" antworten. Deshalb erwarten wir eine positive Beziehung zwischen Neurotizismus und „weiß nicht" Angaben. Auch sollte Neurotizismus verstärkt zu falschen Antworten führen.

H4a: Je stärker Neurotizismus, desto seltener werden korrekte Antworten gewählt.
H4b: Je stärker Neurotizismus, desto häufiger werden „weiß nicht" Antworten gewählt.
H4c: Je stärker Neurotizismus, desto häufiger werden falsche Antworten gewählt.

*Offenheit:* Allgemein lässt sich argumentieren, dass auch der Faktor Offenheit Wirkung auf politische Kognitionen entfaltet. Menschen, die offener für Neues sind, gelten als breit interessiert, sodass sie sich auch eher für politische Themen und Angelegenheiten interessieren als Menschen, bei denen dieses Merkmal nicht entsprechend ausgeprägt ist. Damit erhöhen sie auch ihre Chance, politisches Wissen zu erwerben. Offenheit ist tatsächlich auch die Persönlichkeitseigenschaft, für die zu politischen Einstellungen und Partizipation bisher am meisten Effekte nachgewiesen werden konnten. Einige, wenn auch nicht alle Studien fanden eine positive Korrelation zwischen Offenheit und politischem Interesse bzw. politischer Diskussionsteilnahme (Vecchione und Caprara 2009; Hibbing et al. 2011; Russo und Amnå 2016; Quintelier und Theocharis 2013; Abendschön und García-Albacete 2021). Durch Austausch mit anderen Personen und aktives Informationsverhalten erlangen offene Personen auch eher politisches Wissen, und zwar unabhängig von ihrem Bildungsstand (Mondak und Halperin 2008; Mondak et al. 2010; Gerber et al. 2011). Auch Schoen (2005), Rasmussen (2016), Lyons (2017) und Blanchet (2019) finden in ihren Studien positive Effekte von Offenheit auf politisches Wissen. Schmidt und Weißeno (2019) berichten in ihrer Schülerstichprobe ebenfalls von positiven Effekten von Offenheit auf das schulische politische Wissen. Wir gehen ebenfalls davon aus, dass offene Personen über einen höheren politischen Wissensstand verfügen als weniger offene Befragte. Zum weiteren Antwortverhalten vermuten wir, dass offenere Personen aufgrund ihres unkomplizierten sozialen Interaktionsverhaltens Interviewenden gegenüber eher zugeben, etwas nicht zu wissen als zu raten. Entsprechend sollten offene Menschen seltener falsche Antworten wählen.

H5a: Je stärker die Offenheit, desto häufiger werden korrekte Antworten gewählt.
H5b: Je stärker die Offenheit, desto häufiger werden „weiß nicht" Antworten gewählt.
H5c: Je stärker die Offenheit, desto seltener werden falsche Antworten gewählt.

## 2.3 Klassische Determinanten des politischen Wissens

Selbstverständlich sind Persönlichkeitsfaktoren nicht die einzigen und wahrscheinlich auch nicht die zentralen Determinanten des politischen Wissens. Die Forschung konnte zahlreiche individuelle Determinanten des politischen Wissens identifizieren, die meist drei Erklärungsgruppen zugeordnet werden: Fähigkeiten, Motivation und Gelegenheiten (Luskin 1990; Delli Carpini und Keeter 1996;

Tausendpfund 2020). Die Berücksichtigung klassischer Determinanten politischen Wissens soll eine klare Aussage ermöglichen, wie relevant die Persönlichkeitsmerkmale für die Erklärung politischen Wissens sind.

Ein zentraler Erklärungsfaktor für politisches Wissen sind kognitive Fähigkeiten. Größere kognitive Fähigkeiten bedeuten „höhere individuelle Fähigkeiten der Informationsverarbeitung, im Umgang mit Problemstellungen bzw. stärkere Handlungskompetenzen" (Hadjar und Becker 2006, S. 14). Ein höheres Niveau kognitiver Fähigkeiten erleichtert auch den Zugang zur Politik und die Auseinandersetzung mit politischen Themen (Tausendpfund 2020, S. 91). Entsprechend erwarten wir einen positiven Zusammenhang zwischen kognitiven Fähigkeiten und korrekten Antworten sowie negative Beziehungen zwischen kognitiven Fähigkeiten und „weiß nicht" Angaben sowie falschen Antworten.

Motivation umfasst Merkmale, die erklären können, warum Menschen sich mit Politik beschäftigen und politische Kenntnisse erwerben. Als zentraler motivationaler Erklärungsfaktor für das Wissensniveau gilt das politische Interesse einer Person (Westle 2012, S. 52; Tausendpfund 2020). Wer politisch interessiert ist, gilt als generell aufmerksamer gegenüber politischen Angelegenheiten, was es wahrscheinlicher macht, dass politische Fakten auch eher abgespeichert bzw. gemerkt werden. Daher erwarten wir einen positiven Effekt des politischen Interesses auf korrekte Antworten. Dagegen erwarten wir negative Relationen zwischen dem politischen Interesse und „weiß nicht" Angaben sowie falschen Antworten.

Gelegenheiten beziehen sich auf Möglichkeiten, politische Informationen zu erhalten und politisches Wissen zu erwerben. In modernen Demokratien sind Massenmedien die wichtigste Quelle für politische Informationen (z. B. Maier 2009; Tenscher und Hayek 2012; Sarcinelli 2022). Wer sich in Medien über Politik und Nachrichten informiert, lernt auch politische Fakten. So finden Studien positive Zusammenhänge zwischen politischer Mediennutzung und politischen Kenntnissen (Westle 2012, S. 60; Tausendpfund 2020, S. 111). Allerdings belegen verschiedene Studien auch Unterschiede im politischen Lernen in Abhängigkeit von den genutzten Medien selbst (Bathelt et al. 2016; Schmitt 2016). Bei Nachrichtenrezeption wiederum wurde belegt, dass die Nachrichten der öffentlich-rechtlichen Sendeanstalten mit einem höheren politischen Wissensstand der Rezipienten einhergingen als Nachrichtenkonsum bei privaten Fernsehsendern (Tausendpfund 2020). Wir erwarten einen positiven Zusammenhang zwischen Nachrichtenrezeption und dem politischen Wissensstand. Eine geringe Nachrichtenrezeption sollte dagegen mit mehr „weiß nicht" Angaben und falschen Antworten einhergehen.

Mit Alter und Geschlecht berücksichtigen wir in den multivariaten Analysen auch zwei klassische demografische Merkmale. Mit Blick auf das Alter lässt sich argumentieren, dass politisches Wissen mit dem Lebensalter zunimmt. Je älter eine Person, desto mehr Möglichkeiten hat sie, Wissen über das politische System zu sammeln. Während es im Kindes- und Jugendalter erst noch aufgebaut werden muss, sollte es sich im mittleren Alter während des Erwerbslebens seinem höchsten Stand annähern. Im höheren Alter könnte sich dieser Wissenszuwachs allerdings abschwächen (z. B. verringerte kognitive Fähigkeiten durch gesundheitliche Einschränkungen oder verstärkte Isolation durch Ende des Berufslebens), aber ein Rückgang ist empirisch nicht zu beobachten (Tausendpfund 2020, S. 110). Wir erwarten einerseits eine positive Beziehung zwischen Alter und der Zahl korrekter Antworten und andererseits negative Beziehungen zwischen Alter und „weiß nicht" Angaben sowie falschen Antworten.

Zu den am besten gesicherten Erkenntnissen der Politikwissenschaft gehört, dass Männer über ein höheres politisches Wissensniveau verfügen als Frauen (Dow 2009; Jerit und Barabas 2017; Tausendpfund 2020). Für die Erklärung des sog. gender gaps lassen sich mehrere Ansätze unterscheiden. Zum einen sozialisatorische Einflüsse, da Erziehung und Bildung nach wie vor geschlechtsspezifisch stattfinden und klassische Rollenbilder vermitteln, in denen Frauen i. d. R. weniger mit Politik und dem öffentlichen Leben zu tun haben als Männer (Orum et al. 1974; Burns et al. 2001). Zum anderen werden auch strukturelle Gründe angeführt. Frauen haben aufgrund häufigerer Doppelbelastung mit Arbeit und Careaufgaben schlicht weniger Zeit, um sich um Politik zu kümmern. Schließlich werden auch methodische Gründe angeführt, warum Frauen bei Umfragen ein geringeres politisches Wissensniveau erreichen als Männer. So fragen die Mehrheit der Items klassische institutionelle politische Institutionen und Akteure ab, während sich Frauen eher für weichere, informelle Politikbereiche interessieren würden (Ferrín et al. 2020). Weiterhin neigen sie auch weniger als Männer zum Raten bei Nichtwissen, weshalb ihr Wissen womöglich unterschätzt wird (Fraile 2014). Für das Geschlecht erwarten wir, dass Frauen weniger korrekte Antworten geben als Männer, Zudem erwarten wir eine häufigere Angabe von „weiß nicht" als bei Männern (Westle 2009a; Fraile 2014). Mit Blick auf falsche Antworten sind die empirischen Befunde widersprüchlich. In einigen Studien zeigen Frauen eine geringere Häufigkeit falscher Antworten (Westle 2005, S. 494; 2009a, S. 189; 2009b, S. 379; Westle und Johann 2010, S. 365), in anderen Studien zeigt sich das Gegenteil (Westle 2013, S. 230; Fraile 2014, S. 268; Westle et al. 2015, S. 123). Insgesamt sind die geschlechtsspezifischen Unterschiede bei falschen Antworten deutlich geringer ausgeprägt als bei „weiß nicht" Antworten.

## 2.4 Analysestrategie

Abb. 1 skizziert unsere Analysestrategie zur Überprüfung der formulierten Hypothesen. Unsere abhängige Variable ist das politische Wissen. Dabei unterscheiden wir drei Wissensskalen. Die Anzahl korrekter Antworten, die Anzahl der „weiß nicht" Angaben und die Anzahl falscher Antworten. Im Mittelpunkt steht der Zusammenhang zwischen den fünf Persönlichkeitsfaktoren und dem politischen Wissen in Form der genannten drei Skalen (Pfeil mit der Ziffer 1). Zunächst werden die Zusammenhänge bivariat untersucht, ehe die Effekte der Persönlichkeitsfaktoren auf das politische Wissen gemeinsam analysiert werden.

Im zweiten Schritt werden klassischen Determinanten politischen Wissens im Regressionsmodell berücksichtigt. Im dritten Schritt werden sowohl die Persönlichkeitsmerkmale als auch die klassischen Determinanten in die Modelle aufgenommen. Dies ermöglicht eine abschließende Bewertung der Relevanz der Persönlichkeitsmerkmale für das politische Wissensniveau. Der Effekt der Persönlichkeitsfaktoren auf das politische Wissen wird vermutlich auch über einige klassische Determinanten wie bspw. Bildung oder politisches Interesse vermittelt. Dies ist in Abb. 1 mit dem gestrichelten Pfeil dargestellt. Diese Zusammenhänge werden in dieser Studie allerdings nicht empirisch untersucht. Wie bereits im konzeptionellen Teil besprochen, gehen wir davon aus, dass die fünf Persönlichkeitsfaktoren sowohl dem politischen Wissen als auch den Fähigkeiten, der Motivation und den Gelegenheiten vorgelagert sind.

## 3 Daten und Operationalisierung

### 3.1 Datengrundlage

Für die empirischen Analysen nutzen wir Daten der Vor- und Nachwahlbefragung der German Longitudinal Election Study (GLES), die im Kontext der Bundestagswahl 2017 als persönliche Befragung durchgeführt wurde. Die

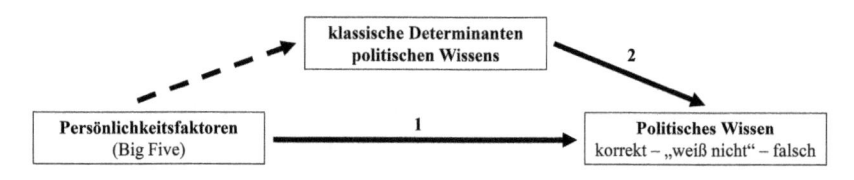

**Abb. 1** Analysestrategie. (Quelle: Abendschön und Tausendpfund)

Vorwahlbefragung wurde vom 31. Juli bis 23. September 2017, die Nachwahlbefragung vom 25. September bis 30. November 2017 durchgeführt. In der Stichprobe ist die Bevölkerung in den ostdeutschen Bundesländern überrepräsentiert, das Designgewicht w_ow korrigiert dieses Oversampling. Die Daten und eine Dokumentation der GLES 2017 sind bei GESIS verfügbar (https://doi.org/10.4232/1.13236).

## 3.2 Abhängige Variable: Politisches Wissen

Die zentrale abhängige Variable ist das politische Faktenwissen der Befragten. Die GLES 2017 enthält sieben Items, die unterschiedliche Facetten des politischen Wissens erfassen (Tab. 1). Die Fragen 1 und 2 erfassen die Kenntnisse des Wahlsystems (Strukturwissen), die Fragen 3 bis 5 Zuordnungen von Politikern zu Parteien (Akteurswissen) und die Fragen 6 und 7 die Kenntnisse zu politischen Sachverhalten. Neben den vorgegebenen Antwortmöglichkeiten konnten die Befragten immer auch mit „weiß nicht" antworten. Antwortverweigerungen wurden ebenfalls als „weiß nicht" kodiert, um fehlende Werte zu vermeiden. Der Anteil der Antwortverweigerungen liegt zwischen 0,09 % (Frage 7 in Tab. 1) und 0,72 % (Frage 4 in Tab. 1).

Wie Abb. 2 zeigt, unterscheidet sich der Anteil korrekter Antworten erheblich zwischen den Items. Einerseits können über 90 % der Befragten Martin Schulz der SPD zuordnen, andererseits ist die korrekte Bedeutung der Zweistimme nur jedem zweiten Befragten klar. Insgesamt ist die Häufigkeit korrekter Antworten bei dem Wissensquiz aber relativ hoch, bei keiner Frage liegt der Anteil korrekter Antworten unter 50 %.

Der hohe Anteil korrekter Antworten ist möglicherweise auch ein Resultat des Erhebungsformats. Bei den Fragen zum Bundeshaushalt und zur Arbeitslosenquote bestand eine 50-%ige Chance auf die korrekte Antwort durch Raten. Allerdings deuten die hohen „weiß nicht" Anteile bei der Frage zum Haushaltsdefizit auch darauf hin, dass viele Befragte keine Probleme hatten, das Nichtwissen offen zu legen.

Auf Basis der Angaben zu den Wissensfragen werden drei Wissensskalen erstellt, die jeweils einen Wertebereich von 0 bis 7 haben. Bei der Skala „korrekte Antworten" werden die korrekten Antworten über die sieben Fragen addiert, bei der Skala „weiß nicht" werden die „weiß nicht" Angaben sowie Antwortverweigerungen über die sieben Items zusammengezählt und bei der Skala „falsche Antworten" werden die falschen Antworten über die sieben Fragen addiert. Wie Abb. 3 zeigt, haben 26,6 % der Befragten maximal drei Wissensfragen korrekt

**Tab. 1** Indikatoren des politischen Wissens

| Nr. | Frageformulierung | Antwortoptionen |
|---|---|---|
| 1 | Bei der Bundestagswahl haben Sie ja zwei Stimmen, eine Erststimme und eine Zweitstimme. Wie ist das eigentlich, welche der beiden Stimmen ist ausschlaggebend für die Sitzverteilung im Bundestag? | (1) die Erststimme, **(2) die Zweitstimme**, (3) beide sind gleich wichtig |
| 2 | Jetzt möchte ich gerne von Ihnen wissen, ab wie viel Prozent der Zweitstimmen eine Partei auf jeden Fall Abgeordnete in den Bundestag entsenden kann? | Offene Frage, korrekte Antwort: **5 %** |
| 3 | Welcher Partei gehört dieser Politiker an? [gezeigt wird ein Foto von Martin Schulz] | Jeweils folgende Parteien zur Auswahl: CDU, CSU, SPD, DIE LINKE, Grüne, FDP und AfD. Korrekte Angaben: **Schulz (SPD), Göring-Eckardt (Grüne), Lindner (FDP)** |
| 4 | Welcher Partei gehört diese Politikerin an? [gezeigt wird ein Foto von Katrin Göring-Eckardt] | |
| 5 | Welcher Partei gehört dieser Politiker an? [gezeigt wird ein Foto von Christian Lindner] | |
| 6 | War der Bundeshaushalt im letzten Jahr ausgeglichen – d. h. gab die Regierung genauso viel oder weniger Geld aus, als sie eingenommen hat? | **(1) Der Bundeshaushalt war ausgeglichen.** (2) Der Bundeshaushalt war nicht ausgeglichen |
| 7 | Und können Sie ungefähr sagen, wie hoch die derzeitige Arbeitslosenquote in Deutschland ist? Ist sie niedriger oder höher als 10 %? | **(1) Die Arbeitslosenquote ist niedriger als 10 %.** (2) Die Arbeitslosenquote ist höher als 10 % |

Anmerkungen: Zusammenstellung auf Basis der Fragebogendokumentation der GLES 2017. Korrekte Antwort fett hervorgehoben. Bei allen Fragen konnten die Personen auch mit „weiß nicht" antworten oder die Antwort verweigern, diese Möglichkeiten wurden jedoch nicht explizit vorgelesen; Zusammenstellung: Abendschön und Tausendpfund

beantwortet, knapp 40 % der Befragten haben mindestens sechs Fragen korrekt beantwortet. 18,5 % der Befragten haben drei oder mehr Fragen mit „weiß nicht" beantwortet (bzw. die Antwort auf die Frage verweigert), 11,2 % haben drei oder mehr Fragen falsch beantwortet.

Wie Tab. 2 zu entnehmen, haben die Befragten durchschnittlich 4,6 Wissensfragen korrekt beantwortet. 1,3 Fragen wurden durchschnittlich mit „weiß nicht" beantwortet, 1,1 Fragen wurden durchschnittlich falsch beantwortet.

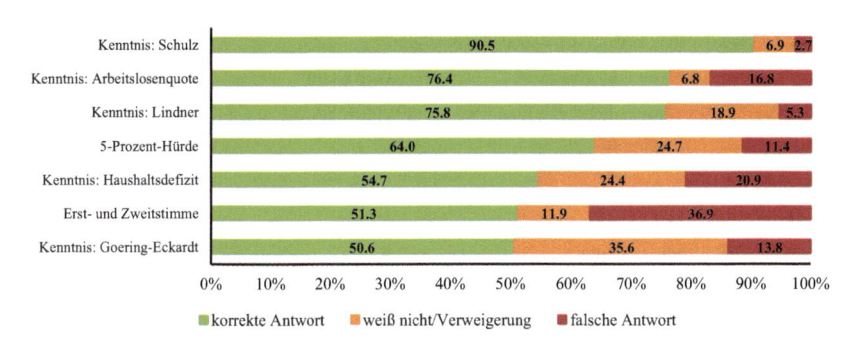

**Abb. 2** Politisches Wissen der Befragten. (Quelle: Berechnungen Abendschön und Tausendpfund (n = 4291, gewichtet))

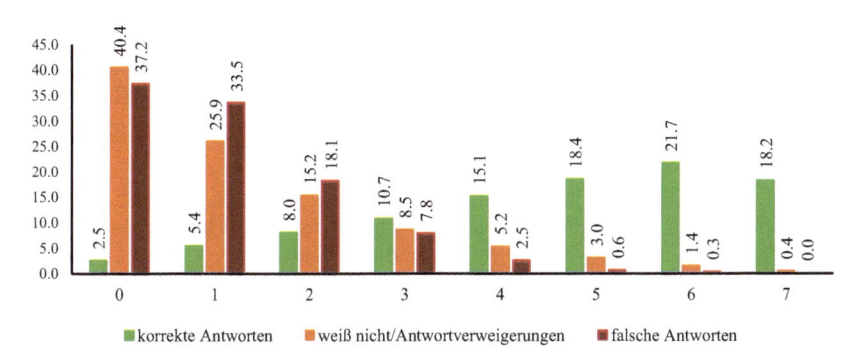

**Abb. 3** Häufigkeitsverteilung der Wissensskalen (Angaben in Prozent). (Quelle: Berechnungen Abendschön und Tausendpfund (n = 4291, gewichtet))

## 3.3 Unabhängige Variablen: Persönlichkeitsfaktoren

Die Persönlichkeitsfaktoren wurden in der GLES 2017 mit dem Big Five Inventory 10 (BFI-10) erfasst (Rammstedt et al. 2014). Das Frageinstrument besteht insgesamt aus zehn Items, zwei für jede Dimension. Wie Tab. 3 zeigt, wird jeder Persönlichkeitsfaktor durch ein positiv und ein negativ gepoltes Item erfasst. Die Itembatterie wurde mit folgender Aussage eingeleitet: „Bitte sagen Sie mir für jede der folgenden Aussagen auf dieser Liste, inwieweit sie auf Sie zutrifft oder nicht." Bei jedem Item standen den Befragten folgende Antwortmöglichkeiten zur Verfügung: „trifft überhaupt nicht zu", „trifft eher nicht zu", „teils/teils",

**Tab. 2** Deskriptive Statistiken der Wissensskalen

|  | Korrekte Antworten | „Weiß nicht" Antworten | Falsche Antworten |
|---|---|---|---|
| Modus | 6 | 0 | 0 |
| Median | 5 | 1 | 1 |
| Arithmetisches Mittel | 4,6 | 1,3 | 1,1 |
| Standardabweichung | 1,9 | 1,5 | 1,1 |

Quelle: Berechnungen Abendschön und Tausendpfund (n = 4291, gewichtet)

**Tab. 3** Big Five Inventory (BFI-10)

| Faktor | Item 1 (umgepolt) | Item 2 |
|---|---|---|
| Extraversion | Ich bin eher zurückhaltend, reserviert | Ich gehe aus mir heraus, bin gesellig |
| Verträglichkeit | Ich neige dazu, andere zu kritisieren | Ich schenke anderen leicht Vertrauen, glaube an das Gute im Menschen |
| Gewissenhaftigkeit | Ich bin bequem, neige zur Faulheit | Ich erledige Aufgaben gründlich |
| Neurotizismus | Ich bin entspannt, lasse mich durch Stress nicht aus der Ruhe bringen | Ich werde leicht nervös und unsicher |
| Offenheit | Ich habe nur wenig künstlerisches Interesse | Ich habe eine aktive Vorstellungskraft, bin fantasievoll |

Anmerkungen: Items wurden randomisiert. Zusammenstellung auf Basis der Fragebogendokumentation der GLES 2017: Abendschön und Tausendpfund

„trifft eher zu" und „trifft voll und ganz zu". Außerdem konnten die Befragten mit „weiß nicht" antworten oder die Angabe verweigern. Diese Möglichkeiten haben allerdings nur wenige Befragte genutzt (die Anzahl der „weiß nicht" Antworten und Antwortverweigerungen liegt zwischen 15 und 39 Personen).

Mit den zehn Items – die umgepolten Items wurden zuvor rekodiert, „weiß nicht" Angaben und Antwortverweigerungen nicht berücksichtigt – wurde eine explorative Faktorenanalyse mit Varimax-Rotation durchgeführt (Extraktionsmethode: Hauptachsenanalyse). Der Scree-Test ergab sehr deutlich eine fünffaktorielle Lösung, die Eigenwerte der fünf Faktoren haben alle einen Wert größer als ‚1'. Tab. 4 zeigt die rotierte Faktorladungsmatrix einschließlich der Eigenwerte.

**Tab. 4** Explorative Faktorenanalyse der Persönlichkeitsfaktoren

| Faktor-ladungen | Faktor 1 Extraversion | Faktor 2 Gewissenhaftigkeit | Faktor 3 Neurotizismus | Faktor 4 Offenheit | Faktor 5 Verträglichkeit |
|---|---|---|---|---|---|
| Zurückhaltend | **0,83** | 0,01 | −0,07 | 0,05 | −0,02 |
| Gesellig | **0,79** | 0,15 | −0,09 | 0,07 | 0,16 |
| Kritisieren | 0,18 | −0,08 | 0,07 | 0,11 | **0,83** |
| Vertrauen | −0,37 | 0,23 | −0,20 | −0,15 | **0,58** |
| Bequem | 0,04 | **0,78** | −0,07 | 0,12 | 0,01 |
| Gründlichkeit | 0,09 | **0,83** | 0,00 | −0,04 | −0,01 |
| Entspannt | 0,03 | 0,06 | **0,87** | −0,02 | −0,08 |
| Nervös | −0,28 | −0,20 | **0,73** | −0,03 | 0,17 |
| Wenig Interesse | −0,06 | −0,01 | 0,03 | **0,84** | 0,04 |
| Fantasievoll | 0,24 | 0,08 | −0,11 | **0,75** | 0,03 |
| Eigenwerte | 1,6 | 1,4 | 1,4 | 1,3 | 1,1 |

Quelle: Berechnungen Abendschön und Tausendpfund (n = 4207)

Für die individuelle Ausprägung der einzelnen Persönlichkeitsfaktoren wurde das arithmetische Mittel der beiden Antworten verwendet. Bei fehlenden Werten beruht die Erfassung des Persönlichkeitsmerkmals lediglich auf einem Item. Die einzelnen Persönlichkeitsmerkmale haben jeweils einen Wertebereich von 0 bis 1; die deskriptiven Statistiken sind in Tab. 5 dokumentiert.

## 3.4 Unabhängige Variablen: Kontrollmerkmale

Bei den Regressionsanalysen werden klassische Determinanten des politischen Wissens als Kontrollmerkmale berücksichtigt und wie folgt operationalisiert (in Klammern die Variablennamen im Datensatz): Der allgemeine Schulabschluss (vn136) dient als Indikator für kognitive Fähigkeiten. In der GLES 2017 gibt es folgende Antwortvorgaben: Schule ohne Abschluss beendet, Hauptschulabschluss, Realschulabschluss, Fachhochschulreife, Abitur, anderer Schulabschluss sowie „noch Schüler". Aus Gründen der geringen Fallzahl (42) werden

**Tab. 5** Deskriptive Statistiken der Persönlichkeitsmerkmale

|  | Extraversion | Verträglichkeit | Gewissenhaftigkeit | Neurotizismus | Offenheit |
| --- | --- | --- | --- | --- | --- |
| Arithmetisches Mittel | 0,60 | 0,59 | 0,75 | 0,39 | 0,63 |
| Standardabweichung | 0,22 | 0,18 | 0,19 | 0,21 | 0,23 |
| Fallzahl (n) | 4278 | 4278 | 4278 | 4278 | 4275 |

Quelle: Berechnungen Abendschön und Tausendpfund (gewichtet)

Personen ohne Abschluss in die nächsthöhere Kategorie (Hauptschule) eingruppiert. Befragte, die zum Zeitpunkt der Erhebung noch die Schule besucht haben (107) werden in die Gruppe Realschulabschluss eingruppiert, um möglichst wenige Personen aus der Analyse auszuschließen. Befragte mit einem anderen Schulabschluss (15) und Personen, die keine Angabe gemacht haben (7), werden als fehlende Werte kodiert.

Das politische Interesse (vn3) wird hier als motivationaler Faktor für den Wissenserwerb verstanden. Zur Erfassung des politischen Interesses wurden die Personen gefragt, wie stark sie sich für Politik interessieren. Die Personen konnten wie folgt antworten: sehr stark, stark, mittel, wenig und überhaupt nicht. Die Variable wird als pseudometrisch interpretiert.

Zur Erfassung der politischen Mediennutzung als Gelegenheit, mit politischen Informationen in Kontakt zu kommen, stehen mehrere Indikatoren zur Verfügung. Die Personen wurden gefragt, an wie vielen Tagen in der Woche eine Nachrichtensendung im Fernsehen geschaut wird. Dabei wurde zwischen Nachrichtensendungen im öffentlich-rechtlichen (z. B. ARD/ZDF) und privaten Fernsehen (z. B. RTL/Sat1) differenziert (vn92/vn93). Befragte, die seltener als an einem Tag pro Woche Nachrichten konsumieren oder mit „weiß nicht" geantwortet bzw. die Angabe verweigert haben, erhalten den Wert 0. Außerdem wurde erfasst, an wie vielen Tagen die Befragten politische Nachrichtenangebote im Internet nutzen (vn96). Personen ohne Internetanschluss sowie Befragte, die mit „weiß nicht" geantwortet oder die Angabe verweigert haben, erhalten den Wert 0. Befragte, die seltener als einen Tag die Woche das Internet für politische Nachrichtenangebote nutzen, den Wert 1. Nutzt jemand täglich das Internet für politische Nachrichtenangebote, dann wird der Wert 8 vergeben.

Das demografische Merkmal Geschlecht wird dichotom kodiert (vn1): Frauen erhalten den Wert 1, Männer den Wert 0. Das Alter der Befragten (berechnet aus Erhebungsjahr (year) und Geburtsjahr (vn2c)) reicht von 16 bis 96 Jahren. In

**Tab. 6** Deskriptive Statistiken der Kontrollvariablen

| Variable | Häufig-keit | Anteil in % | M | SD | Range | Gültige Fallzahl |
|---|---|---|---|---|---|---|
| Bildung | | | | | | 4270 |
| Bis Hauptschule | 1050 | 24,5 | | | | |
| Mittlere Reife/Schüler | 1428 | 33,3 | | | | |
| Fachhochschulreife | 403 | 9,4 | | | | |
| Hochschulreife | 1389 | 32,4 | | | | |
| Fehlende Werte | 21 | 0,5 | | | | |
| Geschlecht | | | | | | 4291 |
| Männlich | 2195 | 51,2 | | | | |
| Weiblich | 2096 | 48,8 | | | | |
| Alter in Jahren | | | 50,2 | 19,2 | 16 bis 96 | 4290 |
| Politisches Interesse | | | 2,2 | 0,8 | 0 bis 4 | 4290 |
| Nachrichten (ARD/ZDF) | | | 4,6 | 2,7 | 0 bis 7 | 4291 |
| Nachrichten (Privat) | | | 1,6 | 2,4 | 0 bis 7 | 4291 |
| Nachrichten (Internet) | | | 3,0 | 2,9 | 0 bis 8 | 4291 |

Quelle: Berechnungen Abendschön und Tausendpfund (gewichtet)

Tab. 6 sind deskriptive Statistiken der Kontrollvariablen dokumentiert. Für die Analysen wurden alle pseudometrischen Variablen auf einen Wertebereich von 0 bis 1 transformiert.

# 4 Empirische Analysen

Welche bivariaten Beziehungen bestehen zwischen den Persönlichkeitsfaktoren aus dem Big Five Inventory und den Wissensskalen? Die in Tab. 7 dokumentierten bivariaten Korrelationen (Pearson's r) deuten insgesamt nur auf schwache Zusammenhänge hin. Mit Blick auf korrekte Antworten besteht erwartungsgemäß eine positive Korrelation mit der Dimension Offenheit (H5a) und eine negative Beziehung mit der Dimension Neurotizismus (H4a). Befragte, die offener für neue Erfahrungen sind, geben häufiger korrekte Antworten als Personen, die

**Tab. 7** Bivariate Korrelationen der Persönlichkeitsfaktoren und der Wissensskalen

| | Korrekte | | „Weiß nicht" | | Falsche | |
|---|---|---|---|---|---|---|
| | r | p-Wert | r | p-Wert | r | p-Wert |
| H1: Extraversion | 0,01 | 0,398 | –0,05 | 0,001 | 0,04 | 0,006 |
| H2: Verträglichkeit | –0,04 | 0,018 | 0,06 | 0,000 | –0,01 | 0,489 |
| H3: Gewissenhaftigkeit | –0,02 | 0,153 | 0,01 | 0,429 | 0,02 | 0,174 |
| H4: Neurotizismus | –0,10 | 0,000 | 0,10 | 0,000 | 0,03 | 0,076 |
| H5: Offenheit | 0,12 | 0,000 | –0,13 | 0,000 | –0,03 | 0,042 |

Anmerkungen: Korrelationen (Pearson's r). Fallzahl: 4250. Datenquelle: GLES 2017, ZA6802 (Version 3.0.1), https://doi.org/10.4232/1.12288. Berechnungen Abendschön und Tausendpfund

auf diesem Persönlichkeitsmerkmal niedrige Werte aufweisen. Eine geringere emotionale Stabilität (Neurotizismus) geht mit weniger korrekten Antworten einher. Zwischen Verträglichkeit und korrekten Antworten zeigt sich ebenfalls ein statistisch signifikanter negativer Zusammenhang, allerdings ist dieser nur sehr schwach ausgeprägt (H2a). Keine Zusammenhänge bestehen zwischen Extraversion (H1a) sowie Gewissenhaftigkeit (H3a) und korrekten Antworten, die entsprechenden Hypothesen sind falsifiziert. Insgesamt zeigen sich Gemeinsamkeiten aber auch Unterschiede zur Korrelationsanalyse von Schoen (2005). Dieser fand statistisch signifikante positive bivariate Zusammenhänge aller Persönlichkeitsmerkmale mit politischem Wissen – mit Ausnahme von Neurotizismus, welches negativ mit politischem Wissen korrelierte.

Bei der „weiß nicht" Skala zeigen sich bei vier der fünf Persönlichkeitsfaktoren statistisch signifikante Beziehungen. Die stärksten Zusammenhänge lassen sich erneut für die Merkmale Offenheit (H5b) und Neurotizismus (H4b) feststellen. Bei höheren Offenheits-Werten sinkt die Zahl an „weiß nicht" Antworten. Dieser Befund steht im Widerspruch zur formulierten Hypothese 5b, die einen positiven Zusammenhang postulierte. Dagegen haben emotional instabile Personen erwartungsgemäß zu Hypothese 4b einen höheren Anteil an „weiß nicht" Angaben. Insgesamt handelt es sich aber um schwache Beziehungen. Noch schwächer sind die Zusammenhänge bei den Persönlichkeitsfaktoren Extraversion (H1b) und Verträglichkeit (H2b). Ein höherer Wert bei der Verträglichkeit korrespondiert mit mehr „weiß nicht" Antworten, dagegen zeigt sich ein negativer Zusammenhang zwischen hohen Werten bei Extraversion und „weiß nicht" Angaben. H2b, die davon ausging, dass verträglichere Personen seltener die „weiß-nicht"-Kategorie angeben, kann damit verworfen werden. Bei Gewissenhaftigkeit und „weiß nicht" Antworten zeigt sich zwar, wie in H3b vermutet, ein positiver Zusammenhang, allerdings ist der Wert statistisch nicht signifikant.

Bei drei der fünf Persönlichkeitsfaktoren zeigen sich keine systematischen Zusammenhänge mit der Neigung falsche Antworten zu geben. Bei Extraversion lässt sich eine schwache, positive Beziehung nachweisen (H1c). Extravertierte Personen geben häufiger falsche Antworten als introvertierte Personen. Zwischen Offenheit und falschen Antworten besteht eine schwache, negative Relation (5c). Die Hypothesen 2c, 3c und 4c sind widerlegt.

In Tab. 8 sind die Ergebnisse linearer Regressionen dokumentiert, bei der Bestimmungsfaktoren des korrekten politischen Wissens gemeinsam analysiert werden. Bei Modell 1a sind alle fünf Persönlichkeitsmerkmale im Modell integriert. Bei Verträglichkeit, Gewissenhaftigkeit und Neurotizismus lassen sich dabei negative Zusammenhänge, bei Offenheit eine positive Relation mit der Anzahl korrekter Antworten nachweisen. Die fünf Persönlichkeitsfaktoren können knapp 2,6 % der Gesamtvarianz der korrekten Antworten aufklären.

Das Modell 1b in Tab. 8 dokumentiert die Effekte der klassischen Determinanten auf die korrekten Antworten zu den Wissensfragen. Die Befunde entsprechen den Erwartungen. Höhere Bildung, größeres politisches Interesse sowie höheres Alter korrespondieren mit einem höheren Wissensniveau. Frauen haben dagegen weniger Wissensfragen korrekt beantwortet. Die Effekte der TV-Nachrichten variieren in Abhängigkeit des genutzten Mediums. Befragte, die die Nachrichten in öffentlich-rechtlichen Sendungen schauen, haben ein größeres politisches Wissen, dagegen zeigt sich eine negative Relation bei einem stärkeren Konsum der Nachrichtensendungen im privaten Fernsehen. Insgesamt können die klassischen Bestimmungsfaktoren knapp 38 % der Varianz der korrekten Antworten auf die Wissensfragen aufklären.

In Modell 1c in Tab. 8 werden schließlich die Persönlichkeitsfaktoren und die klassischen Erklärungsmerkmale in einem gemeinsamen Regressionsmodell berücksichtigt. Auf Grundlage dieses Modells kann eine Aussage getroffen werden, welchen zusätzlichen Beitrag die Persönlichkeitsmerkmale bei der Erklärung der Varianz des politischen Wissens leisten können. Die erklärte Varianz steigt minimal von 38,1 auf 38,3 %, der zusätzliche Erklärungsanteil der Persönlichkeitsmerkmale ist gering. Lediglich für Gewissenhaftigkeit (H3a) lässt sich auch unter Berücksichtigung der klassischen Bestimmungsfaktoren eine signifikante Relation nachweisen. Der Befund widerspricht allerdings der Hypothese 3a, die eine positive Relation zwischen Gewissenhaftigkeit und korrekten Antworten

**Tab. 8** Bestimmungsfaktoren der korrekten Antworten (Skala von 0 bis 7)

| | Modell 1a | Modell 1b | Modell 1c |
|---|---|---|---|
| Extraversion | −0,21 | | −0,19 |
| Verträglichkeit | −0,41** | | 0,01 |
| Gewissenhaftigkeit | −0,37* | | −0,51*** |
| Neurotizismus | −0,89*** | | −0,03 |
| Offenheit | 1,03*** | | 0,18 |
| Bildung (Ref. Mittlere Reife/Schüler) | | | |
| Bis Hauptschule | | −0,59*** | −0,59*** |
| Fachhochschule | | 0,13 | 0,12 |
| Hochschulreife | | 0,60*** | 0,59*** |
| Politisches Interesse | | 2,54*** | 2,55*** |
| TV-Nachrichten: ARD/ZDF | | 0,88*** | 0,89*** |
| TV-Nachrichten: Privat | | −0,45*** | −0,42*** |
| Internet-Nachrichten | | 0,04*** | 0,04*** |
| Alter in Jahren | | 1,41*** | 1,49*** |
| Frauen (Ref. Männer) | | −0,59*** | −0,56*** |
| Konstante | 4,99*** | 2,47*** | 2,78*** |
| Korrigiertes $R^2$ | 0,026 | 0,381 | 0,383 |
| Fallzahl | 4250 | | |

Anmerkungen: OLS-Regressionen. Dargestellt sind die unstandardisierten Regressionskoeffizienten. Alle pseudometrischen unabhängigen Variablen wurden auf eine 0–1-Skala umgerechnet. 0 ist der geringste Wert der Variable, 1 ist die höchste Ausprägung der Variablen. Der Regressionskoeffizient gibt damit den maximalen Effekt eines Indikators an. Signifikanzniveaus: * = $p < 0,05$; ** = $p < 0,01$; *** = $p < 0,001$. Datenquelle: GLES 2017, ZA6802 (Version 3.0.1). Berechnungen Abendschön und Tausendpfund

postulierte. Möglicherweise nutzen gerade gewissenhafte Personen in Situationen unter Unsicherheit die „weiß nicht" Antwort als Ausweichmöglichkeit. Die Berücksichtigung der Big-Five-Merkmale hat keine Auswirkungen auf die Beziehungen zwischen den klassischen Erklärungsmerkmalen und den korrekten Antworten. Weder ändert sich bei den Merkmalen die Effektrichtung noch die statistische Signifikanz.

Die Ergebnisse der Bestimmungsfaktoren der „weiß nicht" Antworten sind in Tab. 9 zusammengefasst. Bei Modell 2a sind zunächst die Persönlichkeitsmerk-

**Tab. 9** Bestimmungsfaktoren der „weiß nicht" Antworten (Skala von 0 bis 7)

| | Modell 2a | Modell 2b | Modell 2c |
|---|---|---|---|
| Extraversion | −0,06 | | −0,02 |
| Verträglichkeit | 0,47*** | | 0,10 |
| Gewissenhaftigkeit | 0,24* | | 0,24* |
| Neurotizismus | 0,68*** | | 0,07 |
| Offenheit | −0,83*** | | −0,26** |
| Bildung (Ref. Mittlere Reife/Schüler) | | | |
| Bis Hauptschule | | 0,42*** | 0,41*** |
| Fachhochschule | | −0,05 | −0,04 |
| Hochschulreife | | −0,32*** | −0,30*** |
| politisches Interesse | | −2,00*** | −1,96*** |
| TV-Nachrichten: ARD/ZDF | | −0,70*** | −0,71*** |
| TV-Nachrichten: Privat | | 0,09 | 0,07 |
| Internet-Nachrichten | | −0,03*** | −0,03*** |
| Alter in Jahren | | −0,58*** | −0,63*** |
| Frauen (Ref. Männer) | | 0,44*** | 0,43*** |
| Konstante | 1,09*** | 2,79*** | 2,70*** |
| Korrigiertes $R^2$ | 0,030 | 0,323 | 0,324 |
| Fallzahl | 4250 | | |

Anmerkungen: OLS-Regressionen. Dargestellt sind die unstandardisierten Regressionskoeffizienten. Alle pseudometrischen unabhängigen Variablen wurden auf eine 0–1-Skala umgerechnet. 0 ist der geringste Wert der Variable, 1 ist die höchste Ausprägung der Variablen. Der Regressionskoeffizient gibt damit den maximalen Effekt eines Indikators an. Signifikanzniveaus: * = p < 0,05; ** = p < 0,01; *** = p < 0,001. Datenquelle: GLES 2017, ZA6802 (Version 3.0.1), Berechnungen Abendschön und Tausendpfund

male in einem gemeinsamen Modell integriert. Bei vier der fünf Merkmale lassen sich statistisch signifikante Beziehungen nachweisen, einzig die negative Relation zwischen Extraversion und „weiß nicht" Antworten lässt sich statistisch nicht absichern. Dies widerspricht H1b. Die empirischen Befunde in Modell 2a widersprechen auch Hypothese 2b, bestätigen aber H3b. Je stärker Verträglichkeit und Gewissenhaftigkeit ausgeprägt ist, desto eher wird eine „weiß nicht" Antwort ausgewählt. Erwartungsgemäß zeigt sich auch ein positiver Zusammenhang zwischen Neurotizismus und „weiß nicht" Angaben (H4b). Die negative Relation zwischen Offenheit und „weiß nicht" Antworten (H5b) widerspricht allerdings der formulierten Hypothese. Insgesamt können die Persönlichkeitsmerkmale etwa 3,0 % der Varianz aufklären.

Das Modell 2b in Tab. 9 informiert über die Relationen zwischen den klassischen Bestimmungsfaktoren und den „weiß nicht" Antworten. Befragte mit geringer Bildung sowie Frauen geben häufiger „weiß nicht" Antworten als Personen mit höherer Bildung und Männer. Erwartungsgemäß machen auch Befragte mit einem stärkeren politischen Interesse und höherem Alter seltener „weiß nicht" Angaben. Auch das Schauen der TV-Nachrichten der öffentlich-rechtlichen Sender korrespondiert negativ mit „weiß nicht" Angaben. Insgesamt können die klassischen Bestimmungsfaktoren über 32 % der Varianz der abhängigen Variable erklären.

Die Effekte der Persönlichkeitsfaktoren und der klassischen Determinanten werden gemeinsam in Modell 2c in Tab. 9 betrachtet. Dabei zeigt sich, dass die bivariaten Beziehungen für Verträglichkeit und Neurotizismus statistisch nicht mehr signifikant sind. Lediglich die Beziehungen zwischen Gewissenhaftigkeit bzw. Offenheit und „weiß nicht" Antworten lassen sich statisch absichern. Dabei wählen offenere Personen seltener eine „weiß nicht" Antwort als Befragte, die eine geringe Ausprägung auf diesem Persönlichkeitsmerkmal haben. Der zusätzliche Erklärungsbeitrag der Persönlichkeitsmerkmale ist allerdings gering. Das korrigierte $R^2$ steigt lediglich um 0,1 Prozentpunkte. Die Berücksichtigung der Persönlichkeitsfaktoren hat keine Auswirkungen auf die Effektrichtung und Signifikanz der klassischen Erklärungsmerkmale.

In Tab. 10 sind die Ergebnisse der Bestimmungsfaktoren der falschen Antworten dokumentiert. Personen mit hohen Werten bei Extraversion (H1c) bzw. Neurotizismus (H4c) wählen häufiger eine falsche Antwort als Befragte, bei denen diese Persönlichkeitsmerkmale nur schwach ausgeprägt sind (Modell 3a). Die Befunde bestätigen damit H1c und H4c. Offene Personen wählen erwartungsgemäß (H5c) seltener eine falsche Antwort. Die Zusammenhänge für Verträglichkeit bzw. Gewissenhaftigkeit lassen sich statistisch nicht absichern. Die Erklärungsleistung der Persönlichkeitsmerkmale liegt insgesamt unter einem Prozent.

Auch die Erklärungsleistung von Modell 3b in Tab. 10 liegt deutlich unter den Erklärungsleistungen der korrekten und „weiß nicht" Angaben. Offensichtlich sind zentrale Bestimmungsfaktoren falscher Antworten in unserem Modell nicht berücksichtigt. Die in Modell 3b dargestellten Befunde sind aber durchaus plausibel. Personen mit geringer Bildung (bis Hauptschule) wählen häufiger falsche Antworten als Befragte mit hoher Bildung (Hochschulreife). Erwartungsgemäß zeigen sich auch negative Relationen zwischen dem politischen Interesse, dem Alter sowie dem Schauen von TV-Nachrichten im öffentlich-rechtlichen Fernse-

**Tab. 10** Bestimmungsfaktoren der falschen Antworten (Skala von 0 bis 7)

| | Modell 3a | Modell 3b | Modell 3c |
|---|---|---|---|
| Extraversion | 0,28*** | | 0,21** |
| Verträglichkeit | −0,06 | | −0,11 |
| Gewissenhaftigkeit | 0,13 | | 0,26** |
| Neurotizismus | 0,21* | | −0,04 |
| Offenheit | −0,20* | | 0,08 |
| Bildung (Ref. Mittlere Reife/Schüler) | | | |
| Bis Hauptschule | | 0,17*** | 0,17*** |
| Fachhochschule | | −0,08 | −0,08 |
| Hochschulreife | | −0,28*** | −0,28*** |
| Politisches Interesse | | −0,53*** | −0,59*** |
| TV-Nachrichten: ARD/ZDF | | −0,18** | −0,18*** |
| TV-Nachrichten: Privat | | 0,36*** | 0,35*** |
| Internet-Nachrichten | | −0,01* | −0,01* |
| Alter in Jahren | | −0,82*** | −0,86*** |
| Frauen (Ref. Frauen) | | 0,15*** | 0,13*** |
| Konstante | 0,92*** | 1,75*** | 1,52*** |
| Korrigiertes $R^2$ | 0,004 | 0,103 | 0,107 |
| Fallzahl | 4250 | | |

Anmerkungen: OLS-Regressionen. Dargestellt sind die unstandardisierten Regressionskoeffizienten. Alle pseudometrischen unabhängigen Variablen wurden auf eine 0–1-Skala umgerechnet. 0 ist der geringste Wert der Variable, 1 ist die höchste Ausprägung der Variablen. Der Regressionskoeffizient gibt damit den maximalen Effekt eines Indikators an. Signifikanzniveaus: $*=p<0,05$; $**=p<0,01$; $***=p<0,001$. Datenquelle: GLES 2017, ZA6802 (Version 3.0.1), Berechnungen Abendschön und Tausendpfund

hen. Dagegen wählen Frauen und Befragte, die TV-Nachrichten im privaten Fernsehen schauen, häufiger eine falsche Antwort.

In Modell 3c in Tab. 10 lassen sich für zwei Persönlichkeitsfaktoren positive Zusammenhänge für falsche Antworten belegen. Höhere Werte bei Extraversion und Gewissenhaftigkeit korrespondieren mit mehr falschen Antworten. Bei Gewissenhaftigkeit ist diese Relation überraschend, da diese Personengruppe auch häufiger „weiß nicht" Antworten wählt. Der zusätzliche Erklärungsbeitrag der Persönlichkeitsfaktoren für falsche Antworten ist mit 0,4 Prozentpunkten aber überschaubar.

Tab. 11 bietet eine Übersicht der formulierten Hypothesen und der empirischen Zusammenhänge zwischen den Persönlichkeitsfaktoren und den Wissensskalen. Bei den bivariaten Analysen lassen sich 9 von 15 möglichen Relationen empirisch absichern. Dabei entsprechen sechs Beziehungen den formulierten Hypothesen (H1b, H1c, H4a, H4b, H5a, H5c). In den multivariaten Modellen ohne Kontrollvariablen sind insgesamt 11 von 15 Relationen statistisch signifikant. Sieben Relationen entsprechen dabei den Erwartungen (H1c, H3c, H4a, H4b, H4c, H5a, H5c). Bei den multivariaten Analysen mit Kontrollvariablen lassen sich noch 5 von 15 Zusammenhänge statistisch absichern. Die Hypothesen H1c und H3b entsprechen dabei den formulierten Hypothesen. Insgesamt handelt es sich aber um schwache Relationen, der stärkste Effekt lässt sich für Gewissenhaftigkeit und korrekte Antworten belegen (-0,51). Die Befunde lassen damit den

**Tab. 11** Übersicht der Hypothesen und empirischen Befunde

| Hypothese | Erwartung | Bivariat | Multivariat ohne Kontrolle | Multivariat mit Kontrolle |
|---|---|---|---|---|
| H1a: Extraversion – korrekt | + | O | O | O |
| H1b: Extraversion – weiß nicht | – | – | O | O |
| H1c: Extraversion – falsch | + | + | + | + |
| H2a: Verträglichkeit – korrekt | O | – | – | O |
| H2b: Verträglichkeit – weiß nicht | – | + | + | O |
| H2c: Verträglichkeit – falsch | + | O | O | O |
| H3a: Gewissenhaftigkeit – korrekt | + | O | – | – |
| H3b: Gewissenhaftigkeit – weiß nicht | + | O | + | + |
| H3c: Gewissenhaftigkeit – falsch | – | O | O | + |
| H4a: Neurotizismus – korrekt | – | – | – | O |
| H4b: Neurotizismus – weiß nicht | + | + | + | O |
| H4c: Neurotizismus – falsch | + | O | + | O |
| H5a: Offenheit – korrekt | + | + | + | O |
| H5b: Offenheit – weiß nicht | + | – | – | – |
| H5c: Offenheit – falsch | – | – | – | O |

Anmerkungen + = positiver Zusammenhang, O = kein Zusammenhang, – negativer Zusammenhang. Zusammenstellung Abendschön und Tausendpfund

Schluss zu, dass die breit angelegten Persönlichkeitsfaktoren nur einen geringen Einfluss auf die einzelnen Skalen haben.

## 5 Fazit und Ausblick

Für die Wahrnehmung von Politik und die Beteiligung am politischen Leben einer Gesellschaft ist politisches Wissen notwendig. Nur einigermaßen informierte Bürgerinnen und Bürger sind in der Lage, politische Vorgänge zu verstehen und sich fundierte Meinungen zu bilden (z. B. Galston 2001; Westle und Tausendpfund 2019). Delli Carpini und Keeter (1996, S. 8) bezeichnen politisches Wissen deshalb als „currency of citizenship" und Mondak (2001, S. 238) betrachtet politisches Wissen als „cornerstone construct in research on political behavior", das Orientierungen wie Selbstwirksamkeit und Vertrauen sowie politische Beteiligung und die Wahlentscheidung beeinflusst (Barabas et al. 2014).

Bisherige Forschung konnte bereits wichtige Bestimmungsfaktoren des individuellen politischen Wissensniveaus identifizieren (Westle und Tausendpfund 2019, S. 23–27; Tausendpfund 2020), aber Persönlichkeitsmerkmale wurden dabei selten berücksichtigt. Dies ist aus zwei Gründen überraschend: Zum einen könnten Persönlichkeitsmerkmale den Erwerb von Politikkenntnissen direkt fördern bzw. behindern, zum anderen könnten Persönlichkeitsmerkmale auch das Antwortverhalten bei Wissensfragen beeinflussen. Vor diesem Hintergrund haben wir in diesem Beitrag die Rolle von Persönlichkeitsmerkmalen für politisches Wissen untersucht. Dabei wurde nicht nur der Zusammenhang zwischen Persönlichkeitsfaktoren und korrekten Antworten bei Wissensfragen analysiert, sondern auch die Relationen zwischen Persönlichkeitsmerkmale und „weiß nicht" Angaben sowie falschen Antworten separat untersucht.

Die Grundlage bei den Persönlichkeitsmerkmalen bildet das Fünf-Faktoren-Modell der Persönlichkeit (Big Five-Modell), das aktuell als das verbreitetste Modell zur Beschreibung der Gesamtpersönlichkeit gilt (Rammstedt et al. 2014). Das Modell unterscheidet fünf Persönlichkeitsmerkmale: Extraversion, Verträglichkeit, Gewissenhaftigkeit, Neurotizismus und Offenheit. Diese Persönlichkeitsmerkmale können den Erwerb des politischen Wissens erleichtern, aber auch erschweren. Zudem könnten die Persönlichkeitsmerkmale auch die Bearbeitung eines Wissenstests bei fehlenden Kenntnissen oder Unsicherheit beeinflussen.

Trotz der theoretisch plausiblen Zusammenhänge zwischen Persönlichkeitsmerkmalen und politischem Wissen sind die empirischen Relationen eher schwach. Bereits die bivariaten Zusammenhänge deuten auf einen begrenzten Einfluss der Persönlichkeitsmerkmale auf politisches Wissen hin. Beim korrekten Wissen und „weiß nicht" Angaben lassen sich zwar zahlreiche Relationen statistisch absichern, aber es handelt sich ausschließlich um (sehr) schwache Beziehungen. Beim falschen Wissen lässt sich lediglich für Extraversion ein schwacher negativer Zusammenhang nachweisen. Die multivariaten Analysen unterstreichen die eher geringe Relevanz der Persönlichkeitsmerkmale für das politische Wissen. Beim korrekten Wissen und bei den „weiß nicht" Angaben können die fünf Persönlichkeitsmerkmale maximal 3 % der Varianz aufklären, bei falschem Wissen liegt der Anteil unter einem Prozent. Die klassischen Bestimmungsfaktoren (z. B. Bildung, politisches Interesse) zeigen nicht nur eine größere Varianzaufklärung, sondern auch deutlich stärkere Effekte auf das politische Wissen. Die zusätzliche Erklärungskraft der Persönlichkeitsmerkmale – bei Berücksichtigung der klassischen Determinanten – liegt jeweils auch nur unter einem Prozentpunkt. Die Berücksichtigung der Persönlichkeitsmerkmale hat zudem keine substanziellen Auswirkungen auf die Effektstärke bzw. Signifikanz der klassischen Determinanten des politischen Wissens.

Unsere Ergebnisse unterliegen allerdings auch verschiedenen Einschränkungen: *Erstens* umfasst der Wissenstest der GLES 2017 lediglich sieben Items. Ein umfangreicherer Wissenstest könnte die Möglichkeiten der Varianzaufklärung verbessern. Dies gilt insbesondere für die „weiß nicht" Antworten und die falschen Angaben. Beide Antwortskalen sind extrem schief verteilt. Durchschnittlich haben die Befragten 1,3 „weiß nicht" Angaben und 1,1 falsche Antwort gegeben. *Zweitens* war der Wissenstest relativ einfach. Bei allen Fragen liegen mindestens 50 % korrekte Angaben vor. Zur ausreichenden Differenzierung sollten die Schwierigkeiten ein breiteres Spektrum umfassen (Moosdorf et al. 2020, S. 66). Bei einzelnen Items ist auch das Erhebungsformat problematisch, das eine 50 %ige Chance auf die korrekte Antwort durch Raten ermöglichte. *Drittens* ist die Erfassung der Persönlichkeitsfaktoren mittels Big Five Inventory 10 zwar sehr ökonomisch, da für jedes Persönlichkeitsmerkmal lediglich zwei Items erforderlich sind. Empirisch lässt sich eine fünffaktorielle Lösung auch belegen, aber einzelne Faktorladungen und auch die zugrunde liegenden Korrelationen sind relativ gering (z. B. Verträglichkeit).

Für künftige Forschung bieten sich verschiedene Anknüpfungspunkte an: *Erstens* könnte die Rolle von Persönlichkeitsfaktoren auf das politische Wissen in experimentellen Designs geprüft werden. Dadurch könnten praktische Einschränkungen (z. B. Umfang des Wissenstests, Erfassung der Persönlichkeitsfaktoren) direkt aufgehoben werden. In solchen Experimenten könnte beispielsweise untersucht werden, welche Auswirkungen das Angebot einer „weiß nicht" Kategorie auf das Antwortverhalten hat. *Zweitens* bieten multinomiale logistische Regressionen eine alternative Analysestrategie. Statt die Antworten auf die Wissensfragen in einzelnen Skalen zu bündeln, könnten die Fragen auch einzeln analysiert werden. Dadurch könnten die Effekte der Persönlichkeitsmerkmale auf die einzelnen Antwortmöglichkeiten simultan geschätzt werden. Bei solchen Analysen könnte auch das Frageformat, insbesondere die Zahl der Distraktoren, berücksichtigt werden. Mehr Distraktoren könnten zu mehr falschen Antworten führen, da die Chance für die korrekte Antwort geringer ist. *Drittens* sollten die Determinanten falscher Antworten intensiver untersucht werden. Die klassischen Determinanten des politischen Wissens können zwar die Varianz korrekter Antworten recht passabel „erklären", die Erklärungskraft liegt bei umfangreichen Modellen bei knapp 50 % (Tausendpfund 2020). Deutlich schlechter ist die Erklärungskraft aber bei falschen Antworten. Offensichtlich sind zentrale Merkmale für falsche Angaben bisher noch nicht ausreichend identifiziert. Eine Rolle könnte dabei auch die Motivation der Teilnehmenden spielen, an solchen Befragungen teilzunehmen. Eine solche Analyse könnte nicht nur einen blinden Fleck der Wissensforschung aufklären, sondern auch neue Erkenntnisse liefern, wie Bürgerinnen und Bürger die politische Sphäre wahrnehmen und sich politische Urteile bilden.

## Literatur

Abendschön, Simone, und Gema García-Albacete. 2021. It's a man's (online) world. Personality traits and the gender gap in online political discussion. *Information, Communication & Society* 24 (14): 2054–2074.
Allport, Gordon W. 1971. *Die Natur des Vorurteils*. Köln: Kiepenheuer&Witsch.
Balch, George I. 1974. Multiple Indicators in Survey Research: The Concept "Sense of Political Efficacy". *Political Methodology* 1 (2): 1-43.
Barabas, Jason, Jennifer Jerit, William Pollock, und Carlisle Rainey. 2014. The Question(s) of Political Knowledge. *American Political Science Review* 108 (4): 840-855.
Bathelt, Severin, Alexander Jedinger, und Jürgen Maier. 2016. Politische Kenntnisse in Deutschland: Entwicklung und Determinanten, 1949–2009. In *Bürgerinnen und Bürger im Wandel der Zeit. 25 Jahre Wahl- und Einstellungsforschung in Deutschland*, Hrsg. Sigrid Roßteutscher, Thorsten Faas und Ulrich Rosar, 181-207. Wiesbaden: Springer VS.
Blanchet, Alexandre. 2019. Personality Traits and the Early Origins of Political Sophistication: Openness to Experience or Intellectualism? *Canadian Journal of Political Science/Revue canadienne de science politique* 52 (1): 121–140.
Boudreau, Cheryl, und Arthur Lupia. 2011. Political Knowledge. In *Cambridge Handbook of Experimental Political Science*, Hrsg. James N. Druckman, Donald P. Green, James H. Kuklinski und Arthur Lupia, 171–183. Cambridge: Cambridge University Press.

Braun, Daniela, und Markus Tausendpfund. 2019. Politisches Wissen und Europawahlen. In *Politisches Wissen. Relevanz, Messung und Befunde*, Hrsg. Bettina Westle und Markus Tausendpfund, 207–236. Wiesbaden: Springer VS.

Burns, Nancy, Kay Lehman Schlozman, und Sidney Verba. 2001. *The Private Roots of Public Action. Gender, Equality, and Political Participation*. Cambridge: Harvard University Press.

Campbell, Angus, Philip E. Converse, Warren E. Miller, und Donald E. Stokes. 1960. *The American Voter*. New York: Wiley.

Delli Carpini, Michael X., und Scott Keeter. 1996. *What Americans know about politics and why it matters*. New Haven: Yale University Press.

Dow, Jay K. 2009. Gender Differences in Political Knowledge: Distinguishing Characteristics-Based and Returns-Based Differences. *Political Behavior* 31 (1): 117–136.

Ferrín, Monica, Marta Fraile, Gema M García-Albacete, und Raul Gómez. 2020. The gender gap in political interest revisited. *International Political Science Review* 41 (4): 473–489.

Fraile, Marta. 2014. Do Women Know Less About Politics Than Men? The Gender Gap in Political Knowledge in Europe. *Social Politics* 21 (2): 261–289.

Galston, William A. 2001. Political knowledge, political engagement, and civic education. *Annual Review of Political Science* 4: 217–234.

Gerber, Alan S., Gregory A. Huber, David Doherty, und Conor M. Dowling. 2011. The Big Five Personality Traits in the Political Arena. *Annual Review of Political Science* 14 (1): 265–287.

Hadjar, Andreas, und Rolf Becker. 2006. Bildungsexpansion und Wandel des politischen Interesses in Westdeutschland zwischen 1980 und 2002. *Politische Vierteljahresschrift* 47 (1): 12–34.

Hibbing, Matthew V., Melinda Ritchie, und Mary R. Anderson. 2011. Personality and Political Discussion. *Political Behavior* 33 (4): 601–624.

Ihme, Toni Alexander, und Markus Tausendpfund. 2019. Stereotype Threat und Politisches Wissen. In *Wahrnehmung – Persönlichkeit – Einstellungen. Psychologische Theorien und Methoden in der Wahl- und Einstellungsforschung*, Hrsg. Evelyn Bytzek, Markus Steinbrecher und Ulrich Rosar, 143–172. Wiesbaden: Springer VS.

Jerit, Jennifer, und Jason Barabas. 2017. Revisiting the Gender Gap in Political Knowledge. *Political Behavior* 39 (4): 817–838.

Jessee, Stephen A. 2017. "Don't Know" Responses, Personality, and the Measurement of Political Knowledge. *Political Science Research and Methods* 5 (4): 711–731.

Johann, David. 2008. Probleme der befragungsbasierten Messung von Faktenwissen. *Sozialwissenschaften und Berufspraxis* 31 (1): 53–65.

Kandler, Christian, Rainer Riemann, und Anke Hufer-Thamm. 2022. Persönlichkeit und Politik. In *Politische Psychologie*, Hrsg. Sonja Zmerli und Ofer Feldman, 61–81. Baden-Baden: Nomos.

Luskin, Robert C. 1990. Explaining political sophistication. *Political Behavior* 12 (4): 331–361.

Luskin, Robert C., und John G. Bullock. 2011. Don't Know Means Don't Know: DK Responses and the Public's Level of Political Knowledge. *The Journal of Politics* 73 (2): 547–557.

Lyons, Pat. 2017. *Political Knowledge in the Czech Republic*. Prag: Institute of Sociology of the Czech Academy of Sciences.

Maier, Jürgen. 2009. Was die Bürger über Politik (nicht) wissen – und was die Massenmedien damit zu tun haben – ein Forschungsüberblick. In *Politik in der Mediendemokratie*, Hrsg. Frank Marcinkowski und Barbara Pfetsch, 393–414. Wiesbaden: VS Verlag für Sozialwissenschaften.

Mondak, Jeffery J. 1999. Reconsidering the Measurement of Political Knowledge. *Political Analysis* 8 (1): 57–82.

Mondak, Jeffery J. 2010. *Personality and the Foundations of Political Behavior*. New York: Cambridge University Press.

Mondak, Jeffery J., und Karen D. Halperin. 2008. A Framework for the Study of Personality and Political Behaviour. *British Journal of Political Science* 38 (2): 335–362.

Mondak, Jeffery J., Matthew V. Hibbing, Damarys Canache, Mitchell A. Seligson, und Mary R. Anderson. 2010. Personality and Civic Engagement: An Integrative Framework for the Study of Trait Effects on Political Behavior. *American Political Science Review* 104 (1): 85–110.

Mondak, Jeffrey J. 2001. Developing Valid Knowledge Scales. *American Journal of Political Science* 45 (1): 224–238.

Moosdorf, Daniel, Christian Schnaudt, Markus Tausendpfund, und Bettina Westle. 2020. Messung politischen Wissens. In *Politisches Wissen in Deutschland. Empirische Analysen mit dem ALLBUS 2018*, Hrsg. Markus Tausendpfund und Bettina Westle, 55–88. Wiesbaden: Springer VS.

Mummendey, Amélie, und Sabine Otten. 2002. Theorien intergruppalen Vehaltens. In *Theorien der Sozialpsychologie. Band II: Gruppen-, Interaktions- und Lerntheorien*, Hrsg. Dieter Frey und Martin Irle, 95–119. Bern: Huber.

Neyer, Franz J., und Jens B. Asendorpf. 2018. *Psychologie der Persönlichkeit*. Berlin: Springer.

Orum, Anthony M., Robert S. Cohen, Sheri Grassmuch, und Amy Orum. 1974. Sex, Socialization and Politics. *American Sociological Review* 39 (2): 197–209.

Quintelier, Ellen, und Yannis Theocharis. 2013. Online Political Engagement, Facebook, and Personality Traits. *Social Science Computer Review* 31 (3): 280–290.

Rammstedt, Beatrice, Christoph Kemper, Mira Céline Klein, Constanze Beierlein, und Kovaleva Anastassyia. 2014. *Big Five Inventory (BFI-10). Zusammenstellung sozialwissenschaftlicher Items und Skalen (ZIS)*. Mannheim: GESIS – Leibniz-Institut für Sozialwissenschaften in Mannheim.

Rasmussen, Stig Hebbelstrup Rye. 2016. Education or Personality Traits and Intelligence as Determinants of Political Knowledge? *Political Studies* 64 (4): 1036–1054.

Richardson, Michelle, Charles Abraham, und Rod Bond. 2012. Psychological correlates of university students' academic performance: a systematic review and meta-analysis. *Psychological Bulletin* 138 (2): 353–387.

Russo, Silvia, und Erik Amnå. 2016. When political talk translates into political action: The role of personality traits. *Personality and Individual Differences* 100: 126–130.

Sarcinelli, Ulrich. 2022. Legitimation durch Kommunikation? Politische Meinungs- und Willensbildung in der Mediendemokratie. In *Handbuch Regierungsforschung*, Hrsg. Karl-Rudolf Korte und Martin Florack, 155–167. Wiesbaden: Springer VS.

Schmidt, Anja, und Georg Weißeno. 2019. Politisches Wissen und Big Five bei Schüler/-innen der gymnasialen Oberstufe. In *Politik lernen. Studien und theoretische Ansätze*, Hrsg. Georg Weißeno. Wiesbaden: Springer VS.

Schmitt, Josephine B. 2016. *Vom Glauben, Berge Versetzen zu können. Subjektive Beurteilung von Medienqualität und Selbstwirksamkeit als Wegbereiter politischen Wissens*. Berlin: epubli.

Schoen, Harald. 2005. Ist Wissen auch an der Wahlurne Macht? Politische Kompetenz und Wahlverhalten. In *Persönlichkeit. Eine vergessene Größe der empirischen Sozialforschung*, Hrsg. Siegfried Schumann, 137–155. Wiesbaden: VS Verlag für Sozialwissenschaften.

Schoen, Harald. 2012. Persönlichkeit, politische Präferenzen und politische Partizipation. *Aus Parlament und Zeitgeschichte* 62 (49-50): 47–55.

Schoen, Harald, und Cornelia Weins. 2014. Der sozialpsychologische Ansatz zur Erklärung von Wahlverhalten. In *Handbuch Wahlforschung*, Hrsg. Jürgen W. Falter und Harald Schoen, 241–329. Wiesbaden: Springer VS.

Schumann, Siegfried, Hrsg. 2005. *Persönlichkeit. Eine vergessene Größe der empirischen Sozialforschung*. Wiesbaden: VS Verlag für Sozialwissenschaften.

Tausendpfund, Markus. 2020. Niveau und Determinanten politischen Wissens. In *Politisches Wissen in Deutschland. Empirische Analysen mit dem ALLBUS 2018*, Hrsg. Markus Tausendpfund und Bettina Westle, 89–126. Wiesbaden: Springer VS.

Tenscher, Jens, und Lore Hayek. 2012. Allgemeine und politische Mediennutzung. In *Deutschlands Metamorphosen. Ergebnisse des European Social Survey 2002 bis 2008*, Hrsg. Silke I. Keil und Jan W. van Deth, 237–269. Baden-Baden: Nomos.

Vecchione, Michele, und Gian Vittorio Caprara. 2009. Personality determinants of political participation: The contribution of traits and self-efficacy beliefs. *Personality and Individual Differences* 46 (4): 487–492.

Verba, Sidney, Kay Lehman Schlozman, und Henry E. Brady. 1995. *Voice and Equality. Civic Voluntarism in American Politics*. Cambridge: Harvard University Press.

Vetter, Angelika. 1997. Political Efficacy: Alte und neue Messmodelle im Vergleich. *Kölner Zeitschrift für Soziologie und Sozialpsychologie* 49 (1): 53–73.

Vollmar, Meike. 2012. *König, Bürgermeister, Bundeskanzler? Politisches Wissen von Grundschülern und die Relevanz familiärer und schulischer Ressourcen*. Wiesbaden: Springer VS.

Westle, Bettina. 2005. Politisches Wissen und Wahlen. In *Wahlen und Wähler. Analysen aus Anlass der Bundestagswahl 2002.*, Hrsg. Jürgen W. Falter, Oscar W. Gabriel und Bernhard Weßels, 484–512. Wiesbaden: VS Verlag für Sozialwissenschaften.

Westle, Bettina. 2009a. Die unpolitische Frau – ein Methodenartefakt der Umfrageforschung? In *Politik – Wissenschaft – Medien. Festschrift für Jürgen W. Falter zum 65. Geburtstag*, Hrsg. Hanna Kaspar, Harald Schoen, Siegfried Schumann und Jürgen R. Winkler, 179–201. Wiesbaden: VS Verlag für Sozialwissenschaften.

Westle, Bettina. 2009b. Politisches Wissen als Grundlage der Entscheidung bei der Bundestagswahl. In *Wähler in Deutschland. Sozialer und politischer Wandel, Gender und Wahlverhalten*, Hrsg. Steffen Kühnel, Oskar Niedermayer und Bettina Westle, 366–398. Wiesbaden: VS Verlag für Sozialwissenschaften.

Westle, Bettina. 2011. Politisches Wissen in Deutschland. Ein Vergleich von Bürgern mit türkischem Migrationshintergrund und einheimischen Deutschen. *Zeitschrift für Parlamentsfragen* 42 (4): 835–850.

Westle, Bettina. 2012. Souveräne Teilhabe unter Unsicherheit und Halbwissen: Politisches Wissen und politische Partizipation. In *Die verstimmte Demokratie. Moderne Volksherrschaft zwischen Aufbruch und Frustration*, Hrsg. Stephan Braun und Alexander Geisler, 51–68. Wiesbaden: Springer VS.

Westle, Bettina. 2013. Wissen zur EU – Bedeutungs/losigkeit des lokalen Kontexts? In *Politik im Kontext: Ist alle Politik lokale Politik? Individuelle und kontextuelle Determinanten politischer Orientierungen*, Hrsg. Jan W. van Deth und Markus Tausendpfund, 215–239. Wiesbaden: Springer VS.

Westle, Bettina. 2020. Kognitives politisches Engagement. In *Politikwissenschaftliche Einstellungs- und Verhaltensforschung. Handbuch für Wissenschaft und Studium*, Hrsg. Thorsten Faas, Oscar W. Gabriel und Jürgen Maier, 273–295. Baden-Baden: Nomos.

Westle, Bettina, und David Johann. 2010. Das Wissen der Europäer/innen über die Europäische Union. In *Information – Wahrnehmung – Emotion. Politische Psychologie in der Wahl- und Einstellungsforschung*, Hrsg. Thorsten Faas, Kai Arzheimer und Sigrid Roßteutscher, 353–374. Wiesbaden: VS Verlag für Sozialwissenschaften.

Westle, Bettina, Astrid Rütter, und Christian Begemann. 2015. Das Wissen zum Wahlsystem vor der Bundestagswahl 2013. *Politische Psychologie* 4 (1): 108–138.

Westle, Bettina, und Markus Tausendpfund. 2019. Politisches Wissen. Relevanz, Messung, Befunde. In *Politisches Wissen. Relevanz, Messung und Befunde*, Hrsg. Bettina Westle und Markus Tausendpfund, 1–39. Wiesbaden: Springer VS.

**Dr. Simone Abendschön** ist Professorin für Politikwissenschaft mit dem Schwerpunkt Methoden der Politikwissenschaft unter Berücksichtigung der Demokratie- und politischen Sozialisationsforschung an der Justus-Liebig-Universität in Gießen. Forschungsschwerpunkte: Partizipations- und Einstellungsforschung, politische Sozialisation und politische Kommunikation. E-Mail: Simone.Abendschoen@sowi.uni-giessen.de

**Dr. Markus Tausendpfund** ist außerplanmäßiger Professor an der Fakultät für Kultur- und Sozialwissenschaften, Arbeitsstelle „Quantitative Methoden", an der FernUniversität in Hagen. Forschungsschwerpunkte: Methoden der empirischen Sozialforschung, Einstellungs- und Verhaltensforschung sowie lokale Politikforschung. E-Mail: Markus.Tausendpfund@fernuni-hagen.de

# „Ich weiß, was ich nicht weiß" – Geschlechterunterschiede beim politischen Wissen

Fabio Best und Sascha Huber

## 1 Einleitung

Einer der erklärungsbedürftigsten Befunde zu politischem Wissen sind die konsistent gefundenen Geschlechterunterschiede: Männer scheinen ein deutlich größeres politisches Wissen zu haben als Frauen (Delli Carpini und Keeter 1996; Verba et al. 1997; Converse 2006; Fraile 2014; Bathelt et al. 2016; Fortin-Rittberger 2016). Während in den 1950er Jahren Politik vielleicht noch als „Männersache" angesehen werden konnte, sehen das heute immer weniger Menschen so (Westle 2009a; Bathelt et al. 2016). Trotzdem finden sich auch in neueren Untersuchungen immer noch deutliche Unterschiede beim politischen Wissen von Frauen und Männern (Fraile und Gomez 2015; Fortin-Rittberger 2016, 2020; Ihme und Tausendpfund 2018, 2019; Azevedo et al. 2023). Eine mögliche Erklärung für diese Befunde liegt in der Erfassung des politischen Faktenwissens in Umfragen: Bei Wissensfragen mit vorgegebenen Antwortmöglichkeiten und dem Angebot einer „weiß nicht" Option wählen Frauen häufiger diese „weiß nicht" Option, während Männer eher raten und so die Wahrscheinlichkeit einer richtigen

---

F. Best (✉) · S. Huber
Johannes Gutenberg-Universität Mainz, Mainz, Deutschland
E-Mail: best@politik.uni-mainz.de

S. Huber
E-Mail: huber@politik.uni-mainz.de

© Der/die Autor(en), exklusiv lizenziert an Springer Fachmedien Wiesbaden GmbH, ein Teil von Springer Nature 2024
B. Westle und M. Tausendpfund (Hrsg.), *Politisches Wissen: Korrekte Kenntnisse, Fehlvorstellungen und Ignoranz,* Politisches Wissen,
https://doi.org/10.1007/978-3-658-42979-9_3

Antwort erhöhen (Ferrin et al. 2018; Miller 2019; Dolan und Hansen 2020).[1] Zumindest ein Teil der gefundenen Geschlechterunterschiede scheint damit auf ein unterschiedliches Antwortverhalten von Männern und Frauen bei Wissensfragen zurückzuführen zu sein und nicht unbedingt substanziell unterschiedliches Wissen abzubilden (Ihme und Tausendpfund 2018, 2019). In unserer Experimentalstudie untersuchen wir, wie groß dieser Anteil ist und ob sich das Antwortverhalten der Geschlechter sowie das substanzielle Wissen bei jüngeren Geburtenjahrgängen angleicht.

Gleichzeitig argumentieren wir, dass das unterschiedliche Antwortverhalten von Männern und Frauen auch inhaltlich bzw. politisch relevant ist. Wenn Frauen generell häufiger „weiß nicht" bei Umfragen angeben, kann das auf eine unterschiedliche politische Urteilsbildung bei Männern und Frauen hindeuten: Frauen trauen sich demnach möglicherweise bei einer unsicheren Entscheidungsumgebung seltener politische Urteile zu und Männer fällen selbst dann (heuristische) Urteile, wenn sie sich sehr unsicher sind oder neigen gar dazu, trotz Nichtwissens zu versuchen, die korrekte Antwort zu erraten. In unserem Beitrag analysieren wir diese möglichen Unterschiede und gehen der Frage nach, ob Männer bei Unsicherheit in Befragungen häufiger wahllose und wenig aussagekräftige Hinweise bei ihrer Antwort und politischen Urteilsbildung nutzen oder ob Frauen möglicherweise sehr bzw. zu vorsichtig bei ihren Antworten und Urteilen sind und auch aussagekräftige Hinweise nicht für eine heuristische Urteilsbildung nutzen.

Zur Beantwortung dieser Fragen skizzieren wir im Folgenden zunächst kurz die Bedeutung von politischem Wissen und stellen verschiedene Erklärungsmechanismen für Geschlechterunterschiede beim politischen Wissen vor. Die aus den Erklärungsmechanismen abgeleiteten Erwartungen überprüfen wir anhand unserer Survey-Experimente zur Europawahl 2019.

---

[1] Beim Raten erhöht sich aber auch die Wahrscheinlichkeit falscher Antworten. Bei einer wahr/falsch Aussage besteht eine 50:50 Chance bei vollständigem Nichtwissen die korrekte/falsche Antwort zu geben. Bei der etablierten Messung politischen Wissens bleibt dieser Aspekt unberücksichtigt, da zumeist falsche Antworten und „weiß nicht" Angaben zu einer Residualkategorie zusammengefasst werden (Frazer und Macdonald 2003; Miller 2019).

## 2 Forschungsstand

### 2.1 Die Bedeutung von politischem Wissen

Politisches Wissen wird häufig als wichtige Voraussetzung für das Funktionieren moderner Demokratien angesehen, deren Fehlen negative Folgen für das politische System haben kann (Campbell et al. 1960; Pateman 1970; Converse 1990, 2006; Luskin 1990; Delli Carpini und Keeter 1996; Dahl 1998). Es befähigt Individuen zur Partizipation am politischen System und unterstützt sie bei der Wahrnehmung ihrer Rolle als mündige Bürger (Schübel 2018, S. 22), wenngleich u. a. Neuman (1986) zeigen konnte, dass für den Erhalt demokratischer Systeme nicht alle Bürger denselben Grad an politischer Informiertheit aufweisen müssen. Ohne ein zumindest grundlegendes Verständnis der aktuellen politischen Lage, der zur Wahl stehenden Parteien bzw. Kandidierenden (sowie deren Parteizugehörigkeit) und deren Politikvorschlägen erscheint eine rationale, individuelle Willensbildung und Interessenartikulation jedoch insgesamt nur eingeschränkt möglich. Empirisch zeigt sich bspw., dass ein höheres politisches Wissensniveau die Wahrscheinlichkeit der Teilnahme an Wahlen (Delli Carpini und Keeter 1996; Braun und Tausendpfund 2019) und anderen konventionellen und unkonventionellen Partizipationsformen (Delli Carpini und Keeter 1996; Johann 2012; Westle und Anstötz 2020) erhöht und Wählende befähigt, ihre Interessen in eine ihnen entsprechende Wahlentscheidung umzusetzen (Gelman und King 1993; Lau und Redlawsk 1997, 2006; Johann und Mayer 2019).

Politisches Wissen wird deshalb auch als ein „cornerstone construct in research on political behavior" (Mondak 2001, S. 238) angesehen, was sich allerdings nicht immer im Fokus der Forschung widergespiegelt hat. Insbesondere im deutschsprachigen Raum war die Auseinandersetzung lange lückenhaft und spärlich. Erst in den jüngeren Jahren widmet sich die deutschsprachige Forschung verstärkt diesem zentralen Forschungsfeld (Schübel 2018; Westle und Tausendpfund 2019; Tausendpfund und Westle 2020; Melcher und Weßels 2020).

Einer der erklärungsbedürftigsten Befunde zu den individuellen Hintergründen von politischem Wissen sind die persistent gemessenen Unterschiede zwischen Männern und Frauen. Ausgehend von den Arbeiten von Delli Carpini und Keeter (1996), Mondak (2000, 2001) und Mondak und Anderson (2004) wurden dabei wiederholt zum Teil starke Geschlechterunterschiede festgestellt (für Deutschland z. B. Huber 2013; Ihme und Tausendpfund 2018, 2019; Johann und Mayer 2021). Dieser *Gender Gap* beim politischen Wissen erscheint sehr ungewöhnlich, insbesondere wenn auch andere Hintergrundvariablen wie politisches

Interesse, Medienkonsum oder Bildung kontrolliert werden. Umso wichtiger ist es, der Frage nachzugehen, welche weiteren Faktoren für diese Lücke verantwortlich sein können. In der Literatur lassen sich grob zwei Arten von Antworten finden. Die erste Antwort fokussiert auf die Methode der Messung von politischem Wissen. Demnach werden Geschlechterunterschiede (teilweise) durch Messartefakte hervorgerufen, reflektieren also nicht zwingend ein unterschiedliches Wissensniveau von Männern und Frauen. Die zweite Antwort fokussiert auf weitere, nicht messbedingte Gründe für die Geschlechterunterschiede. Da diese im Gegensatz zu ersteren kein Messartefakt darstellen, sondern de facto unter anderem über Sozialisationseffekte und Rollenbilder vermittelte Wissensunterschiede darstellen, bezeichnen wir sie in Abgrenzung zu den durch die Messung bedingten Gründen als substanzielle Gründe. Im Folgenden sollen beide Forschungsstränge kurz dargestellt werden.

## 2.2 Der *Gender Gap* bei politischem Wissen

### 2.2.1 Messmethodische Gründe für Geschlechterunterschiede bei politischem Wissen

Der erste dieser beiden Forschungsstränge basiert auf der grundlegenden Auseinandersetzung mit den Vor- und Nachteilen verschiedener Messverfahren für politisches Wissen. Dabei wird insbesondere diskutiert, ob Wissensfragen eine „weiß nicht" Option enthalten sollten oder welche Art von Wissen in solchen Wissenstests überhaupt abgefragt werden sollte.

Delli Carpini und Keeter (1996) und Mondak (2001) unterscheiden sich in ihren Empfehlungen zur Verwendung einer „weiß nicht" Kategorie. Delli Carpini und Keeter (1996) empfehlen nicht nur die Verwendung einer „weiß nicht" Kategorie, sondern darüber hinaus die aktive Erwähnung dieser Kategorie durch den Interviewer. Befragte sollen – wenn sie die Antwort auf eine Frage nicht wissen – diese „weiß nicht" Option wählen und damit vom Raten abgehalten werden. Diese Position wird von Mondak (2001) bestritten. Seiner Argumentation folgend kann das explizite Angebot einer „weiß nicht" Kategorie dazu führen, dass zwei Befragte mit de facto identischem politischem Wissen, aber unterschiedlichen Persönlichkeiten unterschiedlich darauf reagieren und daher verschiedene Messergebnisse zeigen. Denn wenn Person 1 aufgrund einer größeren Disposition zum Raten trotz unvollständigen Wissens zufällig die richtige Antwort errät, während Person 2 auf die „weiß nicht" Kategorie zurückgreift, dann wird Person 1 trotz identischem Wissensstand ein höheres politisches Wissensniveau zugeschrieben als Person 2 (Mondak 2001). Traditionell werden „weiß nicht" Antworten als Nichtwissen und damit gleichbedeutend mit falschen Antworten behandelt (Miller 2019). Folglich führt die Existenz einer „weiß nicht" Kategorie bei risikoaversen Personen zu einer Unterschätzung des politischen Wissens (Mondak 2000; Lizotte und Sidman 2009) und damit zu Einbußen in der Reliabilität der Messung (Mondak 2000, 2001; Miller 2019).[2]

Mondak und Anderson (2004) sowie Lizotte und Sidman (2009) zeigen, dass nicht nur ein Reliabilitätsverlust mit einer „weiß nicht" Kategorie einhergeht, sondern, dass dieser zudem zwischen den Geschlechtern ungleich verteilt ist und so zumindest einen Teil der Geschlechterunterschiede beim politischen Wissen erklären kann. Hintergrund sind in der Psychologie dokumentierte Persönlichkeitsunterschiede von Männern und Frauen (Feingold 1994; Costa et al. 2001; Weisberg et al. 2011). Diese werden meist als Ergebnis jahrhundertelanger Anpassungsprozesse von Frauen und Männern an gesellschaftliche Anforderungen und Rollenbilder angesehen (Costa et al. 2001; Hannagan et al. 2014). Die Auswirkungen dieser Persönlichkeitsunterschiede zeigen sich im Verhalten von Männern und Frauen in verschiedenen Alltagssituationen (Brody 1984; Byrnes et al. 1999; Borghans et al. 2009), wobei die Stärke dieser Geschlechterunterschiede nicht immer besonders stark ausfallen muss (Hyde 2005; Neyer und Asendorpf 2018, S. 359–369). Es deutet einiges darauf hin, dass Männer dazu neigen, hierarchischer zu denken und ein selbstbewussteres Verhalten zu zeigen als Frauen. Frauen hingegen neigen dazu, eher harmonischere und weniger kompetitive Situationen und Beziehungen einzugehen (Hannagan et al. 2014; Simon 2017). In Testsituationen zeigen sich Männer bis zu einem gewissen Grad kompetitiver als Frauen und verhalten sich ein wenig risikofreudiger, was sich bei der Erhebung von Wissen in einer größeren Ratehäufigkeit von Männern niederschlagen kann (Ben-Shakhar und Sinai 1991; Baldiga 2014). Im Vergleich dazu neigen Frauen in Testsituationen etwas stärker dazu, Fragen zu überspringen oder „weiß nicht"

---

[2] Ein weiteres Argument, das im Zusammenhang mit der angeschnittenen Risikoaversion steht und gegen das Angebot einer „weiß nicht" Kategorie spricht, ist die Annahme, dass sich hinter „weiß nicht" Angaben partielles Wissen über den abgefragten Sachverhalt verbergen kann und „weiß nicht" Angaben daher zwischen falschen und richtigen Antworten einzuordnen sind (Delli Carpini und Keeter 1996; Mondak 2000; DeBell 2013). Die Arbeiten von Sturgis et al. (2008) und Jessee (2017) lassen jedoch Zweifel an dieser Perspektive aufkommen. Ihnen zufolge lässt sich der postulierte Wissensvorsprung der Befragten, die mit „weiß nicht" geantwortet haben, gegenüber denjenigen, die eine falsche Antwort gegeben haben, nicht aufrechterhalten. Angesichts dieser uneindeutigen Studienlage ist es wenig verwunderlich, dass sich in sozialwissenschaftlichen Erhebungen sowohl Wissenstests mit als auch ohne „weiß nicht" Kategorien finden lassen.

auszuwählen (Baldiga 2014; Simon 2017), ein Phänomen, dass sich, bedingt durch Rollenbilder, auch im politischen Verhalten von Männern und Frauen in realweltlichen Situationen zeigen lässt (Atkeson und Rapoport 2003).

Die etablierte Form der Erhebung von politischem Wissen in Umfragen ähnelt einer klassischen Testsituation. Es ist daher nicht verwunderlich, dass geschlechterspezifisches Antwortverhalten auch in vielen politischen Wissenstests nachgewiesen werden konnte.[3] Das oben genannte Beispiel von Mondak (2001) aufgreifend, argumentieren Lizotte und Sidman (2009), dass es bei zwei Personen mit identischem Maß an politischem Wissen wahrscheinlich ist, dass Raten bei Männern und die „weiß nicht" Option bei Frauen häufiger auftritt. Der Wissensvorsprung der risikofreudigeren Männer gegenüber den weniger risikofreudigen Frauen, der durch die größere Neigung zum Raten entsteht, verringert sich in ihrer Studie durch den Wegfall der „weiß nicht" Kategorie um 36 %. Ein Drittel des „geringeren" Wissens der Frauen lässt sich demnach auf die Existenz dieser Antwortkategorie zurückführen. Auch in den Arbeiten von Mondak und Anderson (2004) sowie Dolan und Hansen (2020) findet sich ein signifikanter Effekt der „weiß nicht" Kategorie auf Geschlechterunterschiede, wobei dieser bei Mondak und Anderson (2004) mit 50 % noch deutlich größer ausfällt als bei Lizotte und Sidman (2009). Diese Ergebnisse werden durch die experimentellen Studien von Miller (2019) und Ferrin et al. (2017) gestützt. Zusammenfassend hält Fortin-Rittberger (2020), die auf Basis der Comparative Study of Electoral Systems (CSES) Geschlechterunterschiede in 47 Ländern zu 106 Zeitpunkten untersucht hat (Fortin-Rittberger 2016, 2020), fest, dass Einigkeit darüber besteht, dass einerseits ein *Gender Knowledge Gap* existiert und dass andererseits vieles für systematische Verzerrungen durch die Messmethode spricht. Wie groß diese Verzerrungen sind, darüber herrscht weiter Uneinigkeit in der Forschung.

Unabhängig davon, wie groß die methodischen Gründe für die Geschlechterunterschiede genau sind, ist der grundsätzliche Befund, dass Frauen eher „weiß nicht" bei politischen Fragen angeben, unserer Ansicht nach durch die bestehende Literatur noch nicht ausreichend diskutiert worden. Denn einerseits ist dieser Befund aus methodischer Sicht interessant, andererseits hat er aber auch eine substanzielle Relevanz, wenn man die politische Urteilsbildung von Männern und Frauen besser verstehen möchte. Politische Urteilsbildung findet sehr häufig in einer Situation statt, die von Unsicherheit geprägt ist. Bürger bilden sich in

---

[3] Dieser Befund wird auch durch die Befunde von McGlone et al. (2006) und Ihme und Tausendpfund (2018) gestützt, die zeigen, dass die Aktivierung von Geschlechterstereotypen zu größeren Geschlechterunterschieden im politischen Wissen führt.

dieser mithilfe von mehr oder weniger validen Hinweisen ihre Meinungen und entscheiden sich für politische Handlungen (Lau und Redlawsk 1997; Huber 2012). Der Befund von häufigeren „weiß nicht" Antworten von Frauen kann einerseits bedeuten, dass sie generell seltener Hinweise der Entscheidungsumgebung nutzen, um sich Urteile zu bilden. Das wäre möglicherweise problematisch, da sie sich zu schnell in einer Position einrichten, in der sie sich keine politischen Urteile zutrauen, wenn sie nicht vollständig informiert sind. Der Befund kann aber auch darauf zurückzuführen sein, dass Frauen nur aussagekräftige Hinweise nutzen, Männer dagegen jeden, gleichgültig wie aussagekräftigen Hinweis und so auch zufällige Urteile fällen, die keine rationale Grundlage haben. Die Heuristiken-Literatur in der Psychologie unterscheidet dabei zwischen mehr oder weniger validen Hinweisen der Entscheidungsumgebung, die Menschen nutzen können, um sich Urteile über verschiedene Objekte zu bilden (Gigerenzer et al. 1999). Ein Hinweis ist danach umso valider, je besser er dabei helfen kann, ein „rationales" oder gutes Urteil zu treffen, das dem ähnelt, das bei faktischer Kenntnis des Objekts getroffen worden wäre.[4] In unserem Beitrag untersuchen wir, inwieweit Männer eher bereit sind, bei fehlenden Kenntnissen eines politischen Objekts auch vergleichsweise wenig aussagekräftige bzw. invalide Hinweise zu nutzen, nur um überhaupt ein Urteil fällen zu können – also versuchen, sich möglichst kompetent darzustellen – und Frauen möglicherweise bei politischen Urteilen seltener Hinweise nutzen, wenn sie keine genaue Kenntnis über ein Objekt haben bzw. weniger Probleme damit haben, ihr Nichtwissen zuzugeben.

### 2.2.2 Substanzielle Gründe für Geschlechterunterschiede bei politischem Wissen

Neben methodischen Ursachen sind auch inhaltliche und strukturelle Gründe wie die unterschiedliche Sozialisation von Jungen und Mädchen oder die Doppelbelastung von Frauen durch Haushalt und Arbeit für die Geschlechterunterschiede bei politischem Wissen plausibel. Männer und Frauen sind bspw. unterschiedlichen Rollenerwartungen ausgesetzt, Jungen und Mädchen werden im Elternhaus und in der Familie häufig sehr unterschiedlich sozialisiert. In der Folge erscheint es möglich, dass Frauen politischer Expertise und Partizipation einen geringeren Stellenwert geben.

---

[4] Gigerenzer et al. (1999) betrachten zum Beispiel Hinweise bei der Beurteilung der Größe von Städten. Ein Hinweis ist dabei nach ihrer Konzeption umso valider, je häufiger dessen Verwenden zur richtigen Einschätzung der relativen Größe zweier Städte führt.

Darüber hinaus verfügen Frauen häufig (immer) noch über ein deutlich geringeres Einkommen, haben in älteren Generationen eine geringere formale Bildung und verfügen aufgrund der Doppelbelastung durch Beruf und Familie häufig über weniger Zeit für politische Aktivitäten. All diese Faktoren sind mit einer geringeren politischen Involvierung und geringerem politischem Wissen verknüpft (Verba et al. 1995; Simon 2017; Tausendpfund 2020). Zudem führt die traditionelle Form der Arbeitsteilung in patriarchalen Gesellschaften, in denen Männer für die politische Interessenartikulation zuständig sind, zu einem weniger stark ausgeprägten politischen Interesse und Wissen von Frauen (Simon 2017). Wenn die politische Arena Männersache ist, dann sollten sich vor allem Männer um das für die Partizipation notwendige Wissen bemühen. Dies könnte auch die Befunde erklären, dass Frauen seltener politische Medieninhalte konsumieren (Tenscher et al. 2013), im Alltag weniger über Politik sprechen (Hansen 1997; Abendschön und García-Albacete 2021) und ein geringeres politisches Interesse aufweisen (Verba et al. 1997; Westle 2009b), was sich letztlich in einem geringeren politischen Wissen niederschlagen kann.

Wenn sich nun aufgrund des gesellschaftlichen Wandels in vielen westlichen Ländern das Frauenbild ändert, die Emanzipation andere Rollenbilder hervorbringt und sich die (politische) Sozialisation von Jungen und Mädchen ändert, sollten sich die gerade beschriebenen Unterschiede angleichen. Tatsächlich gibt es Hinweise, dass sich die Geschlechterunterschiede bei politischem Wissen in den jüngeren Kohorten abschwächen (Dow 2009; Bathelt et al. 2016; Fortin-Rittberger 2016), sodass bei den jüngeren Befragten substanzielle Unterschiede zwischen den Geschlechtern deutlich geringer ausfallen sollten als bei den älteren Befragten.[5]

Ein weiterer Grund für Geschlechterunterschiede bei politischem Wissen kann sein, dass sich Frauen und Männer für unterschiedliche politische Themen und Aspekte interessieren und diese sowohl in der realweltlichen Politik als auch bei der Abfrage von politischem Wissen in Umfragen unterschiedlich stark

---

[5] Mit dem biologischen Ansatz existiert ein weiterer Erklärungsmechanismus für Geschlechterunterschiede im politischen Wissen. Diesem zufolge beeinflussen genetische Unterschiede zwischen Männern und Frauen indirekt über verschiedene individuelle und Umweltfaktoren die Einstellungen und das Verhalten von Individuen (Carmen 2007; Smith et al. 2011), darunter das politische Wissen (Hannagan et al. 2014; Arcenaux et al. 2012). Da sich der Sozialisations- und genetische Effekt im vorliegenden Beitrag empirisch nicht voneinander trennen lassen, wird der biologische Ansatz aufgrund der größeren Verbreitung sozialisationsbezogener Ansätze nicht weiterverfolgt. Es ist allerdings nicht auszuschließen, dass die hier als Sozialisationseffekte gezeigten Befunde teilweise oder gänzlich auf genetische Unterschiede zurückzuführen sind.

repräsentiert werden. So weisen die meisten Wissensfragen einen nationalstaatlichen Bezug auf: Häufig wird nach der Größe oder den Mehrheitsverhältnissen im Parlament, den Namen oder Ämtern bekannter Politiker auf der nationalen Bühne oder nach dem nationalen Wahlsystem gefragt. Verschiedene Arbeiten haben aber zeigen können, dass (a) Frauen bei Wissensfragen zu klassischen politischen Institutionen (sog. harten Politikbereichen) schlechter abschneiden als Männer, aber bspw. über ein größeres Wissen zu wohlfahrtsstaatlichen Leistungen oder spezifischen *policies* verfügen und eher in der Lage sind, die korrekten Ansprechpersonen für bestimmte Probleme zu nennen als Männer (Stolle und Gidengil 2010; Ferrin et al. 2018). Zudem sind Frauen (b) besser darin, Wissensfragen, die sich auf Politiker*innen* beziehen zu beantworten (Fraile 2014) und sind (c) darüber hinaus auch besser in der Lage, den Anteil an Frauen im Parlament oder in anderen Institutionen einzuschätzen (Dolan 2011; Dolan und Hansen 2020). Wenn die Politik in einem Land männlich geprägt ist und die Spitzenpolitiker vor allem männlich sind, kann das dazu führen, dass sich davon vor allem Männer angesprochen fühlen. Wenn in Umfragen vor allem Wissen über Politiker abgefragt wird, kann es zu einem strukturell bedingten „Wissensvorsprung" der Männer kommen. Möglicherweise wären die Wissensunterschiede nicht so groß, wenn es mehr Frauen in politischen Spitzenpositionen gäbe oder auch nur mehr Politiker*innen* in Wissenstests abgefragt werden würden (Fraile und Gomez 2015; Pereira 2019). Zuletzt zeigt sich, dass auch die Ebene, auf der das politische Wissen abgefragt wird, von Relevanz ist: Während Männer tendenziell ein größeres Wissen für die europäische (Fraile 2014) und nationalstaatliche Ebene aufweisen, sind Frauen besser über die lokale Politik informiert als Männer (Delli Carpini und Keeter 2005; Shaker 2009, 2012).

## 2.3 Hypothesen

In unserer empirischen Studie möchten wir zu der oben aufgeführten Literatur und deren offenen Punkten beitragen, indem wir folgenden drei Leitfragen nachgehen: (1) Wie groß ist der Anteil des *Gender Gaps*, der sich in Deutschland auf die Art der Messung mit einer „weiß nicht" Option zurückführen lässt? (2) Schwächen sich die Geschlechterunterschiede beim politischen Wissen in jüngeren Geburtskohorten ab? Und wenn dem so ist, sind substanzielle oder messmethodische Gründe für diese Abnahme verantwortlich? (3) Wie unterscheidet sich die Nutzung von Heuristiken zwischen Männern und Frauen bei fehlendem Wissen und welche Konsequenzen hat dies auf die politische Urteilsbildung von Männern und Frauen?

Zur ersten Frage erwarten wir auf Grundlage der Literatur, dass auch in unserer Untersuchung Männer im Allgemeinen ein höheres politisches Wissensniveau zeigen als Frauen. Dabei gehen wir davon aus, dass sich Geschlechterunterschiede bei politischem Wissen reduzieren, wenn den Befragten keine „weiß nicht" Option zur Verfügung steht. Unklar ist aber die genaue Höhe der Reduktion des *Gender Gaps* durch den Wegfall der „weiß nicht" Kategorie – und damit nicht nur der Anteil, der durch Messartefakte hervorgerufen wird, sondern auch der Anteil des *Gender Gaps,* der auf Unterschiede in der Sozialisation und in Rollenbildern zurückzuführen ist. Diesen Erwartungen folgend, lassen sich die beiden ersten Hypothesen formulieren, die die empirische Auswertung anleiten. Die Annahme der ersten Hypothese kann als Voraussetzung für die Überprüfung der zweiten Hypothese gesehen werden.

H1: Männer weisen im Allgemeinen ein höheres Niveau korrekten politischen Wissens auf als Frauen.

H2: Der Geschlechterunterschied im Niveau korrekten politischen Wissens wird durch die Existenz einer „weiß nicht" Kategorie verstärkt.

Wir gehen weiter davon aus, dass Frauen häufiger die „weiß nicht" Option angeben, wenn die Möglichkeit hierzu besteht. Wenn Befragte dagegen gezwungen sind, sich zu entscheiden, werden sowohl Männer als auch Frauen, die sich unsicher sind, raten. Dies sollte dazu führen, dass sowohl das gemessene Niveau korrekten Wissens ansteigen sollte als auch das gemessene Niveau falschen Wissens. Denn selbst wenn das Raten rein zufällig geschieht und die Wahrscheinlichkeit, eine richtige Antwort anzugeben, lediglich von der Anzahl der Antwortmöglichkeiten abhängt, sollte sich so der Unterschied zwischen Männern und Frauen bei korrektem politischem Wissen verringern (im Vergleich zu einer Situation, in der „weiß nicht" ausgewählt werden kann und in der Frauen häufiger auf diese Kategorie zurückgreifen). Es ist möglich, dass die Reduktion des *Gender Gaps* sogar noch stärker ausfällt, nämlich dann, wenn sich unter der „weiß nicht" Gruppe bei den Frauen mehr Personen verbergen, die eine ungefähre Ahnung von der richtigen Antwort haben als bei den Männern, die möglicherweise wirklich nur „weiß nicht" angeben, wenn sie keinerlei Idee zur richtigen Antwort haben. Wenn Frauen und Männer gezwungen sind, eine Antwort auszuwählen, könnten Frauen mit einer überzufälligen Wahrscheinlichkeit die richtige Antwort auswählen, wohingegen das Rateverhalten von Männern näher an der zufälligen Wahrscheinlichkeit einer korrekten Antwort sein würde. Um die mögliche Reduktion des *Gender Gaps* besser zu verstehen, ist es deshalb interessant, neben den korrekten Antworten auch die falschen Antworten zu betrachten und so zumindest implizite Hinweise auf eine mögliche unterschiedliche Erfolgswahrscheinlichkeit des Ratens bei Männern und Frauen zu erhalten.

Vor dem Hintergrund sich angleichender Rollenbilder und möglicherweise geringerer Unterschiede in der Sozialisation erwarten wir eine Moderation des Geschlechterunterschieds durch die Zugehörigkeit zu einer Geburtskohorte. Insbesondere bei den jüngeren Kohorten vermuten wir, dass der (gemessene) Wissensvorsprung von Männern abnimmt.

H3: Der Geschlechterunterschied im Niveau korrekten politischen Wissens schwächt sich in jüngeren Kohorten ab.

Für die Abnahme des *Gender Gaps* in jüngeren Geburtsjahrgängen können sowohl Rollenbilder und Sozialisationseffekte als auch Persönlichkeits- und Verhaltensänderungen verantwortlich sein. Das kann einerseits dazu führen, dass es substanziell, also nicht auf die Messmethode zurückführbare, geringere Wissensunterschiede bei den jüngeren Kohorten gibt und/oder, dass sich das Antwortverhalten von Männern und Frauen über die Zeit angleicht, und beide Gruppen ähnlich häufig auf die „weiß nicht" Option zugreifen oder ähnlich häufig raten, was zu den beiden folgenden Hypothesen führt:

H3a: Der *nicht auf messmethodische Gründe zurückzuführende* Geschlechterunterschied im Niveau korrekten politischen Wissens schwächt sich in jüngeren Kohorten ab.

H3b: Der auf *messmethodische Gründe zurückzuführende* Geschlechterunterschied im Niveau korrekten politischen Wissens schwächt sich in jüngeren Kohorten ab.

Die dritte Leitfrage wurde in der Literatur bisher noch kaum systematisch untersucht und hat auch im vorliegenden Beitrag einen explorativen Charakter. Wenn Frauen häufiger angeben, einen politischen Sachverhalt nicht zu kennen, wird sich das sehr wahrscheinlich auf die politische Urteilsbildung auswirken und Frauen werden in der Folge auch seltener politische Urteile fällen. Wir gehen der Frage nach, wie dieser Umstand zu bewerten ist. Einerseits könnte sich diese Zurückhaltung positiv auswirken, da Frauen keine wahllosen, unbegründeten Urteile fällen und vorsichtiger bei ihrer Meinungsbildung sind. Andererseits könnte diese zurückhaltende Position problematisch sein, da sie bei Unsicherheit hilfreiche Hinweise und politische Heuristiken nicht ausreichend nutzen, sich zu leicht auf eine „weiß nicht" Option zurückziehen und sich entsprechend keine politischen Urteile zutrauen. Um diese Frage zu beleuchten, lohnt sich ein Blick auf die Qualität verschiedener Hinweise, die Männer und Frauen nutzen, wenn sie Urteile über politische Objekte fällen, über die sie wenig oder gar keine Informationen haben. Wenn vor allem aussagekräftige Hinweise genutzt werden, um auf unbekannte Objekte zu schließen, kann das zu vergleichsweise „guten" Urteilen führen, wenn dagegen alle möglichen – gegebenenfalls auch nichtssagende – Hinweise genutzt werden, können Urteile die Folge sein, die nicht den eigenen Interessen entsprechen (Gigerenzer et al. 1999). Aufgrund ihrer größeren Tendenz zu „weiß nicht" Antworten erwarten wir, dass Frauen stärker zwischen aussagekräftigen und nichtssagenden Hinweisen unterscheiden und entsprechend seltener ein Urteil fällen, wenn sie keine passenden Hinweise zur Verfügung haben.

## 3 Daten

Als Datengrundlage greifen wir auf eine von uns durchgeführte Online-Befragung zur Europawahl 2019 zurück. An dieser nahmen 1590 Personen, die über verschiedene Social-Media-Kanäle und E-Mail-Einladungen zwischen dem 22. und dem 29. Mai 2019 rekrutiert wurden, an zwei Experimenten teil. Bei der Online-Umfrage handelt es sich um ein Convenience Sample, bei dem versucht wurde, einen möglichst breiten Teil der Bevölkerung abzudecken.

Das Sample unterscheidet sich in seiner Zusammensetzung dennoch deutlich von der deutschen Bevölkerung. Tab. 1 stellt einige Kennzahlen dar. Im Vergleich zur gesamtdeutschen Bevölkerung fällt neben dem etwas jüngeren Durchschnittsalter vor allem der hohe Bildungsgrad auf. Erfreulicherweise haben ausreichend weibliche und männliche Befragte an der Befragung teilgenommen. Insgesamt haben jedoch deutlich mehr Männer als Frauen an der Befragung teilgenommen, was möglicherweise auch auf die Beschreibung der Studie als Umfrage zur Europawahl zurückzuführen ist. Aufgrund der Randomisierung in die Versuchsbedingungen ist jedoch vor allem relevant, dass genügend Frauen und Männer in unserem Sample vertreten sind. Zudem unterscheiden sich Frauen und Männer in unserem Sample nicht außergewöhnlich stark bei anderen Merkmalen voneinander und bewegen sich im Rahmen dessen, was man auch aus Zufallsstichproben kennt: Unsere weiblichen Befragten sind im Mittel etwas jünger als Männer, sie weisen ein etwas geringeres politisches Interesse auf und ordnen sich auf der Links-Rechts-Achse etwas weiter links ein und sie sind zugleich ähnlich schulisch gebildet wie die männlichen Befragten. Im Vergleich zu einem rein studentischen Sample, wie es häufig bei Experimentalstudien genutzt wird, ist unser Sample auf jeden Fall vielfältiger. Nichtsdestotrotz unterscheidet es sich von einer Zufallsstichprobe der Gesamtbevölkerung, was bei der Interpretation der Ergebnisse zu berücksichtigen ist.

**Tab. 1** Zusammensetzung des Samples

|  | Alle | Männer | Frauen |
|---|---|---|---|
| Alter (Mittelwert) | 36,4 *(44,5)* | 38,0 *(43,2)* | 34,0 *(45,8)* |
| Anteil Abitur | 88,0 *(33,48)* | 87,5 *(35,1)* | 88,8 *(31,91)* |
| Pol. Interesse (Mittelwert) (0 „überhaupt nicht"- 4 „sehr stark") | 3,12 *(2,37)* | 3,32 *(2,57)* | 2,82 *(2,17)* |
| Links-Rechts-Selbsteinstufung (Mittelwert) (1 „links" – 11 „rechts") | 4,90 *(5,38)* | 5,04 *(5,57)* | 4,69 *(5,15)* |
| N | 1590 | 959 | 631 |

Quelle: Best und Huber
Anmerkungen: In Klammern sind zum Vergleich die jeweiligen Kennwerte für die bundesdeutsche Bevölkerung dargestellt. Die Angaben für das Alter sind aus Statistische Ämter des Bundes und der Länder (o. J.) entnommen (Stichtag 31.12.2019). Angaben für den Anteil an Personen mit Abitur (Bevölkerung ab 15 Jahren) stammen aus Statistisches Bundesamt (o. J.) mit eigenen Berechnungen der Anteile. Für das politische Interesse und die Links-Rechts-Selbsteinstufung wurden Referenzwerte aus dem GLES Querschnitt 2021 (Roßteutscher et al. 2022) herangezogen.

## 4 Experiment I: Einfluss einer „weiß nicht" Option auf den Knowledge Gap

### 4.1 Experimentaldesign

Das erste Experiment widmet sich der Frage, ob eine „weiß nicht" Option einen Einfluss auf die gemessenen Geschlechterunterschiede bei politischen Wissensfragen ausübt. Alle Befragten erhielten insgesamt vier Wissensfragen (Tab. 2). Während zwei der Wissensfragen („Die Schweiz ist Mitglied der EU" und „Jedes Mitgliedsland der EU wählt gleich viele Abgeordnete für das Europäische Parlament") einen klaren Europabezug aufweisen, erfassen die beiden anderen Fragen nationales politisches Wissen („Angela Merkel ist Mitglied der CDU" und „Im Deutschen Bundestag sitzen ca. 900 Abgeordnete"). Die Wahl eines nationalen und eines europäischen Bezugsrahmens für die politischen Wissensfragen spiegelt den Kontext der Europawahl wider.

Randomisiert wurde nun, ob die Befragten eine explizite „weiß nicht" Antwortmöglichkeit angezeigt bekamen oder nicht: Der Hälfte der Befragten wurde neben den „regulären" Antwortoptionen, mit der diese den Wahrheitsgehalt der Aussage einschätzen können, eine „weiß nicht" Option eingeblendet. Diese Befragten konnten also explizit angeben, die Antwort auf die Wissensfrage nicht zu kennen. Der zweiten Hälfte der Befragten stand eine solche Antwor-

**Tab. 2** Experimentaldesign I: Übersicht über das Experimentaldesign und die Frageformulierungen

**Fragetext**
Bitte geben Sie für jede der folgenden Aussagen an, ob Sie eher denken, dass sie wahr oder falsch ist
- Die Schweiz ist Mitglied der EU
- Jedes Mitgliedsland der EU wählt die gleiche Anzahl von Abgeordneten für das Europäische Parlament
- Im deutschen Bundestag sitzen circa 900 Abgeordnete
- Angela Merkel ist Mitglied der CDU

| Items Exp.-Gruppe 1 | Items Exp.-Gruppe 2 | Items Exp.-Gruppe 3 | Items Exp.-Gruppe 4 |
|---|---|---|---|
| (1) wahr | (1) wahr | (1) auf jeden Fall wahr | (1) auf jeden Fall wahr |
| (4) falsch | (4) falsch | (2) wahrscheinlich wahr | (2) wahrscheinlich wahr |
| (9) weiß nicht | | (3) wahrscheinlich falsch | (3) wahrscheinlich falsch |
| | | (4) auf jeden Fall falsch | (4) auf jeden Fall falsch |
| | | | (9) weiß nicht |

Quelle: Best und Huber.

toption nicht zur Verfügung, diese hatten also keine explizite Möglichkeit, fehlendes Wissen anzugeben. Zusätzlich wurde ein weiterer Faktor variiert, der für diesen Beitrag nicht näher analysiert wird. Die eine Hälfte der Befragten erhielt randomisiert die Auswahl zwischen richtig und falsch und die andere Hälfte die Auswahl auf einer vierstufigen Skala (auf jeden Fall wahr, wahrscheinlich wahr, wahrscheinlich falsch, auf jeden Fall falsch). Wir haben für diesen Beitrag beide Gruppen zusammengefasst und die vierstufige Skala entsprechend dichotomisiert.

## 4.2 Ergebnisse

Die Fragen im ersten Experiment sind vielen Befragten leichtgefallen. Die Tab. 3 und 4 geben einen Überblick über den Schwierigkeitsgrad der einzelnen Wissensfragen. Die Anteile der (nicht) richtig beantworteten politischen Wissensfragen variieren in beiden Tabellen deutlich zwischen den einzelnen Wissensfragen. Während in der Experimentalbedingung ohne „weiß nicht" Option (Tab. 3) sowohl Männer (99,8 %) als auch Frauen (99,7 %) die Parteizugehörigkeit der damaligen Bundeskanzlerin Angela Merkel (CDU) kennen, wissen „nur" 68,5 bzw. 77,4 % der Befragten in dieser Bedingung, dass der Bundestag deutlich kleiner ist als die angegebenen 900 Abgeordneten. Auch bei den Fragen mit Europabezug zeigt sich, dass es eine etwas leichter und eine etwas schwieriger zu beantwortende Frage gibt: Mit 94,3 bzw. 99,2 % weiß ein Großteil der Frauen und Männer über den EU-Status der Schweiz Bescheid. Dagegen wissen „nur" 85,4

**Tab. 3** Antwortverteilung bei den einzelnen Wissensfragen in Prozent (Experimentalbedingung ohne „weiß nicht" Option)

|  | Frauen | | Männer | |
|---|---|---|---|---|
|  | Korrekt | Falsch | Korrekt | Falsch |
| **Schweiz** | 94,3 | 5,7 | 99,2 | 0,8 |
| **EU-Parlament** | 85,4 | 14,6 | 91,9 | 8,1 |
| **Bundestag** | 68,5 | 31,5 | 77,4 | 22,6 |
| **Merkel** | 99,7 | 0,3 | 99,8 | 0,2 |

Quelle: Berechnungen Best und Huber. N = 1584.

**Tab. 4** Antwortverteilung bei den einzelnen Wissensfragen in Prozent (Experimentalbedingung mit „weiß nicht" Option)

|  | Frauen | | | Männer | | |
|---|---|---|---|---|---|---|
|  | Korrekt | Falsch | Weiß nicht | Korrekt | Falsch | Weiß nicht |
| **Schweiz** | 94,3 | 3,8 | 1,9 | 98,0 | 1,8 | 0,2 |
| **EU-Parlament** | 73,8 | 10,5 | 15,7 | 87,9 | 4,9 | 7,2 |
| **Bundestag** | 59,6 | 25,5 | 15,0 | 73,0 | 19,9 | 7,1 |
| **Merkel** | 98,7 | 1,0 | 0,3 | 99,3 | 0,4 | 0,2 |

Quelle: Berechnungen Best und Huber. N = 1584.

bzw. 91,9 % der Befragten, dass jedes EU-Mitglied unterschiedlich viele Abgeordnete ins EU-Parlament entsendet.

Ein vergleichbares Muster zeigt sich auch in der Experimentalbedingung mit „weiß nicht" Option (Tab. 4). Betrachtet man die relativen Häufigkeiten korrekter Angaben, lässt sich erneut jeweils eine etwas einfachere und eine etwas schwierigere Frage mit nationalstaatlichem bzw. Europabezug identifizieren. Mit zunehmendem Schwierigkeitsgrad der Frage steigt jedoch hier nicht nur der Anteil falscher Antworten, sondern auch der Anteil von „weiß nicht" Angaben. Generell fallen erwartungsgemäß sowohl die Anteile korrekter als auch inkorrekter Antworten in der Experimentalbedingung mit „weiß nicht" Option etwas niedriger aus als in der Experimentalbedingung ohne eine solche Option. Dies deutet darauf hin, dass sich unter denjenigen, die mit „weiß nicht" geantwortet haben, sowohl Befragte befinden, die ohne die Möglichkeit mit „weiß nicht" zu antworten, die Wissensfrage korrekt beantwortet hätten, als auch Befragte, die die Frage falsch beantwortet hätten.

Interessant sind für uns nun vor allem die Unterschiede zwischen Männern und Frauen in den einzelnen Experimentalbedingungen. Dabei fällt zunächst auf, dass Männer in beiden Bedingungen sowohl häufiger korrekt als auch seltener falsch antworten. Das zeigt bereits, dass wir erstens einen *Gender Gap* finden und zweitens, dass dieser durch eine Abfrage ohne „weiß nicht" Kategorie nicht verschwindet. Bevor wir uns detaillierter den Geschlechtsunterschieden bei korrektem politischem Wissen in den beiden Bedingungen widmen, lohnt auch ein genauerer Blick auf den Anteil der Angaben von korrekten *und* falschen Antworten, da wir so ein implizites Maß für die Wahrscheinlichkeit erhalten, mit der Männer und Frauen – wenn sie gezwungen sind, sich zu entscheiden – „richtig" oder „falsch" raten und sich für die richtige oder falsche Antwort entscheiden. Zwei der Fragen haben hier eine für diesen Zweck hinreichende Varianz bei richtigen und falschen Antworten in beiden Bedingungen: die Frage nach der Größe des Bundestags und die Frage nach der Zusammensetzung des EU-Parlaments.

Bei der Frage nach der Zusammensetzung des EU-Parlaments liegt der Unterschied zwischen den beiden Bedingungen beim korrekten Wissen bei den Frauen bei 11,6 Prozentpunkten (85,4–73,8) und bei den Männern bei 4,0 Prozentpunkten (91,9–87,9). Bei den falschen Angaben liegt der Unterschied bei den Frauen bei 3,9 Prozentpunkten (14,6–10,5) und bei den Männern bei 3,2 Prozentpunkten (8,1–4,9). Bezieht man diese Zahlen nun auf den Anteil der Befragten, die in der Bedingung mit „weiß nicht" Option diese angegeben haben, kann auf eine implizite Erfolgswahrscheinlichkeit des „Ratens" geschlossen werden. Für Frauen ergibt sich so ein Anteil von richtigem „Raten" von 74 % (11,6/15,7) und falschem „Raten" von 25 % (3,9/15,7), für Männer ergibt sich 56 % (4,0/7,2) richtiges „Raten" und 44 % (3,2/7,2) falsches „Raten". Während also sowohl Männer als auch Frauen überzufällig richtig raten (bei der wahr/falsch Frage entspricht die Wahrscheinlichkeit einer korrekten Antwort 50 %), ist der Anteil richtigen „Ratens" von Frauen bei dieser Frage deutlich höher. Betrachtet man die Frage zur Größe des Bundestags nach dem gleichen Muster ergeben sich bei den korrekten Antworten folgende Unterschiede: 4,4 Prozentpunkte (77,4–73) bei den Männern und 8,9 Prozentpunkte (68,5–59,6) bei den Frauen. Bei den falschen Antworten finden sich diese Unterschiede: 2,7 Prozentpunkte (22,6–19.9) bei den Männern und 6 Prozentpunkte (31,5–25,5) bei den Frauen. Bezieht man diese Werte wiederum auf den Anteil der Personen, die in der „weiß nicht" Bedingung angegeben haben, die Antwort nicht zu wissen, ergeben sich bei dieser Frage folgende Erfolgswahrscheinlichkeiten des „Ratens": Frauen liegen mit einer Wahrscheinlichkeit von 60 % richtig (8,9/15) und 40 % falsch (6/15), Männer mit 62 % richtig (4,4/7,1) und 38 % falsch (2,7/7,1).

Während die Frage nach dem EU-Parlament also darauf hindeutet, dass unter den Frauen, die in der „weiß nicht" Bedingung angeben, die Antwort nicht zu wissen, deutlich mehr Personen sind, die eine ungefähre Ahnung der richtigen Antwort haben, ist das Verhältnis korrekten „Ratens" bei der Frage nach dem Bundestag zwischen den Geschlechtern ausgeglichen. Die Betrachtung von korrekten *und* falschen Antworten liefert also einige Hinweise darüber, wie die Reduzierung des *Gender Gaps* bei Bedingungen ohne „weiß nicht" Option einzuordnen ist: Ein Teil erfolgt offensichtlich rein mechanisch durch den höheren Anteil an „weiß nicht" Angaben von Frauen, ein Teil scheint aber auch daher zu rühren, dass unter den Frauen, die „weiß nicht" angeben, mehr Personen sind, die sich richtig entscheiden würden, wenn sie zu einer Antwort gezwungen werden.

Für die weitere Untersuchung konzentrieren wir uns nun auf die korrekten Antworten und fassen für eine bessere Übersichtlichkeit die einzelnen Wissensfragen zu einem additiven Index zusammen. Dieser gibt an, wie viele der Wissensfragen korrekt beantwortet wurden. Hierzu wurde zunächst allen korrekt beantworteten Wissensfragen der Wert 1 und „weiß nicht" Angaben und falsch beantworteten Wissensfragen der Wert 0 zugewiesen. Im Anschluss wurden die Werte für die einzelnen Wissensfragen aufsummiert, wobei die Frage nach der Parteizugehörigkeit von Angela Merkel mangels Varianz ausgeschlossen wurde, da diese nicht geeignet ist, zwischen Personen mit hohem und niedrigem Wissensstand zu unterscheiden. Somit ergibt sich für das politische Wissen ein Index mit einem Wertebereich von 0 bis 3, wobei 0 inhaltlich bedeutet, dass keine der drei verbleibenden Wissensfragen korrekt beantwortet wurde und 3 bedeutet, dass alle Wissensfragen richtig beantwortet wurden. Diese Form der Indexkonstruktion wird von Frazer und Macdonald (2003) als *positive knowledge scale* bezeichnet und entspricht der gängigen Praxis (Miller 2019), wenngleich diese Form der Messung zu Verzerrungen in der politischen Wissensmessung beitragen kann (Delli Carpini und Keeter 1996; Mondak 2001).

Abb. 1 stellt die mittels t-Tests berechneten Geschlechterunterschiede im (korrekten) politischen Wissen zwischen den beiden Experimentalbedingungen mit und ohne Vorgabe einer „weiß nicht" Kategorie dar. Im Einklang mit der bisherigen Forschungsliteratur zeigen sich in unserem Experiment systematische Unterschiede zwischen Männern und Frauen bei der Beantwortung von Faktenfragen. In beiden Versuchsbedingungen weisen Männer signifikant höhere Werte auf dem Index des (korrekten) politischen Wissens auf als Frauen.

Da es jedoch bei geschlossenen Fragen mit nur zwei Antwortoptionen zwangsläufig zu einer hohen Zahl an „Zufallstreffern" kommt und Männer aufgrund ihrer höheren Wahrscheinlichkeit zu raten seltener die „weiß nicht" Kategorie

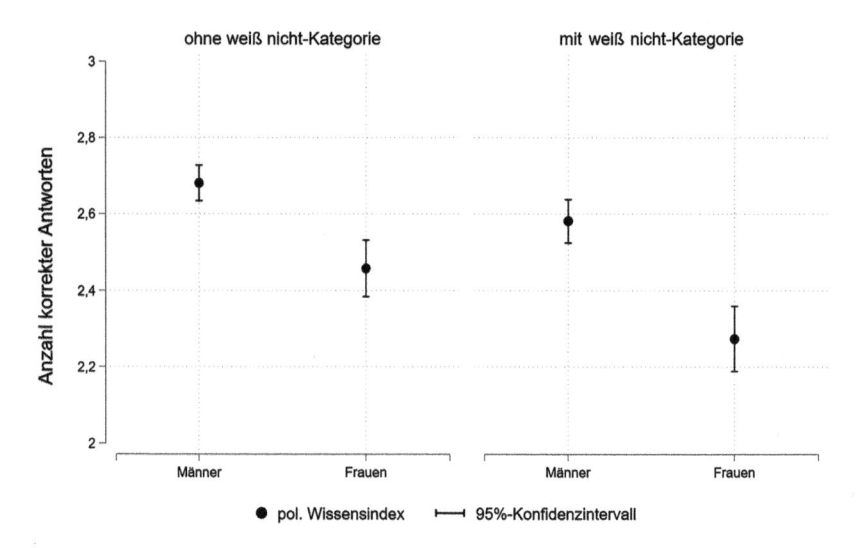

**Abb. 1** Geschlechterunterschiede korrektes politisches Wissen – getrennt nach Versuchsbedingungen. Quelle: Best und Huber.

wählen, könnte zumindest ein Teil des Geschlechterunterschieds in der Experimentalbedingung ohne „weiß nicht" Kategorie methodisch bedingt sein. Abb. 1 liefert erste Hinweise darauf, wie stark diese „Zufallstreffer" für die Wissensunterschiede zwischen Männern und Frauen verantwortlich sind, indem die beiden Versuchsbedingungen gegeneinandergestellt werden, in denen Befragten entweder eine „weiß nicht" Kategorie zur Auswahl stand oder nicht. Erwartungsgemäß und im Einklang mit den Tab. 3 und 4 zeigt sich dabei zunächst, dass das Weglassen einer expliziten „weiß nicht" Option sowohl bei Männern als auch bei Frauen zu einem signifikant höheren (ermittelten) Wissensniveau führt. Von einer Antwortverweigerung[6] einmal abgesehen wird von all denjenigen, die bei Vorhandensein einer expliziten „weiß nicht" Kategorie diese ausgewählt hätten, eine

---

[6] Nur wenige Befragte haben (einzelne) Wissensfragen nicht beantwortet. Befragte, die mehr als eine Wissensfrage nicht beantwortet haben, wurden aus der Analyse ausgeschlossen. Bei Befragten, die nur eine der Wissensfragen nicht beantwortet haben, wurde die entsprechende Wissensfrage aus der Analyse ausgeschlossen. Für die Konstruktion des Indexes „Politisches Wissen" wurden die Antworten auf die beiden beantworteten Wissensfragen zwecks Vergleichbarkeit unter den Befragten entsprechend stärker gewichtet.

Antwort erzwungen. Diese Antworten führen zu „Zufallstreffern", die das politische Wissen der Befragten (zufällig) erhöhen.

Interessant ist für uns, dass der Unterschied zwischen den Experimentalbedingungen geschlechterspezifisch ist: Während das durchschnittliche politische Wissen von Frauen durch die Unterdrückung einer „weiß nicht" Option von 2,27 um 0,19 Punkte auf 2,46 steigt, ist der Anstieg bei den Männern mit 0,10 Skalen-Punkten (2,58 auf 2,68) nur etwa halb so groß. Der Geschlechterunterschied beim politischen Wissen wird durch die höhere Ratewahrscheinlichkeit unter Männern bei der in der Forschung etablierten Messung des politischen Wissens mit einer „weiß nicht" Option also überschätzt. Eine Abfrage ohne explizite „weiß nicht" Kategorie reduziert die geschlechterspezifischen Unterschiede beim politischen Wissen um etwa ein Drittel: Mit der „weiß nicht" Kategorie wird eine Geschlechtsdifferenz von 0,31 Punkten (Männer: 2,58; Frauen: 2,27) ermittelt, ohne „weiß nicht" Kategorie fällt diese mit 0,22 Punkten (Männer: 2,68; Frauen: 2,46) kleiner (und signifikant) aus. Damit liegt unser ermittelter Wert der Reduktion des *Gender Gaps* durch das Weglassen einer „weiß nicht" Option im Mittelfeld der bisherigen Befunde – manche Ergebnisse sind sehr ähnlich (Lizotte und Sidman 2009), manche finden eine stärkere oder auch schwächere Reduktion (Frazer und Macdonald 2003; Mondak und Anderson 2004).

Gleichwohl bleibt auch in der Experimentalbedingung ohne „weiß nicht" Kategorie eine signifikante Differenz des politischen Wissens zwischen Männern und Frauen bestehen, die nicht auf das hier untersuchte Messartefakt zurückgeführt werden kann. Dieser substanzielle Unterschied beim politischen Wissen zwischen Männern und Frauen sowie dessen Hintergrund wird im Folgenden genauer unter die Lupe genommen.

Ein möglicher Faktor sowohl für methodisch als auch für substanziell begründete Unterschiede zwischen Männern und Frauen liegt in deren unterschiedlicher Sozialisation und daraus abgeleitet unterschiedlichen gesellschaftlichen Rollenerwartungen. Um einen Hinweis darauf zu erlangen, werden in Abb. 2 die Interaktionen verschiedener Geburtskohorten und des Geschlechts dargestellt. Auf Grundlage der Hypothesen H3a und H3b wird vermutet, dass sich sowohl substanzielle Geschlechterunterschiede des politischen Wissens als auch der Einfluss des Frageformats bei jüngeren Kohorten abschwächen.

Zur Überprüfung unserer Vermutungen werden die Befragten anlehnend an die Generationenklassifikation von Norris und Inglehart (2019), die in ähnlicher Form auch in Deutschland schon Anwendung gefunden hat (Schmidt und Knipperts 2013) in vier etwa gleich große Geburtskohorten eingeteilt: Die erste Kohorte umfasst dabei alle vor 1965 Geborenen, die zweite alle zwischen 1965 und

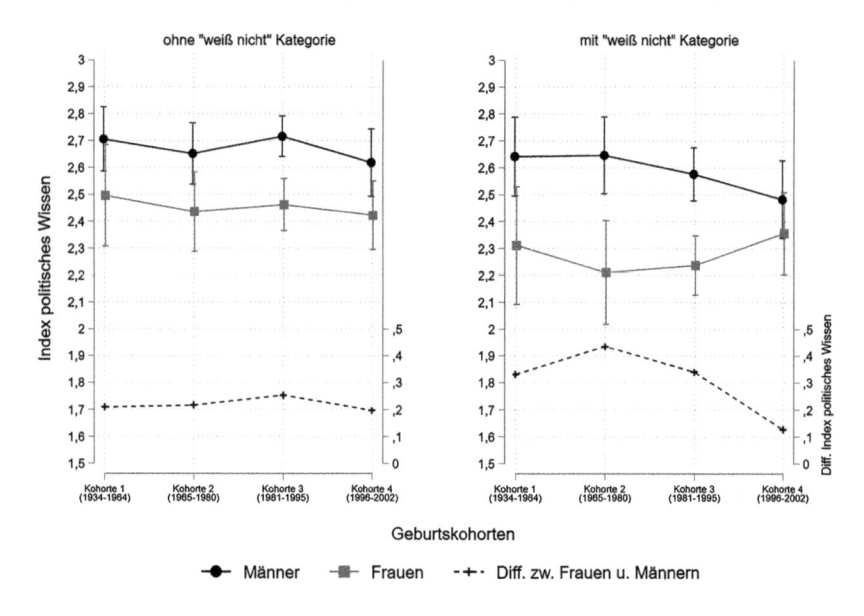

**Abb. 2** Geschlechterunterschiede im politischen Wissen in verschiedenen Kohorten – getrennt nach Versuchsbedingungen. Quelle: Best und Huber. Abgebildet sind die vorhergesagten Werte auf dem Index für politisches Wissen für Frauen und Männer unterschiedlicher Geburtskohorten in Abhängigkeit der jeweiligen Experimentalbedingung (durchgezogene Linien) sowie die Differenz zwischen den vorhergesagten Werten für Frauen und Männer einer Geburtskohorte (gestrichelte Linien). Grundlage für die Ergebnisse sind zwei getrennte OLS-Regressionen (jeweils eine pro Experimentalbedingung), in denen der Index für politisches Wissen auf die Interaktion aus Geschlecht und Geburtskohorte regressiert wurde, wobei zusätzlich Bildung als Kontrollvariable aufgenommen wurde.

1980 Geborenen, die dritte beinhaltet alle bis 1995 Geborenen und die vierte und letzte Kohorte umfasst all jene, die nach 1995 geboren sind.

Grundlage von Abb. 2 sind zwei unabhängige multivariate lineare Regressionsmodelle, in denen neben dem Interaktionseffekt zwischen Geburtskohorte und Geschlecht (sowie deren Haupteffekten) Bildung als Kontrollvariable berücksichtigt wird. Dargestellt ist der Einfluss der Geburtskohorte auf den *Gender Gap* beim politischen Wissen, wobei die linke Seite das vorhergesagte Wissen für die Experimentalbedingung ohne explizite „weiß nicht" Kategorie und die rechte Seite die Ergebnisse für das Regressionsmodell in der Bedingung mit einer solchen Kategorie zeigt. Zusätzlich sind in den Diagrammen die durch die Regressionsmodelle geschätzten Geschlechterdifferenzen in den jeweiligen Geburtskohorten für die beiden Experimentalbedingungen abgetragen (gestrichelte Linie).

Die linke Abbildung, die die Ergebnisse des Regressionsmodells für die Experimentalbedingung ohne „weiß nicht" Kategorie abbildet, zeigt die Geschlechterunterschiede in Abhängigkeit von Geburtskohorten, die *nicht* auf methodische Ursachen zurückzuführen sind. Da sich in dieser Experimentalbedingung Unterschiede im Rateverhalten von Männern und Frauen nicht in deren Antwortverhalten widerspiegeln (können), sind allein substanzielle Faktoren für den *Gender Gap* verantwortlich. Dabei zeigt sich nicht nur, dass das politische Wissen von Männern und Frauen über verschiedene Kohorten hinweg nahezu konstant bleibt, sondern auch, dass der Wissensvorsprung von Männern über die Kohorten hinweg nahezu gleich groß bleibt: Weiblichen Befragten wird unabhängig von der Geburtskohorte durchweg ein um etwa 0,2 Punkte niedrigeres politisches Wissensniveau vorhergesagt. Dieser gleichbleibende Einfluss des Geschlechts auf politisches Wissen deutet darauf hin, dass sich allmählich wandelnde Rollenbilder bei der Sozialisation von Jungen und Mädchen nicht automatisch zu einer Angleichung des politischen Wissensniveaus von Männern und Frauen führen.

Im Gegensatz zum linken Teil der Abbildung, in dem kaum Unterschiede zwischen den einzelnen Kohorten auszumachen sind, zeigt sich für das Regressionsmodell in der Experimentalbedingung mit einer „weiß nicht" Kategorie, dass das politische Wissen von Männern und Frauen zumindest geringfügig durch die Alterskohorte moderiert wird. Wie die sich überlappenden Konfidenzintervalle verdeutlichen, sind die Unterschiede zwischen den Geburtsjahrgängen jedoch nicht signifikant. Es deutet sich jedoch an, dass das politische Wissen von Männern bei Abfrage mit einer „weiß nicht" Kategorie in den jüngeren Alterskohorten leicht abzunehmen scheint, während für Frauen mit Ausnahme der ersten beobachteten Kohorte ein leicht gegensätzlicher Trend erkennbar ist. Diese schwachen, gegensätzlich verlaufenden Kohorteneffekte für Männer und Frauen führen in der Experimentalbedingung mit „weiß nicht" Option zu einem abnehmenden *Gender Gap,* wie durch die gestrichelte Linie im Diagramm ersichtlich wird: Während der Unterschied bei politischem Wissen zwischen Männern und Frauen der Geburtenjahrgänge 1965 bis 1980 mit 0,44 Punkten deutlich und statistisch signifikant ausfällt, liegt dieser in der ersten und dritten Kohorte etwa 0,1 Punkte tiefer, fällt aber ebenfalls signifikant aus. Interessant ist vor allem, dass der Geschlechterunterschied im politischen Wissen in der jüngsten Kohorte der nach 1995 Geborenen nur noch 0,13 Punkte beträgt. In dieser letzten Kohorte unterscheidet sich das politische Wissen von Männern und Frauen nicht mehr signifikant voneinander.

Sieht man von der ersten Geburtskohorte ab, für die wir vergleichsweise wenig Fälle und entsprechend große Konfidenzintervalle haben, nehmen die Unterschiede im politischen Wissen von Männern und Frauen bei dieser etablierten

Form der Abfrage des politischen Wissens mit „weiß nicht" Kategorie kontinuierlich ab und entsprechen damit den Befunden der Forschungsliteratur (Dassonneville und McAllister 2018; Ferrin et al. 2019). Die Abnahme des *Gender Gaps* in jüngeren Geburtskohorten, die im rechten Teil des Schaubilds sichtbar ist, kann prinzipiell sowohl auf substanzielle Effekte als auch auf Messartefakte zurückzuführen sein. Durch die in dieser Experimentalbedingung erfolgte Wissensabfrage mit „weiß nicht" Option lassen sich diese Effekte nicht voneinander trennen. Ein Vergleich zwischen den (getrennten) Regressionsmodellen für die beiden Experimentalbedingungen legt jedoch die Vermutung nahe, dass die Abnahme des *Gender Gaps* im rechten Teil der Abbildung auf Veränderungen im Rateverhalten von Männern und Frauen zwischen Geburtskohorten zurückzuführen sind. Schließlich hätten substanzielle Effekte in beiden Experimentalbedingungen beobachtbar sein sollen. Interessanterweise zeigt sich, dass nicht allein ein sich wandelndes Rateverhalten von Frauen für die Abnahme des Geschlechtsunterschieds in jüngeren Geburtenjahrgängen verantwortlich ist. Stattdessen scheint die Neigung zum Raten bei jüngeren Männern in etwa im selben Maße abzunehmen, in dem die Neigung zum Raten bei jüngeren Frauen von Kohorte zu Kohorte zunimmt.

Die sich wandelnde Rateneigung von Männern und Frauen beeinflusst darüber hinaus die durch das Treatment hervorgerufenen Verzerrungen des *Gender Gaps*. Über alle Kohorten gemittelt reduziert sich dieser durch das Weglassen einer „weiß nicht" Option um etwa ein Drittel. Diese Reduktion ist jedoch nicht in gleichem Maße für alle Alterskohorten zu beobachten: Während sich der *Gender Gap* bei der zweiten Kohorte durch das Weglassen einer expliziten „weiß nicht" Möglichkeit von 0,44 Punkten auf 0,22 Punkte halbiert, fällt der messmethodische Einfluss auf den *Gender Gap* in der ihr nachfolgenden Kohorte mit 26 % Reduktion (0,34 auf 0,25 Punkte Differenz) nur noch halb so hoch aus. Für die jüngste Kohorte lässt sich keine Reduktion der Geschlechterunterschiede durch das Weglassen der „weiß nicht" Kategorie mehr feststellen. Stattdessen wird für diese gar ein umgekehrter Effekt ermittelt (0,13 auf 0,20 Punkte Differenz). Das Rateverhalten von Frauen und Männern lässt sich in dieser Kohorte nicht mehr voneinander unterscheiden. Damit scheint in dieser Kohorte auch kein messmethodischer Effekt durch die Existenz einer „weiß nicht" Kategorie auf den *Gender Gap* mehr vorzuliegen.

Zusammenfassend finden wir in unserem ersten Experiment also wie erwartet Geschlechterunterschiede, die zum Teil auf das Vorhandensein einer „weiß nicht" Kategorie zurückzuführen sind. Die Subgruppen-Analyse der verschiedenen Kohorten deutet zudem darauf hin, dass sich vor allem die Rateneigung zwischen den Geschlechtern bei jüngeren Kohorten angleicht. Bei der Betrachtung des politischen Wissens in der Bedingung ohne „weiß nicht" Option zeigt sich allerdings kein moderierender Effekt der Geburtskohorten, was für einen Kern an gleichbleibenden Unterschieden zwischen den Geschlechtern spricht. Demzufolge muss die Hypothese H3a verworfen werden, während die weiteren Hypothesen angenommen werden können.

## 5 Experiment II: Unterschiedlich valide Hinweise und die Einschätzung unbekannter Kandidierender

### 5.1 Experimentaldesign

Das zweite Experiment in der Online-Befragung geht der Frage nach, wie Männer und Frauen unterschiedlich aussagekräftige Hinweise bei ihrer Meinungsbildung zu den häufig unbekannten europäischen Spitzenkandidaten verarbeiten. Erfragt wurde die Einschätzung zu den europäischen Spitzenkandidaten der Fraktionen und parteipolitischen Gruppen im Europaparlament auf einer 11-Punkte Skala von −5 bis +5 (Manfred Weber, Frans Timmermans, Margrethe Vestager, Jan Zahradil, Ska Keller, Nico Cué, Oriol Junqueras). Bei allen abgefragten Spitzenkandidaten wurde neben den „regulären" Antwortkategorien eine „kenne ich nicht/weiß nicht" Option eingeblendet. Die Befragten wurden in drei Gruppen randomisiert (Tab. 5). Der ersten wurden nur die Namen der Spitzenkandidaten angezeigt. Die zweite Gruppe bekam zusätzlich den Hinweis des Herkunftslandes: Manfred Weber (Deutschland), Frans Timmermans (Niederlande), Margrethe Vestager (Dänemark), Jan Zahradil (Tschechien), Ska Keller (Deutschland), Nico Cué (Belgien), Oriol Junqueras (Spanien). Die dritte Gruppe bekam den Hinweis der europäischen Parteigruppierung, für die die Person antrat: Manfred Weber (Europäische Volkspartei), Frans Timmermans (Sozialdemokratische Partei Europas), Margrethe Vestager (Allianz der Liberalen und Demokraten für Europa), Jan Zahradil (Allianz der Konservativen und Refomer in Europa), Ska Keller (Europäische Grüne Partei), Nico Cué (Europäische Linke), Oriol Junqueras (Europäische Freie Allianz). Während die Angabe von Parteigruppierungen als ein aussagekräftiger Hinweis auf die ideologische Verortung der Kandidierenden im politischen Raum angesehen und deshalb wertvoll sein kann, um auf die politische Bewertung eines möglicherweise unbekannten Kandidierenden zu schließen, sind auf Grundlage des Herkunftslands nur wenig bis keine Rückschlüsse auf die politische Agenda der Kandidierenden möglich. Nichtsdestotrotz könnten Befragte auch diesen vergleichsweise wenig validen Hinweis nutzen und beispielsweise Stereotype über

**Tab. 5** Experimentaldesign II: Übersicht über das Experimentaldesign und die Frageformulierungen

**Fragetext**

Bei der Europawahl gibt es in diesem Jahr wieder EU-weite Spitzenkandidaten der verschiedenen politischen Gruppen im Europäischen Parlament
Je nach Mehrheit soll eine oder einer dieser Spitzenkandidaten der Präsident oder die Präsidentin der Europäischen Kommission werden. Was halten Sie von den folgenden Kandidaten? „+5" bedeutet, dass Sie sehr viel von dem/der Politiker/in halten; „−5" bedeutet, dass Sie überhaupt nichts von ihm/ihr halten. Viele dieser Kandidaten sind nicht sehr bekannt. Wenn Sie jemanden nicht kennen, oder sich kein Urteil zutrauen, geben sie einfach „weiß nicht" an

| Items Exp.-Gruppe 1 | Items Exp.-Gruppe 2 | Items Exp.-Gruppe 3 |
| --- | --- | --- |
| (1) Manfred Weber | (1) Manfred Weber (Deutschland) | (1) Manfred Weber (Europäische Volkspartei) |
| (2) Frans Timmermans | (2) Frans Timmermans (Niederlande) | (2) Frans Timmermans (Sozialdemokratische Partei Europas) |
| (3) Margrethe Vestager | (3) Margrethe Vestager (Dänemark) | (3) Margrethe Vestager (Allianz der Liberalen und Demokraten für Europa) |
| (4) Jan Zahradil | (4) Jan Zahradil (Tschechien) | (4) Jan Zahradil (Allianz der Konservativen und Reformer in Europa) |
| (5) Ska Keller | (5) Ska Keller (Deutschland) | (5) Ska Keller (Europäische Grüne Partei) |
| (6) Nico Cué | (6) Nico Cué (Belgien) | (6) Nico Cué (Europäische Linke) |
| (7) Oriol Junqueras | (7) Oriol Junqueras (Spanien) | (7) Oriol Junqueras (Europäische Freie Allianz) |

Quelle: Best und Huber 2023.

das Herkunftsland verwenden oder einfach den Kandidierenden des eigenen Landes positiver bewerten. Die Angabe des Herkunftslandes betrachten wir dabei als einen weniger validen Hinweis und die Angabe der Parteigruppierung als den valideren Hinweis.

Zur Überprüfung unserer Erwartungen, dass sich die Geschlechterdifferenzen in jüngeren Geburtenjahrgängen abschwächen, werden neben dem Haupteffekt des experimentellen Treatments auch Interaktionen zwischen der Geburtskohorte der Befragten und dem Treatment berechnet.

## 5.2 Ergebnisse

Nach den Ergebnissen von Experiment 1 lässt sich ein Teil der Geschlechterunterschiede beim politischen Wissen auf das häufigere Raten von Männern zurückführen. Aber was bedeutet dieses „Raten" bei Faktenfragen? Wie zufällig ist dieses Raten und wie sinnvoll oder schädlich kann ein – möglicherweise zu stark ausgeprägtes – männliches Zutrauen in das eigene „Halbwissen" bei der politischen Urteilsbildung sein? Experiment 2 kann darauf einige Hinweise geben.

Bei Wahlen zum Europäischen Parlament treten teilweise sehr unbekannte Spitzenkandidaten an, zu denen sich ein großer Teil der Bevölkerung häufig keine Meinung gebildet hat. In unserem zweiten Experiment haben wir nun untersucht, wie stark die Befragten unterschiedlich valide Hinweise genutzt haben, um sich dennoch Meinungen zu diesen Personen zu bilden.

Tab. 6 stellt zunächst den Anteil der Befragten über alle Versuchsbedingungen hinweg dar, die keine Meinung zu den einzelnen Spitzenkandidaten der europäischen Parteigruppierungen äußerten und die Option „weiß nicht/kenne ich nicht" auswählten. Die Spitzenkandidaten waren unterschiedlich gut bekannt. So gaben bei Manfred Weber nur 27 % kein Urteil an, bei Oriol Junqueras waren es dagegen 85 %. Bewusst wurden im Experiment auch die „Spitzenkandidaten" der kleineren Gruppierungen abgefragt, da wir davon ausgingen, dass diese so gut wie unbekannt sind. Etwas überraschend ist, dass sich relativ viele Befragte Einschätzungen zu Politikern wie Jan Zahradil, Nico Cué oder Oriol Junqueras zutrauten. Auffallend sind bei allen Spitzenkandidaten die klaren Unterschiede zwischen Männern und Frauen. Männer gaben bei allen Kandidierenden signifikant seltener „weiß nicht/kenne ich nicht" an.

**Tab. 6** Anteil „weiß nicht/kenne ich nicht"-Nennungen einzelner Spitzenkandidaten (in Prozent)

| | Alle | Männer | Frauen |
|---|---|---|---|
| **Weber** | 27 | 18 | 40 |
| **Timmermans** | 39 | 30 | 52 |
| **Vestager** | 57 | 51 | 67 |
| **Keller** | 40 | 37 | 46 |
| **Zahradil** | 76 | 74 | 80 |
| **Cue** | 78 | 75 | 81 |
| **Junqueras** | 85 | 83 | 88 |
| **Index-Wert** (0–7) | 4,1 | 3,7 | 4,6 |

Quelle: Best und Huber. N = 1590.

Eine Vermutung ist nun, wie oben ausgeführt, dass Frauen eher Politikerinnen kennen und Männer eher Politiker. Unsere Ergebnisse deuten tatsächlich auf einen solchen Zusammenhang hin. Betrachtet man nur die vier bekanntesten Politiker (Weber, Timmermans, Vestager und Keller), haben wir jeweils zwei Frauen und zwei Männer abgefragt. Die Geschlechterunterschiede bei den Kandidaten (Weber und Timmermans) liegen bei durchschnittlich 22 Prozentpunkten, die Unterschiede bei den Kandidatinnen (Vestager und Keller) dagegen nur bei 13 Prozentpunkten.

Um die Darstellung im Folgenden zu vereinfachen, wurde für die nachfolgenden Analysen wieder ein additiver Index aller Spitzenkandidaten gebildet. Dieser Index gibt die Anzahl der „weiß nicht/kenne ich nicht" Antworten an, die die Befragten über alle Kandidaten hinweg gemacht haben. Der Minimalwert liegt entsprechend bei 0 (Befragte haben zu allen Kandidierenden Urteile angegeben) und der Maximalwert bei 7 (Befragte haben bei allen Kandidierenden „weiß nicht/kenne ich nicht" angegeben). Bei den weiblichen Befragten liegt dieser Wert im Mittel bei 4,6, bei den Männern bei 3,7.

In den Versuchsbedingungen haben wir die Befragten mit unterschiedlich validen Hinweisen ausgestattet, damit diese sich Meinungen bilden können, auch wenn sie über keine fundierten Kenntnisse zu den einzelnen Spitzenkandidaten verfügen: Während einer Gruppe der Hinweis gegeben wurde, welcher europäischen Parteiengruppe der jeweilige Spitzenkandidat angehörte, wurde der zweiten Gruppe das Herkunftsland des jeweiligen Spitzenkandidaten genannt. Die dritte Gruppe bekam keinen weiteren Hinweis und dient als Kontrollgruppe. Abb. 3 stellt dar, wie häufig Männer und Frauen in den verschiedenen Versuchsbedingungen kein Urteil abgeben.

In allen drei Versuchsbedingungen geben Frauen signifikant häufiger an, die Spitzenkandidaten nicht zu kennen oder sich kein Urteil zuzutrauen. Interessant ist dabei, dass die Geschlechterunterschiede in den Versuchsbedingungen mit Hinweisen deutlich größer sind als die in der Kontrollgruppe. Offensichtlich nutzen Männer die Hinweise stärker als Frauen, um auf die Bewertung von (ihnen vermutlich unbekannten) Kandidaten zu schließen. Bei der Angabe des Parteihinweises erscheint dies nachvollziehbar, immerhin kann die Parteigruppierung eine aussagekräftige Information sein, um auf die Bewertung eines Repräsentanten dieser Partei zu schließen. Bei der Angabe des Herkunftslandes erscheint uns das deutlich problematischer und wir schätzen den Hinweis als vergleichsweise invalide ein. In unserer Befragung nutzen Frauen diesen Hinweis nicht, um auf die Kandidierenden zu schließen – Frauen geben in dieser Bedingung sogar häufiger an (4,8), sich kein Urteil zuzutrauen als in der Kontrollgruppe (4,6). Dagegen nutzen Männer auch diesen wenig validen Hinweis und geben signifikant seltener an,

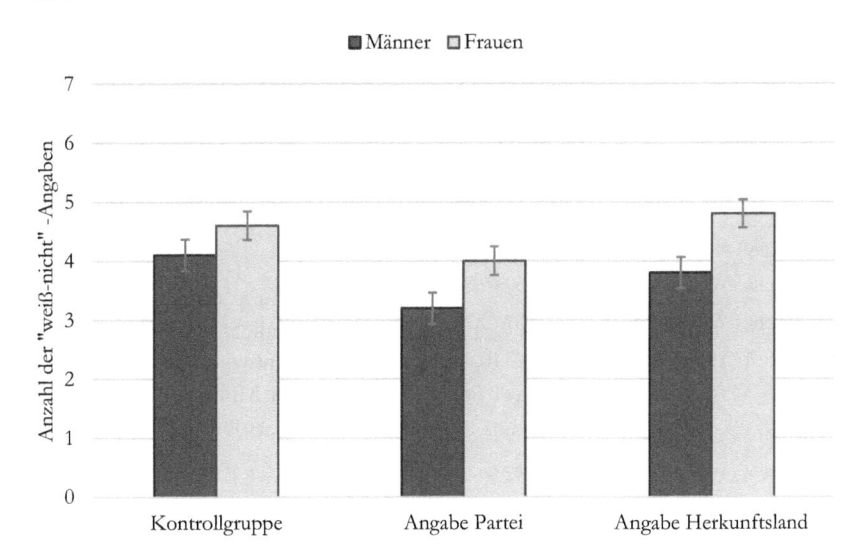

**Abb. 3** „Weiß nicht/kenne ich nicht"-Angaben von Männern und Frauen – mit unterschiedlich aussagekräftigen Hinweisen in den einzelnen Versuchsbedingungen. Quelle: Best und Huber. Mittelwerte und Konfidenzintervalle in den einzelnen Versuchsbedingungen.

sich kein Urteil zuzutrauen (3,8) als in der Kontrollgruppe (4,1). Die Ergebnisse zeigen ein relativ eindeutiges Muster: Männer nutzen jeden Hinweis, sowohl valide als auch vergleichsweise invalide Hinweise, um in der Umfragesituation nicht angeben zu müssen, dass sie sich kein Urteil zutrauen bzw. einen Kandidaten nicht zu kennen. Bei den Frauen war das nur bei dem – vergleichsweise „guten" – Hinweis der Parteizugehörigkeit der Fall.

Die Subgruppen-Analyse der Geschlechterunterschiede in Tab. 7 ist ebenfalls aufschlussreich. Dargestellt sind hier die Geschlechterunterschiede in den einzelnen Versuchsbedingungen, wobei positive Werte angeben, dass Frauen häufiger „weiß nicht/kenne ich nicht" angeben.

Betrachtet man zunächst alle Befragten, finden sich erneut die Unterschiede aus Abb. 3. Der Unterschied zwischen Frauen und Männern ist in den Bedingungen mit Hinweisen besonders ausgeprägt, wobei der Unterschied bei der Angabe des Parteihinweises am größten ist. Betrachtet man die Befragten mit geringem und großem politischem Interesse getrennt, zeigt sich jeweils ein sehr ähnliches Muster. Unabhängig vom Ausmaß des Interesses an Politik sind die Geschlechterunterschiede ähnlich groß und besonders ausgeprägt in den

**Tab. 7** Geschlechterdifferenz der „weiß nicht/kenne ich nicht"-Angaben in den einzelnen Versuchsbedingungen, nach verschiedenen Hintergrundvariablen

| | Kontrollgruppe | Angabe Partei | Angabe Herkunftsland |
|---|---|---|---|
| Alle Befragte | 0,51 (0,19) | 1,40 (0,20) | 0,91 (0,19) |
| Politisches Interesse – niedrig | 0,05 (0,23) | 0,83 (0,27) | 0,58 (0,22) |
| Politisches Interesse – hoch | 0,47 (0,31) | 0,75 (0,32) | 0,62 (0,29) |
| Politisches Wissen – niedrig | 0,69 (0,30) | 1,20 (0,35) | 0,7 (0,29) |
| Politisches Wissen – hoch | 0,07 (0,26) | 0,80 (0,27) | 0,8 (0,23) |
| Kohorte 1 (1934–1964) | 0,23 (0,47) | 0,73 (0,55) | 0,54 (0,51) |
| Kohorte 2 (1965–1980) | 0,45 (0,23) | 1,23 (0,48) | 1,67 (0,41) |
| Kohorte 3 (1981–1995) | 0,39 (0,29) | 0,95 (0,31) | 0,88 (0,28) |
| Kohorte 4 (1996–2002) | 0,82 (0,42) | 1,10 (0,46) | 0,59 (0,41) |

Quelle: Best und Huber. Angegeben sind die Differenzen zwischen Männern und Frauen (mit den jeweiligen Standardfehlern in Klammern) in den einzelnen Versuchsbedingungen.

Bedingungen mit Hinweisen. In der Kontrollgruppe sind die Unterschiede dagegen jeweils nicht statistisch signifikant, wenn das politische Interesse konstant gehalten wird. Das häufigere Verwenden von sowohl validen als auch vergleichsweise invaliden Hinweisen durch Männer ist also nicht durch ein unterschiedlich stark ausgeprägtes politisches Interesse bedingt. Das gleiche gilt für das politische Wissen der Befragten. Hierzu wurden die ermittelten Index-Werte der Items aus Experiment 1 genutzt und in die Gruppen großes politisches Wissen (Indexwert 3) und geringes politisches Wissen (Indexwert 2 und kleiner) dichotomisiert. Auch hier zeigen sich sehr ähnliche Geschlechterunterschiede in den Bedingungen mit Hinweisen, unabhängig davon, ob zuvor die Wissensfragen richtig oder falsch beantwortet wurden. Allerdings lassen sich bei den Befragten mit großem politischem Wissen keine Geschlechterunterschiede in der Kontrollbedingung finden. Wenn dagegen Hinweise vorhanden sind, werden diese von Männern mit großem Wissen signifikant häufiger genutzt als von Frauen mit großem politischem Wissen.

Die Aufgliederung nach Kohorten zeigt, dass sich die Geschlechterunterschiede bei jüngeren Kohorten nicht vollständig auflösen. Während die Konfidenzintervalle der Geschlechterunterschiede bei der Kohorte 1 aufgrund der vergleichsweisen geringen Anzahl an älteren Befragten in unserer Stichprobe besonders groß sind und die Werte deshalb wahrscheinlich nicht allzu aufschlussreich sind, findet sich von der zweiten Kohorte aufwärts nur eine leichte Abschwächung der Geschlechterunterschiede. Betrachtet man nur die Unterschiede in der Kategorie des Hinweises zum Herkunftsland, zeigt sich der klarste Trend. Die Geschlechterunterschiede nehmen hier am deutlichsten ab. Während die Differenz in der zweiten Kohorte noch bei 1,7 liegt, beträgt die Differenz in der vierten Kohorte lediglich 0,6. Dies scheint aber nicht daran zu liegen, dass in der jüngsten Kohorte Frauen vermehrt den Hinweis des Herkunftslandes nutzen, sondern umgekehrt, dass Männer in der jüngsten Kohorte den weniger aussagekräftigen Hinweis deutlich seltener nutzen als Männer der älteren Kohorten (Kohorte 2: Männer 3,4, Frauen 5,1; Kohorte 4: Männer 4,4, Frauen 5,0).

## 6 Fazit

Politisches Wissen ist auch in unserer Studie ungleich zwischen Männern und Frauen verteilt. Unser Experimentaldesign ermöglicht es, einen spezifischen Grund dafür genauer zu untersuchen: das unterschiedliche Antwortverhalten von Männern und Frauen bei Wissensfragen, wenn es die Antwortkategorie „weiß nicht" gibt oder nicht gibt. Frauen tendieren eher dazu, diese Option auszuwählen und Männer raten mit einer höheren Wahrscheinlichkeit, was bei einer begrenzten Auswahl an Antworten dann notwendigerweise zu mehr „Zufallstreffern" führt. Dieser methodische Faktor zeigt sich auch in unseren Analysen: ungefähr ein Drittel der Geschlechterunterschiede beim politischen Wissen in unserer Studie lässt sich darauf zurückführen. Dabei ist interessant, dass sich diese Reduktion nicht nur auf einen rein „mechanischen" Effekt zurückführen lässt. Die detaillierte Analyse von sowohl falschen also auch korrekten Angaben in den beiden Versuchsbedingungen hat Hinweise darauf geliefert, dass Frauen möglicherweise auch besser „raten", wenn sie zu einer Antwort gezwungen werden und nicht auf „weiß nicht" ausweichen können. Das deutet darauf hin, dass Frauen, die „weiß nicht" angeben, häufiger eine ungefähre Idee zur richtigen Antwort haben als Männer, die „weiß nicht" angeben. Nichtsdestotrotz bleiben Geschlechterunterschiede auch dann in geringerem Maß bestehen, wenn alle Befragten gezwungen waren, sich für eine der substanziellen Antwortoptionen zu entscheiden.

Eine gewandelte Sozialisation mit einer anderen Erziehung und veränderten gesellschaftlichen Rollenerwartungen an Jungen und Mädchen lässt eine Angleichung der Geschlechterunterschiede bei jüngeren Generationen erwarten. Dies kann einerseits dazu führen, dass Männer und Frauen in den jüngeren Generationen mittlerweile über ähnlich viel substanzielles politisches Wissen verfügen. Andererseits kann es dazu führen, dass sich die Wahl der „weiß nicht"

Option bei Frauen abschwächt bzw. Männer der jüngeren Generation vielleicht eher bereit sind, zuzugeben, etwas nicht zu wissen, und weniger raten. Unsere Ergebnisse deuten insbesondere auf den zweiten Mechanismus, also eine Angleichung des Verhaltens der Männer an das der Frauen. Der Unterschied zwischen Männern und Frauen, der auf die Antwortoption „weiß nicht" zurückzuführen ist, reduziert sich bei den jüngeren Generationen leicht und kehrt sich in der jüngsten Generation sogar um.

In allen anderen Generationen finden aber auch wir, ähnlich wie frühere Studien (Miller 2019; Dolan und Hansen 2020), für Frauen eine deutlich stärkere Tendenz zu „weiß nicht". Dieser Umstand ist unserer Ansicht nach nicht nur für die Interpretation von Wissensfragen in Umfragen relevant, sondern auch für das Verständnis realweltlicher Urteilsbildung. Wenn Frauen in Umfragen häufiger angeben, einen politischen Sachverhalt oder Kandidierende nicht zu kennen, werden sie wahrscheinlich auch außerhalb der Umfragesituation seltener politische Urteile fällen, wenn sie über wenig oder unsichere Informationen verfügen. Umgekehrt deutet das häufige Rateverhalten von Männern in Umfragen darauf, dass sie sich auch dann politische Urteile bilden, wenn sie keine oder nur sehr spärliche Informationen haben. Unsere Ergebnisse des zweiten Experiments, bei dem wir die Validität von Hinweisen variiert haben, mithilfe derer sich die Versuchspersonen Urteile über zum Teil sehr unbekannte Kandidaten und Kandidatinnen bei der Europawahl 2019 bilden konnten, zeigen ein klares Bild: Männer nutzen tatsächlich deutlich häufiger auch wenig valide Hinweise, während Frauen diese eher ignorieren und eher dazu bereit sind, zuzugeben, eine Kandidatin oder Kandidaten nicht zu kennen. Zwar nutzen Männer auch den aussagekräftigeren Hinweis der Parteizugehörigkeit häufiger als Frauen, die Unterschiede sind aber geringer als bei dem relativ unbrauchbaren Hinweis der Herkunft des Kandidierenden. Dieses möglicherweise zu große männliche Selbstvertrauen, auch bei großer Unsicherheit politische Urteile zu fällen, schwächt sich auch in diesem Experiment bei der jüngsten Generation ab, d. h. junge Männer und Frauen geben ähnlich häufig an, kein Urteil treffen zu können, wenn sie nur einen vergleichsweise schwachen Hinweis für die Beurteilung des Entscheidungsobjekts haben.

Die größere Bereitschaft von Frauen zuzugeben, etwas nicht zu wissen, stellt zunächst einmal eine methodische Herausforderung beim Messen von politischem Wissen dar. Das wurde in der Literatur bisher breit diskutiert und auch die Ergebnisse unserer Studie weisen darauf hin, dass bei der Interpretation von Geschlechterunterschieden von gemessenem politischem Wissen Vorsicht geboten ist und methodische Artefakte berücksichtigt werden müssen. Gleichzeitig ist diese größere Bereitschaft von Frauen, Nichtwissen in Umfragen zuzugeben, sehr wahrscheinlich auch für ihre politische Urteilsbildung und ihr politisches Handeln relevant. Das wurde in der Literatur bisher kaum untersucht, erscheint uns aber nicht weniger wichtig. Die Ergebnisse unseres zweiten Experiments zeigen hier interessante Variationen zwischen Männern und Frauen, deren weitere Erforschung vielversprechend erscheint.

Unser Beitrag hat einige Limitationen, auf zwei möchten wir abschließend kurz hinweisen. Zum einen gründen die Ergebnisse unserer Experimente auf einem Convenience Sample, das sich trotz unserer Bemühungen einen breiten Teil der Bevölkerung abzudecken, deutlich von einer Zufallsstichprobe der Bevölkerung in Deutschland unterscheidet. Insbesondere hatte unser Sample einen erheblich höheren Bildungsgrad als die Gesamtbevölkerung. Allerdings fanden wir keinen moderierenden Effekt der Bildung, was darauf hindeutet, dass wir ähnliche Effekte auch in einem Sample mit geringerer durchschnittlicher Bildung vorfinden würden. Zum anderen kann bei unserer Variation von validen und invaliden Hinweisen im zweiten Experiment eingewendet werden, dass der von uns als „invalide" konzipierte Hinweis des Herkunftslandes der Kandidierenden für einige vielleicht gar nicht ganz unbrauchbar ist und manchen bei ihrer Entscheidungsfindung auch auf sinnvolle Art und Weise helfen könnte. Das ist nicht unplausibel und könnte möglicherweise eine alternative Interpretation unserer Ergebnisse zulassen. Männer würden nach dieser Interpretation gar nicht einfach wahllos jeden noch so invaliden Hinweis nutzen, um keine Unkenntnis zugeben zu müssen, sondern sie wären möglicherweise einfach häufiger davon überzeugt, dass der Hinweis des Herkunftslandes eine hilfreiche und aussagekräftige Heuristik sein kann. Zukünftige Experimentalforschung sollte deshalb noch stärker gezielt Hinweise mit unterschiedlicher Validität untersuchen, wenn es um die unterschiedliche politische Urteilsbildung und Urteilsäußerung von Männern und Frauen geht.

## Literatur

Abendschön, Simone, und Gema García-Albacete. 2021. It's a man's (online) world. Personality traits and the gender gap in online political discussion. *Information, Communication & Society* 24 (14): 2054–2074.

Arcenaux, Kevin, Martine Johnson, und Hermine H. Maes. 2012. The Genetic Basis of Political Sophistication. *Twin Research and Human Genetics* 15 (1): 34–41.

Atkeson, Lonna Rae, und Rapoport, Ronald B. 2003. The More Things Change the More They Stay the Same: Examining Gender Differences in Political Attitude Expression, 1952-2000. *Public Opinion Quarterly* 67 (4): 495–521.

Azevedo, Flavio, Leticio Micheli, und Deliah Sarah Bolesta. 2023. Does Stereotype Threat Contribute to the Political Knowledge Gender Gap? A Preregistered Replication Study of Ihme and Tausendpfund (2018). *Journal of Experimental Political Science*. doi:https://doi.org/10.1017/XPS.2022.35.

Baldiga, Katherine. 2014. Gender Differences in Willingness to Guess. *Management Science* 60 (2): 434–448.
Bathelt, Severin, Alexander Jedinger, und Jürgen Maier. 2016. Politische Kenntnisse in Deutschland. Entwicklungen und Determinanten, 1949-2009. In *Bürgerinnen und Bürger im Wandel der Zeit. 25 Jahre Wahl- und Einstellungsforschung in Deutschland*, Hrsg. Sigrid Roßteutscher, Thorsten Faas und Ulrich Rosar, 181–207. Wiesbaden: Springer VS.
Ben-Shakhar, Gershon, und Yakov Sinai. 1991. Gender Differences in Multiple-Choice Tests: The Role of Differential Guessing Tendencies. *Journal of Educational Measurement* 28 (1): 23–35.
Borghans, Lex, Bart H. H. Golsteyn, James J. Heckman, und Huub Meijers. 2009. Gender Differences in Risk Aversion and Ambiguity Aversion. *Journal of the European Economic Association* 7 (2–3): 649–658.
Braun, Daniela, und Markus Tausendpfund. 2019. Politisches Wissen und Europawahlen. In *Politisches Wissen. Relevanz, Messung und Befunde*, Hrsg. Bettina Westle und Markus Tausendpfund, 207–236. Wiesbaden: Springer VS.
Brody, Charles J. 1984. Differences by Sex in Support for Nuclear Power. *Social Forces* 63 (1): 209–228.
Byrnes, James P, David C Miller, und William D Schafer. 1999. Gender Differences in Risk Taking: A Meta-Analysis. *Psychological Bulletin* 125 (3): 367–383.
Campbell, Angus, Philip E. Converse, Warren E. Miller, und Donald E. Stokes. 1960. *The American Voter*. New York: Wiley.
Carmen, Ira H. 2007. Genetic Configurations of Political Phenomena: New Theories, New Methods. *The Annals of the American Academy of Political and Social Science* 614 (1): 34–55.
Converse, Philip E. 1990. Popular representation and the distribution of information. In *Information and democratic processes*, Hrsg. John A. Ferejohn und James H. Kuklinski, 369–388. Urbana: University of Illinois Press.
Converse, Philip E. 2006. The nature of belief systems in mass publics (1964). *Critical Review* 18 (1–3): 1–74.
Costa Jr, Paul T, Antonio Terracciano, und Robert R McCrae. 2001. Gender Differences in Personality Traits Across Cultures: Robust and Surprising Findings. *Journal of Personality and Social Psychology* 81 (2): 322–331.
Dahl, Robert A. 1998. *On Democracy*. New Haven: Yale University Press.
Dassonneville, Ruth, und Ian McAllister. 2018. Gender, Political Knowledge, and Descriptive Representation: The Impact of Long-Term Socialization. *American Journal of Political Science* 62 (2): 249–265.
DeBell, Matthew. 2013. Harder Than It Looks: Coding Political Knowledge on the ANES. *Political Analysis* 21 (4): 393–406.
Delli Carpini, Michael X., und Scott Keeter. 1996. *What Americans Know about Politics and Why It Matters*. New Haven: Yale University Press.
Delli Carpini, Michael X., und Scott Keeter. 2005. Gender and Political Knowledge. In *Gender and American Politics. Women, Men, and the Political Process*, Hrsg. Sue Tolleson-Rinehart und Jyl J. Josephson, 21–47. Armonk: Sharpe.
Dolan, Kathleen. 2011. Do Women and Men Know Different Things? Measuring Gender Differences in Political Knowledge. *The Journal of Politics* 73 (1): 97–107.

Dolan, Kathleen, und Michael A. Hansen. 2020. The Variable Nature of the Gender Gap in Political Knowledge. *Journal of Women, Politics & Policy* 41 (2): 121–143.

Dow, Jay K. 2009. Gender Differences in Political Knowledge: Distinguishing Characteristics-Based and Returns-Based Differences. *Political Behavior* 31 (1): 117–136.

Feingold, Alan. 1994. Gender Differences in Personality. *Psychological Bulletin* 116 (3): 429–456.

Ferrin, Monica, Marta Fraile, und Gema García-Albacete. 2017. The Gender Gap in Political Knowledge: Is It All About Guessing? An Experimental Approach. *International Journal of Public Opinion Research* 29 (1): 111–132.

Ferrin, Monica, Marta Fraile, und Gema M. García-Albacete. 2018. Is It Simply Gender? Content, Format, and Time in Political Knowledge Measures. *Politics & Gender* 14 (2): 162–185.

Ferrin, Monica, Marta Fraile, und Gema M. García-Albacete. 2019. Adult Roles and the Gender Gap in Political Knowledge: A Comparative Study. *West European Politics* 42 (7): 1368–1389.

Fortin-Rittberger, Jessica. 2016. Cross-National Gender Gaps in Political Knowledge: How Much Is Due to Context? *Political Research Quarterly* 69 (3): 391–402

Fortin-Rittberger, Jessica. 2020. Political Knowledge: Assessing the Stability of Gender Gaps Cross-Nationally. *International Journal of Public Opinion Research* 32 (1): 46–65.

Fraile, Marta. 2014. Do Women Know Less About Politics Than Men? The Gender Gap in Political Knowledge in Europe. *Social Politics* 21 (2): 261–289.

Fraile, Marta, und Raul Gomez. 2015. Why Does Alejandro Know More about Politics than Catalina? Explaining the Latin American Gender Gap in Political Knowledge. *British Journal of Political Science* 47 (1): 91–112.

Frazer, Elizabeth, und Kenneth Macdonald. 2003. Sex Differences in Political Knowledge in Britain. *Political Studies* 51 (1): 76–83.

Gelman, Andrew, und Gary King. 1993. Why Are American Presidential Election Campaign Polls So Variable When Votes Are So Predictable? *British Journal of Political Science* 23 (4): 409–451.

Gigerenzer, Gerd, Peter M. Todd, und ABC Research Group. 1999. *Simple Heuristics That Make Us Smart*. Oxford: Oxford University Press.

Hannagan, Rebecca J., Levente Littvay, und Sebastian Adrian Popa. 2014. Theorizing Sex Differences in Political Knowledge: Insights from a Twin Study. *Politics & Gender* 10 (1): 89–114.

Hansen, Susan B. 1997. Talking About Politics: Gender and Contextual Effects on Political Proselytizing. *The Journal of Politics* 59 (1): 73–103.

Huber, Sascha. 2012. *Strukturen des politischen Kontexts und die demokratische Kompetenz der Wähler. Experimentelle Studien zur Urteils- und Entscheidungsfindung*. Baden-Baden: Nomos.

Huber, Sascha. 2013. Politisches Lernen im Wahlkampf bei der Bundestagswahl 2009. In *Die Bundestagswahl 2009*, Hrsg. Thorsten Faas, Kai Arzheimer und Sigrid Roßteutscher, 173–198. Wiesbaden: VS Verlag für Sozialwissenschaften.

Hyde, Janet Shibley. 2005. The Gender Similarities Hypothesis. *American Psychologist* 60 (6): 581–592.

Ihme, Toni Alexander, und Markus Tausendpfund. 2018. Gender Differences in Political Knowledge: Bringing Situation Back In. *Journal of Experimental Political Science* 5 (1): 39–55.

Ihme, Toni Alexander, und Markus Tausendpfund. 2019. Stereotype Threat und Politisches Wissen. In Wahrnehmung – Persönlichkeit – Einstellungen. Psychologische Theorien und Methoden in der Wahl- und Einstellungsforschung, Hrsg. Evelyn Bytzek, Markus Steinbrecher und Ulrich Rosar, 143–172. Wiesbaden: Springer VS.

Jessee, Stephen A. 2017. "Don't Know" Responses, Personality, and the Measurement of Political Knowledge. *Political Science Research and Methods* 5 (4): 711–731.

Johann, David. 2012. Specific political knowledge and citizens' participation: Evidence from Germany. *Acta Politica* 47 (1): 42–66.

Johann, David, und Sabrina Jasmin Mayer. 2019. Effekte spezifischen politischen Wissens auf einstellungskongruente Wahlentscheidungen. In *Politisches Wissen Relevanz, Messung und Befunde*, Hrsg. Bettina Westle und Markus Tausendpfund, 263–288. Wiesbaden: Springer VS.

Johann, David, und Sabrina J. Mayer. 2021. Do Interviewers Affect Measures of Factual Political Knowledge? Evidence from Austria and Germany. *International Journal of Public Opinion Research* 33 (4): 998–1011.

Lau, Richard R., und David P. Redlawsk. 1997. Voting Correctly. *The American Political Science Review* 91 (3): 585–598.

Lau, Richard R., und David P. Redlawsk. 2006. *How Voters Decide. Information Processing During Election Campaigns*. Cambridge: Cambridge University Press.

Lizotte, Mary-Kate, und Andrew H. Sidman. 2009. Explaining the Gender Gap in Political Knowledge. *Politics & Gender* 5 (2): 127–151.

Luskin, Robert C. 1990. Explaining Political Sophistication. *Political Behavior* 12 (4): 331–361.

McGlone, Matthew S., Joshua Aronson, und Diane Kobrynowicz. 2006. Stereotype Threat and the Gender Gap in Political Knowledge. *Psychology of Women Quarterly* 30 (4): 392–398.

Melcher, Reinhold, und Bernhard Weßels. 2020. Politische Kultur und politisches Wissen. Politische Unterstützung und demokratische Bildung. In *Legitimitätsprobleme. Zur Lage der Demokratie in Deutschland*, Hrsg. Sascha Kneip, Wolfgang Merkel und Bernhard Weßels, 59–78. Wiesbaden: Springer VS.

Miller, Melissa K. 2019. Who Knows More About Politics? A Dual Explanation for the Gender Gap. *American Politics Research* 47 (1): 174–188.

Mondak, Jeffrey J. 2000. Reconsidering the Measurement of Political Knowledge. *Political Analysis* 8 (1): 57–82.

Mondak, Jeffrey J. 2001. Developing Knowledge Scales. *American Journal of Political Science* 45 (1): 224–238.

Mondak, Jeffrey J., und Mary R. Anderson. 2004. The Knowledge Gap. A Reexamination of Gender-Based Differences in Political Knowledge. *The Journal of Politics* 66 (2): 492–512.

Neuman, Russell W. 1986. *The Paradox of Mass Politics. Knowledge and Opinion in the American Electorate*. Cambridge: Harvard University Press.

Neyer, Franz J., und Jens B. Asendorpf. 2018. *Psychologie der Persönlichkeit*. Berlin: Springer.

Norris, Pippa, und Ronald Inglehart. 2019. *Cultural Backlash: Trump Brexit and Authoritarian Populism*. Cambridge: Cambridge University Press.

Pateman, Carole. 1970. *Participation and Democratic Theory*. Cambridge: Cambridge University Press.

Pereira, Frederico Batista. 2019. Gendered Political Contexts: The Gender Gap in Political Knowledge. *The Journal of Politics* 81 (4): 1480–1493.

Roßteutscher, Sigrid, Manuela Blumenberg, Maximilian Etzel, Chiara Ebert, Frauke Riebe, Sophia Kartz, Anne-Kathrin Stroppe, und Charlotte Vogt. 2022. *GLES Querschnitt 2021, Vor- und Nachwahl*. GESIS Datenarchiv, Köln: ZA7702 Datenfile Version 1.0.0, https://doi.org/10.4232/1.13864.

Schmidt, Carmen und Jan Knipperts. 2013. Politische Generationen, demographischer Wandel und Wahlverhalten in der Bundesrepublik Deutschland: Schicksalsjahre des deutschen Parteiensystems? *Zeitschrift für Parlamentsfragen* 44 (4): 872–891.

Schübel, Thomas. 2018. *Die soziale Verteilung politischen Wissens in Deutschland. Wissensunterschiede und deren Ursachen*. Wiesbaden: Springer VS.

Shaker, Lee. 2009. Citizens' Local Political Knowledge and the Role of Media Access. *Journalism & Mass Communication Quarterly* 86 (4): 809–826.

Shaker, Lee. 2012. Local Political Knowledge and Assessments of Citizen Competence. *Public Opinion Quarterly* 76 (3): 525–537.

Simon, Alice. 2017. How Can We Explain the Gender Gap in Children's Political Knowledge. *American Behavioral Scientist* 61 (2): 222–237.

Smith, Kevin B., Douglas R. Oxley, Matthew V. Hibbing, John R. Alford, und John R. Hibbing. 2011. Linking Genetics and Political Attitudes: Reconceptualizing Political Ideology. *Political Psychology* 32 (3): 369–397.

Statistische Ämter des Bundes und der Länder. o.J. Durchschnittsalter der Bevölkerung – Stichtag 31.12. – regionale Ebenen. https://www.regionalstatistik.de/genesis/online#astructure. Zugriffen: 17.05.2023.

Statistisches Bundesamt. o.J. Bevölkerung (ab 15 Jahren): Deutschland, Jahre (bis 2019), Geschlecht, Altersgruppen, Allgemeine Schulausbildung. https://www-genesis.destatis.de/genesis//online?operation=table&code=12211-9012&bypass=true&levelindex=0&levelid=1684333376746#abreadcrumb. Zugegriffen: 17.05.2023.

Stolle, Dietlind, und Elisabeth Gidengil. 2010. What do Women Really Know? A Gendered Analysis of Varieties of Political Knowledge. *Perspectives on Politics* 8 (1): 93–109.

Sturgis, Patrick, Nick Allum, und Patten Smith. 2008. An Experiment on the Measurement of Political Knowledge in Surveys. *The Public Opinion Quarterly* 72 (1): 90–102.

Tausendpfund, Markus. 2020. Niveau und Determinanten politischen Wissens. In *Politisches Wissen in Deutschland. Empirische Analysen mit dem ALLBUS 2018*, Hrsg. Markus Tausendpfund und Bettina Westle, 55–88. Wiesbaden: Springer VS.

Tausendpfund, Markus, und Bettina Westle, Hrsg. 2020. *Politisches Wissen in Deutschland. Empirische Analysen mit dem ALLBUS 2018*. Wiesbaden: Springer VS.

Tenscher, Jens, Gilg U. H. Seeber, und Michael Hallermayer. 2013. Politische Mediennutzung. In *Politik im Kontext: Ist alle Politik lokale Politik? Individuelle und kontextuelle Determinanten politischer Orientierungen*, Hrsg. Jan W. van Deth und Markus Tausendpfund, 191–214. Wiesbaden: Springer VS.

Verba, Sidney, Kay L. Schlozman und Henry E. Brady. 1995. *Voice and Equality: Civic Voluntarism in American Politics*. Cambridge: Harvard University Press.

Verba, Sidney, Nancy Burns, und Kay Lehman Schlozman. 1997. Knowing and Caring about Politics. Gender and Political Engagement. *The Journal of Politics* 59 (4): 1051–1072.
Weisberg, Yanna J., Colin G. DeYoung, und Jacob B. Hirsh. 2011. Gender Differences in Personality across the Ten Aspects of the Big Five. *Frontiers in Psychology* 2 (2):1–11.
Westle, Bettina. 2009a. Immer noch in der Steinzeit? Gesellschaftliche und politische Gender-Orientierungen. In *Wähler in Deutschland. Sozialer und politischer Wandel, Gender und Wahlverhalten*, Hrsg. Steffen Kühnel, Oskar Niedermayer und Bettina Westle, 137–165. Wiesbaden: VS Verlag für Sozialwissenschaften.
Westle, Bettina. 2009b. Die unpolitische Frau – ein Methodenartefakt der Umfrageforschung? In *Politik – Wissenschaft – Medien. Festschrift für Jürgen W. Falter zum 65. Geburtstag*, Hrsg. Hanna Kaspar, Harald Schoen, Siegfried Schumann und Jürgen R. Winkler, 179–201. Wiesbaden: VS Verlag für Sozialwissenschaften.
Westle, Bettina. 2020. Schützt politisches Wissen vor Populismus? In *Politisches Wissen in Deutschland. Empirische Analysen mit dem ALLBUS 2018*, Hrsg. Markus Tausendpfund und Bettina Westle, 199–244. Wiesbaden: Springer VS.
Westle, Bettina, und Pascal Anstötz. 2020. Politische Partizipation und politisches Wissen: Fördert politisches Wissen die Bereitschaft zu politischer Beteiligung? In *Politisches Wissen in Deutschland. Empirische Analysen mit dem ALLBUS 2018*, Hrsg. Markus Tausendpfund und Bettina Westle, 245–290. Wiesbaden: Springer VS.
Westle, Bettina, und Markus Tausendpfund, Hrsg. 2019. *Politisches Wissen. Relevanz, Messung und Befunde*. Wiesbaden: Springer VS.

**Fabio Best** ist wissenschaftlicher Mitarbeiter am Bereich Empirische Politikforschung an der Johannes Gutenberg-Universität Mainz. Seine Forschungsinteressen liegen im Bereich der Wahl- und Einstellungsforschung. E-Mail: best@politik.uni-mainz.de

**Dr. Sascha Huber** ist Professor für Empirische Politikforschung am Institut für Politikwissenschaft der Johannes Gutenberg-Universität Mainz. Seine Forschungsinteressen liegen in den Bereichen politischer Urteilsbildung, Wahlverhalten, politische Partizipation und experimentellen Methoden in der Politikwissenschaft. E-Mail: huber@politik.uni-mainz.de

# Messung von Wissen zur staatlichen Alterssicherung und dessen Verteilung in der Bevölkerung

Daniel Moosdorf

## 1 Einleitung

Wissen der Bevölkerung über den Policy-Bereich „Alterssicherung" ist in Deutschland aus zwei Gründen besonders wichtig: Erstens ist dieses Wissen als Voraussetzung einer fundierten Einschätzung der Ausgestaltung des Alterssicherungssystems für die Gesellschaft erforderlich. Zweitens haben die Reformen der letzten 30 Jahre dazu geführt, dass die Eigenverantwortung für die Alterssicherung gestiegen ist. Unzureichendes, insbesondere überholtes Wissen kann dementsprechend zu einer Lücke der persönlichen zukünftigen Absicherung im Alter führen und bei Erkennen dieser Lücke Legitimitätsverluste nach sich ziehen. Deshalb wird in diesem Beitrag untersucht, wie das Wissen zur Alterssicherung in Deutschland verteilt ist und wo Unsicherheit, Nichtwissen oder falsche Vorstellungen in der Bevölkerung bestehen.

Die wenigen Ansätze zur Messung von Alterssicherungswissen in Deutschland weisen methodisch wesentliche Einschränkungen auf. Sie stützen sich überwiegend nur auf einzelne Indikatoren oder sind aufgrund ihres experimentellen oder qualitativen Zugangs nicht verallgemeinerbar. Ein Ziel des Projekts „Rente

D. Moosdorf (✉)
Philipps-Universität Marburg, Marburg, Deutschland
E-Mail: moosdorf@staff.uni-marburg.de

© Der/die Autor(en), exklusiv lizenziert an Springer Fachmedien Wiesbaden GmbH, ein Teil von Springer Nature 2024
B. Westle und M. Tausendpfund (Hrsg.), *Politisches Wissen: Korrekte Kenntnisse, Fehlvorstellungen und Ignoranz,* Politisches Wissen,
https://doi.org/10.1007/978-3-658-42979-9_4

– Unwissend in die Krise?"[1] war es daher, ein geeignetes Messinstrument zur Erhebung von Wissen zur staatlichen Alterssicherung im Rahmen einer telefonischen Befragung zu entwickeln. Ziel dieses Beitrags ist es, ein neues Instrument zur Messung von Alterssicherungswissen zu präsentieren und dessen Eignung zu überprüfen. Dabei soll eine Differenzierung der Befragten nach deren objektivem Wissensstand sowie ihrer subjektiven Sicherheit dieses Wissen erfolgen, welche eine Einteilung in die Typen *1. Fehlüberzeugte, 2. Bekennende Unkundige, 3. Unsicher Wissende* und *4. Sicher Wissende* ermöglicht.

Dazu ist der Beitrag wie folgt strukturiert. Nachfolgend werden zunächst die bisherigen Forschungsansätze zusammengefasst und aufgezeigt, dass die Forschung bisher erhebliche Lücken aufweist. Im Anschluss wird die Entwicklung des Instruments zur Erhebung von staatlichem Alterssicherungswissen vorgestellt. Der folgende Analyseteil ist zweigeteilt. Zunächst erfolgt die Analyse der Wissensfragen und der Fragen zur subjektiven Sicherheit dieses Wissens. Es werden sowohl Ergebnisse auf Frageebene als auch die Skalierungsergebnisse vorgestellt. Im zweiten Analyseteil wird die Berechnung von vier Wissenstypen erläutert und deren Verteilung in der Gesamtbevölkerung und nach verschiedenen soziodemografischen und motivationalen Merkmalen betrachtet. Dies soll ein differenziertes Bild des Wissensstandes in der Bevölkerung liefern und zeigen, nach welchen Merkmalen Wissensunterschiede bestehen. Abschließend werden die Befunde zusammenfassend betrachtet sowie wissenschaftliche und politische Implikationen diskutiert.

## 2  Forschungsstand

Zur Verteilung von Wissen über die staatliche Alterssicherung in der deutschen Bevölkerung liegen bisher kaum systematische Erkenntnisse vor. Dies liegt vor allem an den methodischen Einschränkungen bisheriger Studien. Diese bestehen entweder aufgrund fehlender Repräsentativität (z. B. Brosig 2015; Brenner 2016; Stadtmüller 2016) oder darin, dass die Messung von Wissen lediglich mittels einzelner oder sehr weniger Indikatoren erfolgte (z. B. Börsch-Supan et al. 2004), welche zudem hinsichtlich ihrer inhaltlichen Eignung teilweise als fragwürdig eingeschätzt werden (Kistler und Heinecker 2007, S. 10).

---

[1] Projektseite der Fritz Thyssen Stiftung: https://t1p.de/2rs4v.

Börsch-Supan et al. (2004, S. 28–31) haben in ihrer repräsentativen Befragung unter Erwachsenen in Deutschland drei Fragen zur Ausgestaltung der gesetzlichen Rentenversicherung (GRV) gestellt: zum Beitragssatz, zur Finanzierungsart und zur Höhe der Bundeszuschüsse. Die Höhe des Beitragssatzes war 2003 den wenigsten Befragten bekannt (knapp 31 %). Das Prinzip der Umlagefinanzierung der GRV kennt fast die Hälfte der Befragten. Und dass die Renten aus Steuermitteln bezuschusst werden, gaben immerhin 62 % richtig an. Mithilfe einer Conjoint-Analyse und Simulation wurde für die Unterstützung verschiedener Reformvorschläge (Variationen aus Höhe des Beitragssatzes, des Rentenniveaus und des Renteneintrittsalters) ermittelt, dass diese Reformpakete nur dann mehrheitsfähig wären, wenn die kontrafaktische Annahme zugrunde gelegt wird, dass alle Befragten über Beitragshöhe, Umlageverfahren und Bundeszuschüsse richtig informiert sind (Börsch-Supan et al. 2004, S. 81–83). Auch wenn die Bedeutung des Alterssicherungswissens (Fokus GRV) für die Unterstützung von Reformvorschlägen in dieser Simulation gezeigt werden konnte, bleibt fragwürdig, ob die Operationalisierung mittels der drei Indikatoren ausreichend ist.

Die Frage nach der Finanzierungsart der GRV von Börsch-Supan et al. (2004) wurde von Stadtmüller (2016) in einer experimentellen Onlinestudie zur Operationalisierung von Kenntnissen der Funktionsweise der GRV eingesetzt. Ziel der Studie war Einstellungsunterschiede gegenüber der Regelaltersgrenze von 67 Jahren nach Wissen zum demografischen Wandel und zur Funktionsweise der GRV zu untersuchen. Auch wenn der Studie keine repräsentative Zufallsauswahl zugrunde liegt, wurde eine ähnliche Antwortverteilung wie in der vorherigen Studie für die Finanzierungsart der GRV gefunden (knapp 53 % haben richtig geantwortet). Wenn zusätzlich Kenntnisse zum demografischen Wandel vorliegen, scheint ein positiver Zusammenhang mit der Zustimmung zur Rente mit 67 zu bestehen. Neben diesem Nachweis der Einstellungsrelevanz des Wissens (Stadtmüller 2016, S. 190) könnten die ähnlichen Antwortverteilungen der beiden Studien ein Hinweis auf die Stabilität der Kenntnis dieser Information sein.

Brosig (2015) hat mit persönlichen teilstrukturierten Interviews von 20 jungen Erwachsenen (zwischen 25 und 35 Jahre alt) einen explorativen Ansatz gewählt, um Erkenntnisse zur methodischen Weiterentwicklung der Messung von Alterssicherungswissen in standardisierten Umfragen gewinnen zu können. Für die Operationalisierung hat er sich an dem Vorschlag von Bonoli und Palier (1998) zur systematischen Differenzierung sozialstaatlicher Programme nach Zugang, Leistungsstruktur, Finanzierung und Verwaltung orientiert. Für die Erhebung wurden 63 offene und geschlossene Fragen zur GRV, Riester-Rente und Grundsicherung im Alter gestellt. Mit dieser Systematisierung möglicher Frageinhalte sowie der nachträglichen Kodierung von Antworten auf die offenen Fragen hat Brosig eine Grundlage zur Entwicklung eines Instruments für eine standardisierte Umfrage geschaffen. Konkrete Themen zur GRV, die auch Anregungen für die vorliegende Studie boten, sind Fragen nach dem Versichertenkreis, dem Leistungsziel und der Rentenhöhe.

## 3 Entwicklung des Messinstruments

### 3.1 Datengrundlage

Zur Untersuchung des staatlichen Alterssicherungswissen in der deutschen Bevölkerung wurde für das Projekt „Rente – Unwissend in die Krise?" (gefördert durch die Fritz Thyssen Stiftung) von Daniel Moosdorf (Mitarbeiter) und Bettina Westle (Projektleiterin) ein neues Messinstrument entwickelt, welches in einer repräsentativen telefonischen Befragung der wahlberechtigten Bevölkerung in Deutschland verwendet wurde. Die Befragung wurde im April 2021 durch IPSOS durchgeführt. Die Stichprobenziehung erfolgte mit einer mehrstufigen, geschichteten Zufallsauswahl mit Dual Frame (70 % Festnetz, 30 % Mobil). Trotz dieses Vorgehens weisen die Daten in ihrer Repräsentativität, vor allem bei den Merkmalen Bildung und Alter, Einschränkungen auf. Um dennoch verallgemeinernde Aussagen formulieren zu können, werden im Folgenden Verteilungsanalysen (Häufigkeits- und Kreuztabellen) mit einer nachträglichen Gewichtung berechnet. Der Datensatz umfasst 1.510 Befragte und eine durchschnittliche Befragungsdauer von 37 min. Die Analysen dieses Beitrags basieren auf dieser Datengrundlage und wurden in R 4.2.2 mit den Paketen *eRm* (Mair et al. 2021), *ggplot2* (Wickham 2016), *psych* (Revelle 2022), *sjmisc* (Lüdecke 2018) und *nnet* (Venables und Ripley 2002) durchgeführt.

### 3.2 Konzeptualisierung von staatlichem Alterssicherungswissen

Im ersten Schritt war es notwendig, die Bereiche des relevanten Wissens zu definieren. Wissen wird hier nach Schübel (2018, S. 6–13) auf Faktenwissen als Teil des semantischen Gedächtnisses eingegrenzt, welches in netzwerkartigen Strukturen abgespeichert wird. In diesem Beitrag wird darunter Faktenwissen zu einzelnen Merkmalen des Alterssicherungssystems verstanden. Hierbei steht vor allem die potenzielle Relevanz des Wissens für Einstellungen gegenüber dem

Alterssicherungssystem im Zentrum. Der Umbau des deutschen Alterssicherungssystems in den letzten 30 Jahren ist vor allem durch Leistungseinschnitte und gestiegene Eigenverantwortung zu charakterisieren. Hierfür kann nur durch gute und plausibel vermittelte Gründe mit Befürwortung durch die Bevölkerung gerechnet werden. Die für den Reformprozess zentralen Diskursstrategien hat Brettschneider (2009) systematisch aufgearbeitet, der kognitive und normative Diskursstrategien unterscheidet. Für das vorliegende Forschungsvorhaben sind die kognitiven Diskursstrategien von zentraler Bedeutung. Diese betonen vor allem die drohenden Finanzierungsschwierigkeiten der GRV durch den demografischen Wandel. Anhand von Systemmerkmalen der GRV, welche in Zusammenhang mit den Veränderungen der Bevölkerungsstruktur gebracht werden können, sollte die Notwendigkeit der Reformierung verdeutlicht und der Reformprozess legitimiert werden. Die erste relevante Wissensdimension ist daher „Faktenwissen zu strukturellen Systemmerkmalen der GRV".

Für Reformen, die größere Abweichungen zur bisherigen Ausgestaltung des Systems beinhalten, bestehen – vor allem bei Leistungseinschnitten – Schwierigkeiten Zustimmung in der Bevölkerung zu finden. Diese Annahme stützt sich auf die Theorie der Pfadabhängigkeit von Reformen (Ullrich 2008; Yollu-Tok 2010). Die beschriebenen Veränderungen im Alterssicherungssystem stellen einen starken Bruch mit dem bisherigen Pfad dar und werden daher mitunter sogar als Paradigmenwechsel bezeichnet (z. B. Brettschneider 2009; Steffen 2012; Rasner 2016). Neben der ausreichenden Vermittlung der Gründe und des Nutzens der Reformen sind bei einem solchen Bruch kompensatorische Elemente notwendig (Yollu-Tok 2010, S. 69). Der umfassende Umbau des Alterssicherungssystems, mit der partiellen Aufgabe bisheriger Leistungsziele und der Einführung einzelner Elemente zur Kompensation der Leistungsreduzierung erfordert daher neben Kenntnissen zu den Hintergründen dieses Umbaus auch Kenntnisse zur aktuellen Ausgestaltung des Alterssicherungssystems. Hieraus folgt als zweite relevante Dimension „Faktenwissen zu aktuellen Merkmalen des Systems der Alterssicherung".

## 3.3 Entwicklung des Messinstruments

Daran anknüpfend war es erforderlich für die genannten Dimensionen Wissensfragen zu entwickeln. Begrenzungen dabei waren sowohl der geplante Befragungsmodus (telefonisch) als auch die Detailtiefe der Fragen. Für die Auswahl einzelner abzufragender Inhalte in den beiden vorgestellten Dimensionen diente die Relevanz für eine Orientierung im rentenpolitischen Diskurs. Für die erste

Dimension sollten Systemmerkmale der GRV (bspw. Versichertenkreis, Finanzierungsart) erfasst werden, welche im Zusammenhang mit dem demografischen Wandel für eine Rechtfertigung der Reformierung des Alterssicherungssystems verwendet wurden. Unter der zweiten Dimension wurden Faktenfragen zur aktuellen Ausgestaltung der GRV sowie anderen Programmen (Grundsicherung im Alter, staatlich unterstützte zusätzliche Altersvorsorge) zur Kompensation der Leistungseinschnitte gefasst. Die ersten Entwürfe der Wissensmessung umfassten daher Fragen zur GRV, zur Grundsicherung im Alter und zur zusätzlichen Altersvorsorge (zAV, dazu zählen betriebliche Altersvorsorge – bAV und private Altersvorsorge – pAV).

Für die Messung von Wissen im Rahmen einer standardisierten Befragung stehen vor allem zwei Arten von Fragen zur Verfügung. Mit offenen Fragen kann Wissen zwar ohne Cues durch die Antwortvorgaben erhoben werden. Aber eine Vielzahl solcher Fragen kann als Belastung empfunden werden, da sie kognitiv anspruchsvoll sind, was sich negativ auf die Durchführung der Befragung (sinkende Motivation, Abbrüche) auswirken kann. Geschlossene Fragen sind weniger belastend für die Befragten. Daher wurden vor allem geschlossene Fragen verwendet. Hier besteht allerdings das erhöhte Risiko, dass Befragte bei fehlendem Wissen raten und daher nicht eindeutig zwischen richtig Ratenden und Wissenden sowie falsch Ratenden und bekennenden Unkundigen sowie Fehlüberzeugten unterschieden werden kann.

Die ersten Entwürfe des Erhebungsinstruments wurden in einer Reihe von Pretests getestet. Dabei standen die Verständlichkeit der Fragen und Antworten sowie die Anwendbarkeit des Instruments in einer CATI-Befragung im Vordergrund. Deutlich wurde, dass die Komplexität der Fragetexte und die Anzahl der Antwortkategorien sowie der Fragen insgesamt begrenzt werden musste, um den Wissenstest im Rahmen der Hauptbefragung durchführbar zu halten. Außerdem war zu klären wie mit der Möglichkeit „weiß nicht" zu antworten umgegangen werden sollte. Die ersten Entwürfe des Instruments enthielten noch die Instruktionen, dass bei Unkenntnis oder Unsicherheit mit „weiß nicht" geantwortet werden soll (Rateentmutigung). Dies führte aber zu Unsicherheiten (bspw. durch Rückfragen während der Befragung) und zu einer längeren Dauer des Wissenstests. Das explizite Anbieten der „weiß nicht"-Option verzerrt zudem durch unterschiedliche Rateneigung (bspw. nach Geschlecht) die Messung (Lee und Matsuo 2018, S. 3). Im finalen Entwurf wurden daher die Befragten aufgefordert bei Unkenntnis oder Unsicherheit zu Raten (Rateermutigung). Anschließend wurden (in Anlehnung an den Ansatz von Lee und Matsuo (2018) summarisch für mehrere Wissensfragen Sicherheitsfragen gestellt, bei denen angegeben werden sollte, wie sicher sich die Befragten sind, dass ihre Antworten richtig sind. Dieses Vorgehen sollte unterschiedliche Rateneigungen nivellieren und Messproblemen bei der Vermischung von Wissenden mit richtig Ratenden zuvorkommen sowie helfen Falschwissen von fehlendem Wissen zu unterscheiden.

## 3.4 Finales Messinstrument

Das finale Erhebungsinstrument umfasst zehn Wissensfragen, davon acht zur GRV und zwei zur Grundrente (für den Wortlaut s. Tab. 1–3 in Abschn. 4.1). Die ersten beiden Fragen zur GRV richten sich auf den Kreis der Versicherten (Wer ist versichert? Wie viele sind versichert?), was mit der gesellschaftlichen Relevanz der Reformmaßnahmen des Alterssicherungssystems in Verbindung gebracht werden kann. Vor allem bei Unterschätzung des Anteils der Versicherten mag die Notwendigkeit von Reformen zumindest in ihrer diskutierten Dringlichkeit fragwürdig erscheinen. Die dritte Frage richtet sich auf das aktuelle Leistungsziel der GRV. Für eine angemessene Bewertung der aktuellen Ausgestaltung des Alterssicherungssystems ist die Kenntnis, dass die GRV nur einen Teil des bisherigen Lebensstandards absichert, von zentraler Bedeutung. Jedoch scheinen Erwartungen und gelernte Narrative („Die Rente ist sicher") relativ beständig (Brenner 2016). Mit der vierten Frage wird die Kenntnis der Höhe der Regelaltersgrenze erhoben. Die Anhebung des abschlagsfreien Renteneintrittsalters auf 67 hat vergleichsweise größere Kritik in der Bevölkerung nach sich gezogen (Stadtmüller 2016, S. 10) und scheint daher sowohl für die individuelle Altersvorsorgeplanung (Bucher-Koenen et al. 2019) als auch für die Bewertung des Alterssicherungssystems von Bedeutung zu sein. Die fünfte Frage ermittelt die Kenntnis der Finanzierungsart der GRV. Wie Börsch-Supan et al. (2004) und Stadtmüller (2016) bereits geschrieben haben, ist diese für das Verständnis der Rechtfertigung der Reformen wichtig. Sechstens wird nach dem Reformgrund – demografischer Wandel – gefragt, welcher im rentenpolitischen Diskurs vor allem angeführt wurde. Siebtens wird nach der Höhe des Beitragssatzes gefragt und achtens nach der Rentenhöhe als weitere wichtige Merkmale der aktuellen Ausgestaltung der GRV. Die 2021 eingeführte Grundrente wird neuntens mit einer Frage nach dem berechtigten Personenkreis sowie zehntens nach deren Finanzierung berücksichtigt. Dies erfolgt ebenfalls wegen der Aktualität dieser Maßnahme sowie deren kompensatorischer Funktion gegenüber der Leistungsreduzierung.

Mit einer Ausnahme wurden die Fragen im geschlossenen Format mit drei Antwortoptionen gestellt, welche – sofern die Antwortvorgaben eine quantifizierte, ordinale Folge darstellten (wie z. B. 2,4,6) – zur Reduzierung von Primacy- und Recency-Effekten abwechselnd in aufsteigender bzw. absteigender Reihenfolge präsentiert wurden. In allen anderen Fällen (z. B. nominale Vorgaben ohne Rangordnung) erfolgte eine Zufallsrotation.

Eine größere Zahl von Antwortvorgaben würde zwar theoretisch die Wahrscheinlichkeit von zufällig korrekten Antworten reduzieren, bringt aber die Schwierigkeit mit sich plausible Distraktoren zu formulieren und erhöht den Aufwand der Beantwortung und die Befragungszeit. Dem gegenüber wären Fragen mit lediglich zwei Antwortoptionen weniger aufwendig in Konzeption und Durchführung, erhöhen aber die Wahrscheinlichkeit richtig zu raten. Für ein vergleichbar verlässliches Instrument hinsichtlich der Lösungswahrscheinlichkeit müsste eine deutlich höhere Zahl an Faktenfragen gestellt werden.[2]

Die Instruktionen für die Erhebung des Wissens waren so formuliert, dass sie den Leistungsdruck reduzieren sollten (bspw. durch das Frame als „Quiz" sowie durch die Normalisierung von fehlendem Wissen aufgrund der variierenden Schwierigkeiten). Wie bereits angesprochen, wurden die Befragten gebeten auch bei Unsicherheit einen Lösungsversuch zu unternehmen. Dies wurde mit einer Anweisung an die Interviewenden unterstützt, die Befragten bei einer versuchten „weiß nicht"-Antwort oder Antwortverweigerung zu einer substanziellen Antwort zu ermutigen. Wenn Befragte sich davon nicht überzeugen ließen, bestand jedoch die Möglichkeit entsprechende Antworten zu kodieren. Für die Erhebung des Wissens wurden den Befragten die einzelnen Fragen und die drei Antwortoptionen vorgelesen (ohne „weiß nicht" und „verweigert") und die Antwort vermerkt. Auf die einzige offene Frage – zur Rentenhöhe der fiktiven Rentnerin Frau Schmidt – wurde der genannte Betrag vermerkt und später in einem Bereich von plus sowie minus 100 € um die korrekte Antwort als richtig kodiert. Die Fragen zur subjektiven Sicherheit wurden nach den ersten vier Wissensfragen (Sicherheit Quiz 1), nach der achten Frage (Sicherheit Quiz 2) und nach den beiden Fragen zur Grundrente (Sicherheit Quiz 3) gestellt.

---

[2] Die Wahrscheinlichkeit mit reinem Raten 50 % der Fragen richtig zu beantworten, ist bei zehn Fragen mit drei Antwortoptionen (wie für die vorliegende Studie entwickelt) bei $p=0{,}137$ und bei Fragen mit 2 Antwortoptionen erst vergleichbar bei 35 Fragen ($p=0{,}132$).

# 4 Analyse des Messinstruments

## 4.1 Test der Wissens- und Sicherheitsfragen sowie deren Skalierung

### 4.1.1 Lösungsquoten der einzelnen Fragen

In Tab. 1–3 sind die gewichteten Antwortanteile auf die einzelnen Wissensfragen angegeben. An den insgesamt geringen *verweigert*-Anteilen[3] (max. knapp 3 %) zeigt sich, dass die Instruktionen von den Befragten überwiegend verstanden und akzeptiert wurden. Lediglich bei der offenen Frage zur Rentenhöhe der fiktiven Rentnerin Frau Schmidt *(W08)* ist der Anteil mit 6 % etwas höher.

Die Versicherten der GRV *(W01)* benennen im ersten Quizblock (Tab. 1) fast drei Viertel der Befragten richtig. Für knapp 18 % der Befragten erscheint aber auch plausibel, dass nur Vollzeit Beschäftigte in der GRV versichert sind und lediglich knapp 8 % gehen davon aus, dass Selbstständige und Beamte zu den Pflichtversicherten gehören. Der prozentuale Anteil der versicherten Erwerbstätigen *(W02)* scheint nur einem guten Drittel der Befragten bekannt zu sein. Die Hälfte der Befragten hat mit Antwortmöglichkeit B 65 % geantwortet, was möglicherweise mit der eher weit verbreiteten Unkenntnis des Versichertenanteils (geringe Lösungsquote) und der Position dieser Antwortoption (Tendenz zur Mitte) zusammenhängt. Dass der Anteil der Versicherten nur 50 % beträgt, scheint eine weniger plausible Antwort zu sein, da diese Antwortmöglichkeit nur von 12,5 % der Befragten angegeben wurde. Den Leistungsumfang der GRV *(W03)* schätzen knapp zwei Drittel der Befragten richtig ein. Ein bedeutender Teil von knapp 30 % geht aber davon aus, dass die GRV nur gegen Armut absichert. Dagegen meinen nur 5 %, dass die GRV den Lebensstandard voll absichert. Der relativ breite mediale Diskurs um die Reformen der Alterssicherung und den damit einhergehenden Leistungseinschnitten sowie die teilweise auf Krisen fokussierte Berichterstattung um den weiteren Reformbedarf der GRV könnten mögliche Erklärungen für dieses Antwortverhalten sein. Auch die Regelaltersgrenze 2031 *(W04)* ist knapp zwei Drittel der Befragten bekannt. Den anderen scheinen beide falschen Antwortmöglichkeiten (68 und 69 Jahre) fast gleich plausibel. Hier könnten die Debatten um ein weiteres

---

[3] Die Optionen „weiß nicht" und „verweigert" wurden aus Darstellungsgründen zu verweigert zusammengefasst, da diese Differenzierung auch keinen Mehrwert für die folgenden Analysen aufweist. Dieses Vorgehen wird damit begründet, dass die Instruktionen eigentlich keine nicht-substanziellen Antworten zulassen, sodass bei dennoch vorliegenden nicht-substanziellen Antworten von einer stärkeren Verweigerungshaltung ausgegangen wird.

Heraufsetzen der Regelaltersgrenze im Vorfeld der Bundestagswahl einige Befragte verwirrt haben.

Im zweiten Quizblock (Tab. 2) geben gut 42 % der Befragten die Umlagefinanzierung der GRV *(W05)* richtig an, was einem etwas geringeren Anteil entspricht als ihn Börsch-Supan et al. (2004) und Stadtmüller (2016) berichten. Die

**Tab. 1** Prozentuale Antwortanteile bei Wissensfragen (gewichtet)

| | | |
|---|---|---|
| **Instruktion:** Wir möchten jetzt ein Quiz mit Ihnen durchführen. Manche Fragen sind einfach, manche schwierig. Viele Menschen wissen einige der Antworten nicht. Wenn Sie sich unsicher sind, bitte ich Sie, die Antwort zu nennen, die Ihnen am ehesten richtig erscheint. Wir beginnen mit Fragen zur Alterssicherung in Deutschland | | |
| *W01* | Wer ist in der gesetzlichen Rentenversicherung pflichtversichert? | |
| A | **Alle Arbeiter und Angestellte** | **73,9** |
| B | Alle Selbstständige und Beamte | 7,7 |
| C | Alle Erwerbstätige in Vollzeit | 17,6 |
| *Verweigert* | | 0,8 |
| *W02* | Wie viel Prozent der Erwerbstätigen sind in der gesetzlichen Rentenversicherung? Sind das rund… | |
| A | 50 % | 12,5 |
| B | 65 % | 50,0 |
| C | **80 %** | **36,2** |
| *Verweigert* | | 1,3 |
| *W03* | Welche Absicherung leistet die gesetzliche Rente heute? | |
| A | Sie sichert den erreichten Lebensstandard voll ab | 5,2 |
| B | **Sie sichert einen Teil des erreichten Lebensstandards ab** | **65,5** |
| C | Sie sichert nur gegen Armut ab | 28,2 |
| *Verweigert* | | 1,1 |
| *W04* | Auf welches Alter wird die Regelaltersgrenze, also das Lebensalter ab dem ein Anspruch auf abschlagsfreie gesetzliche Rente besteht, bis 2031 angehoben? | |
| A | **Auf 67 Jahre** | **64,1** |
| B | Auf 68 Jahre | 16,4 |
| C | Auf 69 Jahre | 17,8 |
| *Verweigert* | | 1,7 |

*Datenquelle: Rente – Unwissen in die Krise? Korrekte Antwortvorgaben in Fettdruck*
*Berechnungen: Moosdorf*

**Tab. 2** Prozentuale Antwortanteile bei Wissensfragen (gewichtet)

| | | |
|---|---|---|
| W05 | Wie werden die gesetzlichen Renten der heutigen Rentner vor allem finanziert? | |
| A | Durch Beiträge der Rentner und ihrer Arbeitgeber während ihres früheren Berufslebens | 12,3 |
| B | **Durch Beiträge der gegenwärtigen Erwerbstätigen und ihrer Arbeitgeber** | **42,4** |
| C | Durch eine Mischung aus beidem | 44,9 |
| *Verweigert* | | 0,5 |
| W06 | Seit den späten neunziger Jahren gilt unter Experten die gesetzliche Rentenversicherung als künftig nicht mehr finanzierbar. Welcher zentrale Grund wurde dafür genannt? | |
| A | **Die Erwartung, dass es zukünftig weniger Erwerbstätige und mehr Rentner geben wird** | **72,3** |
| B | Die Befürchtung, dass die Kapitalrücklagen der Rentenversicherung wegen des geringen Zinsniveaus schrumpft | 15,8 |
| C | Die Annahme, dass wegen zunehmender Schulden Deutschlands die Ausgaben der Rentenversicherung gesenkt werden müssen | 9,3 |
| *Verweigert* | | 2,5 |
| W07 | Wie hoch ist der aktuelle Beitrag für die gesetzliche Rentenversicherung? Gemeint ist damit wie viel Prozent des Bruttomonatslohns Arbeitnehmer und Arbeitgeber zusammen in die gesetzliche Rentenversicherung einzahlen | |
| A | 13,6 % | 22,7 |
| B | **18,6 %** | **49,3** |
| C | 23,6 % | 25,3 |
| *Verweigert* | | 2,8 |
| W08 | Frau Schmidt hat 45 Jahre lang immer durchschnittlich verdient, zuletzt 4000 € brutto. Wie hoch wird ihre gesetzliche Rente brutto ungefähr ausfallen? Bitte nennen Sie mir die geschätzte Rentenhöhe | |
| unterschätzt (<1400 €) | | 23,5 |
| **Richtig codiert: Antworten zwischen 1400 €-1600 €** | | **19,0** |
| überschätzt (>1600 €) | | 51,5 |
| *Verweigert* | | 6,0 |

*Datenquelle: Rente – Unwissend in die Krise? Korrekte Antwortvorgaben in Fettdruck Berechnungen: Moosdorf* meisten Befragten gehen aber von einer Mischfinanzierung aus (knapp 45 %) und nur ein kleiner Teil der Befragten (12 %) glaubt, dass die gesetzlichen Renten über Kapitaldeckung finanziert werden. Dass ein Großteil der Befragten eine falsche Vorstellung von der Art der Finanzierung der GRV hat, scheint besonders für den sich verändernden Altersquotienten als einem der zentralen Reformargumente problematisch. Unter den möglichen Reformgründen *(W06)* wählen dennoch die meisten Befragten (72 %) die richtige Antwort, also das sich verschlechternde Zahlverhältnis von Erwerbstätigen und Ruheständlern. Unter den beiden falschen Antwortmöglichkeiten nehmen knapp 16 % der Befragten an, dass die Kapitalrücklage der GRV aufgrund des geringen Zinsniveaus schrumpft und 9 % der Befragten sehen die zunehmenden Schulden Deutschlands als zentralen Reformgrund. Zusammen mit den falschen Vorstellungen zur Finanzierung der GRV ist daher zumindest fragwürdig, ob die Befragten dem Argument zum Reformdruck folgen. Knapp die Hälfte der Befragten benennt die aktuelle Höhe des Beitragssatzes *(W07)* mit 18,6 % richtig, allerdings evtl. auch durch die Mittelposition dieser Antwortoption mitbedingt. Unter- und Überschätzungen des Beitragssatzes scheinen etwa gleich plausibel. Die Rentenhöhe einer fiktiven Rentnerin *(W08)* wird dagegen von etwas mehr als der Hälfte der Befragten (51,5 %) überschätzt (Antworten über 1.600 €). Neben den 6 % der Befragten, welche entgegen den Instruktionen dennoch die Antwort verweigert haben, verteilen sich die restlichen Befragten zu ähnlichen Anteilen auf den als richtig codierten Bereich (Antworten zwischen 1400 € bis 1600 €) und auf Unterschätzungen (Antworten unter 1.400 €). Insgesamt zeigt sich daher, dass die Befragten eine positivere Vorstellung des Sicherungsniveaus der GRV haben, als dies real nach den Reformen der Fall ist.

Die beiden Fragen zur neu eingeführten Grundrente (Tab. 3) erreichen ebenfalls unterschiedliche Lösungsquoten. Das zentrale Merkmal für Anspruchsberechtigung auf Grundrente *(W09)* (mindestens 33 Jahre gearbeitet und rentenversichert) wählen etwas mehr als die Hälfte der Befragten richtig aus. Die beiden falschen Antwortmöglichkeiten (alle Bürger und Bürgerinnen, alle gesetzlich Rentenversicherten) verteilen sich etwa gleich. Die Finanzierung der Grundrente *(W10)* vollständig aus Steuermitteln geben knapp 29 % der Befragten richtig an. Ein überwiegender Teil der Befragten (56 %) geht von einer Mischfinanzierung aus Steuermitteln und erhöhtem Beitragssatz aus und nur 12 % nehmen an, dass die Grundrente vollständig aus erhöhten Rentenbeiträgen finanziert wird. Möglicherweise hat die langanhaltende Debatte zur Finanzierung der Grundrente im Vorfeld ihrer Einführung zur Verwirrung der Befragten beigetragen.

**Tab. 3** Prozentuale Antwortanteile bei Wissensfragen (gewichtet)

| W09 | Diese Grundrente soll oberhalb des Existenzminimums liegen. Für wen ist sie gedacht? | |
|---|---|---|
| A | Für alle Bürger und Bürgerinnen | 23,2 |
| B | Für alle gesetzlich Rentenversicherten | 22,3 |
| C | **Für alle, die mindestens 33 Jahre gearbeitet haben und gesetzlich rentenversichert sind** | **52,2** |
| *Verweigert* | | 2,3 |
| W10 | Wie wird die Grundrente finanziert? | |
| A | **Vollständig aus Steuermitteln** | **28,8** |
| B | Aus Steuermitteln und erhöhten Rentenbeiträgen | 56,3 |
| C | Vollständig aus erhöhten Rentenbeiträgen | 12,0 |
| *Verweigert* | | 2,9 |

*Datenquelle: Rente – Unwissend in die Krise? Korrekte Antwortvorgaben in Fettdruck*
*Berechnungen: Moosdorf*

Durch die Aufforderung bei Unsicherheit bestmöglich zu Raten, ist davon auszugehen, dass sich unter den Anteilen für die richtigen Antworten auch Befragte befinden, welche die Antwort nicht wussten, aber richtig geraten haben. Mit einer Zufallskorrektur der Lösungsquoten kann für deskriptive Zwecke ein um diese Verzerrung bereinigter Anteil für die einzelnen Aufgaben geschätzt werden. Dafür sind aber die Annahmen notwendig, dass für unsichere Befragte alle Antwortmöglichkeiten gleich plausibel sind und sie völlig zufällig geraten haben[4]. Legt man diese Annahmen zugrunde, kann die zufallskorrigierte Lösungsquote ($P_{ZK}$) berechnet werden (Kelava und Moosbrugger 2012, S. 80):

$$P_{ZK} = \frac{N_R - \frac{N_F}{a-1}}{N} \cdot 100$$

---

[4]Abweichend davon sind aber auch bspw. Teilwissen oder falsche Annahmen möglich.

$N_R$ – Anzahl der Befragten, welche richtig geantwortet haben, $N_F$ – Anzahl der Befragten, welche falsch geantwortet haben, N – Gesamtzahl der Befragten, a – Anzahl der Antwortalternativen.

Da die beschriebenen Annahmen sehr voraussetzungsvoll sind[5], kann davon ausgegangen werden, dass der beschriebene Effekt des Ratens dabei überschätzt wird. Daher kann diese Korrektur eher als Untergrenze des Anteils richtiger Antworten verstanden werden. Technisch möglich, aber inhaltlich nicht zu interpretierende negative Werte für $P_{ZK}$ sind als Indikator für besonders schwere Fragen zu verstehen.

Für eine vergleichende Betrachtung der Lösungsquoten der einzelnen Wissensfragen sind diese in Abb. 1 nach deren Schwierigkeit sortiert (von oben leicht nach unten schwer) abgebildet. Für die Frage nach der Finanzierung der Grundrente *(W10)* und nach der Rentenhöhe *(W08)* wird keine zufallskorrigierte Lösungsquote *($P_{ZK}$)* ausgegeben. Für erstere Frage *(W10)* ist dies der Fall, da $P_{ZK}$ einen negativen Wert annimmt und deren Darstellung im Interesse der Lesbarkeit der Grafik

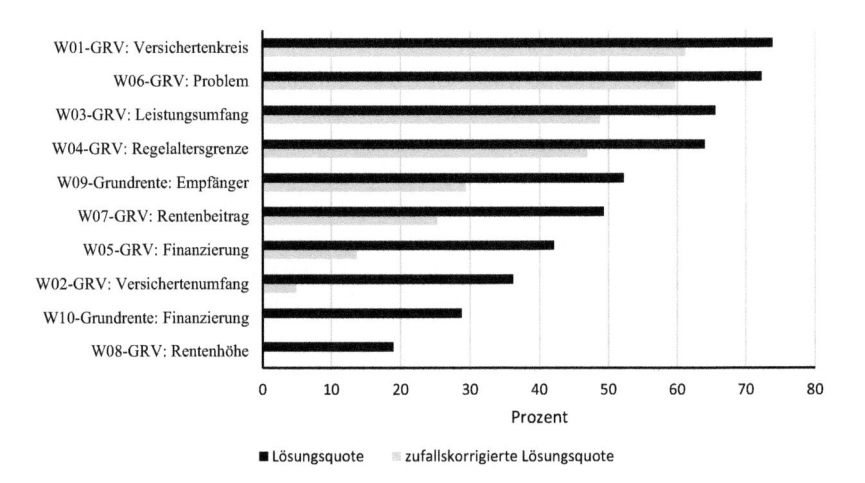

**Abb. 1** Lösungsquoten der Wissensfragen (gewichtet). (Datenquelle: Rente – Unwissend in die Krise? Berechnungen: Moosdorf)

---

[5] Siehe dazu die berichtete teilweise ungleiche Verteilung der falschen Antwortoptionen auf die Wissensfragen.

unterdrückt ist. Bei der Frage nach der Rentenhöhe *(W08)* kann keine $P_{ZK}$ berechnet werden, da diese Frage offen gestellt wurde. Die Lösungsquoten $P_R$ liegen alle im akzeptablen Bereich zwischen 20 % bis 80 % (Lienert und Raatz 1998, S. 115). Anhand der zufallskorrigierten Lösungsquoten $P_{ZK}$ wird zunächst insgesamt deutlich, dass die Anteile der richtig Antwortenden diesen Bereich nicht mehr vollständig abdecken (die leichtesten Fragen erreichen nur noch Lösungsquoten von gut 60 %) und auch außerhalb dieses Bereichs liegen (Fragen *W05*, *W02*, *W10* unter 20 %). Dies verdeutlicht, dass mit dieser Wissensmessung Befragte mit geringem Wissen möglicherweise weniger gut differenziert werden können als Befragte mit eher großem Wissen. Da die Zufallskorrektur aber auf einer sehr voraussetzungsvollen Annahme basiert, kann dennoch angenommen werden, dass auch die Anteile der sehr schwierigen Fragen zumindest nahe der empfohlenen Untergrenze von 20 % liegen und somit noch effektiv zur Differenzierung beitragen.

### 4.1.2 Berechnung des Alterssicherungswissens der Befragten

Um aus den Antworten auf die einzelnen Fragen das Wissen über staatliche Alterssicherung zu skalieren, wurde eine Rasch-Modellierung durchgeführt. Ein Vorteil der Rasch-Modellierung gegenüber der Guttman- oder Mokken-Modellierung ist, dass das berechnete Wissen der Befragten metrisches Skalenniveau aufweist und somit vielfältigere Analysemöglichkeiten offenstehen. Nach Guttman- oder Mokken-Modell wird lediglich ein Summenindex gebildet, welcher streng genommen nur ordinales Skalenniveau aufweist und unterschiedliche Abstände zwischen den Items hinsichtlich ihrer Schwierigkeit bei der Berechnung des Wissens der Befragten nicht berücksichtigt. Beim Rasch-Modell gehen hingegen die geschätzten unterschiedlichen Itemschwierigkeiten in die Berechnung des Wissens mit ein. Dafür wird angenommen, dass die Lösungswahrscheinlichkeit bei einem bestimmten Item gegebener Schwierigkeit mit höherer Ausprägung der latenten Fähigkeit steigt (Kelava und Moosbrugger 2020, S. 377). Es wird ein logistischer Zusammenhang unterstellt, da angenommen wird, dass in den Randbereichen der latenten Fähigkeit der Anstieg der Lösungswahrscheinlichkeit geringer ausfällt. Dies wird darauf zurückgeführt, dass in den Randbereichen (also extrem leichte Fragen oder extrem schwere Fragen) die Fragen von sehr vielen bzw. sehr wenigen gelöst werden können (Schübel 2018, S. 208).

Für die Schätzung des Rasch-Modells wurden die Antworten der Befragten in 1 *gelöst* (bei richtiger Antwort) und 0 *ungelöst* (bei falscher Antwort oder Antwortverweigerung) rekodiert. In Abb. 2 ist der Zusammenhang zwischen der geschätzten Itemschwierigkeit (Kurvenanstieg), der geschätzten Lösungswahrscheinlichkeit und der latenten Dimension (Alterssicherungswissen) grafisch dargestellt.

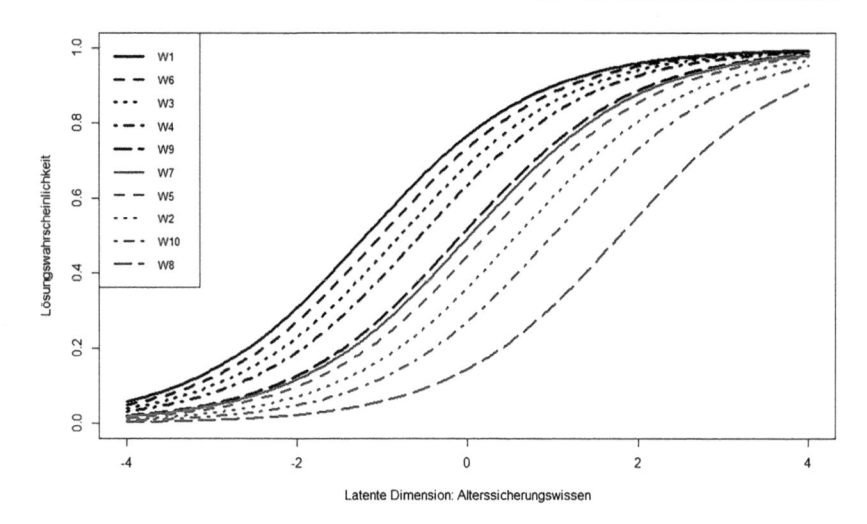

**Abb. 2** Rasch-Modellierung – ICC-Kurven (ungewichtet). (Datenquelle: Rente – Unwissend in die Krise? Berechnungen: Moosdorf)

Die Reihenfolge der Items nach ihrer geschätzten Schwierigkeit (von links nach rechts zunehmend schwieriger) entspricht den deskriptiven Lösungsquoten ($P_R$, $P_{ZK}$). Die Frage nach dem Versichertenkreis *(W01)* ist die leichteste und die Frage nach der Rentenhöhe *(W08)* ist die schwierigste Frage. Die Kurven weisen ausreichend Abstand untereinander auf (Items sind nicht redundant). Nur die geschätzten Itemschwierigkeiten für *W07* und *W09* liegen etwas näher beieinander, aber beide Items weisen eine mittlere Schwierigkeit auf, sodass sie dazu beitragen auch im mittleren Spektrum zwischen unterschiedlichen Wissensniveaus zu differenzieren.

In Tab. 4 sind die Skalierungsergebnisse auf Item-Ebene angegeben. Die Itemparameter σ sind die geschätzten latenten Itemscores (Schwierigkeit). Für die Fragen *W07* und *W09* liegen diese – entsprechend der Abb. 2 – etwas näher beieinander. Wie ebenfalls bereits grafisch aufgezeigt, weist die Frage *W01* mit −1,19 die geringste und *W08* mit 1,78 die höchste Schwierigkeit auf. Inwiefern die einzelnen Items das gleiche Konstrukt (Alterssicherungswissen) messen, kann anhand der Infit-MSQ Werte beurteilt werden. Mit dem Infit-MSQ wird ausgedrückt, inwieweit die Items den theoretisch angenommenen Lösungswahrscheinlichkeiten entsprechen (passen die Items zu den Modellannahmen, d. h. messen sie das Gleiche oder nicht). Der Wertebereich liegt bei 0 bis +∞, im Idealfall 1 (Steigung der ICCs fällt bei allen

**Tab. 4** Skalierungsergebnisse auf Item-Ebene (ungewichtet)

| Nr. | Itemparameter σ | Infit-MSQ | Infit t |
|---|---|---|---|
| W01-GRV: Versichertenkreis | −1,19 | 0,92 | −2,52 |
| W02-GRV: Versichertenumfang | 0,58 | 1,04 | 1,90 |
| W03-GRV: Leistungsumfang | −0,79 | 0,94 | −2,38 |
| W04-GRV: Regelaltersgrenze | −0,55 | 0,99 | −0,35 |
| W05-GRV: Finanzierung | 0,22 | 0,92 | −4,66 |
| W06-GRV: Problem | −1,01 | 0,87 | −4,60 |
| W07-GRV: Rentenbeitrag | 0,03 | 1,04 | 1,88 |
| W08-GRV: Rentenhöhe | 1,78 | 0,99 | −0,25 |
| W09-Grundrente: Empfänger | −0,07 | 1,02 | 0,94 |
| W10-Grundrente: Finanzierung | 0,99 | 0,95 | −1,99 |

*Datenquelle: Rente – Unwissend in die Krise? Berechnungen: Moosdorf*
*Anmerkung: Itemparameter σ – latente Schwierigkeit der Items, Infit-MSQ – Werte sollten zwischen 0,5 und 1,5 liegen (1 = perfekter Fit), Infit t – sollte je nach Signifikanzniveau (95 bzw. 99 %) zw. <-1,96 und >1,96 bzw. <-2,58 und >2,58 liegen*

Fragen gleich aus). Die Infit-MSQ der einzelnen Items weisen durchgehend sehr akzeptable Werte auf (nahe bei 1). Auffällig sind lediglich die niedrigen Infit t Test Werte für *W05* und *W06*. Der Infit t sollte aber vorsichtig bewertet werden, da Simulationsstudien einen Zusammenhang mit der Stichprobengröße nachweisen konnten und gerade bei größeren Samples Items eher zu Unrecht verworfen werden würden.[6]

Ergänzend wurden binär-logistische Regressionsmodelle auf Fragebene geschätzt, um zu überprüfen, ob differential item functioning (DIF) oder Item Bias nach sozialen Gruppenzugehörigkeiten vorliegt (nicht tab. ausgewiesen). Dafür wurden die soziodemografischen Merkmale aus Abschn. 5.1 verwendet (Bildung, Einkommen, Alter und Geschlecht). Die Analysen zeigen, dass vereinzelt DIF vorliegt, die Vor- und Nachteile sich aber auf Testebene in etwa ausgleichen und somit von einer weitestgehenden Testfairness nach den untersuchten Merkmalen ausgegangen werden kann.

---

[6] Linacre (2003, 918) hält auf Grundlage von Poweranalysen die Testanwendung der t-Werte nur bei einer Fallzahl von 100–250 für angemessen. Er empfiehlt sogar den Infit t Wert zu ignorieren, wenn die MSQ-Werte akzeptabel sind (https://www.winsteps.com/winman/misfitdiagnosis.htm, Zugriff: 15.05.2023).

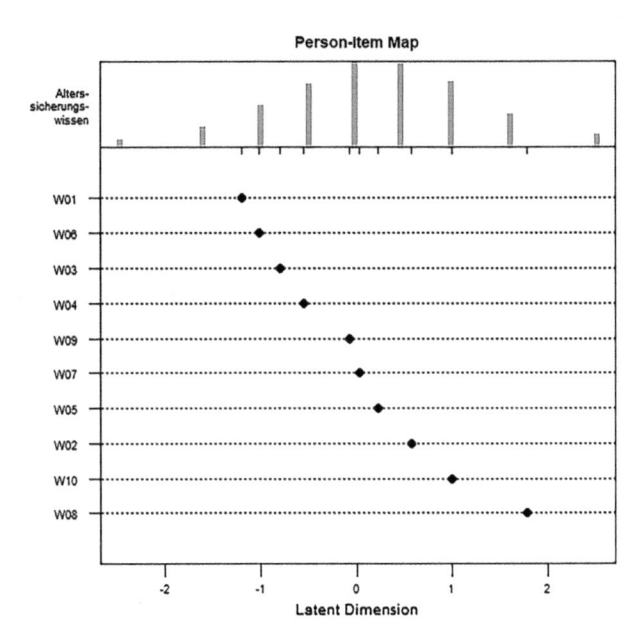

**Abb. 3** Wright Map (ungewichtet). (Datenquelle: Rente – Unwissend in die Krise? Berechnungen: Moosdorf)

Die Wright Map (Abb. 3) gibt die Relation von geschätzter Itemschwierigkeit (untere Grafik) und geschätztem Alterssicherungswissen (obere Grafik) sowie dessen ungewichtete Verteilung wieder. Das berechnete Alterssicherungswissen der Befragten hat einen Wertebereich von −3,41 bis 3,50, wobei die beiden extremen Werte nur von elf Befragten besetzt sind und diese nicht in der Grafik abgebildet werden. Der Wert 0 repräsentiert ein durchschnittliches Alterssicherungswissen. In dieser Gegenüberstellung wird deutlich, dass mit den Items *W09, W07* und *W05,* welche in ihrer geschätzten Schwierigkeit relativ geringe Unterschiede aufweisen, die stark besetzte Mitte besser differenziert werden kann. Für die Randbereiche zeigt sich erneut, dass das untere Spektrum des geschätzten Alterssicherungswissens durch die Items weniger differenziert erfasst wird (dies wurde bereits bei der deskriptiven Analyse der Lösungsquoten deutlich).

### 4.1.3 Messung der subjektiven Sicherheit

Um zu messen, wie groß das Vertrauen der Befragten in ihre Antworten ist, erfolgten jeweils für mehrere Wissensfragen in drei Blöcken Fragen zur subjektiven Sicherheit. Dafür wurden die Befragten gebeten auf einer vierstufigen Skala anzugeben, wie sicher sie sind, dass ihre Antworten richtig waren. Tab. 5 zeigt die Antwortverteilungen auf diese drei Fragen.

Bei der ersten Abfrage *(S1)* wird mit einem Mittelwert von 2,69 die höchste Sicherheit bei den Befragten gemessen und bei den beiden folgenden Abfragen *(S2 und S3)* ein etwas geringeres Sicherheitsniveau mit einem Mittelwert von jeweils ca. 2,3. Dies ist angesichts der Schwierigkeiten der Fragen der jeweiligen Blöcke eine plausible Messung.[7] An der prozentualen Verteilung der Antworten wird deutlich, dass die Befragten überwiegend die mittleren Antwortmöglichkeiten verwenden (zusammen ca. 80 %). Lediglich bei der dritten Sicherheitsabfrage *(S3)* wird von knapp 13 % der Befragten angegeben sehr unsicher zu sein. In diesen Anteilen könnte sich die zunehmende Schwierigkeit der Wissensfragen und zusätzlich die kumulierte Unsicherheit über den gesamten Wissenstest äußern.

Um aus diesen Antworten Rückschlüsse auf die subjektive Sicherheit des eigenen Alterssicherungswissens insgesamt zu ziehen, wurde eine Hauptkomponentenanalyse durchgeführt (Abb. 4).

Die Ergebnisse der Analyse zeigen, dass die drei Items zur Abfrage der subjektiven Sicherheit gemeinsam und stark auf eine Hauptkomponente laden. Die Varianz der einzelnen Sicherheitsabfragen lässt sich daher mit der Hauptkomponente *Sicherheitsindex* sehr gut abbilden. Der berechnete Wert der Hauptkomponente

**Tab. 5** Prozentuale Antwortanteile bei Subjektiver Sicherheit (gewichtet)

| Subjektive Sicherheit | Antwortoptionen | | | | | Mittelwert |
|---|---|---|---|---|---|---|
| | Sehr unsicher | Eher unsicher | Eher sicher | Sehr sicher | Weiß nicht | |
| S1 | 4,8 | 30,7 | 55,2 | 9,0 | 0,2 | 2,69 |
| S2 | 9,9 | 47,8 | 37,7 | 4,2 | 0,5 | 2,36 |
| S3 | 12,7 | 48,4 | 32,7 | 5,8 | 0,5 | 2,32 |

*Datenquelle: Rente – Unwissend in die Krise? Berechnungen: Moosdorf*

---

[7] Durchschnittliche Lösungsquoten der Quizblöcke: Quiz 1 = 59,9 %, Quiz 2 = 45,8 %, Quiz 3 = 40,5 %

```
Sicherheit Quiz 1  ──0,74──┐
Sicherheit Quiz 2  ──0,80──▶ Sicherheitsindex
Sicherheit Quiz 3  ──0,74──┘
```

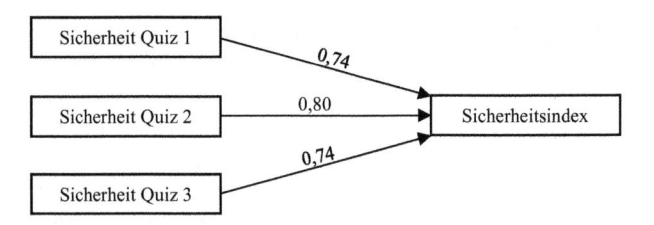

**Abb. 4** Hauptkomponentenanalyse (PCA) der Sicherheitsitems (ungewichtet). (Datenquelle: Rente – Unwissend in die Krise? Berechnungen: Moosdorf)

wird für den Sicherheitsindex extrahiert und als Variable für die subjektive Sicherheit zum Alterssicherungswissen verwendet. Diese Variable besitzt ebenfalls metrisches Skalenniveau und weist einen Wertebereich von -2,80 bis 2,85 auf. Analog zum Wissensindex repräsentiert der Wert 0 des Sicherheitsindexes eine mittlere Sicherheit.

### 4.2 Typologie

In Abb. 5 ist die Verteilung der Befragten nach ihrem Alterssicherungswissen zusammen mit ihrer subjektiven Sicherheit dargestellt.

Die Punkte repräsentieren Befragte mit der entsprechenden Merkmalskombination, wobei die Größe ein Indikator für deren Häufigkeit ist. Im oberen linken Quadranten sind Befragte, welche sich ihres Wissens zwar eher sicher sind, aber unterdurchschnittliches Wissen aufweisen. Diese Befragten gehen also fälschlicherweise von überwiegend richtigen Antworten aus und werden daher *Typ 1 Fehlüberzeugte* zugeordnet. Im unteren linken Quadranten sind Befragte mit unterdurchschnittlichem Wissen und unterdurchschnittlicher Sicherheit. Da diesen Befragten bewusst ist, dass ihr objektives Wissen eher gering ist, werden sie als *Typ 2 Bekennende Unkundige* klassifiziert. Unten rechts sind Befragte, welche überdurchschnittliches Wissen aufweisen, sich aber ihres Wissens eher unsicher sind. Sie werden daher *Typ 3 Unsicher Wissende* genannt. Und die letzte Gruppe (oberer rechter Quadrant) umfasst Befragte, welche überdurchschnittliche Werte für Wissen und Sicherheit aufweisen. Sie gehen korrekterweise von überwiegend richtigen Antworten aus und werden daher mit *Typ 4 Sicher Wissende* bezeichnet.

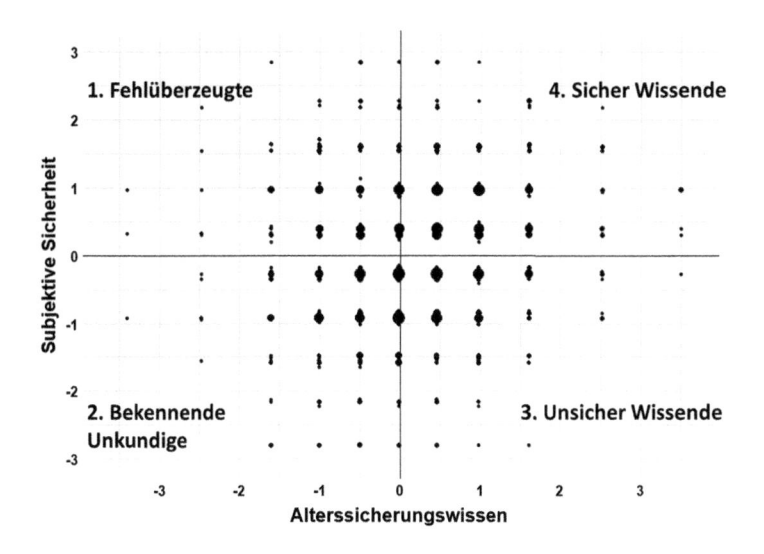

**Abb. 5** Verteilung nach Alterssicherungswissen und subjektiver Sicherheit (ungewichtet). (Datenquelle: Rente – Unwissend in die Krise? Berechnungen: Moosdorf)

Entsprechend dieser Einteilung der Befragten können mit der Dichotomisierung der beiden Skalen entlang der Achsen (nach unter- und überdurchschnittlichen Werten) die Anteile der Wissenstypen im Datensatz berechnet werden (Abb. 6).[8]

An den gewichteten Werten wird deutlich, dass die Bekennenden Unkundigen den größten Anteil (33,3 %) aufweisen. Die Sicher Wissenden zeigen mit 21,2 % einen ähnlichen Anteil wie die Unsicher Wissenden (19,6 %). Dass über ein Viertel der Befragten zu den Fehlüberzeugten gehört, ist ein Ergebnis von besonderer Prägnanz. Diese Befragten haben überdurchschnittliches Vertrauen in die Korrektheit der eigenen falschen Vorstellungen, sodass es ggf. schwierig werden könnte sie von den richtigen Fakten zu überzeugen. Vor dem verbreiteten Bewusstsein wachsender Komplexität der Altersvorsorge und der tendenziellen

---

[8] Dabei handelt es sich nicht um eine Typenbildung entsprechend der Verteilung der Daten, sondern um eine theoretisch begründete Distinktion (Lee und Matsuo 2018, S. 2), welche die Clusterung der Befragten in der Mitte der Achsen und die Heterogenität innerhalb der Typen nicht berücksichtigt.

|                      | Eher sicher ↑ |                              |                              |
|----------------------|---------------|------------------------------|------------------------------|
|                      |               | **1. Fehlüberzeugte**        | **4. Sicher Wissende**       |
|                      |               | 26,0                         | 21,2                         |
| **Subjektive Sicherheit** | | | |
|                      |               | **2. Bekennende Unkundige**  | **3. Unsicher Wissende**     |
|                      |               | 33,3                         | 19,6                         |
|                      | Eher Unsicher ↓ | | |
|                      |               | ← Unterdurchschnittlich      | Überdurchschnittlich →       |
|                      |               | **Alterssicherungswissen**   |                              |

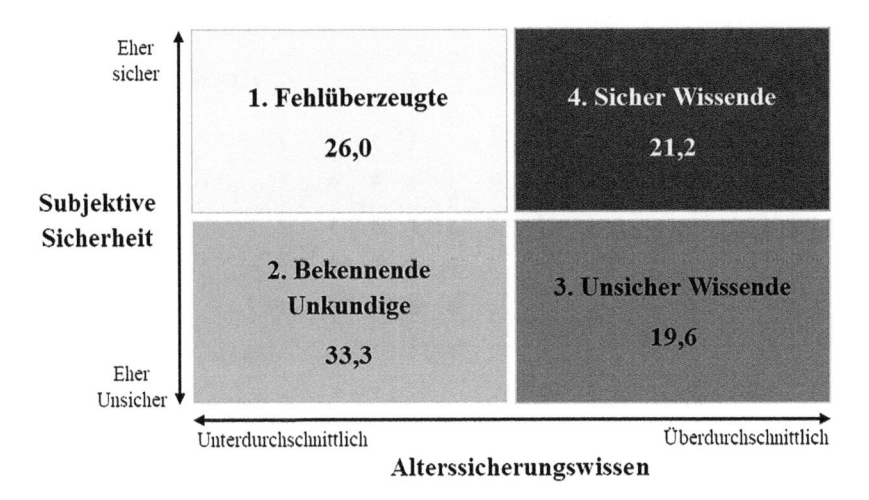

**Abb. 6** Prozentuale Verteilung der Wissenstypen (gewichtet). (Datenquelle: Rente – Unwissend in die Krise? Berechnungen: Moosdorf)

Vermeidung aktiver Auseinandersetzung damit (Brenner 2016, besonders jüngere Generation) ist plausibel, dass der Anteil der Bekennenden Unkundigen unter den Befragten den größten Anteil ausmacht.

## 5 Prädiktoren der Typen

### 5.1 Soziodemografische Merkmale

Im nächsten Schritt wird die Typenzugehörigkeit nach soziodemografischen und motivationalen Merkmalen analysiert. Zur Formulierung von Hypothesen zu Prädiktoren der Wissenstypen dienen Erkenntnisse aus der politischen Wissensforschung (Tausendpfund 2020). Als *soziodemografische Merkmale* werden Bildung, Einkommen, Alter und Geschlecht untersucht. Erwartet wird, dass diese Merkmale mit unterschiedlichen Ressourcen, Fähigkeiten sowie Rollenspezifika zusammenhängen, welche sich auf den Wissenserwerb auswirken. Unter den *motivationalen Merkmalen* werden das Interesse an Alterssicherung sowie das Informationsverhalten dazu berücksichtigt und das Vertrauen in zwei Informationsquellen zur Altersvorsorge. Alle Merkmale sollen schließlich gemeinsam in ihrem Einfluss auf die Zugehörigkeit zu den Wissenstypen analysiert werden, um Aussagen darüber treffen zu können, welche der untersuchten Prädiktoren wesentlich dafür verantwortlich sind.

Mit höherer *Bildung* wird die Aufnahme und Integration neuer Informationen erleichtert. Dagegen ist in Anlehnung an die Ergebnisse von Lee und Matsuo (2018, S. 10) kein systematischer Zusammenhang von Bildung und subjektiver Sicherheit zu erwarten. Bildung könnte sich sowohl in größerem Vertrauen in die Korrektheit der eigenen Antworten als auch in offener Äußerung von Unsicherheit äußern. Zusätzlich steigt mit höherer Bildung auch die Chance in soziale Lagen zu kommen, in denen die staatliche Absicherung weniger bedeutsam ist. Für Bildung wird daher ein eher schwacher Zusammenhang entlang der Wissensdimension angenommen und folgende Hypothesen formuliert:

*H1a:* *Der Anteil des Typs 1 Fehlüberzeugte nimmt mit höherer Bildung ab.*
*H1b:* *Der Anteil des Typs 2 Bekennende Unkundige nimmt mit höherer Bildung ab.*
*H1c:* *Der Anteil des Typs 3 Unsicher Wissende nimmt mit höherer Bildung zu.*
*H1d:* *Der Anteil des Typs 4 Sicher Wissende nimmt mit höherer Bildung zu.*

Neben Bildung stellt *Einkommen* eine Ressource für den Wissenserwerb dar, weil damit gesellschaftliche Teilhabemöglichkeiten und die Nutzung von verschiedenen Informationsquellen erleichtert werden. Mit höherem Einkommen sinkt aber auch die Bedeutung von staatlicher Alterssicherung für die individuelle Vorsorge, sodass die Unterschiede zwischen höheren Einkommensgruppen eher gering ausfallen sollten. Für die subjektive Sicherheit sollte die Höhe des Einkommens eine geringere Bedeutung haben, sodass für die Formulierung der Hypothesen vor allem aufgrund des formulierten Zusammenhangs mit Wissen erfolgt.

*H2a:* *Der Anteil des Typs 1 Fehlüberzeugte nimmt mit höherem Einkommen ab.*
*H2b:* *Der Anteil des Typs 2 Bekennende Unkundige nimmt mit höherem Einkommen ab.*
*H2c:* *Der Anteil des Typs 3 Unsicher Wissende nimmt mit höherem Einkommen zu.*
*H2d:* *Der Anteil des Typs 4 Sicher Wissende nimmt mit höherem Einkommen zu.*

Mit zunehmendem *Alter* wird die Beschäftigung mit dem Policybereich Alterssicherung relevanter. Außerdem kumulieren mit dem Alter die Möglichkeiten, sich mit Alterssicherung auseinanderzusetzen und Informationen anzusammeln. Durch die zunehmende Salienz der eigenen Altersvorsorge ist vorstellbar, dass mit dem Alter auch das Vertrauen in das eigene Alterssicherungswissen steigt. Je nach Informationsverhalten muss dies aber nicht zwangsläufig mit einem objektiven Wissenszuwachs einhergehen. Einen positiven Zusammenhang von Alter und Selbstüberschätzung hinsichtlich des eigenen Wissensstandes (bezüglich makroökonomischer Größen und Allgemeinwissen) weisen Ortoleva und Snowberg (2015, S. 516) nach. Vorstellbar ist bspw., dass Ältere sich auf Gelerntes verlassen oder gelernte Informationen vergessen. Zusätzlich könnten motivationale Gründe für eine nachlassende Beschäftigung mit neuen Informationen verantwortlich sein, da diese mit zunehmender Nähe zum Ruhestand weniger relevant für die eigene Rente sind. Daher werden folgende Hypothesen formuliert:

H3a:   *Der Anteil des Typs 1 Fehlüberzeugte nimmt mit dem Alter zu.*
H3b:   *Der Anteil des Typs 2 Bekennende Unkundige nimmt mit dem Alter ab.*
H3c:   *Der Anteil des Typs 3 Unsicher Wissende nimmt mit dem Alter ab.*
H3d:   *Der Anteil des Typs 4 Sicher Wissende nimmt mit dem Alter zu.*

Für *Geschlecht*[9] werden sozialisationsbedingte Unterschiede erwartet, welche auf gesellschaftliche Bedingungen zurückzuführen sind. Diese führen dazu, dass Männer eine höhere Chance haben, Finanzkenntnisse zu erwerben (Bucher-Koenen und Knebel 2021; Oberrauch und Brahm 2022). Aus Erkenntnissen der politischen Wissensforschung wird für Männer auch ein größeres Vertrauen in das eigene Wissen erwartet (Lee und Matsuo 2018, S. 2), auch wenn dem nicht unbedingt ein objektiver Wissensvorsprung zugrunde liegt. Erwartet werden daher folgende Unterschiede:

H4a:   *Der Anteil des Typs 1 Fehlüberzeugte ist bei Frauen geringer als bei Männern.*
H4b:   *Der Anteil des Typs 2 Bekennende Unkundige ist bei Frauen größer als bei Männern.*
H4c:   *Der Anteil des Typs 3 Unsicher Wissende ist bei Frauen größer als bei Männern.*
H4d:   *Der Anteil des Typs 4 Sicher Wissende ist bei Frauen geringer als bei Männern.*

---

[9] Für Menschen, welche nicht in die binäre Kodierung von Geschlecht passen, werden aufgrund der Datenlage (Befragte mit Angabe divers $N=1$) und kaum vorhandenen Erkenntnissen keine Hypothesen formuliert.

In Tab. 6 ist die Verteilung der vier Wissenstypen nach den einzelnen soziodemografischen Merkmalen dargestellt. Die Cramer's V Werte zeigen insgesamt, dass für jedes soziodemografische Merkmal ein schwacher signifikanter Zusammenhang mit den Wissenstypen besteht.

Auf einen ersten Blick deuten die Anteile der Wissenstypen in den dargestellten *Bildungsniveaus* auf einen weniger systematischen Zusammenhang hin. Der Anteil der Bekennende Unkundigen und der Sicher Wissenden schwankt über die verschiedenen Bildungsniveaus. Die Hypothesen *H1b* und *H1d* können nicht gestützt werden. Hingegen entsprechen die sinkenden Anteile der Fehlüberzeugten und die steigenden Anteile der Unsicher Wissenden den formulierten Hypothesen *(H1a und H1c)*. Wenn die Anteile der beiden Typen Unsicher Wissende und Sicher Wissende (also Typen mit überdurchschnittlichem Wissen) gemeinsam betrachtet werden, wird deutlich, dass der Anteil der überdurchschnittlich Wissenden mit höherer Bildung steigt. Werden entsprechend auch die Anteile der beiden Typen mit überdurchschnittlicher subjektiver Sicherheit zusammen betrachtet (Typ 1 und 4), kann festgestellt werden, dass die subjektive Sicherheit mit steigender Bildung sinkt. Mit höherer Bildung geht daher vor allem trotz Wissenszuwachs eine kritischere Position gegenüber den eigenen Kenntnissen einher.

Um die Unterschiede nach *Einkommen* zu untersuchen, wurde Einkommen in etwa gleichen Anteilen der Befragten trichotomisiert. Die Anteile der Wissenstypen nach Einkommen stützen überwiegend die Hypothesen H2. Der Anteil der Bekennenden Unkundigen reduziert sich deutlich mit höherem Einkommen *(H2b)*. Die Unsicher Wissenden weisen mit steigendem Einkommen einen höheren Anteil auf *(H2c)* und der Anteil der Sicher Wissenden nimmt zumindest von der ersten zur zweiten Einkommenskategorie deutlich zu *(H2d)*. Für die Fehlüberzeugten sind die Unterschiede nach Einkommen eher gering, sodass Hypothese *H2a* nicht gestützt werden kann. Festzuhalten ist daher, dass Einkommen einen positiven Zusammenhang mit Wissen hat, dieser sich aber in oberen Einkommenskategorien abschwächt und nur für die unteren Einkommenskategorien ein positiver Zusammenhang mit der subjektiven Sicherheit besteht.

Die Verteilungen nach kategorisiertem *Alter* entsprechen überwiegend den formulierten Hypothesen *(H3a, b, d)*. Die Fehlüberzeugten weisen mit dem Alter einen steigenden Anteil auf. Der Anteil der Bekennenden Unkundigen sinkt dagegen mit zunehmendem Alter. Der Anteil der Sicher Wissenden steigt mit dem Alter leicht an. Die Anteile der Unsicher Wissenden folgen keinem klaren Muster nach Alter und sind über die verschiedenen Altersgruppen eher ähnlich, wodurch *H3c* abgelehnt werden muss. Für diesen Typ besteht eher ein glockenförmiger Zusammenhang mit zunehmendem Alter. Der Hauptunterschied zwischen den

**Tab. 6** Prozentuale Verteilung der Wissenstypen nach soziodemografischen Merkmalen (gewichtet)

|  | Fehlüberzeugte | Bekennende Unkundige | Unsicher Wissende | Sicher Wissende |
|---|---|---|---|---|
| **Bildung** | | | | |
| Bis Hauptschule | 36,1 | 32,9 | 13,7 | 17,3 |
| Mittlere Reife, noch Schüler | 25,0 | 36,0 | 15,9 | 23,2 |
| Abitur, Fachabitur | 19,7 | 31,9 | 27,1 | 21,3 |
|  | *Cramer's V 0,14\*\*\** | | | |
| **Einkommen[1]** | | | | |
| Unter 1000 € | 24,4 | 51,6 | 10,2 | 13,9 |
| 1000 € bis <2000 € | 26,6 | 33,8 | 18,0 | 21,6 |
| 2000 € und mehr | 22,5 | 21,5 | 31,2 | 24,9 |
|  | *Cramer's V 0,21\*\*\** | | | |
| **Alter** | | | | |
| 18–29 | 6,7 | 62,7 | 18,7 | 11,9 |
| 30–44 | 22,0 | 36,8 | 21,4 | 19,8 |
| 45–59 | 26,2 | 28,3 | 23,6 | 21,9 |
| Über 60 | 35,4 | 24,3 | 16,0 | 24,3 |
|  | *Cramer's V 0,17\*\*\** | | | |
| **Geschlecht** | | | | |
| Mann | 31,6 | 28,2 | 14,4 | 25,9 |
| Frau | 21,1 | 37,8 | 24,2 | 16,9 |
|  | *Cramer's V 0,20\*\*\** | | | |

1 – Fehlende Fälle N = 237, entspricht einem Anteil von 15,7 % (zu knapp 65 % zählen diese Befragten zu den Typen 1 und 2 mit unterdurchschnittlichem Wissen)
Datenquelle: Rente – Unwissend in die Krise? Berechnungen: Moosdorf

Altersgruppen scheint daher darin zu bestehen, dass mit zunehmendem Alter das Vertrauen in das eigene Alterssicherungswissen wächst, der objektive Wissensvorsprung aber eher gering ausfällt.

Die Unterschiede nach *Geschlecht* bestehen vor allem in der subjektiven Sicherheit. An den Anteilen der Fehlüberzeugten und der Sicher Wissenden wird deutlich, dass Männer, entsprechend den Hypothesen *H4a* und *H4d* größeres Vertrauen in das eigene Wissen besitzen, ohne dass dem unbedingt ein objektiver Wissensvorsprung zugrunde liegt. Auch die Unterschiede der Anteile für Bekennende Unkundige und Sicher Wissende entsprechen den Hypothesen *H4b* und *H4d*. Werden auch hier die Anteile der Typen 3 und 4 (mit überdurchschnittlichem Wissen) zusammengerechnet, weisen Frauen einen etwa gleich großen Anteil überdurchschnittlich Wissender auf wie die befragten Männer.

## 5.2 Motivationale Merkmale

Unter motivationalen Merkmalen werden das *Interesse an Alterssicherung* sowie das *Informationsverhalten zur Alterssicherung* berücksichtigt. Für beide Merkmale wird ein ähnlicher Zusammenhang mit Alterssicherungswissen und der subjektiven Sicherheit in dieses Wissen angenommen, sodass die Hypothesen zusammen formuliert werden. Größeres Interesse sowie häufigeres Informieren sollten sowohl das Wissen als auch das Vertrauen in dieses Wissen steigern. Inwieweit das Informationsverhalten zum Wissenszuwachs beiträgt, wird aber auch von den genutzten Quellen abhängig sein (s. Hypothesen 6 und 7). Im Vergleich der beiden motivationalen Merkmale werden für das Informationsverhalten deutlichere Unterschiede zwischen den Wissenstypen erwartet als für das Interesse an der Alterssicherung. Interesse kann zwar als Grundlage tiefergehender Beschäftigung mit Altersvorsorge begriffen werden, dem muss aber nicht unbedingt komplexes Informationsverhalten folgen. Hieraus werden folgende Hypothesen abgeleitet:

*H5a:* *Der Anteil des Typs 1 Fehlüberzeugte sinkt mit wachsendem Interesse und mit steigender Informationshäufigkeit zur Altersvorsorge.*

*H5b:* *Der Anteil des Typs 2 Bekennende Unkundige sinkt mit wachsendem Interesse und mit steigender Informationshäufigkeit zur Altersvorsorge.*

*H5c:* *Der Anteil des Typs 3 Unsicher Wissende steigt mit wachsendem Interesse und mit steigender Informationshäufigkeit zur Altersvorsorge an.*

*H5d:* *Der Anteil des Typs 4 Sicher Wissende steigt mit wachsendem Interesse und mit steigender Informationshäufigkeit zur Altersvorsorge an.*

Für diese motivationalen Merkmale ist interessant, welchen Informationsquellen zur Altersvorsorge vertraut wird. Unter den abgefragten *Informationsquellen* wird der Deutschen Rentenversicherung und „Familien, Freunden und Bekannten" (im Folgenden „privates Umfeld") das größte Vertrauen entgegengebracht.[10] Mit dem Vertrauen in die Informationen der Deutschen Rentenversicherung sollten sowohl Wissen als auch das Vertrauen darin steigen, da hier neutral wesentliche Informationen von der zentralen Institution für staatliche Alterssicherung zur Verfügung gestellt werden. Dagegen ist anzunehmen, dass Informationen aus dem privaten Umfeld sowohl richtige als auch falsche Informationen beinhalten können und daher nicht notwendig auf einen Wissenszuwachs geschlossen werden kann, diese Quellen aber dennoch zu einer höheren subjektiven Sicherheit beitragen. Dies reduziert möglicherweise zudem die Nutzung anderer Informationsquellen und kann damit eher zu geringerem objektivem Wissen führen.

Für das Vertrauen in Informationen der DRV lauten die Hypothesen daher:

*H6a:* *Der Anteil des Typs 1 Fehlüberzeugte sinkt mit größerem Vertrauen in die Aussagen zur Altersvorsorge der DRV.*

*H6b:* *Der Anteil des Typs 2 Bekennende Unkundige sinkt mit größerem Vertrauen in die Aussagen zur Altersvorsorge der DRV.*

*H6c:* *Der Anteil des Typs 3 Unsicher Wissende steigt mit größerem Vertrauen in die Aussagen zur Altersvorsorge der DRV.*

*H6d:* *Der Anteil des Typs 4 Sicher Wissende steigt mit größerem Vertrauen in die Aussagen zur Altersvorsorge der DRV.*

Und für das Vertrauen in Informationen aus dem privaten Umfeld lauten die Hypothesen:

*H7a:* *Der Anteil des Typs 1 Fehlüberzeugte steigt mit größerem Vertrauen in die Aussagen zur Altersvorsorge aus dem privaten Umfeld.*

*H7b:* *Der Anteil des Typs 2 Bekennende Unkundige steigt mit größerem Vertrauen in die Aussagen zur Altersvorsorge aus dem privaten Umfeld.*

*H7c:* *Der Anteil des Typs 3 Unsicher Wissende sinkt mit größerem Vertrauen in die Aussagen zur Altersvorsorge aus dem privaten Umfeld.*

*H7d:* *Der Anteil des Typs 4 Sicher Wissende sinkt mit größerem Vertrauen in die Aussagen zur Altersvorsorge aus dem privaten Umfeld.*

---

[10] Andere abgefragte Quellen sind bspw. private Versicherungen, Gewerkschaften oder andere politische Institutionen.

Um das Interesse zur Alterssicherungspolitik zu erheben, wurden die Befragten gebeten auf einer zehnstufigen Skala (von 1-überhaupt nicht bis 10-sehr stark) anzugeben, wie stark Sie sich für die Politik zur Alterssicherung interessieren. Auch für die Erhebung des öffentlichen Informationsverhaltens wurde auf einer zehnstufigen Skala (von 1-nie, bis 10-sehr oft) gefragt: „Und wie häufig verfolgen Sie im Fernsehen, Zeitungen oder Internet öffentliche Diskussionen zum Thema Altersvorsorge?". Für die Analysen wurden die beiden Skalen zu gering (1, 2, 3), mittel (4, 5, 6, 7) und groß (8, 9, 10) zusammengefasst. Für beide motivationalen Merkmale sind die Verteilungen über die Wissenstypen ähnlich und sie weisen einen schwachen Zusammenhang mit den Wissenstypen auf (Cramer's $V = 0{,}15$) (Tab. 7). Die Hypothesen für Bekennende Unkundige *(H5b)* und Sicher Wissende *(H5d)* können gestützt werden. Dagegen weisen die Fehlüberzeugten einen steigenden Anteil mit zunehmendem Interesse und Informationsverhalten auf, sodass Hypothese *H5a* verworfen werden muss. Auch die Anteile der Unsicher Wissenden entsprechen nicht der Hypothese *H5c*. Diese weisen bei steigendem Interesse einen sinkenden Anteil und nach Informationsverhalten einen weniger systematischen Zusammenhang auf. Entsprechend der Überlegung zur Aufstellung der Hypothesen *H5* scheint mit höherer Ausprägung der motivationalen Merkmale nicht automatisch ein Wissenszuwachs einherzugehen, aber ein positiver Zusammenhang zur subjektiven Sicherheit zu bestehen.

Um mögliche Unterschiede nach Informationsquellen zu überprüfen, wird das erhobene Vertrauen in verschiedene Informationsquellen zur Altersvorsorge verwendet. Die Befragten wurden auf einer zehnstufigen Skala von „überhaupt nicht" bis „voll und ganz" gebeten anzugeben, inwieweit sie den Quellen vertrauen. Auch hier wurden die Skalen zu gering (1, 2, 3), mittel (4, 5, 6, 7) und groß (8, 9, 10) zusammengefasst. Berücksichtigt werden die beiden Informationsquellen mit dem höchsten Vertrauen: Deutsche Rentenversicherung (DRV) und privates Umfeld. Die Hypothesen *H6* (Vertrauen in Informationen der DRV) werden für alle Wissenstypen durchgehend gestützt, auch wenn die Anteile für Unsicher Wissende nur von gering zu mittel steigen und Hypothese H6c somit nur eingeschränkt gilt. Vertrauen in die Informationen der DRV steht in einem positiven Zusammenhang mit Wissen sowie mit der subjektiven Sicherheit in dieses Wissen. Die angenommenen Unterschiede in das Vertrauen der Informationen aus dem privaten Umfeld können die Hypothesen *H7* nur teilweise stützen. Sowohl die Anteile der Bekennenden Unkundigen als auch die der Sicher Wissenden entsprechen den Hypothesen *H7b* und *H7d*. Die Hypothesen für die Typen Fehlüberzeugte und Unsicher Wissende werden dagegen nicht gestützt. Die Verteilungen

**Tab. 7** Prozentuale Verteilung der Wissenstypen nach motivationalen Merkmalen (gewichtet)

| | Fehlüberzeugte | Bekennende Unkundige | Unsicher Wissende | Sicher Wissende |
|---|---|---|---|---|
| **Interesse an Alterssicherungspolitik** | | | | |
| Gering | 20,0 | 41,5 | 29,7 | 8,7 |
| Mittel | 23,2 | 36,0 | 20,8 | 20,0 |
| Groß | 30,9 | 27,2 | 14,6 | 27,2 |
| | *Cramer's V 0,15\*\*\** | | | |
| **Informationsverhalten zur Alterssicherung** | | | | |
| Gering | 22,1 | 44,7 | 18,9 | 14,3 |
| Mittel | 25,0 | 30,9 | 23,1 | 21,0 |
| Groß | 32,2 | 24,3 | 13,8 | 29,7 |
| | *Cramer's V 0,15\*\*\** | | | |
| **Vertrauen in Informationsquellen** | | | | |
| **DRV** | | | | |
| Gering | 38,8 | 41,0 | 6,5 | 13,7 |
| Mittel | 26,3 | 37,0 | 21,5 | 15,2 |
| Groß | 22,9 | 27,7 | 20,7 | 28,7 |
| | *Cramer's V 0,15\*\*\** | | | |
| **Privates Umfeld** | | | | |
| Gering | 37,2 | 24,8 | 10,6 | 27,4 |
| Mittel | 22,6 | 32,3 | 20,6 | 24,4 |
| Groß | 28,2 | 34,7 | 20,2 | 17,0 |
| | *Cramer's V 0,10\*\*\** | | | |

Datenquelle: Rente – Unwissend in die Krise? Berechnungen: Moosdorf

nach Vertrauen in die Informationen des privaten Umfeldes deuten eher auf einen negativen Zusammenhang mit der subjektiven Sicherheit hin. Für beide untersuchten Informationsquellen zeigt der Cramer's V-Wert ebenfalls einen schwachen Zusammenhang mit den Wissenstypen.

## 5.3 Multivariate Analyse soziodemografischer und motivationaler Merkmale

Um zu analysieren, welche der untersuchten Merkmale auch unter Kontrolle der anderen Merkmale die Zugehörigkeit zu einem der Typen beeinflusst, wurde ein multinomial logistisches Regressionsmodell berechnet (Abb. 7). Da der Fokus des Buchs vor allem auf der Abgrenzung zwischen falschen und „weiß nicht" Antworten (hier: „Unsicherheit") liegt, wurde für die Analyse der Typ der Fehlüberzeugten als Referenzkategorie verwendet. Die Referenzkategorien der einzelnen Prädiktoren sind jeweils die nicht abgebildeten Ausprägungen (bspw. für Bildung = Kein Abschluss/Hauptschule; Einkommen = <1000 €, Alter = 18–29 Jahre usw.). Die Fallzahl für das Modell reduziert sich vor allem durch fehlende Angaben beim Einkommen auf $N = 1216$.

Für die Merkmale *Bildung* und *Einkommen* erhöhen sich die Chancen mit höherer Ausprägung zu den Sicher Wissenden (und Unsicher Wissenden) zu gehören, womit die bivariaten Ergebnisse gestützt werden. Dieser Befund entspricht

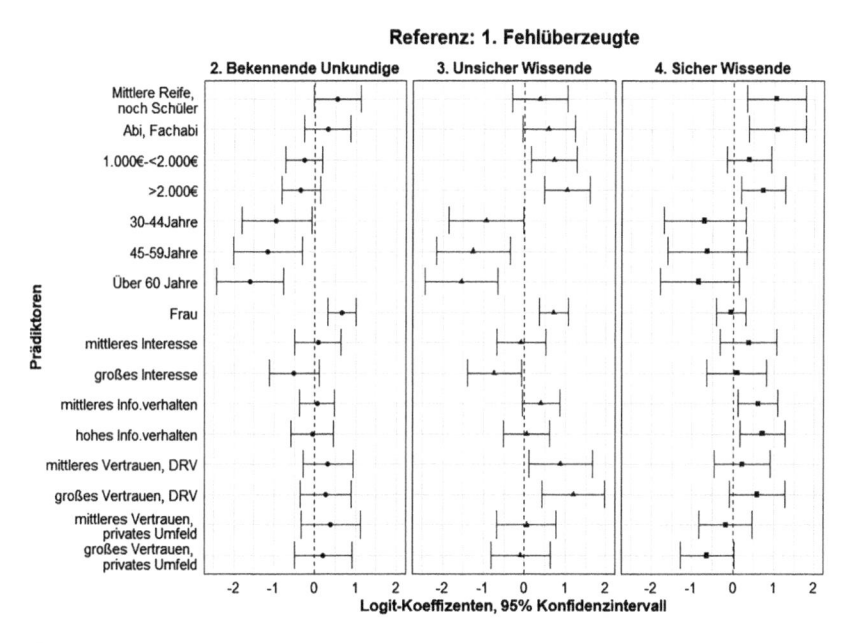

**Abb. 7** Multinomiales logistisches Regressionsmodell der Wissenstypen ($N = 1216$, ungewichtet). (Datenquelle: Rente – Unwissend in die Krise? Berechnungen: Moosdorf)

den Erkenntnissen politischer Wissensforschung. Dagegen ist die Zugehörigkeit zwischen den Typen Fehlüberzeugte und Bekennende Unkundige unabhängig von diesen Ressourcen. Ergänzend ist festzuhalten, dass damit aber nicht zwangsläufig auch ein höheres Vertrauen in das eigene Wissen einhergeht, sondern auch kritischere Positionen gegenüber dem eigenen Kenntnisstand eine höhere Chance aufweisen (Unsicher Wissende). Mit einer höheren Ressourcenausstattung besteht daher eine höhere Chance über objektiv richtiges Wissen zu verfügen und den eigenen Kenntnisstand dennoch auch kritisch zu beurteilen.

Die Chance zu den Bekennenden Unkundigen oder Unsicher Wissenden zu gehören sinkt mit dem *Alter* im Vergleich zu den Fehlüberzeugten. Der Befund aus der bivariaten Analyse bestätigt sich und zeigt, dass mit dem Alter eine zunehmende subjektive Sicherheit einhergeht, ohne dass dies unbedingt auf objektivem Wissenszuwachs beruht. Hierfür könnten das angesprochene gelernte Narrativ („Die Rente ist sicher") und die daran geknüpften Erwartungen mögliche Erklärungsansätze sein, welche vor allem bei Älteren dazu führt, sich weniger mit der aktuellen Ausgestaltung des staatlichen Alterssicherungssystems auseinanderzusetzen und eher auf ihr gelerntes Wissen zu vertrauen. Dennoch ist hervorzuheben, dass die Chance zu den Fehlüberzeugten oder Sicher Wissenden zu gehören unabhängig vom Alter ist, sodass für den bivariat gezeigten geringfügig ansteigenden Anteil Sicher Wissender mit dem Alter, andere berücksichtigte Merkmale (Bildung, Einkommen, Informationsverhalten) verantwortlich sind.

Auch der Befund für *Geschlecht* reiht sich in die Erkenntnisse der politischen Wissensforschung ein. Im Vergleich zu Männern haben Frauen eine höhere Chance zu den Bekennende Unkundigen oder Unsicher Wissenden zu gehören als zu den Fehlüberzeugten. Für die Chance zu den Fehlüberzeugten oder Sicher Wissenden zu gehören spielt das Geschlecht dagegen keine Rolle. Demzufolge bleibt auch unter Kontrolle der anderen Merkmale für Geschlecht der Unterschied in der subjektiven Sicherheit bestehen. Entsprechend könnten die bei der Formulierung der Hypothesen angesprochenen sozialisationsbedingten Unterschiede eine Erklärungsansatz bieten.

Die untersuchten motivationalen Merkmale weisen abweichend von den bivariaten Befunden kaum signifikante Effekte auf. Für das *Interesse an Alterssicherungspolitik* besteht lediglich bei Ausprägung „großes Interesse" eine signifikant geringere Chance zu den Unsicher Wissenden zu gehören. Dies könnte entsprechend der angestellten Überlegungen auf gesteigerte subjektive Sicherheit bei größerem Interesse zurückzuführen sein, welche nicht unbedingt mit größerem Wissen einhergeht. Ein *aktives Informationsverhalten* erhöht die Chance zu den Sicher Wissenden zu gehören. Für die beiden anderen Typen (Bekennende Unkundige und Unsicher Wissende) hat das Informationsverhalten dagegen keinen Einfluss. Für das *Vertrauen in die untersuchten Informationsquellen* besteht lediglich die höhere Chance zu den Unsicher Wissenden zu gehören bei dem Vertrauen in die DRV. Dieser Zusammenhang deutet zwar eine Bedeutung dieser Informationsquelle für größeres Wissen an, sollte aber vor den sonstigen insignifikanten Chancen nicht überbewertet werden. Eine Erklärung könnte sein, dass Vertrauen nur eingeschränkt mit konkretem Informationsverhalten zusammenhängt und dadurch weniger zur Erklärung von Wissensunterschieden beiträgt.

Die multivariate Analyse verdeutlicht, dass von den untersuchten Merkmalen vor allem nach Bildung, Einkommen, Alter und Geschlecht unterschiedliche Chancen für die Zugehörigkeit zu den unterschiedlichen Typen bestehen und die motivationalen Merkmale nur vereinzelt zur Erklärung beitragen. Die lediglich akzeptable Varianzaufklärung von Nagelkerkes $R^2 = 0{,}194$ zeigt, dass das Modell für die Zugehörigkeit zu den Wissenstypen ein guter erster Schritt ist, aber nach weiteren Erklärungsansätzen gesucht werden muss. Aufgrund der Abweichungen der Befunde zu den motivationalen Merkmalen von den Erkenntnissen der politischen Wissensforschung besteht die Möglichkeit, dass diese mit den verfügbaren Indikatoren nur unzureichend berücksichtigt sind. Vorstellbar wäre, dass differenziertere Abfragen zum Interesse oder zum Informationsverhalten bezüglich der Alterssicherungspolitik zur Erklärung beitragen könnten.

## 6 Fazit

Die bisherige Forschung zum Alterssicherungswissen weist methodische Einschränkungen auf, welche keine verallgemeinernden Aussagen zum Wissensstand der deutschen Bevölkerung zulassen. Dennoch stützen die älteren Befunde die Annahme, dass dieses Wissen relevant für die Einstellungen gegenüber dem Alterssicherungssystem ist. Vor diesem Hintergrund war es eines der Ziele des Projekts „Rente – Unwissend in die Krise?" ein Instrument zur validen Messung von Wissen über die staatliche Alterssicherung im Rahmen einer standardisierten Befragung zu entwickelt. Das finale Instrument mit zehn Wissensfragen zu zentralen Merkmalen der staatlichen Alterssicherung wurde in einer standardisierten telefonischen Befragung im Frühjahr 2021 eingesetzt. Die Ergebnisse zeigen, dass die Fragen unterschiedliche Schwierigkeiten hinreichend abdecken, damit effektiv zur Differenzierung unterschiedlicher Wissensniveaus beitragen und mittels Rasch-Modellierung das latente Konstrukt „staatliches Alterssicherungswissen" valide auf einer eindimensionalen Skala abgebildet werden kann. Eine kleinere Einschränkung besteht in der schwächeren Differenzierung im Bereich geringen Wissens. Weiterentwicklungsmöglichkeiten des Messinstruments werden daher erstens in der Berücksichtigung von weiteren Fragen für das untere Fähigkeitsspektrum gesehen. Zweitens sollten künftig auch Wissensfragen zu weiteren Bereichen der Alterssicherung (betrieblich, privat oder auch Kenntnisse der individuellen Altersvorsorge der Befragten[11]) berücksichtigt werden. Hinsichtlich der subjektiven Sicherheit wird deutlich, dass die Unsicherheiten für die ersten vier Fragen mit 35 % zwar noch moderat ausfallen, in den beiden folgenden Blöcken mit deutlich über 50 % aber umfangreich sind.

Durch Kombination der dichotomisierten Wissensskala und des dichotomisierten subjektiven Sicherheitsindexes wurden vier Wissenstypen gebildet. Bereits die Tatsache, dass objektives Wissen und subjektive Sicherheit zur Korrektheit dieses Wissens sich auch in diesem Policy-Bereich deutlich unterscheiden, stützt die früheren Befunde von Lee und Matsuo (2018) zur Trennung dieser Wissensaspekte in zwei Dimensionen und die Validität der Messung. Substanziell finden sich in der deutschen Bevölkerung nur etwa 20 % mit sicherem korrektem Wissen. Diesem Typus stehen mit ca. 26 % die Bevölkerungsteile gegenüber, die eher von falschen Vorstellungen ausgehen. Über die Hälfte sind sich ihrer Kenntnisse zur Alterssicherung nicht sicher, wobei davon 33 % überdurchschnittliches und 26 % unterdurchschnittliches Wissen aufweisen. Damit zeigt sich eine deutlich verbesserungsbedürftige Aufklärungslage im Bereich der Alterssicherung.

Für die beiden Merkmale Bildung und Einkommen kann bereits bei den bivariaten Analysen gezeigt werden, dass sie positiv mit Wissen zusammenhängen, nicht aber unbedingt auch die subjektive Sicherheit erhöhen. Dies bestätigt sich bei der multivariaten Analyse. Für Alter konnte gezeigt werden, dass mit dem Älterwerden die Anteile der Bekennenden Unkundigen ab- und die der Fehlüberzeugten sowie der Sicher Wissenden zunehmen. Auch unter Kontrolle der anderen Merkmale zeigt sich, dass die Wahrscheinlichkeit zu den Fehlüberzeugten zu gehören mit dem Alter steigt. Ebenfalls bestätigt sich, dass die Unterschiede nach Geschlecht vor allem in der subjektiven Sicherheit und nicht in objektiven Wissensunterschieden bestehen.

Für die motivationalen Merkmale und das Vertrauen in die untersuchten Informationsquellen werden bivariat teilweise zwar entsprechend der Hypothesen Unterschiede gefunden, die multivariate Analyse aller Merkmale zeigt jedoch, dass sie zur Erklärung der Zugehörigkeit zu den Typen kaum eine Rolle spielen. Die beiden positiven Effekte des Informationsverhaltens und des Vertrauens in die

---

[11] Zu Letzterem haben bspw. Elinder et al. (2022) für Schweden Umfragedaten mit Daten der schwedischen Rentenbehörde verknüpft.

Informationen der DRV deuten zwar deren Bedeutung für objektiven Wissenszuwachs an, dennoch ist überraschend, dass die Zusammenhänge zwischen Typzugehörigkeit und motivationalen Merkmalen unter Kontrolle der anderen Prädiktoren nicht systematischer ausfallen. Dies könnte in der Messung der motivationalen Merkmale (eher allgemeine Abfragen) oder in der Bildung der Typen (interne Heterogenität) bedingt sein.

Insgesamt konnten damit Erkenntnisse der politischen Wissensforschung gestützt und durch die Berücksichtigung der zweiten Dimension subjektiver Sicherheit ergänzt werden. Es wird deutlich, dass eine ausschließliche Betrachtung von objektivem Wissen ohne subjektive Sicherheit bestehende Unterschiede unterkomplex abbilden würden. Wird der Annahme gefolgt, dass Befragte mit eher geringer Sicherheit bei klassischen Erhebungsinstrumenten überproportional mit „weiß nicht" geantwortet hätten, wären systematische Differenzen nach Wissen (bspw. nach Alter und Geschlecht) für diese Befragten verdeckt geblieben.

In Anbetracht der eingangs erläuterten Relevanz des Alterssicherungswissens stellt sich die Frage, wie vor allem die Anteile der Bekennenden Unkundigen und Fehlüberzeugten durch Bereitstellen entsprechender Informationen reduziert werden können. Aber auch das Vertrauen in das eigene Wissen der Unsicher Wissenden zu erhöhen sollte fokussiert werden, da nicht auszuschließen ist, dass trotz vorhandenem überdurchschnittlichem Wissen die größere Unsicherheit zu indifferenten Einstellungen oder falschen Entscheidungen führt. Nach den präsentierten Befunden scheinen dafür höhere Bildung und ein Abbau rollenspezifischer Muster zentral zu sein. Ein möglicher Ansatz wäre eine frühe gendersensible Finanzbildung, um Unterschieden nach Geschlecht frühzeitig entgegen zu wirken und das Interesse an Alterssicherungspolitik zu fördern.

Erwartet wird, dass nicht nur nach objektiven Wissensunterschieden Einstellungsunterschiede bestehen, sondern die subjektive Sicherheit zusätzlich zu deren Erklärung beitragen kann. Mit der vorgestellten Typologie werden daher im Beitrag von Westle in diesem Band Unterschiede in der Bewertung der GRV untersucht. Darüber hinaus wurden einleitend mögliche Unterschiede im individuellen Vorsorgeverhalten zwischen den Wissenstypen angesprochen, welche sich ebenfalls auf die Bewertung der GRV auswirken können und in weiteren Studien untersucht werden sollten.

## Literatur

Bonoli, Giuliano und Bruno Palier. 1998. Changing the Politics of Social Programmes: Innovative Change in Britishand French Welfare Reforms. *Journal of European Social Policy* 8 (4): 317–330.

Börsch-Supan, Axel, Florian Heiss, und Joachim Winter. 2004. Akzeptanzprobleme bei Rentenreformen. Wie die Bevölkerung überzeugt werden kann. Köln: Deutsches Institut für Altersvorsorge

Brenner, Daniel. 2016. Auswertung der Studie „Drei Generationen im Gespräch". In *Drei Generationen im Gespräch – Eine Studie zum intergenerativen Zukunftsmanagement*, Hrsg. Thomas Druyen, 25–148. Wiesbaden: Springer VS.

Brettschneider, Antonio. 2009. Paradigmenwechsel als Deutungskampf. Diskursstrategien im Umbau der deutschen Alterssicherung. *Sozialer Fortschritt* 9–10: 189–199.

Brosig, Magnus. 2015. Das Wissen der jungen Generation über öffentliche Alterssicherungsprogramme. *ZeS-Arbeitspapier Nr. 04/2015*. Online verfügbar unter http://www.socium.uni-bremen.de/uploads/News/2016/ZeS-AP_2015_04.pdf, Zugegriffen: 15.05.2023.

Bucher-Koenen, Tabea, Irene Ferrari, und Yuri Pettinicchi. 2019. The role of pension knowledge in labour supply decisions: evidence from Europe. Netspar Academic Series DP 11/2019-043. https://www.netspar.nl/assets/uploads/P20191115_DP043_Ferrari.pdf, Zugegriffen: 15.05.2023.

Bucher-Koenen, Tabea, und Caroline Knebel. 2021. Finanzwissen und Finanzbildung in Deutschland – Was wissen wir eigentlich? ZEW Discussion Papers No. 21 – 016. Online verfügbar unter https://www.zew.de/publikationen/finanzwissen-und-finanzbildung-in-deutschland-was-wissen-wir-eigentlich, Zugegriffen: 15.05.2023.

Elinder, Mikael, Johannes Hagen, Mattias Nordin, und Jenny Säve-Söderbergh. 2022. Who lacks pension knowledge, why and does it matter? Evidence from Swedish retirement savers. *Public Finance Review* 50(4): 379–435.

Kelava, Augustin, und Helfried Moosbrugger. 2020. Einführung in die Item-Response-Theorie (IRT). In *Testtheorie und Fragebogenkonstruktion*, Hrsg. Helfried Moosbrugger und Augustin Kelava, 369–400. Berlin: Springer.

Kistler, Ernst, und Paula Heinecker. 2007. Wie hat sich die Akzeptanz der Gesetzlichen Rentenversicherung in den letzten Jahren entwickelt? Hrsg. Forschungsnetzwerk Alterssicherung (FNA). https://www.fna-rv.de/DE/Inhalt/04_Projekte/04-02_Abgeschlossene_Projekte/Projekte/FNA-K-2006-01.html, Zugegriffen: 15.05.2023.

Lee, Seonghui, und Akitaka Matsuo. 2018. Decomposing political Knowledge: What is confidence in knowledge and why it matters. *Electoral Studies* 51: 1–13.

Lienert, Gustav, und Ulrich Raatz. 1998. Testaufbau und Testanalyse. Weinheim: Psychologie Verlags Union.

Linacre, J.M., 2003: Rasch power analyses: Size vs. significance: Infit and outfit meansquare and standardized Chi square fit statistic. Rasch Measurement Transactions. In: *Rasch Measurement Transactions* 17.1, 918.

Lüdecke, Daniel. 2018. sjmisc: Data and Variable Transformation Functions. *Journal of Open Source Software*, 3 (26), 754. https://doi.org/10.21105/joss.00754, Zugegriffen: 15.05.2023.

Mair, Patrick, Reinhold Hatzinger, und Marco J. Maier. 2021. eRm: Extended Rasch Modeling. Version 1.0–2. https://cran.r-project.org/package=eRm, Zugriffen: 15.05.2023.

Moosbrugger, Helfried, und Augustin Kelava. 2012. Deskriptivstatistische Evaluation von Items (Itemanalyse) und Testwertverteilungen. In *Testtheorie und Fragebogenkonstruktion*, Hrsg. Helfried Moosbrugger und Augustin Kelava, 75–102. Berlin: Springer.

Ortoleva, Pietro, und Erik Snowberg. 2015. Overconfidence in Political Behavior. *American Economic Review* 105 (2): 504–535.

Oberrauch, Luis, und Taiga Brahm. 2022. Ökonomische Kompetenz und Geschlecht: Ausmaß und Ursachen des Gender Gaps. ZBW – Leibniz Information Centre for Economics, Kiel, Hamburg

Rasner, Anika. 2016. Altern und Alterssicherung in Deutschland. In *Handbuch Bevölkerungssoziologie*, Hrsg. Yasemin Niephaus, Michaela Kreyenfeld und Reinhold Sackmann, 647–664. Wiesbaden: Springer VS.

Revelle, William. 2022. psych: Procedures for Personality and Psychological Research, Version 2.2.9, https://cran.r-project.org/package=psych, Zugegriffen: 15.05.2023.

Schübel, Thomas. 2018. Die soziale Verteilung politischen Wissens in Deutschland. Wissensunterschiede und deren Ursachen. Wiesbaden: Springer VS.

Stadtmüller, Sven. 2016. Demografischer Wandel und unpopuläre Reformen. Der Einfluss von Informationen auf die Bewertung der Rente mit 67. Wiesbaden: Springer VS.

Steffen, Johannes. 2012. Lebensstandardsicherung und Armutsfestigkeit im „Drei-Säulen-Modell" der Alterssicherung. In *Sozialpolitik und Sozialstaat*, Hrsg. Reinhard Bispinck, Gerhard Bosch, Klaus Hofemann und Gerhard Naegele, 413–425. Wiesbaden: Springer VS.

Tausendpfund, Markus. 2020. Niveau und Determinanten politischen Wissens. In *Politisches Wissen in Deutschland*, Hrsg. Markus Tausendpfund und Bettina Westle, 89–126. Wiesbaden: Springer VS.

Ullrich, Carsten G. 2008. Die Akzeptanz des Wohlfahrtsstaates. Präferenzen, Konflikte, Deutungsmuster. Wiesbaden: Springer VS.

Venables, William N., und Brian D. Ripley. 2002. Modern Applied Statistics with S. New York: Springer VS.

Wickham, Hadley. 2016. ggplot2: Elegant Graphics for Data Analysis. New York: Springer VS.

Yollu-Tok, Aysel. 2010. Die fehlende Akzeptanz von Hartz IV. Eine Realanalyse individuellen Verhaltens jenseits des Homo oeconomicus Modells. Baden-Baden: Nomos.

**Daniel Moosdorf** ist Wissenschaftlicher Mitarbeiter an der Lehreinheit für Methoden der Politikwissenschaft und promoviert am Institut für Politikwissenschaft der Philipps-Universität Marburg. Im Rahmen der Mitarbeit am Projekt „Rente – Unwissend in die Krise?" (Projektleitung: Bettina Westle) untersucht er dafür Verteilung und Determinanten von Renten-Policy-Wissen und seine Folgen für die Bewertung des Alterssicherungssystems. E-Mail: moosdorf@staff.uni-marburg.de

# Folgen individuellen Wissens für die Bewertung der Gesetzlichen Rentenversicherung

Bettina Westle

## 1 Einleitung

Politische Faktenkenntnisse sind eine zentrale Voraussetzung für kompetente Meinungsbildung in der Demokratie. Grundlage für Wissen bilden Informationen wie sie von amtlichen Stellen, Parteien, gesellschaftlichen Institutionen und Medien bereitgestellt werden. Solche Informationen können allerdings Schwächen aufweisen, etwa bei Umfang, Detailtiefe, Korrektheit, Verständlichkeit und Konsistenz zwischen verschiedenen Akteuren. Zudem kann nicht nur die Angebotsseite Schwächen aufweisen, sondern auch die Nachfrageseite. Fehlt es an Fähigkeiten, werden korrekte Informationen nicht oder falsch verstanden und unkorrekte nicht als solche erkannt. Geringe Motivation kann zu oberflächlicher Informationsaufnahme bis hin zu Abstinenz und daraus folgender Ignoranz führen, ähnlich wie fehlende Gelegenheiten in Unsicherheit und Kenntnislücken münden können. Unterschiedliche Wissenslagen bleiben vermutlich nicht ohne Folgen für politische Meinungen, Einstellungen sowie für Verhalten. So sind bei korrektem Wissensbestand eher aufgeklärte politische Urteile und kompetente Beteiligung anzunehmen. Fehlüberzeugungen können dagegen zu ungewollt unfairen (zu schlechten oder zu guten) Urteilen oder inkompetenter Partizipation führen, während bei Ignoranz eher Indifferenz und politische Apathie nahe liegen und

B. Westle (✉)
Philipps-Universität Marburg, Marburg, Deutschland
E-Mail: westle@staff.uni-marburg.de

© Der/die Autor(en), exklusiv lizenziert an Springer Fachmedien Wiesbaden GmbH, ein Teil von Springer Nature 2024
B. Westle und M. Tausendpfund (Hrsg.), *Politisches Wissen: Korrekte Kenntnisse, Fehlvorstellungen und Ignoranz,* Politisches Wissen,
https://doi.org/10.1007/978-3-658-42979-9_5

Unsicherheit des Wissens vermutlich auch zu unsicheren oder eher zufälligen politischen Urteilen beiträgt.

Solche Zusammenhänge dürften nicht nur auf allgemeiner Ebene demokratischer Politik gelten, sondern auch für einzelne Politikbereiche wie das in diesem Beitrag behandelte Alterssicherungssystem in Deutschland. Von der Gesetzlichen Rentenversicherung (GRV) als zentralem Akteur der staatlichen Altersversorgung sind rund 90 % der Volljährigen als Beitragszahler oder Rentenempfänger betroffen (Bäcker 2020, S. 5). Sie steht daher im Fokus des vorliegenden Beitrags. Dieser Policy-Bereich stellt nicht nur wegen seiner Zugehörigkeit zum Finanzwesen ein typischerweise schwieriges Terrain für politische Akteure, Medien und Bürger dar, sondern auch infolge seiner Komplexität mit mehreren Säulen und Schichten, der öffentlich viel und kontrovers diskutierten Reformen seit etwa 1992 (mit dem Rentenreformgesetz), die bis heute sukzessiv implementiert werden und der damit verknüpften Unwägbarkeiten. Ein knapper, aktueller und gut verständlicher erster Überblick zur Alterssicherung in Deutschland findet sich in Bäcker (2020), zur Geschichte der Rentenversicherung s. Bäcker und Kistler (2020).

In diesem Beitrag wird untersucht, ob und wie sich ein unterschiedliches Ausmaß objektiven Wissens zur staatlichen Alterssicherung gepaart mit unterschiedlicher subjektiver Sicherheit dieses Wissens auf die Bewertung der Funktionsfähigkeit der GRV auswirkt. Der Beitrag ist wie folgt strukturiert: Zunächst wird ein knapper Überblick zu Fragestellungen und Forschungsbefunden in diesem Bereich gegeben. Darauf aufbauend erfolgt die Formulierung explorativer Fragen und Hypothesen. Anschließend wird die Primärstudie „Rente – Unwissend in die Krise?" vorgestellt. Für die Analysen wird eine Typologie der Kombination von objektivem und subjektivem Wissen als Quasi-Prädiktor für die Bewertung der GRV genutzt. Danach wird untersucht, ob sich die Wissenstypen in ihren Auffassungen bei anderen Einflussfaktoren auf die Beurteilung der GRV unterscheiden. Diesen Profilbeschreibungen folgt jeweils die Analyse der Frage, ob und wie diese Merkmale sich in der Bewertung der GRV niederschlagen und ob Effekte bei den Wissenstypen ähnlich oder unterschiedlich ausfallen. Abschließend steht der simultane Vergleich zwischen den zuvor einzeln untersuchten Prädiktoren. Der Beitrag schließt mit einem Fazit zu der Frage, ob unterschiedliche Wissensstrukturen, insbesondere fehlendes Wissen und falsche Überzeugungen im Bereich Alterssicherung bei Berücksichtigung weiterer Faktoren unterschiedliche oder gleiche Effekte auf die Bewertung der GRV haben, mit einem Ausblick auf weitere Forschungsperspektiven und einer Einschätzung des Legitimitätsstatus der gesetzlichen Altersversorgung in den Augen der Bevölkerung.

## 2 Forschungsstand und Hypothesen

### 2.1 Haltungen zur reformierten Alterssicherung

Bereits seit einigen Jahrzehnten wird öffentlich diskutiert, dass das deutsche Alterssicherungssystem durch den demografischen Wandel in Bedrängnis geraten und in der bisherigen Form nicht mehr finanzierbar sei. Insbesondere die steigende Lebenserwartung bei gleichzeitig sinkender Geburtenrate hat zu einer Abnahme der Beitragszahler und Zunahme der Leistungsempfänger geführt, was bei Beibehaltung des sog. Generationenvertrags zu einer zunehmenden Belastung der Erwerbstätigen führe. Daher seien Einschnitte aufseiten der Rentenempfänger erforderlich. So wurden u. a. eine Absenkung des Rentenniveaus und eine schrittweise Anhebung des Renteneintrittsalters eingeführt. Damit einher gingen zudem ein teilweiser Rückzug des Staates aus der Altersvorsorge und höhere Anforderungen an die betriebliche und an die private Altersvorsorge. Während der demografische Wandel als Ursache der Probleme breite mediale Resonanz fand, wurden Finanzierungsalternativen kaum öffentlich diskutiert und die Reformen überwiegend als alternativlos dargestellt (Schmähl 2012; Schäfer 2015; Börsch-Supan 2020; Ebbinghaus 2020; Tremmel 2020).

Diese Veränderungen bedeuten jedoch für alle Betroffenen Belastungen, so für Ältere bzw. Rentenbezieher eine geringere Versorgung und für Jüngere mehr Eigenverantwortung im Erwerbsalter, wobei die „Übergangs-Generationen" beide Belastungen zu spüren bekommen. An den Reformentscheidungen wurde die Bevölkerung nicht beteiligt und sie können auch kaum einer einzigen Regierung zugeschrieben werden, die man dann bei einer Wahl belohnen oder abstrafen könnte. Dies sind keine optimalen Bedingungen für Zufriedenheit oder gar Unterstützung der Reformen und daher stellt sich die Frage, ob das reformierte Alterssicherungssystem von der Bevölkerung akzeptiert wird oder ob der Reformprozess in einer Legitimitätskrise mündet (Ullrich 2008, S. 48; Schmitz und Friedrich 2016, S. 201).[1] Während die Mehrheit der Bevölkerung zwar grundsätzlich eine Priorität der staatlichen Zuständigkeit für die Renten präferierte (Ullrich 2008, S. 105), haben frühere Studien schlechte Umfragewerte für die Leistungen

---

[1] Der Begriff „Akzeptanz" wird hier im Anschluss an Ullrich (2008) für eine Haltung gegenüber Entscheidungen genutzt, an denen man nicht beteiligt war. Diese kann zustimmend sein, aber auch rein permissiv oder sogar resignativ trotz eigentlicher Ablehnung. Für die später behandelten Bewertungen wird jedoch das Konzept politischer Unterstützung nach Easton (1975) in der Variante von Westle (1989) als Rahmen genutzt.

der GRV gezeigt, wobei insbesondere die Rentenhöhen als „zu niedrig" kritisiert wurden (Kistler und Heinecker 2007; Ullrich 2008; Nüchter et al. 2010; Trüdinger und Gabriel 2013; Schmitz und Friedrich 2016). Auch die Erhöhung des Rentenalters stieß überwiegend auf Ablehnung (Kohl 2003; Kistler und Heinecker 2007; Nüchter et al. 2010; Schönenborn 2012; Bauknecht 2013; Druyen 2016). Allerdings schien damit eine Tiefphase in einem anhaltenden Rückgang des Vertrauens in die GRV seit 1980 erfasst worden zu sein, der danach wieder eine leichte Erholung folgte (Morgenstern 2015). Ebenfalls auf Grundlage dieser Trendstudie (DIA) zeichneten sich 2018 jedoch erneut Vertrauenseinbußen ab.

In der Analyse der öffentlichen Kommunikation zur Reform des Alterssicherungssystems kommt Brettschneider (2009, S. 191) zu dem Befund, dass *Fakteninformationen* bedeutsamer für die Legitimierung seien als normative Argumente. Andere Studien treffen ähnliche Aussagen, auch wenn diese sich nur auf einzelne Teile der Reform stützen (Kistler und Heinecker 2007, S. 4; Ullrich 2008; Gabriel 2013; Stadtmüller 2016, S. 58). Da es sich um einen umfangreichen, auch als Paradigmenwechsel gekennzeichneten Umbau handelt (Brettschneider 2009; Steffen 2012; Rasner 2016), liegt nach der Theorie der Pfadabhängigkeit von Reformen (Yollu-Tok 2010) das Auftreten von Akzeptanzproblemen nahe. Inwieweit flankierende Maßnahmen – wie Kommunikation des Nutzens, Kongruenz der Aussagen möglichst vieler unterschiedlicher gesellschaftlicher Akteure und sozialverträgliche Kompensation – flächendeckend erfolgreich eingesetzt wurden, ist eine offene Frage. Erste Studien dazu, die allerdings zumeist nur das Wissen zu einem einzigen oder sehr wenigen Aspekten der Reform erfragen, zeigen erhebliche Wissensdefizite sowie teilweise deren Auswirkungen auf individuelle Altersvorsorgeentscheidungen, und zwar in allen Bildungsschichten (Börsch-Supan 2004; Kistler und Heinecker 2007; Becker 2011; Bode 2013). Effekte auf die Bewertung der GRV wurden jedoch nicht untersucht.

Trotz der Prominenz der öffentlichen Argumentation mit dem *demografischen Wandel* zeigen Studien bei ca. der Hälfte der Befragten nur sehr fragmentarische Kenntnisse dazu (infas und DIW 2005; Bundesministerium für Familie, Senioren, Frauen und Jugend 2007; Druyen 2016; Stadtmüller 2016). Da dieses Wissen über Ursachen für die Reform jedoch als besonders wichtig für ihr Verständnis betrachtet wird, deutet sich hier ebenfalls eine Lücke in der Legitimierung an.

Gesellschaftlich bedarf es eines umfassenden normativen Konsens über die Ausgestaltung des Alterssicherungssystems, um dessen Legitimität zu sichern (Wegener 1992; Schmitz und Friedrich 2016). Von normativen Vorstellungen zu *Gerechtigkeit* ist – infolge ihrer Nähe zu Wertorientierungen – zu erwarten, dass sie resistenter gegen Veränderungen sind als Meinungen oder Einstellungen. Der Umbau des Alterssicherungssystems wurde mit einem neuen Gerechtigkeitsideal – der sog. Generationengerechtigkeit – verknüpft (Leisering 2004; Verband Deutscher Rentenversicherungsträger 2004; Bohmeyer 2009; Brettschneider 2009). Die Argumentation besagte im Wesentlichen, dass die bisherigen Prinzipien zu einer zunehmenden und daher unfairen Belastung der jüngeren Generationen geführt hätten. Vor diesem Hintergrund wurde das Prinzip der Leistungsgerechtigkeit weiter gestärkt und das Prinzip der Bedarfsgerechtigkeit nur noch mit der Grundsicherung im Alter berücksichtigt (Brettschneider 2009; Blank, Schulze und Schulze-Buschoff 2013; Kaltenborn 2019; Bäcker 2020). Studien zur Bevölkerungsmeinung zu diesem Umbau zeigen widersprüchliche Befunde. So findet sich ein glockenförmiger Zusammenhang zwischen Zustimmung zu Leistungsgerechtigkeit und Akzeptanz, aber kein Zusammenhang mit der Einstellung zu Bedarfsgerechtigkeit (Ullrich 2008). Laut einer anderen Studie gehen Zustimmung zum Leistungsprinzip, aber auch zum Gleichheitsprinzip mit Akzeptanz der Privatisierung der Altersvorsorge einher (Trüdinger 2011). Zur Wahrnehmung der Realisierung von Gerechtigkeitsnormen deren Zusammenhängen mit Wissen sowie ihren gemeinsamen Effekten auf Akzeptanz liegen m.W. bisher keine Studien vor.

Darüber hinaus wird in der Forschung gefordert, dass anders als üblich auch die Negation der Möglichkeit von Gerechtigkeit erfasst werden müsse. Die Auffassung, dass sich eine faire Verteilung von Gütern und Lasten dem menschlichen Handeln entzieht, wird als *Fatalismus* gekennzeichnet (Liebig et al. 2016; Nüchter et al. 2010; Trüdinger und Gabriel 2013; Wegener und Liebig 2000).

Sowohl das Wissen über als auch die Bewertung politischer Maßnahmen können damit korrespondieren, inwieweit sich Bürger selbst betroffen fühlen und ob diese *Betroffenheit* als positiv oder negativ empfunden wird. Hierzu gibt es bislang nur sehr wenig Befunde in Bezug auf Alterssicherung. So findet Ullrich (2008) bspw. positive Zusammenhänge mit Alter, aber nicht mit der Versorgungsklasse, während andere auch zwischen Versorgungsklasse und Vertrauen in die Alterssicherung Zusammenhänge sehen (Kistler und Heinecker 2007; Becker 2011; Schmitz und Friedrich 2016). Für Generationszugehörigkeit als Konfliktlinie wird inzwischen überwiegend „Entwarnung" gegeben (Konzelmann et al. 2014; Prinzen 2015). Jedoch fehlt m.W. in der bisherigen Forschung eine Untersuchung von Zufriedenheit in Bezug auf die eigene Altersversorgung durch die Rente als mögliche und durchaus nahe liegende Determinante der Bewertung der GRV.

## 2.2 Wissenstypen

In der amerikanischen Forschung hatte sich Ende der 1990er eine Kontroverse über den Umgang mit Antwortvorgaben zu Faktenfragen in Umfragen entwickelt. Während einige ein explizites Angebot von „weiß nicht" präferierten und hofften damit geratene Antworten weitgehend zu vermeiden (so Delli Carpini und Keeter 1996), versuchten andere das Problem unterschiedlicher Rateneigungen zu nivellieren, indem sie kein „weiß nicht" zuließen und notfalls bei Verweigerungen substanzielle Antworten zufällig zuwiesen (Mondak 1999, 2001). Beide Vorgehensweisen sind allerdings mit Problemen verbunden. Mit der ersten Variante kann Raten nicht völlig vermieden werden und es ist zudem nicht zweifelsfrei als solches identifizierbar. Die zweite Variante verhindert die Möglichkeit zwischen dem Bewusstsein eigener Ignoranz und falschen Antworten infolge von Fehlglauben zu unterscheiden. Kuklinski et al. (1998, 2000) wiesen dazu auf die Bedeutung der Differenzierung zwischen „awareness of one's ignorance" und „confident held false beliefs" hin, denen sie und seither auch andere theoretisch und/ oder empirisch unterschiedliche Ursachen und verschiedene Folgen zuschreiben (Westle 2005, 2009; Hochschild und Einstein 2015; Westle et al. 2015). Kuklinski et al. (1998, 2000) empfahlen daher, in Surveys Fragen nach Faktenwissen statt mit der Antwortmöglichkeit „weiß nicht" mit Selbsteinschätzungen der Sicherheit dieses Wissens zu versehen.[2] Lee und Matsuo (2018) zeigten, dass Korrektheit des Wissens und Sicherheit nur mäßig miteinander korrelieren (und bspw. Bildung größeres Wissen fördert, nicht aber größere Sicherheit) und folglich als unabhängige Dimensionen miteinander kombiniert werden können. Andere Forschende nutzten ebenfalls die so entstehende Typologie und wiesen unterschiedliche Einstellungs- oder Verhaltenskonsequenzen nach. So fanden bspw. Partheymüller et al. (2022), dass korrekt Informierte mit großer subjektiver Sicherheit der EU eher positiv gegenüberstehen, während überzeugte Falschinformierte sie stärker ablehnen und Unsichere zu Indifferenz tendieren.

Im vorliegenden Beitrag werden die Wissensstrukturen zum reformierten gesetzlichen Rentensystem auf der Grundlage der beiden Dimensionen „objektives Wissen" (korrekte versus unkorrekte sowie fehlende Antworten) und „subjektive Sicherheit dieses Wissens (geringer versus größer) in vier Typen differenziert.

---

[2] Damit werden unterschiedliche Rateneigungen nivelliert, da alle Befragte im Fall subjektiv fehlenden Wissens raten müssen. Das Raten kann selbstverständlich dennoch sowohl in richtigen als auch in falschen Antworten resultieren.

Typ 1   Fehlüberzeugte: viele falsche (oder fehlende) Antworten, die subjektiv für richtig gehalten werden;
Typ 2   Bekennende Unkundige: viele falsche (oder fehlende) Antworten und Unsicherheit über die eigenen Antworten;
Typ 3   Unsichere Wissende: hohe Anzahl korrekter Antworten, aber kombiniert mit Unsicherheit, ob diese richtig sind;
Typ 4   Sicher Wissende: hoher Kenntnisstand und subjektive Sicherheit über die Korrektheit des eigenen Wissens.

## 2.3 Fragestellungen und Hypothesen

Seit langem wird die Heterogenität der Indikatoren zur Alterssicherung kritisiert, denn sie verhindert die Möglichkeit einer summarischen Gesamtbewertung (Kistler und Widman 2003). Daher wurde bereits für Umfragen die Etablierung eines „Index der Rentenversicherungsakzeptanz" (Kistler und Heinecker 2007, S. 43) gefordert, was aber bis heute m.W. nicht gelungen ist und angesichts der zunehmenden Verteilung der Alterssicherung auf weitere, private Quellen ohnehin fraglich erscheint. Auch in der in diesem Beitrag genutzten Befragung gibt es Indikatoren auf völlig unterschiedlichem Niveau und mit verschiedenen Bewertungsobjekten, die sich nicht einfach zu einem Index zusammenfassen lassen. Da zudem sich abzeichnende Probleme der GRV und Krisenprognosen Anlass für die Reformen waren, erfolgt hier eine Fokussierung auf einen einzigen Indikator zur *Funktionsfähigkeit der GRV in der Gegenwart*. Dieser Indikator wird als Annäherung auf policy-spezifischer Ebene an das Konstrukt der diffus-spezifischen Unterstützung der politischen Ordnung auf allgemeiner Ebene des politischen Systems betrachtet, die zumeist mit einer Frage nach der Zufriedenheit mit (der Funktionsweise) der Demokratie erfasst wird (Westle 1989).

Vorliegende Forschungen legen die Annahme nahe, dass *Faktenwissen* zur Akzeptanz der reformierten GRV beiträgt, da es auf Verständnis der Reformanlässe und -notwendigkeit beruhe.[3] Von der *Einschätzung der eigenen Kenntnisse als sicher oder unsicher richtig* wird vor allem ein verstärkender oder aber

---

[3] Allerdings kann dieser klassischen Argumentation zur Legitimierung durch Faktenwissen entgegengehalten werden, dass mehr Wissen zur Reform nicht zwangsläufig mit mehr Unterstützung einhergehen muss, sondern auch mit mehr Kritik gepaart sein könnte. Ursachen dafür könnten bspw. sein, dass den Notwendigkeitsbegründungen nicht gefolgt wird, weil der demografische Wandel unglaubwürdig oder umkehrbar erscheint, weil alternative

mäßigender Effekt auf Urteile erwartet. D. h. wer sich seiner Kenntnisse sicher ist, dürfte häufiger zu starken Ausprägungen seiner positiven oder negativen Urteile neigen, wer sich unsicher ist, dagegen eher zu zurückhaltenderen Urteilen. Aus den Annahmen zum Wissen und denen zu seiner Sicherheit ergibt sich eine vermutete Rangordnung der Akzeptanz mit den Sicheren Wissenden an der Spitze der Zufriedenheit, gefolgt von den Unsicheren Wissenden an zweiter Stelle, den Bekennenden Unkundigen an dritter Stelle sowie den Fehlüberzeugten mit der geringsten Zufriedenheit.

H1a: Sichere Wissende zeigen die größte Akzeptanz der gegenwärtigen, reformierten GRV.
H1b: Unsichere Wissende zeigen ähnliche Urteile wie Sicher Wissende, jedoch schwächer ausgeprägt.
H1c: Bekennende Unkundige neigen zu moderateren Bewertungen der gegenwärtigen GRV als Fehlüberzeugte.
H1d: Fehlüberzeugte äußern die geringste Akzeptanz der gegenwärtigen GRV.

Da nicht davon ausgegangen wird, dass Wissen zur GRV die einzige Determinante der Urteile zur Funktionsfähigkeit der GRV darstellt, werden anschließend auch die im Abschnitt zum Forschungsstand aufgeführten Merkmale berücksichtigt. Weil über die Verteilung dieser potenziellen Determinanten bei den Wissenstypen nichts bekannt ist, werden vor Prüfung der allgemeinen Hypothesen jeweils explorative Profilbeschreibungen gegeben. Die Analyse der Effekte bei den Typen auf die Bewertungen der GRV erfolgt ebenfalls explorativ.

***Kenntnisse zum demografischen Wandel*** sollten als relevantes Begründungswissen zur Rentenreform die Akzeptanz erhöhen. Es wird angenommen, dass dies mit dem Wissen zur GRV, aus dem die Typen generiert wurden, korrespondiert. Deshalb ist aber gleichzeitig fraglich, ob es einen zusätzlichen Effekt bei diesen Typen zeigt.

---

Finanzierungsmöglichkeiten der GRV präferiert werden oder weil das Wissen zur Rentenversicherung auf einer Motivation aus der Ablehnung von überzogen erscheinenden Reformen beruht. Zudem könnte Wissen auch zu der gegenteiligen Auffassung führen, dass die Reformen noch nicht weit genug gehen, um die anstehenden Probleme abzufedern. Derartige Vermutungen können hier im Interesse der Beitragslänge allerdings nicht geprüft werden. Daher werden die Hypothesen nur im Sinn der klassischen Argumentation erstellt.

H2a: Wissen zum demografischen Wandel korreliert positiv mit Wissen zur GRV bzw. den Typen.

H2b: Wissen zum demografischen Wandel erhöht bei allen Typen die Akzeptanz der reformierten GRV (mit der evtl. Ausnahme von Deckelungseffekten).

Öffentlich häufig diskutierte Merkmale des Rentensystems betreffen die **Höhe der Renten und der Rentenbeiträge sowie die Regelaltersgrenze**. Die Renten wurden reduziert, die Rentenbeiträge stabil gehalten und die Regelaltersgrenze sukzessive heraufgesetzt. Hier soll untersucht werden, ob und wie sich die Beurteilung dieser spezifischen Reformentscheidungen in den generalisierten Urteilen zur GRV niederschlagen. Die Änderungen werden laut früheren Studien von der Bevölkerung überwiegend als Verschlechterungen wahrgenommen, allerdings gibt es auch kleinere Teile, die sie als richtig ansehen und weitere Teile, die sie als nicht genügend weit reichend betrachten. Es wird vermutet, dass die mehrheitlichen Wahrnehmungen auch stärkere Effekte auf die generalisierten Bewertungen haben als die minoritären Wahrnehmungen (wobei als Hintergrund die stärkere öffentliche Diskussion und die persönliche negative Betroffenheit angenommen, aber nicht geprüft wird).

H3a: Die Einschätzung der Rentenhöhe als zu niedrig, der Rentenbeiträge und des Rentenalters als zu hoch schlagen sich negativ auf die Bewertung der GRV nieder.

H3b: Die gegenteiligen Einschätzungen der Rentenhöhe als zu hoch, der Rentenbeiträge als zu niedrig und des Rentenalters als zu niedrig schlagen sich ebenfalls negativ auf die Bewertung der GRV nieder (kommen allerdings seltener vor).

*Normative Vorstellungen* wie Leistungs- und Bedarfsgerechtigkeit wurden in der Forschung zur Altersvorsorge bereits im Vergleich zu Wissen diskutiert und für weniger relevant als Fakteninformationen erachtet (Brettscheider 2009). Hier werden normative Vorstellungen als Hintergrundmerkmale berücksichtigt, aber primär das *Ausmaß der wahrgenommenen Erfüllung von individuellen Gerechtigkeitsvorstellungen* als potenzielle Determinante der Bewertung der GRV genutzt, da dies direkter für Akzeptanz bedeutsam sein dürfte

H4: Je stärker die eigenen Vorstellungen zu gesellschaftlicher Gerechtigkeit in der Altersvorsorge als realisiert wahrgenommen werden, desto positiver wird die GRV in Gegenwart bewertet.

Ergänzend wird **Fatalismus** als Negation der Möglichkeit von Gerechtigkeit oder Resultat negativer Erfahrungen mit ihrer Realisierung herangezogen. Fatalismus lässt daher eine generalisiert frustrierte Sicht auf Alterssicherung bzw. auf die GRV erwarten.

H5a: Fatalismus wirkt negativ auf die Beurteilung der GRV.
H5b: Fatalismus reduziert die Effekte der Wahrnehmung gesellschaftlicher Gerechtigkeit.

Zusammenhänge von Legitimitätsurteilen mit *Eigeninteressen und Betroffenheit* können auf komplexen Ketten beruhen. So zeigt sich bspw. regelmäßig (z. B. Allbus), dass die Bewertung der eigenen Wirtschaftslage mehrheitlich positiver ausfällt als die der gesamtgesellschaftlichen Wirtschaftslage, letztere aber wichtiger für die Beurteilung der Regierung ist. Dies kann sowohl darauf zurückführbar sein, dass die Regierung stärker für die gesellschaftliche als für die eigene Wirtschaftslage in Verantwortung gesehen wird als auch darauf, dass bei diesem Thema eher eine soziotropische Perspektive als eine egozentrische zum Tragen kommt (Kiewiet und Lewis-Beck 2011). Daher wird hier die Bewertung der eigenen Altersversorgung als summarischer Indikator des Eigeninteresses untersucht. Es wird bei den Betroffenen ein enger Zusammenhang mit der Beurteilung der GRV angenommen, denn eine Verknüpfung zwischen eigener Rente und zuständigem staatlichem Akteur erscheint offensichtlich.

H6: Je besser die eigene aktuelle oder erwartete Rente beurteilt wird, desto positiver fallen die Urteile zur GRV aus.

Für die unterschiedenen Wissenstypen wird davon ausgegangen, dass die aufgeführten potenziellen Prädiktoren der GRV-Bewertung nicht gleichverteilt sind und daher selbst ein identischer Zusammenhang unterschiedliche Auswirkungen auf das gesamtgesellschaftliche Akzeptanzniveau haben kann.

## 3 Datengrundlage

Datengrundlage bildet die *Primärstudie* „Rente – Unwissend in die Krise?" der Autorin unter Mitarbeit von Daniel Moosdorf zu Einstellungen gegenüber dem reformierten Alterssicherungssystem in Deutschland, insbesondere zu Faktenkenntnissen, Wahrnehmungen und Bewertungen sowie deren Determinanten und Folgen, gefördert durch die Thyssen-Stiftung. Die Studie wurde von IPSOS mittels computergestützter Telefoninterviews implementiert, die Feldzeit umfasste den 24. März bis 30. April 2021. Grundgesamtheit ist die wahlberechtigte Bevölkerung in Deutschland, die mindestens über einen Festnetzanschluss oder einen Mobilanschluss verfügt. Dementsprechend erfolgte eine mehrstufige geschichtete Zufallsauswahl aus dem ADM-Auswahlrahmen mit Einsatz einer Dual-Frame-Stichprobe. Insgesamt wurden 1.510 Interviews bei disproportionaler Stichprobe mit 756 (50,1 %) Interviews in Westdeutschland und 754 (49,9 %) Interviews in Ostdeutschland durchgeführt. Die Interviews dauerten im Durchschnitt 37 min.

Bei der Erfassung des *Wissens zum staatlichen Alterssicherungssystem* sollten unterschiedliche Rateneigungen minimiert werden, aber ohne Zwang zu einer substanziellen Antwort. Ziel war es, sicheres und unsicheres Wissen, bewusstes Fehlen von Wissen und falsche Vorstellungen differenzieren zu können. Die „Quizfragen" und die Fragen zur subjektiven Sicherheit der Antworten sowie die Entwicklung der *Typologie* sind im Beitrag von Moosdorf in diesem Band nachzulesen. In diesem Beitrag erfolgen alle Analysen mit einem bei GESIS in Auftrag gegebenen Gewicht, das eine Randverteilungsanpassung für die Merkmale Geschlecht, Alter und Bildung sowie zum Ausgleich des ostdeutschen Oversamples (West 80,8 %, 19,2 %) herstellt. Das abschließende Gesamtmodell wird zusätzlich ungewichtet überprüft.

Tab. 1 enthält die Verteilungen der Wissenstypen. Sowohl in der ungewichteten als auch der gewichteten Variante sind insgesamt die Bekennenden Unkundigen mit rund einem Drittel am häufigsten vertreten und die Unsicheren Wissenden mit einem Fünftel am wenigsten. Verschiebungen zwischen ungewichteter und gewichteter Variante zeigen sich vor allem bei den Fehlüberzeugten (ungewichtet auf Platz 3 mit knapp 23 % und gewichtet auf Platz 2 mit 26 %) sowie den Sicheren Wissenden (ungewichtet auf Platz 2 mit 26 % und gewichtet auf Platz 3 mit ca. 21 %). Dies ist primär auf die Anpassung des Ost-Oversampling an die gesamtdeutsche Größenordnung zurückzuführen.

Tab. 1 weist zusätzlich die Typen getrennt nach Betroffenheit durch aktuellen oder künftigen Rentenbezug aus. Die Verteilung bei den Betroffenen ähnelt stark der bei allen Befragten, während der erheblich geringere Anteil von Nicht-Betroffenen deutlich mehr Unsichere Wissende, etwas mehr Bekennende Unkundige sowie weniger Fehlüberzeugte und etwas weniger Sichere Wissende ausweist. Fehlende objektive Betroffenheit korrespondiert also plausibel mit weniger Wissen und größerer Unsicherheit zu diesem Wissen.

**Tab. 1** Typen des Wissens zur Gesetzlichen Rentenversicherung

|   | Fehlüberzeugte | Bekennende Unkundige | Unsichere Wissende | Sichere Wissende | Fehlend | Gesamt |
|---|---|---|---|---|---|---|
| **Alle Befragte, ungewichtet** | | | | | | |
| Gültige Prozente | 22,9 | 29,2 | 21,9 | 26,0 | | 1495 |
| N | 343 | 439 | 328 | 391 | 14 | 1510 |
| **Alle Befragte, gewichtet** | | | | | | |
| Gültige Prozente | 26,0 | 33,2 | 19,6 | 21,2 | | 1496 |
| N | 389 | 498 | 293 | 317 | 13 | 1510 |
| **Aktuelle und künftige Rentenbezieher, Gewichtet** | | | | | | |
| Gültige Prozente | 27,6 | 32,9 | 18,0 | 21,4 | | 1333 |
| N | 368 | 439 | 240 | 286 | 14 | 1347 |
| **Nur Befragte, die weder gegenwärtig eine Rente beziehen noch künftig eine Rente erwarten, gewichtet** | | | | | | |
| gültige Prozente | 12,7 | 35,9 | 32,3 | 19,1 | | 162 |
| N | 21 | 58 | 52 | 31 | 1 | 163 |

Datenquelle: Rente – Unwissend in die Krise? Berechnungen: Westle

Für die nachfolgenden Analysen (Ausnahmen Tab. 1, 3) wird eine Beschränkung auf die Population der Betroffenen vorgenommen, da nur dieser Personenkreis sinnvoll nach Bewertungen der eigenen Rente gefragt werden kann, was oben als potenziell wesentliche Determinante herausgearbeitet wurde. Der Befragtenpool wird damit von ursprünglich 1510 Fällen auf 1222 Fälle ohne jegliche fehlende Werte bei allen genutzten Variablen begrenzt (vgl. Abschn. 4.1 zur Veränderung der Werte in der abhängigen Variable, Tab. 3 Zeilenblock 4). Alle weiteren Analysen enthalten also diese 1222 Fälle der Betroffenen, die bei keiner der genutzten Variablen einen fehlenden Wert haben. Die Operationalisierungen aller genutzten Variablen werden nachfolgend gemeinsam mit den Analysen dargestellt.

## 4 Befunde

### 4.1 Bewertungen der gesetzlichen Rentenversicherung (GRV)

Der Fragetext und die Antwortverteilungen zur abhängigen Variable sind den Tab. 2 und 3 zu entnehmen, die außerdem auch Mittelwerte für die oben genannten Teilgruppen abbildet. Der untere Zeilenblock „alle Betroffenen ohne fehlende Werte" zeigt mit insgesamt 37 % überwiegend eine mittlere Beurteilung der *gegenwärtigen Funktionsfähigkeit der GRV,* wobei sich positive und negative Urteile nahezu die Waage halten. Die Wissenstypen unterscheiden sich jedoch. So geben Sichere Wissende mit rund 43 % am häufigsten positive und mit 19 % am seltensten negative Urteile ab. Auf dem zweiten Platz stehen diejenigen mit unsicherem Wissen, wobei dies sowohl durch das nahezu ausgeglichene Verhältnis positiver zu negativen Urteilen als auch durch eine deutlich überproportionale Besetzung der Mittelkategorie bedingt ist, in der sich bei den Unsicheren Wissenden besonders häufig auch Unsicherheit des Urteils zur GRV verbergen dürfte. Den dritten Platz belegen Personen, die sich ihrer Wissensdefizite bewusst sind, wobei sie ebenfalls etwa gleiche Anteile positiver und negativer Urteile zeigen, aber deutlich seltener die Mittelkategorie wählen. Fehlüberzeugte geben mit fast 39 % am häufigsten negative Urteile ab, was sich vor allem an einer deutlichen Häufung bei der schlechtesten Bewertung zeigt. Diese Verteilungen stützen H1a bis H1d.

Vergleicht man die Mittelwerte der Betroffenen ohne fehlende Werte mit der Gesamtgruppierung der Befragten, die einem der Typen zugeordnet werden konnten und ein Urteil zur GRV abgegeben haben sowie mit den Betroffenen insgesamt, sieht man nur minimale Unterschiede auf der zweiten Nachkommastelle.

**Tab. 2** Bewertung der gegenwärtigen Funktionsfähigkeit der GRV: Fragetext

| Label | *Nicht vorzulesen: weiß nicht, verweigert*<br>*Rotation der Antwortvorgaben aufsteigend/absteigend* |
|---|---|
| GRV: Bewertung Funktionsfähigkeit Gegenwart | Es gibt ja bei uns die gesetzliche Rentenversicherung. Was meinen Sie: Wie gut oder schlecht funktioniert die gesetzliche Rentenversicherung gegenwärtig? Funktioniert sie: sehr gut, eher gut, teils/teils, eher schlecht, sehr schlecht? |

Quelle: Rente – Unwissend in die Krise?

**Tab. 3** Bewertungen der gegenwärtigen Funktionsfähigkeit der GRV – Antwortverteilungen

|  | Fehlüberzeugte | Bekennende Unkundige | Unsichere Wissende | Sichere Wissende | Gesamt |
|---|---|---|---|---|---|
| **Alle Befragte** | | | | | |
| Mittelwerte 1–5 | 2,86 | 2,96 | 3,07 | 3,25 | 3,02 |
| Valides N | 387 | 495 | 288 | 315 | 1485 |
| **Nicht Betroffene** | | | | | |
| Mittelwerte 1–5 | 2,76 | 2,72 | 3,09 | 3,15 | 2,93 |
| Valides N | 20 | 58 | 52 | 31 | 162 |
| **Alle Betroffene** | | | | | |
| Mittelwerte 1–5 | 2,87 | 2,99 | 3,06 | 3,26 | 3,03 |
| Valides N | 367 | 437 | 235 | 284 | 1323 |
| **Alle Betroffene ohne fehlende Werte bei uVs:** Prozentanteile der Typen | 26,3 | 33,2 | 18,5 | 22,0 | 100 |
| Mittelwerte 1–5 | 2,83 | 3,00 | 3,05 | 3,24 | 3,02 |
| Mittelwert pomp* | ,46 | ,50 | ,51 | ,56 | ,50 |
| Valides N | 322 | 405 | 226 | 269 | 1222 |
| Spaltenprozente | | | | | |
| Sehr schlecht (1) | 14,9 | 7,8 | 0,4 | 4,6 | 7,6 |
| Eher schlecht (2) | 23,7 | 24,5 | 26,0 | 14,4 | 22,4 |
| Teils/teils (3) | 33,1 | 33,9 | 46,3 | 38,3 | 36,9 |
| Eher gut (4) | 20,4 | 27,8 | 22,5 | 37,8 | 27,1 |
| Sehr gut (5) | 7,9 | 5,9 | 4,8 | 5,0 | 6,0 |

\* Bei pomp-Variablen sind die ursprünglichen Werte auf den Wertebereich von 0 bis 1 transformiert
Datenquelle: Rente – Unwissend in die Krise? Berechnungen, gewichtet: Westle

D. h. die Begrenzung der Analysen auf die Betroffenen ohne fehlende Werte dürfte kaum verzerrende Effekte zeitigen. Lediglich im Vergleich der Betroffenen mit den Nicht Betroffenen zeigen sich durchgehend etwas positivere Urteile der Betroffenen.

## 4.2 Einstellungsprofile und Zusammenhänge mit Bewertungen der GRV – Einzelmodelle

### 4.2.1 Kenntnisse zum demografischen Wandel

Das sich verändernde Verhältnis von Ruheständlern und Erwerbstätigen stellt im Rahmen des Renten-Generationenvertrags eine erhebliche und als anhaltend eingeschätzte Finanzierungsproblematik für die Bereitstellung der Renten dar und bildete das Hauptargument für den Reformbedarf. Von der Kenntnis der demografischen Wandlungsprozesse könnten daher die Motivation sich mit der Rentenfrage zu beschäftigen und ein vertieftes Verständnis sowie ein höherer Kenntnisstand zur GRV ausgehen und auf die Akzeptanz des Umbaus des Rentensystems wirken. Kenntnisse hierzu wurden als letzter Block im Wissenstest erfasst (Tab. 4).

Die Unterschiede zwischen den Typen sind nur graduell, aber wie erwartet besteht eine Ähnlichkeit zur Wissensstruktur der Typisierung des Wissens zur GRV (Tab. 5). So zeigen Fehlüberzeugte am wenigsten und Sichere Wissende am meisten korrekte Antworten, während Bekennende Unkundige und Unsichere Wissende in der Mitte eng beieinander liegen. Auch die selbst eingeschätzte Sicherheit ihrer Antworten zum demografischen Wandel passt zum Typen-Muster, denn sie ist bei Sicheren Wissenden und Fehlüberzeugten am größten und bei Bekennenden Unkundigen am geringsten, gefolgt von Unsicheren Wissenden. H2a wird damit gestützt. Darüber hinaus offenbart die Analyse der einzelnen Fragen zum demografischen Wandel (nicht tab. ausgewiesen) eine interessante Beobachtung, nämlich dass die falschen Antworten bei Fehlüberzeugten deutlich häufiger als bei den anderen Typen auf die von den Fakten am weitesten entfernte Antwort fallen.[4] Daher ist denkbar, dass durch diese stärkeren Fehleinschätzungen des demografischen Wandels die Argumente zur Notwendigkeit des Umbaus des Rentensystems bei Fehlüberzeugten unglaubwürdig erscheinen.

Tab. 6 weist Ergebnisse linearer Regressionen (OLS) für das Wissen zum demografischen Wandel und seine subjektive Sicherheit als Prädiktoren für die Bewertung der GRV aus (für diese und alle folgenden Regressionen wurden die

---

[4] Zur Bevölkerungsentwicklung vermuten sie besonders häufig mehr Geburten (nicht „gleich viele" oder korrekt „weniger"), zur Lebenserwartung entfallen bei ihnen mehr Antworten als bei den anderen Typen auf die Annahme, sie sei gesunken (statt „gleich geblieben" oder korrekt „gestiegen") und sie nehmen häufiger als die anderen Typen an, es gäbe bereits heute doppelt so viele Rentner wie Erwerbstätige (statt „gleich viele" oder korrekt „halb so viele").

**Tab. 4** Kenntnisse zum demografischen Wandel: Fragetexte

| Label | nicht vorzulesen: weiß nicht, verweigert; bei allen: Itemrotation zwischen A und C; korrekte Antworten hier mit * gekennzeichnet |
|---|---|
| Bevölkerungsentwicklung | Wie war das innerhalb der letzten 30 Jahre in Deutschland, gab es insgesamt<br>A weniger Geburten als Todesfälle *<br>B gleich viele Geburten und Todesfälle<br>C mehr Geburten als Todesfälle |
| Lebenserwartung | Und wie hat sich die durchschnittliche Lebenserwartung hier in den letzten 50 Jahren entwickelt?<br>A sie ist in etwa gleich geblieben<br>B sie ist um rund 5 Jahre gestiegen<br>C sie ist um mehr als 10 Jahre gestiegen* |
| Verhältnis Rentner Erwerbstätige aktuell | Wie ist das Verhältnis von Rentnern zu Erwerbstätigen in Deutschland heutzutage ungefähr?<br>A es gibt halb so viele Rentner wie Erwerbstätige *<br>B es gibt gleich viele Rentner und Erwerbstätige<br>C es gibt doppelt so viele Rentner wie Erwerbstätige |
| Verhältnis Rentner Erwerbstätige zukünftig | Und wie wird sich der Anteil der Rentner an der gesamten Bevölkerung laut Einschätzung von Experten zukünftig entwickeln? Wird der Anteil …<br>A sinken<br>B etwa gleich bleiben<br>C steigen * |
| Sicherheit Quizteil Demografie | Das war der letzte Teil von unserem Quiz. Sagen Sie mir bitte auch für diese Fragen, wie sicher Sie sind, dass Ihre Antworten richtig waren. Sind Sie sehr sicher, eher sicher, eher unsicher, sehr unsicher? |

Quelle: Rente – Unwissend in die Krise?

Variablen in pomp oder dummy Versionen umgewandelt). Für die Bevölkerung insgesamt findet sich zur Funktionsfähigkeit der GRV nur ein kleiner Effekt bei ebenfalls minimaler Varianzaufklärung.[5] Bei den Wissenstypen sind dagegen

---

[5] Auch auf Ebene der einzelnen Indikatoren werden Zweifel an der Argumentation geweckt, dass Kenntnisse über den demografischen Wandel generell zu einem vertieften Verständnis der Finanzierungsprobleme der GRV und daher zu einer Befürwortung der Reformen führen würden, denn die demografischen Fakten und Entwicklungen werden offenbar nur

**Tab. 5** Kenntnisse zum demografischen Wandel: Antwortverteilungen

| | Fehlüberzeugte | Bekennende Unkundige | Unsichere Wissende | Sichere Wissende | Gesamt |
|---|---|---|---|---|---|
| Prozentanteile korrekt | | | | | |
| Bevölkerungsentwicklung | 59,5 | 64,1 | 59,5 | 70,4 | 63,4 |
| Lebenserwartung | 40,9 | 47,6 | 44,5 | 49,8 | 45,7 |
| Verhältnis Rentner-Erwerbstätige aktuell | 33,2 | 31,5 | 34,5 | 36,3 | 33,5 |
| Verhältnis Rentner-Erwerbstätige künftig | 76,8 | 78,8 | 86,8 | 86,6 | 81,5 |
| Mittelwerte | | | | | |
| Dem. Wandel korrekte Antworten (0–4) | 2,10 | 2,22 | 2,25 | 2,43 | 2,24 |
| Subjektive Sicherheit | 2,90 | 2,43 | 2,50 | 2,91 | 2,67 |

Datenquelle: Rente – Unwissend in die Krise? Berechnungen, gewichtet: Westle

überraschende Unterschiede zu beobachten. Wenn Personen, deren Wissen zur GRV als Fehlüberzeugung typisiert wurde, dennoch über zutreffende Kenntnisse zum demografischen Wandel verfügen und selbst als korrekt annehmen, dann fördert dies bei ihnen eine positivere Bewertung der GRV. Im Gegenteil dazu trägt diese Kenntnis aber bei den Sicheren Wissenden zu negativeren Urteilen bei. Möglicherweise fußt deren Skepsis auf der Auffassung, dass die Reformen nicht ausreichend sind. Während bei den Bekennenden Unkundigen nahezu keine Effekte sichtbar sind, ähneln die bei den Unsicheren Wissenden nicht etwa den Sicheren Wissenden, sondern eher den Fehlüberzeugten, wenn auch auf schwächerem Niveau. H2b ist damit falsifiziert bzw. trifft nicht für alle Typen zu, sondern nur für die Fehlüberzeugten und die Unsicheren Wissenden.

---

schwach mit diesen Problemen verknüpft. So bestehen zwischen Kenntnissen des gegenwärtigen sowie des prognostizierten Zahlverhältnisses zwischen Erwerbstätigen und Rentnern einerseits und andererseits Kenntnissen zur Finanzierung über den Generationenvertrag sowie der Abnahme von Erwerbstätigen nur schwache bivariate Korrelationen (zwischen Pearson's r. 01 bis .15), die zudem kein systematisches Muster zwischen den Typen zeigen (nicht tab. ausgewiesen).

**Tab. 6** Kenntnisse zum demografischen Wandel als Prädiktor von Bewertungen der GRV

|  | Fehlüberzeugte | Bekennende Unkundige | Unsichere Wissende | Sichere Wissende | Gesamt |
|---|---|---|---|---|---|
|  | b | b | b | b | b |
| Wissen dem. Wandel | 0,29** | 0,03 | 0,14* | −0,21** | 0,08* |
| Sicherheit des Wissens dem. Wandel | 0,10 | 0,01 | 0,09 | 0,05 | 0,06 |
| *Konstante* | *0,24* | *0,48* | *0,39* | *0,66* | *0,43* |
| Korrigiertes $R^2$ | 0,06 | −0,00 | 0,03 | 0,04 | 0,01 |

Signifikanzniveaus * = p < ,05, ** = p < ,001
Datenquelle: Rente – Unwissend in die Krise? Berechnungen, gewichtet: Westle

### 4.2.2 Bewertungen spezifischer Rentenreformschritte

Öffentlich häufig diskutierte Änderungen des Rentensystems betrafen die Höhe der Rentenbeiträge sowie der Renten und die Heraufsetzung der Regelaltersgrenze. Tab. 7 zeigt die Fragetexte zur Bewertung des gegenwärtigen Stands dieser Regelungen. Zu beachten ist, dass nur bei der Regelaltersgrenze die korrekte Information im Fragetext enthalten ist.

**Tab. 7** Spezifische Merkmale der reformierten GRV: Fragetexte

| Label | *Bei allen: nicht vorzulesen: weiß nicht, verweigert; Rotation zwischen aufsteigender und absteigender Folge* |
|---|---|
| GRV: Bewertung Rentenhöhe | Wie beurteilen Sie die Höhe der gesetzlichen Renten? Sind die Renten im Allgemeinen: viel zu hoch, etwas zu hoch, gerade richtig, etwas zu niedrig, viel zu niedrig? |
| GRV: Bewertung Rentenbeitragshöhe | Und wie ist das mit der Höhe der Rentenbeiträge: Sind diese Ihrer Meinung nach: viel zu hoch, etwas zu hoch, gerade richtig, etwas zu niedrig, viel zu niedrig? |
| GRV: Bewertung Regelaltersgrenze | Das gesetzliche Rentenalter, also das Alter, in dem man ohne Abschläge in den Ruhestand gehen kann, wird bis 2031 auf 67 Jahre angehoben. Ist das Alter von 67 Jahren für den Rentenbeginn Ihrer Meinung nach viel zu hoch, etwas zu hoch, gerade richtig, etwas zu niedrig, viel zu niedrig? |

Quelle: Rente – Unwissend in die Krise?

**Tab. 8** Spezifische Merkmale der reformierten GRV: Antwortverteilungen

| | Fehl-überzeugte | Bekennende Unkundige | Unsichere Wissende | Sichere Wissende | Gesamt |
|---|---|---|---|---|---|
| **Bewertung GRV-Rentenhöhe** | | | | | |
| Viel zu niedrig | 29,6 | 30,7 | 21,1 | 16,6 | 25,5 |
| Etwas zu niedrig | 53,7 | 41,2 | 54,4 | 50,7 | 49,0 |
| Gerade richtig | 15,2 | 24,4 | 21,1 | 32,1 | 23,1 |
| Etwas zu hoch | 1,4 | 3,1 | 3,3 | 0,6 | 2,1 |
| Viel zu hoch | 0,0 | 0,6 | 0,0 | 0,0 | 0,2 |
| **Bewertung GRV-Rentenbeitragshöhe** | | | | | |
| Viel zu niedrig | 6,2 | 4,4 | 4,0 | 4,1 | 4,7 |
| Etwas zu niedrig | 18,1 | 17,4 | 17,3 | 12,2 | 16,4 |
| Gerade richtig | 48,5 | 57,8 | 53,6 | 64,2 | 56,0 |
| Etwas zu hoch | 20,6 | 17,5 | 22,2 | 16,5 | 19,0 |
| Viel zu hoch | 6,5 | 3,0 | 3,0 | 3,0 | 3,9 |
| **Bewertung Regelaltersgrenze** | | | | | |
| Viel zu niedrig | 1,5 | 2,2 | 1,1 | 0,8 | 1,5 |
| Etwas zu niedrig | 3,6 | 4,6 | 5,4 | 4,6 | 4,5 |
| Gerade richtig | 26,8 | 19,8 | 22,6 | 24,4 | 23,2 |
| Etwas zu hoch | 28,9 | 37,3 | 38,9 | 41,9 | 36,4 |
| Viel zu hoch | 39,2 | 36,2 | 32,0 | 28,4 | 34,5 |

Datenquelle: Rente – Unwissend in die Krise? Berechnungen: Westle

Die Zufriedenheitswerte bei diesen drei Komponenten unterscheiden sich in der Gesamtpopulation erheblich (Tab. 8). So sind 56 % mit der Höhe der Rentenbeiträge einverstanden, aber nur je ca. 23 % mit der Höhe der Renten und der neuen Regelaltersgrenze. Bei den Rentenbeiträgen teilt sich die Unzufriedenheit etwa gleich auf zu hohe und zu niedrige Beiträge auf, während die Renten selbst dominant von knapp 75 % als etwas oder viel zu niedrig bewertet werden und die Regelaltersgrenze von knapp 71 % als zu hoch. Differenziert nach den Wissenstypen zeigen sich bei den Rentenbeiträgen die Sicheren Wissenden überproportional und die Fehlüberzeugten unterproportional zufrieden, während die beiden anderen Typen dazwischen liegen, wobei die Bekennenden Unkundigen etwas häufiger Zufriedenheit äußern als die Unsicheren Wissenden. Die Unzufriedenheit teilt sich bei allen etwa gleichermaßen in die beiden konträren Auffassungen zu hoher (etwas häufiger bei allen Typen außer den Bekennenden Unkundigen) und zu niedriger Rentenbeiträge auf. Zur Rentenhöhe wiederholt sich auf niedrigerem Niveau der Befund der relativ größten Zufriedenheit der Sicheren Wissenden und geringsten der Fehlüberzeugten, wobei die beiden anderen Typen wieder mit sehr ähnlichen Werten dazwischen liegen. Hier konzentriert sich die Kritik aber bei allen Typen nahezu ausschließlich auf die Auffassung zu niedriger Renten, die mit rund 83 % am stärksten von den Fehlüberzeugten vertreten wird, am geringsten mit 67 % von den Sicheren Wissenden. Zur Regelaltersgrenze zeigen sich geringere Unterschiede zwischen den Zufriedenheitsanteilen der Typen und auch bei der dominanten Beurteilung, das Alter sei zu hoch, sind die Unterschiede mäßig, wobei im Schnitt die Bekennenden Unkundigen am unzufriedensten sind. Mutmaßlich wurde diese Ähnlichkeit durch die Information im Fragetext provoziert, während bei der Rentenhöhe und den Rentenbeiträgen ausschließlich auf die eigenen Vorstellungen zurückgegriffen werden musste.

Für diese Vorstellungen liegen durchaus Informationen zu dem zuvor erfragten Wissen vor (nicht tab. ausgewiesen). Zur Regelaltersgrenze folgen die Anteile der richtigen Antworten (MC-Frage W4, richtig: 67 Jahre) bei den Typen in etwa dem allgemeinen Muster (54 % bei den Fehlüberzeugten, 55 % bei den Bekennenden Unkundigen und dann ein deutlicher Sprung auf 77 % bei den Unsicheren Wissenden und 85 % bei den Sicheren Wissenden). Die Überschätzung der Regelaltersgrenze teilt sich bei allen vier Typen etwa gleichermaßen auf 68 und 69 Jahre auf. Zum Rentenbeitrag (MC Frage W7, richtig: 18,6 % des Bruttomonatslohns von Arbeitnehmer und Arbeitgeber zusammen) besteht der Hauptunterschied in den Anteilen richtiger Antworten ebenfalls zwischen den ersten beiden und den nächsten beiden Typen, aber die Rangfolge ist verändert (von 42 % und 38 % auf 69 % und 61 %). Während Fehlüberzeugte den Rentenbeitrag häufiger zu hoch als zu niedrig einschätzen (35 % gegenüber 23 %), ist dies bei Bekennenden Unkundigen umgekehrt (25 % zu hoch, 37 % zu niedrig) und bei den beiden anderen Typen teilen sich die Fehleinschätzungen etwa gleichermaßen auf zu hohe und zu niedrige Beiträge auf. Bei der MC-Frage nach der Rentenleistung (W3, richtig: sichert Teil des Lebensstandards ab) wissen erneut die Fehlüberzeugten am seltensten (49 %), gefolgt von den Bekennenden Unkundigen (55 %) die richtige Antwort, die beiden anderen Typen deutlich häufiger (86 % und 85 %). Bei den Fehleinschätzungen dominiert unter allen Typen die Vorstellung, die GRV würde nur gegen Armut absichern, wobei dies quantitativ aber vor allem bei den Fehlüberzeugten und den Bekennenden Unkundigen mit jeweils 40 % der Antworten ins Gewicht fällt (gegenüber rund 13 % bei den beiden anderen

Typen).[6] Auf Aggregatebene bestehen also durchaus Korrespondenzen zwischen korrekter Einschätzung durch die Typen und Bewertungen als „richtig" oder Über- und Unterschätzungen, aber in begrenztem Maß. (Für eine Überprüfung auf Individualebene sind die Häufigkeiten in einzelnen Antwortkategorien dagegen so gering, dass es zu Verzerrrungen kommt.)

Die Urteile zu den spezifischen Reformschritten korrespondieren schwach mit den generalisierten Bewertungen der GRV (Tab. 9). Bei den zusammengefassten

**Tab. 9** Spezifische Merkmale der reformierten GRV als Prädiktoren von Bewertungen der GRV

|  | Fehlüberzeugte | Bekennende Unkundige | Unsichere Wissende | Sichere Wissende | Gesamt |
|---|---|---|---|---|---|
|  | b | b | b | b | b |
| Rentenhöhe zu niedrig | −0,17** | −0,12** | −0,04 | −0,13** | −0,12** |
| Rentenhöhe zu hoch | −0,23 | 0,03 | 0,03 | 0,04 | −0,01 |
| Rentenbeitrag zu niedrig | −0,06 | −0,01 | −0,03 | −0,03 | −0,03 |
| Rentenbeitrag zu hoch | −0,08* | −0,02 | −0,09* | −0,13** | −0,07** |
| Rentenalter zu niedrig | 0,08 | 0,11* | −0,03 | 0,07 | 0,08* |
| Rentenalter zu hoch | −0,05 | 0,11** | −0,07* | −0,03 | −0,07** |
| *Konstante* | *0,67* | *0,66* | *0,62* | *0,69* | *0,66* |
| **Korrigiertes $R^2$** | **0,08** | **0,10** | **0,04** | **0,13** | **0,09** |

Trichotomisierung der Prädiktoren in zu hoch, richtig, zu niedrig und Bildung von dummy-Variablen: „zu hoch" hat alsReferenzkategorie „richtig und zu niedrig", „zu niedrig" hat als Referenzkategorie „richtig und zu hoch". Signifikanzniveaus $* = p < ,05$, $** = p < ,001$
Datenquelle: Rente – Unwissend in die Krise? Berechnungen, gewichtet: Westle

---

[6] Überraschend führt die offene Frage zur Rentenhöhe (W8, als richtig klassifiziert: 1400–1600 €) zu einem deutlich verschobenen Bild, das nicht nur wie erwartbar die niedrigeren Anteile richtiger Antworten betrifft, sondern stärker das Verhältnis zwischen hohen und zu niedrigen Fehleinschätzungen. Hier schätzen die Unsicher Wissenden am häufigsten richtig (38 %), gefolgt von den Sicheren Wissenden (25 %), den Fehlüberzeugten (20 %) und zuletzt den Bekennenden Unkundigen (11 %). Zudem dominieren aber bei allen Typen zu hohe (nicht zu niedrige wie in der MC-Frage) Vorstellungen auf ähnlichem Niveau (zwischen 50 und 57 %).

Befragten tragen die Auffassungen, dass die Rentenbeiträge und das Rentenalter zu hoch, die Rentenzahlungen dagegen zu niedrig sind, wie in H3a erwartet, zur Verschlechterung der Bewertung der GRV bei. Die jeweils gegenteiligen Auffassungen wirken sich entgegen H3b kaum oder unterschiedlich aus. So zeigt bspw. die Meinung, die Rentenbeiträge seien zu niedrig einen negativen Effekt, aber die Einschätzung des Rentenalters als zu niedrig einen positiven Effekt. Alle vier Wissenstypen zeigen ein ähnliches Muster, wenn auch die Effektstärken häufig keine Signifikanz erreichen oder bei den selten vertretenen Auffassungen nahe Null liegen; (einzige Ausnahme ist ein hohes, insignifikantes b bei zu hohen Renten durch die Fehlüberzeugten, das aber bei nur vier Befragten mit dieser Auffassung als inhaltlich irrelevanter Ausreißer gewertet wird). Auffällig ist ferner die relativ geringe Erklärungskraft des Modells bei den Unsicheren Wissenden im Gegensatz zu der vergleichsweise hohen bei den Sicheren Wissenden.

### 4.2.3 Gesellschaftliche Gerechtigkeit

Im Anschluss an eine Itembatterie zu normativen Gerechtigkeitsvorstellungen über staatliche Altersvorsorge (nicht tab. ausgewiesen) wurde summarisch nach der Realisierung dieser Vorstellungen in Deutschland gefragt (Tab. 10).

Die häufigste Antwort ist bei allen Typen „teils/teils" (Tab. 11). Neben dieser Gemeinsamkeit unterscheiden sich aber vor allem Sichere Wissende mit je rund 28 % negativen und positiven Urteilen von Fehlüberzeugten mit 45 % negativen und nur 17 % positiven Urteilen, während Bekennende Unkundige und Unsichere Wissende erneut mit einander sehr ähnlichen Werten von etwa einem Drittel negativen und einem Fünftel positiven Urteilen dazwischen liegen.

**Tab. 10** Wahrnehmung der Realisierung von Gerechtigkeit: Fragetext

| Label | *Bei allen: nicht vorzulesen: weiß nicht, verweigert; Rotation zwischen aufsteigender und absteigender Folge* |
|---|---|
| Gerechtigkeit | Gerade ging es darum, wie eine gerechte staatliche Altersversorgung sein sollte. Wenn Sie jetzt bitte and die tatsächliche Ausgestaltung der staatlichen Altersversorgung bei uns in Deutschland denken, wie beurteilen Sie diese dann: Ist sie sehr gerecht, eher gerecht, teils/teils, eher ungerecht oder sehr ungerecht? |

Quelle: Rente – Unwissend in die Krise?

**Tab. 11** Wahrnehmung der Realisierung von Gerechtigkeit: Antwortverteilungen

|  | Fehl-überzeugte | Bekennende Unkundige | Unsichere Wissende | Sichere Wissende | Gesamt |
|---|---|---|---|---|---|
| Sehr ungerecht (1) | 13,4 | 9,4 | 9,6 | 4,2 | 9,3 |
| Eher ungerecht (2) | 31,5 | 24,1 | 26,3 | 23,1 | 26,2 |
| Teils/teils (3) | 37,8 | 43,7 | 43,5 | 44,1 | 42,2 |
| Eher gerecht (4) | 15,0 | 20,7 | 18,4 | 27,1 | 20,2 |
| Sehr gerecht (5) | 2,3 | 2,1 | 2,3 | 1,6 | 2,1 |
| *Mittelwerte* | *2,61* | *2,82* | *2,78* | *2,99* | *2,79* |

Datenquelle: Rente – Unwissend in die Krise? Berechnungen, gewichtet: Westle

Dies ist vor dem Hintergrund ihrer unterschiedlichen Befürwortung der Gerechtigkeitsnormen zu sehen (nicht tab. ausgewiesen). Für jeden der vier Typen besteht zwar dieselbe Rangordnung – mit der stärksten Befürwortung des Bedürftigkeitsprinzips, gefolgt vom Leistungsprinzip, während das Anrechtsprinzip eher Ablehnung erfährt. Aber daneben wird auch deutlich, dass das Bedürftigkeitsprinzip von den Unsicheren Wissenden, gefolgt von den Bekennenden Unkundigen am stärksten und von den Fehlüberzeugten am wenigsten befürwortet wird, das Leistungsprinzip dagegen von den Sicheren Wissende, gefolgt von den Fehlüberzeugten die größte und von den Bekennenden Unkundigen die geringste Unterstützung erfährt. Diese Unterschiede dürften teilweise durch die soziale Lage der Befragten (s. u.) mitbedingt sein. So wächst bei allen Typen vor allem die Befürwortung des Leistungsprinzips mit höherer subjektiver Schicht (nur bei den Fehlüberzeugten auch die des Bedürftigkeitsprinzips), wobei Fehlüberzeugte und Bekennende Unkundige jedoch deutlich mehr in den unteren, Sichere Wissende und besonders Unsicher Wissende vor allem in den oberen Schichten stärker vertreten sind.

Die summarische Wahrnehmung der Erfüllung der Gerechtigkeitsvorstellungen zeigt bei allen Typen außerordentlich starke Effekte (Tab. 12), die sich auch bei gleichzeitiger Berücksichtigung der Prinzipien kaum verändern (nicht tab. ausgewiesen). Im Vergleich der Typen ist ebenfalls erneut besonders auffällig, dass bei den Unsicheren Wissenden die geringsten Effekte zu beobachten sind, während die Effekte bei den anderen drei Typen einander sehr ähnlich sind. H4 wird damit gestützt.

**Tab. 12** Wahrgenommene Gerechtigkeit als Prädiktor von Bewertungen der GRV

|  | Fehl-überzeugte | Bekennende Unkundige | Unsichere Wissende | Sichere Wissende | Gesamt |
|---|---|---|---|---|---|
|  | b | b | b | b | b |
| Gerechtigkeit | 0,60** | 0,54** | 0,32** | 0,52** | 0,52** |
| *Konstante* | *0,22* | *0,25* | *0,37* | *0,30* | *0,27* |
| **Korrigiertes R²** | **0,25** | **0,24** | **0,13** | **0,23** | **0,23** |

Signifikanzniveaus * = p < ,05, ** = p < ,001
Datenquelle: Rente – Unwissend in die Krise? Berechnungen, gewichtet: Westle

### 4.2.4 Fatalismus

Zu Fatalismus stehen zwei Indikatoren zur Verfügung, wobei einer allgemeine Zukunftsunsicherheit als Ursache thematisiert und ein zweiter sich auf mangelnde Responsivität der Politik richtet (Tab. 13).

Fatalismus ist nur schwach ausgeprägt, wobei alle Gruppierungen eher Fatalismus gegenüber der Politik als gegenüber der Zukunft per se hegen. Zur Zukunft allgemein äußern Bekennende Unkundige, gefolgt von Fehlüberzeugten den durchschnittlich stärksten Fatalismus, die Unsicheren den geringsten; die relativ stärkste Enttäuschung über Politik äußern Fehlüberzeugte, gefolgt von Bekennenden Unkundigen und Sicheren Wissende. Bei beiden Variablen sind die Abstände zwischen den Gruppierungen jedoch klein. Die Zusammenhänge zwischen beiden Items sind zwar positiv, aber nicht sehr stark, sodass sie separat genutzt werden (Tab. 14).

**Tab. 13** Fatalismus: Fragetexte

| Label | *Innerhalb einer Itembatterie zu verschiedenen Themen:* |
|---|---|
|  | Was meinen Sie zu folgenden Ansichten, die man gelegentlich hört. Mit der Zahl „1" stimmen Sie überhaupt nicht zu, mit der Zahl „10" stimmen Sie voll und ganz zu. Mit den Zahlen dazwischen können Sie Ihre Meinung abstufen |
| Allgemeiner Fatalismus | Es hat keinen Sinn für das Alter vorzusorgen, weil man ohnehin nicht weiß, was die Zukunft bringt |
| Politischer Fatalismus | Über Gerechtigkeit der staatlichen Altersversorgung nachzudenken ist überflüssig, weil das die Politik sowieso nicht interessiert |

Datenquelle: Rente – Unwissend in die Krise?

**Tab. 14** Fatalismus gegenüber Altersversorgung: Antwortverteilungen

| Mittelwerte 1 = stimme überhaupt nicht zu bis 10 = stimme voll und ganz zu | Fehlüberzeugte | Bekennende Unkundige | Unsicher Wissende | Sichere Wissende | Gesamt |
|---|---|---|---|---|---|
| **Allgemeiner Fatalismus** | 3,89 | 3,97 | 3,08 | 2,98 | 3,57 |
| **Politischer Fatalismus** | 5,08 | 4,68 | 4,00 | 4,41 | 4,60 |
| Pearson's r | 0,28** | 0,35** | 0,23** | 0,19** | 0,29** |

Signifikanzniveaus * = p < ,05, ** = p < ,001
Datenquelle: Rente – Unwissend in die Krise? Berechnungen, gewichtet: Westle

Fatalismus klärt bei allen Typen einen kleinen Teil der Varianz auf, wobei dies aber primär auf den politischen Fatalismus zurückgeht, der wie in H5a erwartet durchgehend negative Effekte auf die Bewertung der GRV zeigt. Dies ist jedoch bei allgemeinem Fatalismus nur für die Unsicheren Wissenden der Fall, während entgegen H5a bei den Fehlüberzeugten, den Bekennenden Unkundigen und den Sicheren Wissenden sehr schwache positive Effekte vorliegen. Vermutlich wirkt sich die Vorstellung genereller Zukunftsunsicherheit als mildernde Sicht auf Defizite der Politik aus (Tab. 15, oberer Teil).

Wenn Fatalismus als Gegenspieler von Gerechtigkeitsvorstellungen wirkt, müsste er die Bedeutung der Gerechtigkeitswahrnehmungen für die Bewertung der GRV mindern wie in H5b angenommen. Dies ist bei allen Typen minimal der Fall, jedoch werden umgekehrt auch die Effekte des politischen Fatalismus deutlicher reduziert und die des allgemeinen Fatalismus teils sogar umgekehrt, wie aus dem unteren Teil der Tab. 15 (und dem Vergleich mit Tab. 14) hervorgeht.

**Tab. 15** Allgemeiner und politischer Fatalismus sowie Wahrnehmung von Gerechtigkeit und Fatalismus als Prädiktoren von Bewertungen der GRV

|  | Fehlüberzeugte | Bekennende Unkundige | Unsichere Wissende | Sichere Wissende | Gesamt |
|---|---|---|---|---|---|
|  | b | b | b | b | b |
| Allgemeiner Fatalismus | ,11* | ,06 | −,12* | ,05 | ,04 |
| Politischer Fatalismus | −,17** | −,20** | −,14* | −,12* | −,17** |
| *Konstante* | *,50* | *,56* | *,59* | *,60* | *,56* |
| **Korrigiertes $R^2$** | **,04** | **,05** | **,07** | **,02** | **,04** |
| Gerechtigkeit | ,58** | ,51** | ,29** | ,53** | ,50** |
| Allgemeiner Fatalismus | ,02* | ,03 | −,09 | ,11* | ,05* |
| Politischer Fatalismus | −,09* | −,10* | −,12* | −,10* | −,10** |
| Konstante | ,23 | ,25 | ,17 | ,25 | ,25 |
| **Korrigiertes $R^2$** | **,26** | **,25** | **,17** | **,25** | **,25** |

Signifikanzniveaus * = p < ,05, ** = p < ,001
Datenquelle: Rente – Unwissend in die Krise? Berechnungen, gewichtet: Westle

### 4.2.5 Betroffenheit und Eigeninteresse

Die Beurteilung staatlicher Policies kann von einer gemeinschaftlichen Perspektive aus erfolgen (soziotropisch) oder aber aus der persönlichen Lebenssituation heraus (egotropisch). Im Fall des Umbaus der GRV, der mit höheren Anforderungen und Leistungseinschnitten verbunden ist, dürfte insbesondere subjektive negative Betroffenheit zu Unterstützungsverweigerung beitragen. Zur Verteilung von künftigem und aktuellem Rentenbezug (Tab. 16) ist zunächst zu sehen, dass zwar insgesamt die künftigen Rentenbezieher mit 73 % dominieren, aber sich die Wissenstypen sehr unterschiedlich zusammensetzen. So befinden sich unter den Fehlüberzeugten mit 40 % überproportional viele Rentner und unter den Unsicheren Wissenden mit 14 % besonders wenige. Allerdings gilt für alle Gruppierungen, dass ein ausschließlicher Bezug Gesetzlicher Rente deutlich seltener vorkommt als die Kombination Gesetzlicher Rente mit anderen Versorgungsquellen. Dies trifft entsprechend der Policy einer Verlagerung der Altersversorgung auf mehrere Säulen verstärkt für Erwerbstätige als für Ruheständler zu. Auffällig ist

**Tab. 16** Objektive Betroffenheit von Gesetzlicher Rente

| Prozente | Fehlüberzeugte | Bekennende Unkundige | Unsicher Wissende | Sichere Wissende | Gesamt |
|---|---|---|---|---|---|
| Künftige Rentenbezieher | 60,4 | 75,9 | 86,2 | 70,5 | 72,5 |
| Aktuelle Rentenbezieher | 39,6 | 24,1 | 13.8 | 29,5 | 27,5 |
| Prozentanteile Rente und Anderes (nicht ausgewiesen: nur Rente) | | | | | |
| Künftige und aktuelle Rentenbezieher | 89,0 | 82,8 | 90,6 | 91,1 | 87,7 |
| Nur künftige Rentenbezieher | 91,0 | 86,8 | 91,1 | 94,0 | 90,2 |
| Nur aktuelle Rentenbezieher | 86,0 | 70,0 | 88,0 | 84,2 | 81,1 |

Datenquelle: Rente – Unwissend in die Krise? Berechnungen, gewichtet: Westle

zudem, dass die Bekennenden Unkundigen sowohl bei den aktuellen als auch bei künftigen Rentnern am häufigsten angeben, ausschließlich auf Rente angewiesen zu sein. Es liegen jedoch weder Informationen über die Höhe der Gesetzlichen Rente und der anderen Alterseinkommensquellen vor noch über die Korrektheit der Kenntnisse der Befragten zu ihrer Altersversorgung. Daher kann keine Aussage über die objektiven Grundlagen und die Bedeutsamkeit der Rente im Vergleich zu anderen Alterseinkommensquellen für die einzelnen Befragten getroffen werden.

Alle aktuellen und künftigen Rentenbezieher wurden nach einer allgemeinen Bewertung ihrer Rentenbezüge gefragt (Tab. 17).

**Tab. 17** Allgemeine Bewertung der eigenen Rente: Fragetext

| Label | *Nicht vorzulesen: weiß nicht, verweigert* |
|---|---|
| Allgemeine Bewertung Eigener Rente | *An künftige Rentenbezieher:* Wie schätzen Sie Ihre künftige persönliche Alterssorgung durch die gesetzliche Rentenversicherung ein? *An gegenwärtige Rentenbezieher:* Wie bewerten Sie Ihre persönliche Alterssicherung durch die gesetzliche Rentenversicherung? beide: sehr gut, eher gut, mittel, eher schlecht, sehr schlecht |

Quelle: Rente – Unwissend in die Krise?

**Tab. 18** Allgemeine Bewertungen der eigenen Rente: Verteilungen

| Prozente und Mittelwerte | Fehlüberzeugte | Bekennende Unkundige | Unsichere Wissende | Sichere Wissende | Gesamt |
|---|---|---|---|---|---|
| **künftige und aktuelle Rentenbezieher** | | | | | |
| Sehr schlecht (1) | 9,6 | 10,5 | 6,2 | 6,8 | 6,8 |
| Eher schlecht (2) | 28,1 | 31,3 | 29,0 | 22,1 | 22,1 |
| Mittel (3) | 38,9 | 35,7 | 43,0 | 39,4 | 39,4 |
| Eher gut (4) | 15,7 | 19,4 | 20,0 | 27,0 | 27,0 |
| Sehr gut (5) | 7,8 | 3,1 | 1,8 | 4,8 | 4,8 |
| *Mittelwerte 1–5* | *2,84* | *2,73* | *2,82* | *3,01* | *2,84* |
| **Künftige Rentenbezieher** | *2,70* | *2,62* | *2,72* | *2,95* | *2,73* |
| **Aktuelle Rentenbezieher** | *3,05* | *3,08* | *3,46* | *3,15* | *3,12* |

Datenquelle: Rente – Unwissend in die Krise? Berechnungen, gewichtet: Westle

Dabei (Tab. 18) sehen alle Wissenstypen ihre persönliche gesetzliche Rente im Durchschnitt eher positiv (die Mittelkategorie ist bei allen die häufigste), wobei Sichere Wissende die besten, Bekennende Unkundige im Schnitt die schlechtesten Urteile abgeben. Künftige Bezieher bewerten ihre erwartete Rente jedoch deutlich schlechter als Personen, die bereits im Ruhestand sind, und zwar bei allen Wissenstypen (sie wählen deutlich häufiger die Kategorie „eher schlecht" und etwas häufiger „sehr schlecht", nicht tab. ausgewiesen). Auch die Rangordnung der Typen ist bei beiden Gruppen unterschiedlich. Zu den Erwartungen an die künftige Rente sind Sichere Wissende am positivsten gestimmt, Bekennende Unkundige am negativsten. Bei den Ruheständlern äußern die Unsicheren Wissenden die größte Zufriedenheit, Fehlüberzeugte die geringste. Vor allem in der Kluft zwischen aktuellen und künftigen Rentenbeziehern dürften sich die Rentenreform und die Debatte um Verschlechterung und Unsicherheit der Rentenleistungen in der Zukunft widerspiegeln.

Allerdings schlägt sich der Unterschied im objektiven Rentstatus nur bei den Fehlüberzeugten deutlich und bei den Bekennenden Unkundigen schwach in der Beurteilung der GRV nieder, während die Sicht auf die eigene Rente bei allen vier Typen deutliche Effekte zeigt, die auch bei gleichzeitiger Berücksichtigung von Rentenstatus und Rentenbewertung weitgehend erhalten bleiben. Erneut ist allerdings die Erklärungskraft bei den Unsicheren Wissenden deutlich geringer als bei den anderen Typen (Tab. 19).

**Tab. 19** Rentenstatus und allgemeine Bewertung der eigenen Rente als Prädiktoren von Bewertungen der GRV

|  | Fehl-überzeugte | Bekennende Unkundige | Unsichere Wissende | Sichere Wissende | Gesamt |
|---|---|---|---|---|---|
|  | b | b | b | b | b |
| Rentenstatus: aktuell | −,17** | −,09* | −,03 | −,06 | −,09** |
| *Konstante* | *,56* | *,57* | *,54* | *,60* | *,57* |
| **Korrigiertes R²** | ,08 | ,02 | −,00 | ,01 | ,02 |
| Bewertung der eigenen Rente | ,43** | ,42** | ,22** | ,36** | ,39** |
| *Konstante* | *,26* | *,32* | *,41* | *,38* | *,33*** |
| **Korrigiertes R²** | ,16 | ,16 | ,05 | ,14 | ,14 |
| Rentenstatus: aktuell | −,14** | −,04 | ,01 | −,04 | −,05** |
| Bewertung der eigenen Rente | ,39** | ,40** | ,22** | ,35** | ,37** |
| *Konstante* | *,36* | *,36* | *,40* | *,41* | *,37* |
| **Korrigiertes R²** | ,21 | ,16 | ,04 | ,15 | ,15 |

Signifikanzniveaus * = p < ,05, ** = p < ,001
Datenquelle: Rente – Unwissend in die Krise? Berechnungen: Westle

## 4.2.6 Soziodemografische Variablen

In den anschließenden Gesamtmodellen werden zusätzlich einige *soziodemografische Merkmale* berücksichtigt, von denen angenommen wird, dass sie sich im Wissen, in den Prädiktoren oder direkt in Urteilen zur GRV niederschlagen. Dies sind das aktuelle Wohngebiet, Geschlecht, Lebensalter, Bildungsabschluss (auf die Abbildung der Fragetexte hierzu wird verzichtet) sowie subjektive Schichtzugehörigkeit (Fragetext: Es wird heute viel über die verschiedenen Bevölkerungsschichten gesprochen. Welcher Schicht rechnen Sie sich selbst eher zu? Anwortvorgaben s. Tab. 20, keiner Schicht, weiß nicht, verweigert als fehlend definiert). Das Wohngebiet in West oder Ost könnte infolge der unterschiedlichen Einkommens- und Rentenniveaus und Dauer der Erfahrung mit dem bundesdeutschen Rentensystem vielfältige (in der summarischen Effektrichtung nicht vorhersehbare) Rollen für das Wissen und die Bewertung der GRV einnehmen. Da Frauen (insbesondere älterer Generationen) durch Übernahme von Aufgaben im Haushalt und der Kinderbetreuung seltener und häufig kürzer als Männer vollzeit erwerbstätig waren bzw. sind und selbst in denselben Tätigkeiten häufig schlech-

**Tab. 20** Verteilungen soziodemografischer Merkmale

|  | Fehlüberzeugte | Bekennende Unkundige | Unsichere Wissende | Sichere Wissende | Gesamt |
|---|---|---|---|---|---|
| Wohngebiet: Prozentanteil Ost | 17,7 | 20,5 | 21,7 | 23,1 | 20,6 |
| Geschlecht: Prozentanteil Frauen | 45,4 | 61,2 | 65,9 | 44,6 | 54,3 |
| Alter in Jahren: Mittelwert 18–101 | 58,4 | 47,0 | 51,5 | 54,3 | 52,5 |
| Schulabschluss: Prozente | | | | | |
| Bis Hauptschule | 35,7 | 24,6 | 17,6 | 21,6 | 25,6 |
| Mittlere Reife (incl. Schüler) | 31,9 | 37,1 | 29,5 | 41,8 | 35,4 |
| Fachhochschule, Abitur ohne Uni | 9,4 | 14,6 | 14,6 | 8,3 | 11,9 |
| Fachhochsch.,Abitur, andere mit Uni | 23,0 | 23,6 | 38,3 | 28,3 | 27,2 |
| Subjektive Schicht | | | | | |
| Unterschicht+Arbeiterschicht | 35,2 | 33,3 | 17,5 | 19,6 | 27,9 |
| Mittelschicht | 51,0 | 51,6 | 65,2 | 63,9 | 56,7 |
| Obere Mittelschicht+Oberschicht | 13,8 | 15,1 | 17,3 | 16,5 | 15,5 |

Datenquelle: Rente – Unwissend in die Krise? Berechnungen, gewichtet: Westle

ter entlohnt werden, was sich auf die Renten auswirkt, wird hier eine kritischere Sicht erwartet. Die Ferne vom Erwerbsleben sowie von Politik allgemein lassen auf dem Hintergrund der bisherigen Forschung zu politischem Wissen zudem für Frauen einen niedrigeren Kenntnisstand zum Rentensystem und größere Unsicherheit erwarten. Mit dem Lebensalter korrespondieren vor allem der Erwerbsbzw. Rentenstatus und damit sowohl die Dauer und zeitliche Schwerpunkte des vermutlichen Wissenserwerbs als auch die Betroffenheit von den Reformen. Ein höherer Bildungsabschluss sollte das Verständnis von Informationen über die GRV und den Wissenserwerb erleichtern. Darüber hinaus wird vermutet, dass Befragte mit höherer Bildung sich zur Wahrung ihres Selbstbildes stärker zu einer substanziellen Antwort (selbst-)verpflichtet fühlen, aber auch die Grenzen des eigenen Wissens besser einschätzen können als Befragte mit geringerer Schulbildung. Ein höheres aktuelles und/oder früheres Arbeitseinkommen dürfte vor allem zu größerer Unabhängigkeit von der GRV beitragen. Allerdings trifft dies auch für sonstiges Vermögen zu, das hier nicht erfasst wurde. Da die Einkommensvariablen zudem relativ viele fehlende Werte aufweisen, wird hier stattdessen die subjektive Schichteinstufung als Ersatz-Indikator für die materielle Lage genutzt.

Bei den Verteilungen (Tab. 20) gibt es beim Wohngebiet keine gravierenden Unterschiede, allenfalls eine geringe Unterrepräsentation des Ostens bei den Fehlüberzeugten. Unter beiden unsicheren Typen finden sich erwartungsgemäß überproportionale Anteile von Frauen, während Männer bei Fehlüberzeugten und Sicheren Wissenden stärker vertreten sind. Bekennende Unkundige haben den geringsten Altersdurchschnitt, vor allem bedingt durch einen stark überproportionalen Anteil in der jüngsten Kohorte von 18–35 Jahren mit 34 % gegenüber nur 10–14 % bei den anderen Typen. Fehlendes Wissen und das offene Bekenntnis dazu könnten hier durch die subjektive Irrelevanz eines noch in weiter Ferne liegenden Lebensabschnitts und des damit verknüpften Themas der Renten liegen. Bei den Fehlüberzeugten, die den höchsten Altersdurchschnitt aufweisen, sind Hochbetagte (ab 76 Jahren) mit 13 % deutlich stärker vertreten als bei den anderen Typen (mit 4–8 %), die sich vermutlich in früheren Jahren ihre Kenntnisse angeeignet haben, die jedoch inzwischen überholt sind. Aber auch Befragte kurz vor Eintritt ins Rentenalter sind bei ihnen mit 56–65 Jahren häufiger als bei den anderen Typen. Unsichere Wissende konzentrieren sich etwas überproportional auf jüngere bis mittlere Kohorten, Sichere Wissende sind leicht überproportional in allen Altersgruppen von 35 bis 75 Jahren Jahren vertreten (Kohorten nicht tab. ausgewiesen). Bildung zeigt entgegen gängigen Erwartungen zu Wissen, aber im Einklang mit früheren Befunden zur Rententhematik, eine komplexe Verteilung. In Übereinstimmung mit der Dunning-Kruger-Annahme (1999) weisen Fehlüberzeugte stark überproportional nur Hauptschulabschluss vor, während Unsichere Wissende am häufigsten über hohe Bildungsabschlüsse verfügen. Unklarer sind die Positionen von Bekennenden Unkundigen und noch deutlicher von Sicheren Wissenden im Mittelfeld der Bildung. Die subjektive Schicht zeigt vor allem zum Wissensniveau, weniger zur subjektiven Sicherheit des Wissens Bezüge, da sich bei den Bekennenden Unkundigen und den Fehlüberzeugten stärkere Anteile der Unter- und Arbeiterschicht finden, bei den Unsicheren und den sicheren Wissenden dagegen von der Mittel- bis Oberschicht.

Die soziodemografischen Merkmale tragen allerdings nur wenig zur Varianzaufklärung bei (Tab. 21). Während das Wohngebiet keine Effekte zeigt, sind die positiven Effekte des Lebensalters auf die Akzeptanz der GRV (mit Ausnahme der Sicheren Wissende) am deutlichsten, wobei an dieser Stelle noch offen blei-

**Tab. 21** Demografische Merkmale als Prädiktoren von Bewertungen der GRV

|  | Fehlüberzeugte | Bekennende Unkundige | Unsichere Wissende | Sichere Wissende | Gesamt |
|---|---|---|---|---|---|
|  | b | b | b | b | b |
| Wohngebiet: Ost=1 | ,04 | −,04 | −,03 | ,03 | ,00 |
| Geschlecht: Frau=1 | −,04 | −,10** | −,09** | ,03 | −,05** |
| Alter (18–101 als pomp) | ,24* | ,21** | ,24* | ,01 | ,13** |
| Bildung: bis Hauptschule=1 | ,03 | ,03 | ,01 | ,07* | ,03* |
| Bildung: mit Universität=1 | −,01 | −,03 | ,01 | −,08 | −,03* |
| Schicht: unten=1 | −,10* | −,05 | −,01 | −,16** | −,09** |
| Schicht: oben=1 | −,12* | −,03 | −,09* | −,06 | −,07** |
| *Konstante* | *,37* | *,52* | *,46* | *,58* | *,50* |
| **Korrigiertes $R^2$** | **,06** | **,07** | **,09** | **,07** | **,05** |

Signifikanzniveaus * = p < ,05, ** = p < ,001
Datenquelle: Rente – Unwissend in die Krise? Berechnungen, gewichtet: Westle

ben muss, ob es sich um einen originären Effekt der Alterung handelt oder der größeren Zufriedenheit im Ruhestand. Die erwartete und für die Gesamtpopulation beobachtbare geringere Zufriedenheit der Frauen geht primär auf die beiden ihres Wissens unsicheren Typen zurück, in der sich auch besonders viele Frauen befinden. Der Schulabschluss zeigt nur minimale, zumeist insignifikante Effekte, wobei (die hier nicht tab. ausgewiesenen) Mittelwerte besser erkennen lassen, dass zumeist die mittleren Bildungsgruppen etwas negativer urteilen als die unteren und als die oberen Bildungsgruppen (z. B. Mittelwerte der unteren 3,17, der mittleren 2,90 und der oberen Bildungsgruppe 3,07 bei den zusammengefassten Typen). Vor diesem Hintergrund überrascht, dass es sich bei der subjektiven Schichtzuordnung umgekehrt verhält, d. h. hier urteilt die Mittelschicht insgesamt und bei den Typen überwiegend positiver als die unteren und als die oberen Schichten (im Mittel gesamt untere Schichten 2,81, Mittelschicht 3,16, obere Schichten 2,86). Die Ursachen dafür müssen hier offenbleiben.

### 4.2.7 Gesamtmodelle

Zur besseren Vergleichbarkeit der Einzelmodelle mit dem Gesamtmodell werden auch die zuvor irrelevant erscheinenden Merkmale nachfolgend berücksichtigt. Das integrative Gesamtmodell (Tab. 22) erreicht recht beachtliche Anteile erklär-

Folgen individuellen Wissens für die Bewertung der Gesetzlichen ...

**Tab. 22** Prädiktoren von Bewertungen der Funktionsfähigkeit der GRV

|  | Fehlüberzeugte | Bekennende Unkundige | Unsichere Wissende | Sichere Wissende | Gesamt |
|---|---|---|---|---|---|
|  | b | b | b | b | b |
| Demografischer Wandel | ,24** | ,08 | ,20** | −,17* | ,11** |
| Sicherheit demograf. Wissen | −,04 | ,07 | −,01 | −,05 | −,00 |
| Renten zu niedrig | −,06 | −,04 | ,01 | ,02 | ,04* |
| Renten zu hoch | −,05 | −,03 | ,02 | −,01 | −,01 |
| Rentenbeiträge zu niedrig | −,02 | −,00 | −,03 | ,05 | −,02 |
| Rentenbeiträge zu hoch | −,05 | −,00 | −,08* | −,09* | −,05* |
| Rentenalter zu niedrig | ,09 | ,08 | −,08 | ,13* | ,04 |
| Rentenalter zu hoch | ,04 | −,02 | −,05 | −,04 | −,00 |
| Erfüllung Gerechtigkeit | ,44** | ,40** | ,28** | ,42** | ,40** |
| Allgemeiner Fatalismus | ,17** | ,04 | −,11** | ,10* | ,06* |
| Politischer Fatalismus | −,11* | −,10* | −,09 | −,06 | −,09** |
| Rentenbezug: künftig | −,16** | ,00 | ,03 | −,04 | −,07** |
| Bewertung eigene Rente | ,26** | ,21** | ,17* | ,22** | ,20** |
| Wohngebiet: Ost | −,02 | ,02 | ,03 | ,04 | ,01 |
| Geschlecht: Frau | −,06* | −,08** | −,05 | ,07* | −,03* |
| Alter in Jahren (pomp) | −,03 | ,20* | ,05 | −,04 | ,02 |
| Bildung: niedrig | ,01 | ,02 | ,06* | ,05 | ,02 |
| Bildung: hoch | −,00 | −,04* | −,05* | −,05* | −,02* |
| Subj. Schicht: unten | −,09* | −,02 | ,02 | −,02 | −,06** |
| Subj. Schicht: oben | −,04 | ,03 | −,08* | −,06 | −,05* |
| *Konstante* | *,26* | *,21* | *,31* | *,42* | *,32* |
| **Korrigiertes R²** | **,46** | **,36** | **,30** | **,38** | **,35** |

Signifikanzniveaus * = p < ,05, ** = p < ,001
Datenquelle: Rente – Unwissend in die Krise? Berechnungen, gewichtet: Westle

ter Varianz, wobei wie erwartbar erneut die Bewertungen der Fehlüberzeugten am besten, die der Unsicheren Wissenden am schlechtesten durch den ausgewählten Variablenpool aufgeklärt werden. Das wichtigste Merkmal ist bei allen Wissenstypen die wahrgenommene Erfüllung der eigenen Gerechtigkeitsvorstellungen, wobei deren Effekt bei drei der Typen mit mindestens $b=,40$ ähnlich stark ist und nur bei den Unsicheren Wissenden mit ,28 deutlich schwächer ausfällt. Mit deutlichem Abstand folgt als zweitstärkste Variable bei denselben drei Typen die Bewertung der eigenen Rente, mit Werten ab $b=,20$ bis ,26, während diese bei den Unsicheren Wissenden mit etwas schwächerem Effekt von $b=,17$ den dritten Faktor stellt. Neben diesen Ähnlichkeiten unterscheiden sich die Typen aber sowohl in der Stärke als auch der Menge der relevanten Prädiktoren. Nimmt man als Kriterium einen signifikanten Wert von mindestens $\pm,10$, so spielen bei den Fehlüberzeugten sechs Merkmale eine relevante Rolle, nämlich neben der Erfüllung der Gerechtigkeitsvorstellungen und der eigenen Rente noch die Kenntnisse zum demografischen Wandel und der allgemeine Fatalismus mit einer positive Urteile zur GRV fördernden, der politische Fatalismus und der Status als künftiger (im Gegensatz zum gegenwärtigen) Rentenbezug diese mindernde Rolle. Bei Bekennenden Unkundigen erreichen nur zwei weitere Merkmale diese Hürde, nämlich der politische Fatalismus mindernd und das Lebensalter fördernd. Ebenso sind es bei Unsicheren Wissenden nur zwei weitere Merkmale, nämlich Kenntnisse zum demografischen Wandel und allgemeiner Fatalismus, der hier aber (anders als bei den anderen Typen) schlechtere Bewertungen fördert. Schließlich spielen auch bei den Sicheren Wissenden Kenntnisse zum demografischen Wandel eine Rolle, jedoch im Kontrast zu den anderen Typen fördern sie nicht positive, sondern negative Urteile zur gegenwärtigen GRV, während allgemeiner Fatalismus eher zu einer milderen Sicht beiträgt und die Einschätzung der Rentenalter als zu niedrig eher kontraintuitiv eine positive Sicht fördert.[7]

## 5  Fazit

Die GRV mit ihrem wesentlichen Kennzeichen des Generationenvertrags wurde von der Politik infolge des demografischen Wandels als nicht mehr finanzierbar angesehen und daher einer Vielzahl von Reformen unterworfen. Diese bestanden

---

[7] Die ungewichtete Variante des Gesamtmodells kommt zu etwas schwächeren Varianzerklärungen (Typ1,32, Typ 2,28, Typ 3,19, Typ 4,33 und Gesamt,29) und etwas geringeren Werten, vermittelt aber im Wesentlichen dieselben Botschaften wie die gewichtete Berechnung.

in großen Teilen in Leistungsverschlechterungen und mehr Eigenverantwortung für die Bevölkerung. Daher war mit Unzufriedenheit der Betroffenen bis hin zu einer umfassenden Legitimitätskrise der reformierten GRV zu rechnen. Von Aufklärung über die Ursachen der Reformen und die Reformen selbst versprach man sich ein kenntnisbasiertes Verständnis und darauf beruhend wenn schon keine explizite Unterstützung, so doch eine passive Akzeptanz der Reformen.

Laut den Befunden der vorliegenden Studie ist das *Wissen* über die GRV und dessen subjektive Sicherheit jedoch erstens nach wie vor eher gering, d. h. die Informationen zu den Reformen sind bei großen Teilen der Bevölkerung noch gar nicht angekommen, die Vorstellungen darüber sind nur vage verankert oder sogar objektiv falsch. Personen mit nach eigener Bewertung sicherem und objektiv korrektem Wissen sind die Minderheit. Zweitens hat das Wissen direkt nur einen geringen Effekt auf die Bewertung der gegenwärtigen Funktionsfähigkeit der GRV. Personen mit falschen Überzeugungen zur GRV heben sich dabei etwa ebenso deutlich durch die negativsten Urteile von Bekennenden Unkundigen sowie Unsicheren Wissenden ab – deren Meinungen zur GRV am engsten beisammen liegen – wie Sichere Wissende durch die positivsten Urteile.

Diese Urteilsunterschiede werden dadurch verschärft, dass Fehlüberzeugte ihre Gerechtigkeitsvorstellungen im Durchschnitt am wenigsten als realisiert ansehen und diese Defizitwahrnehmung am stärksten auf das Urteil zur GRV durchschlägt, während die Sicheren Wissenden sie am häufigsten als realisiert betrachten, mit nahezu gleich deutlichem Effekt auf die Bewertung der GRV. Außerdem ist politischer Fatalismus bei den Fehlüberzeugten am meisten verbreitet und zieht etwas stärker als bei den anderen Typen eine Minderung von Zufriedenheit mit der GRV nach sich. Umgekehrt werden diese Gegensätze durch andere Faktoren gemildert, nämlich durch die Bewertung der eigenen Rente, die bei Fehlüberzeugten zwar nicht so positiv ausfällt wie bei Sicheren Wissenden, aber doch besser als bei Bekennenden Unkundigen und Unsicheren Wissenden. In schwächerem Ausmaß reduzieren sich die Unterschiede auch durch Kenntnisse zum demografischen Wandel, die vor allem bei Fehlüberzeugten und Unsicheren Wissenden zu besseren Bewertungen der GRV beitragen, aber bei den Fehlüberzeugten am geringsten sind, während sie bei Sicheren Wissenden am größten ausfallen, jedoch mit gegenteiliger Folge für die Bewertung der GRV. Im Vergleich der Wissenstypen wird die Varianz bei den Fehlüberzeugten am besten und für die Unsicheren Wissenden am schlechtesten aufgeklärt.

Die Komplexität, teilweise auch die geringe Systematik und Stabilität der Einstellungsmuster zwischen den verschiedenen Analysevarianten erschwert ein abschließendes Urteil zur Bedeutung des Faktenwissens und seiner Sicherheit für die Haltungen gegenüber der GRV. Die Analysen deuten aber in der Gesamtsicht darauf hin, dass das Wissen weniger direkt und eher als Moderator für die anderen Prädiktoren und deren Effekte von Bedeutung ist. Für die zentrale Frage dieses Bandes, ob bei den Nichtwissenden zwischen fehlenden und fehlerhaften Kenntnissen unterschieden werden sollte, unterstützen die Befunde jedoch klar den Verdacht, dass es gewinnbringend ist, zwischen Fehlüberzeugungen und fehlenden Kenntnissen zu differenzieren. Fehlüberzeugungen schlagen sich ebenso, wenn nicht noch deutlicher in attitudinalen Folgen nieder wie Expertise, allerdings beide zumeist in konträrer Weise. Das Bewusstsein fehlender Kenntnisse trägt dagegen häufig zu moderateren Urteilen bei, die vermutlich auf Vorsicht beruhen. Darüber hinaus deuten die geringen Effekte bei den Unsicheren Wissenden darauf hin, dass sie zu ihrer Qualifikation häufig durch „glückliches Raten" gelangt sind und sich infolge ihrer kognitiven Ferne gegenüber dem gesamten Themenbereich auch kaum klare evaluative Einstellungen herauskristallisiert haben. Diese Vermutung bedarf allerdings weiterer Untersuchungen.

Auf eine gewisse kognitive, eventuell auch motivationale Distanz zur Rententhematik trotz objektiver Betroffenheit deutet außerdem, dass bei allen Typen das Ausmaß der wahrgenommenen Erfüllung ihrer soziotropischen Gerechtigkeitsvorstellungen sowie die Bewertung der eigenen Rente wesentlich bedeutsamer sind als spezifische Aspekte der reformierten GRV – also Faktoren des lebensweltlichen Alltags relevanter sind als konkrete Policies. Diese Vermutung führt schließlich zu der Folgerung, dass es in der politischen Kommunikation der Rentenreformen nicht ausreicht, allgemeine Informationen bereitzustellen, sondern es müsste auch verdeutlicht werden, warum dies sowohl gesellschaftlich als auch persönlich relevant sein sollte. Bei Unsicheren Wissenden scheint es (neben ihrer kognitiven Unsicherheit) vor allem auch an einer Verknüpfung ihres politischen Wissens mit der eigenen Lage zu fehlen, was daran liegen könnte, dass sie zwar einerseits überproportional hoch gebildet und aus der Mittelschicht, aber auch gleichzeitig relativ jung sind und das Thema Renten noch in weiter Ferne erscheinen dürfte sowie evtl. weniger materielle Ängste auslöst. Ein ähnliches soziodemografisches Profil zeigen Bekennende Unkundige (jung, noch kein Rentenbezug, mehr Frauen), die jedoch stärker aus niedrigen Bildungsgruppen kommen und sich selbst häufiger der Arbeitsschicht zuordnen. Hier fehlt es am generellen Grundlagenwissen, während die Thematik durchaus eigene Betroffenheit generiert. Am problematischsten sind die Fehlüberzeugten. Sie äußern nicht nur auf Grundlage ihrer fehlerhaften Kenntnisse bei gleichzeitiger subjektiver Sicherheit über deren Korrektheit die negativsten Urteile zur Funktionsfähigkeit der GRV, sondern neigen auch bei den meisten attitudinalen Prädiktoren zu einer im Durchschnitt kritischeren Sicht als die anderen Wissenstypen und zeigen auch ein deutlich anderes soziodemografisches Profil. Bei diesem Typus handelt es sich überproportional um Männer im Ruhestand mit geringeren Bildungsabschlüssen und subjektiv niedriger Schicht. Hinzu kommen erhebliche Kritik an der Gerechtigkeit der Altersvorsorge und Enttäuschungen infolge einer als mangelhaft erachteten politischen Responsivität. Es wird vermutet, dass dieser Personenkreis zumindest in großen Teilen seine Kenntnisse zur Rententhematik in früheren Zeiten seines Erwerbslebens gewonnen und nicht mehr aktualisiert hat sowie durch wahrgenommene „Vertragsbrüche" politischen Fatalismus entwickelt hat und (teilweise auch infolge hohen Alters) daher nur begrenzt zu weiterem „lebenslangem Lernen" bereit wäre. Um aber künftig die Verbreitung von Fehlüberzeugungen und Unkenntnis in den jüngeren Kohorten zu mindern, sind nicht nur entsprechende korrekte und möglichst leicht verständliche Informationen erforderlich, sondern unbedingt auch ihre unmittelbare Verknüpfung mit der Bedeutung für die betroffenen Individuen sowie für die Gesellschaft.

Limitationen dieser in großen Teilen explorativen Studie und Folgerungen für weitere Forschungsperspektiven werden hier an methodischen und inhaltlichen Stellen gesehen: 1) Eine höhere Fallzahl würde feinere Differenzierungen der Befragten sowie den Einbezug weiterer Prädiktoren ermöglichen. 2) Einige Fragen zum Rentenwissen sind im Interesse einer korrekten Abbildung der komplexen Sachverhalte sehr schwierig, woraus folgt, dass es lohnen könnte, etwas einfachere Fragen zu entwickeln oder die Fragen auf einen Kern unverzichtbaren Wissens zu begrenzen. 3) Es wurde mehrfach beobachtet, dass die Antworten der Fehlüberzeugten im Vergleich der Typen auf solche Distraktoren entfielen, welche die größte Distanz zur korrekten Antwort aufweisen. Spezifische Distraktorenanalysen könnten folglich für künftige Forschung lohnend sein. 4) Infolge der großen Bedeutung der Bewertung der eigenen Rente wäre es interessant, über deren Höhe sowie die darüber hinaus gehenden Einkommens- und Vermögensverhältnisse objektive Informationen zu haben, um diesen Befund besser individuell, gesellschaftlich und politisch kontextualisieren zu können. 5) Bei mehreren Analysen wurde deutlich, dass Wissen weniger als direkte Determinante und eher als Moderator über andere Prädiktoren auf die Bewertung der GRV wirken dürfte. Diese Moderator-Funktion sollte künftig systematischer in Analysen berücksichtigt werden. 6) Nur theoretisch konnte hier thematisiert werden, dass Wissen nicht notwendig mit mehr Unterstützung einhergehen muss, sondern auch größere Kritik nach sich ziehen könnte. Diese Denkrichtung bedarf ebenfalls künftig intensiverer empirischer Untersuchung. 7) Hier konnte nur eine einzige abhängige Variable intensiver untersucht werden, nämlich die Bewertungen der gegenwärtigen Funktionsfähigkeit der GRV. Diese stellt aber nur einen, wenn auch wichtigen Aspekt politischer Akzeptanz des Systems der Altersversorgung dar. Ein weiterer Indikator zur Einschätzung der Funktionsfähigkeit der GRV in der Zukunft wurde in diesem Beitrag nicht genutzt, welche mit rund 70 % negativen Urteilen insgesamt und bei allen Typen deutlich pessimistischer ausfallen, allerdings auch mehr Unsicherheit (in Form fehlender Werte) zeigen. Für die Diagnose einer umfassenden Legitimitätskrise sind jedoch noch weitere Bewertungen relevant. Orientiert man diese am Konzept politischer Unterstützung nach Easton (1965, 1975) in Übertragung auf den Policy-Bereich der Rentenversicherung, so kommt der grundsätzlichen, diffusen Unterstützung (Idee der Demokratie) im Rentenbereich eine Frage nach der gewünschten Zuständigkeit für Alterssicherung am nächsten. Hierzu äußern sich die Befragten mit knapp 70 % und ohne starke Unterschiede zwischen den Typen ganz überwiegend für eine stärkere Zuständigkeit des Staats als gegenwärtig. Diese normative Vorstellung nimmt nicht bei guten, sondern bei schlechten Bewertungen der GRV zu. So plädieren 57 % derjenigen, welche die gegenwärtige Funktionsweise der GRV als gut beurteilen, aber 81 % derjenigen, die sie als schlecht bewerten, für mehr Zuständigkeit des Staates (bei der Zukunft beträgt die Spreizung 53 % bis 73 %). Dies zeigt eine erhebliche Abhängigkeit der grundsätzlichen Unterstützung von der performanzbezogenen Zufriedenheit. Diese stellt aber keine Negation der Verantwortlichkeit des Staates für die Altersversorgung infolge von Leistungsdefiziten dar, sondern gerade im Gegenteil eine deutliche Ablehnung der im Zuge der Reformen erfolgten Privatisierung, den Wunsch nach einem „Vorwärts in die Vergangenheit".

## Literatur

Bäcker, Gerhard. 2020. Alterssicherung in Deutschland. *Aus Politik und Zeitgeschichte*, B20, 4–10.
Bäcker, Gerhard, und Ernst Kistler. 2020. *Die Geschichte der Rentenversicherung in Deutschland*. www.bpb.de/289604.
Bauknecht, Jürgen. 2013: Einstellungen zur „Rente mit 67". In *Reformen des Sozialstaates in Deutschland. Reformbereitschaft und Reformakzeptanz der Bürger,* Hrsg. Eva-Maria Trüdinger und Oscar W. Gabriel, 181–206. Baden-Baden: Nomos.
Becker, Jens. 2011. *Einstellungen zur Rentenpolitik – Akzeptanz-, Funktions- und Reformdimensionen*. Unter Mitarbeit von Geraldine Hallein-Benze. www.fna-rv.de/SharedDocs/Downloads/DE/FNA/Projektberichte/Projektbericht%202010-11.pdf?__blob=publicationFile&v=3, geprüft am 03.08.2016.
Blank, Florian, und Karin Schulze-Buschoff. 2013: Arbeit, Leistungsgerechtigkeit und Alterssicherung im deutschen Wohlfahrtsstaat. *WSI Mitteilungen* (5): 313–320.
Bode, Ingo. 2013. *Orientierungssuche in der privaten Altersvorsorge. Entscheidungsprozesse unter Bedingungen struktureller Unsicherheit*. Unter Mitarbeit von Felix Wilke. Hrsg. Forschungsnetzwerk Alterssicherung (FNA). www.fna-rv.de/SharedDocs/Downloads/DE/FNA/Projektberichte/Projektbericht%202010-07.pdf?__blob=publicationFile&v=3, geprüft am 03.08.2016.

Bohmeyer, Axel. 2009. *Gerechte Rente – eine sozialethische Analyse der normativen Diskurse im Kontext der gesetzlichen Rentenversicherung.* Unter Mitarbeit von Andreas Lob-Hüdepohl und Christof Mandry. www.fna-rv.de/SharedDocs/Downloads/DE/FNA/Projektberichte/Projektbericht%202008-10.pdf?__blob=publicationFile&v=3, geprüft am 03.08.2016.

Börsch-Supan, Axel, Florian Heiss, und Joachim Winter. 2004. *Akzeptanzprobleme bei Rentenreformen. Wie die Bevölkerung überzeugt werden kann.* Köln: Deutsches Institut für Altersvorsorge.

Börsch-Supan, Axel. 2020. Der lange Schatten der Demografie. Handlungsfelder einer Rentenreform in Deutschland. *Aus Politik und Zeitgeschichte*, B20: 28–34.

Brettschneider, Antonio. 2009. Paradigmenwechsel als Deutungskampf. Diskursstrategien im Umbau der deutschen Alterssicherung. *Sozialer Fortschritt* 9–10: 189–199.

Bundesministerium für Familie, Senioren, Frauen und Jugend. Hrsg. 2007. *Demografischer Wandel. Ergebnisse einer Repräsentativbefragung unter der bis 25-jährigen Bevölkerung in Deutschland.* http://www.bmfsfj.de/RedaktionBMFSFJ/Broschuerenstelle/Pdf-Anlagen/demografischer-wandel-emnid,property=pdf,bereich=bmfsfj,sprache=de,rwb=true.pdf, *geprüft am 26.02.2016.*

Delli Carpini, Michael X., und Scott Keeter. 1996. *What Americans know about politics and why it matters.* New Haven: Yale University Press.

DIA, Hrsg. 2018. DIA Deutschland-Trend-Vorsorge 2018. https://www.dia-vorsorge.de/wp-content/uploads/2019/01/2018_12_11_DIA-Deutschland-Trend-2018.pdf, geprüft am 22.03.2019.

Druyen, Thomas, Hrsg. 2016. *Drei Generationen im Gespräch – Eine Studie zum intergenerativen Zukunftsmanagement.* Wiesbaden: Springer VS.

Easton, David. 1965. *A Systems Analysis of Political Life.* Chicago and London: The University of Chicago Press.

Easton, David. 1975. A Re-Assessment of the Concept of Political Support. *British Journal of Political Science* 5 (4), 435–457.

Ebbinghaus, Bernhard. 2020. Rentensysteme im Umbau. Herausforderungen und Reformwege der Alterssicherung in Europa. *Aus Politik und Zeitgeschichte*, B20: 35–40.

Gabriel, Oscar W. 2013. Vertrauen, Erfahrung und Urteilsfähigkeit als Determinanten der Einstellungen zu Reformen des Wohlfahrtsstaates. Das Beispiel der Reform der Rentenversicherung. In *Reformen des Sozialstaates in Deutschland. Reformbereitschaft und Reformakzeptanz der Bürger*, Hrsg. Eva-Maria Trüdinger und Oscar W. Gabriel, 73–111. Baden-Baden: Nomos: 73–111.

Hochschild. Jennifer L., und Katherine L. Einstein. 2015. *Do Facts matter? Information and Misinformation in American Politics.* Norman: University of Oklahoma Press.

infas – Institut für Angewandte Sozialwissenschaft GmbH; Deutsches Institut für Wirtschaftsforschung (DIW Berlin). Hrsg. 2005. *Demografischer Wandel und Mobilität. Grundlagestudie für das Bundesministerium für Verkehr, Bau- und Wohnungswesen.* http://nbn-resolving.de/urn:nbn:de:0168-ssoar-117673, geprüft am 26.02.2016.

Kaltenborn, Bruno. 2019. *Grundsicherung im Alter und bei Erwerbsminderung: ein statistisches Kompendium.* Deutsche Rentenversicherung Bund, DRV-Schriften 118.

Kiewiet, D. Roderick, und Michael S. Lewis-Beck. 2011. No Man is an Island: Self-Interest, the Public Interest, and Sociotropic Voting. *Critical Review* 23 (3): 303–319.

Kistler, Ernst, und Paula Heinecker. 2007. Wie hat sich die Akzeptanz der Gesetzlichen Rentenversicherung in den letzten Jahren entwickelt? Hrsg. Forschungsnetzwerk Alterssicherung (FNA). Stadtbergen. www.fna-rv.de/SharedDocs/Downloads/DE/FNA/Projektberichte/Projekt-bericht%20K-2006-01.pdf?__blob=publicationFile&v=3, geprüft am 03.08.2016.

Kistler, Ernst, und Patrick Widmann. 2003: *Zusammenstellung von Umfrage-Ergebnissen zu Akzeptanz von und Wissen über die Gesetzliche Rentenversicherung. Endbericht.* Hrsg. Forschungsnetzwerk Alterssicherung (FNA). Stadtbergen. www.fna-rv.de/SharedDocs/Downloads/DE/FNA/Projektberichte/Projektbericht%20K-2002-13.pdf?__blob=publicationFile&v=3, geprüft am 03.08.2016.

Kohl, Jürgen. 2003. Breite Zustimmung für Beibehaltung des Rentenniveaus auch bei steigenden Beiträgen. *Informationsdienst Soziale Indikatoren* (29), 1-6.

Konzelmann, Laura, Michael Bergmann, und Hans Rattinger, Hans. 2014. *Demographic Change in Germany – its Political Consequences*. Baden-Baden: Nomos.

Kruger, Justin, und David Dunning. 1999. Unskilled and Unaware of it. How difficulties in recognizing one's own incompetence lead to inflated self-assessments. *Journal of Personality and Social Psychology*, 77 (6): 1121–1134.

Kuklinski, James H., Paul J. Quirk, David Schwieder, und Robert F. Rich. 1998. „Just the Facts, Ma'am": Political Facts and Public Opinion. *Annals of the American Academy of Political and Social Science*, 560 (1): 143–154.

Kuklinski, James H., Paul J. Quirk, Jennifer Jerit, David Schwieder, und Robert F. Rich. 2000. Misinformation and the Currency of Democratic Citizenship. *The Journal of Politics*, 62 (3): 790–816.

Lee, Seonghemi, und Akitaka Matsuo. 2018. Decomposing Political Knowledge: What is Confidence in Knowledge and Why It Matters. *Electoral Studies* 51 (1): 1–13.

Leisering, Lutz. 2004. Paradigmen sozialer Gerechtigkeit. Normative Diskurse im Umbau des Sozialstaats. In: *Verteilungsprobleme und Gerechtigkeit in modernen Gesellschaften*, Hrsg. Stefan Liebig, Holger Lengfeld und Steffen Mau, 29–68. Frankfurt am Main: Campus.

Liebig, Stefan, Sebastian Hülle, und Meike May. 2016: *Principles of the just distribution of benefits and burdens. The "basic social justice orientations" scale for measuring order-related social justice attitudes.* Berlin, Germany: German Socio-Economic Panel (SOEP), DIW Berlin.

Mondak, Jeffery J. 1999. Reconsidering the Measurement of Political Knowledge. *Political Analysis* 8 (1): 57–82.

Mondak, Jeffery J. 2001. Developing Valid Knowledge Scales. *American Journal of Political Science* 45 (1): 224–238.

Morgenstern, Klaus. 2015. *Deutsches Institut für Altersvorsorge*. Berlin. http://www.diavor-sorge.de/fileadmin/userfolders/downloads/pdf/DIA_-_Deutschland-Trend-Vorsorge_2015_v1.pdf, geprüft am 30.06.2016.

Nüchter, Oliver, Roland Bieräugel, Wolfgang Glatzer, und Alfons Schmid. 2010. *Der Sozialstaat im Urteil der Bevölkerung*. Opladen: Leske+Budrich.

Partheymüller, Julia, Sylvia Kritzinger, und Carolina Plescia. 2022. Misinformedness about the European Union and the preference to Vote to Leave or Remain, *Journal of Common Market Studies* 60 (5): 1–21.

Prinzen, Katrin. 2015. Attitudes Toward Intergenerational Redistribution in the Welfare State. *Kölner Zeitschrift für Soziologie* 67 (1): 349–370.
Rasner, Anika. 2016. Altern und Alterssicherung in Deutschland. In *Handbuch Bevölkerungssoziologie*. Hrsg. Yasemin Niephaus, Michaela Kreyenfeld und Reinhold Sackmann, 647–664. Wiesbaden: Springer VS.
Schäfer, Ingo. 2015. *Die Illusion von der Lebensstandardsicherung. Eine Analyse der Leistungsfähigkeit des „Drei-Säulen-Modells"*. Schriftenreihe der Arbeitnehmerkammer Bremen 1.
Schmähl, Winfried. 2012. Gründe für einen Abschied von der "neuen deutschen Alterssicherungspolitik" und Kernpunkte einer Alternative. In *Sozialpolitik und Sozialstaat*, Hrsg. Reinhard Bispinck, Gerhard Bosch, Klaus Hofemann und Gerhard Naegele, 391–412. Wiesbaden: Springer.
Schmitz, Jutta, und Jonas Friedrich. 2016: Legitimationsfragen der gesetzlichen Rentenversicherung. In *Legitimitätspraxis*, Hrsg. Matthias Lemke, Oliver Schwarz, Toralf Stark und Kristina Weissenbach, 175–206. Wiesbaden: Springer.
Schönenborn, Jörg. 2012. *ARD DeutschlandTrend 2012. Eine Umfrage zur politischen Stimmung im Auftrag der ARD-Tagesthemen und zwei Tageszeitungen.* Infratest dimap. Berlin. http://www.infratest-dimap.de/fileadmin/_migrated/content_uploads/dt1201_bericht.pdf.
Stadtmüller, Sven. 2016. *Demografischer Wandel und unpopuläre Reformen. Der Einfluss von Informationen auf die Bewertung der Rente mit 67.* Wiesbaden: Springer VS.
Statistisches Bundesamt (Destatis), Wissenschaftszentrum Berlin für Sozialforschung (WZB), Hrsg. 2016. Datenreport 2016. Online verfügbar unter https://www.destatis.de/DE/Publikationen/atenreport/Downloads/Datenreport2016.pdf?__blob=publicationFile, geprüft am 10.08.2016.
Steffen, Johannes. 2012. Lebensstandardsicherung und Armutsfestigkeit im „Drei-Säulen-Modell" der Alterssicherung. In *Sozialpolitik und Sozialstaat*, Hrsg. Reinhard Bispinck, Gerhard Bosch, Klaus Hofemann, und Gerhard Naegele (Hrsg.), 413–425. Wiesbaden: Springer VS.
Tremmel, Jörg. 2020. Generationengerechtigkeit. Genese und Dimensionen eines Begriffs. *Aus Politik und Zeitgeschichte*, B20: 41-45.
Trüdinger, Eva-Maria. 2011. *Reformszenarien im deutschen Wohlfahrtsstaat aus Sicht der Bevölkerung. Wertvorstellungen als Reformkorridor?* Baden-Baden: Nomos.
Trüdinger, Eva-Maria, und Oscar W. Gabriel, Hrsg. 2013. *Reformen des Sozialstaates in Deutschland. Reformbereitschaft und Reformakzeptanz der Bürger.* Baden-Baden: Nomos.
Ullrich, Carsten G. 2008. *Die Akzeptanz des Wohlfahrtsstaates. Präferenzen, Konflikte, Deutungsmuster.* Wiesbaden: Springer VS.
Verband deutscher Rentenversicherungsträger, Hrsg. 2004. *Generationengerechtigkeit – Inhalt, Bedeutung und Konsequenzen für die Alterssicherung.* Berlin.
Wegener, Bernd. 1992. Gerechtigkeitsforschung und Legitimationsnormen. *Zeitschrift für Soziologie* 21 (4): S. 269–283.
Wegener, Bernd, und Stefan Liebig. 2000. Is the "Inner Wall" Here to Stay? Justice Ideologies in Unified Germany. *Social Justice Research* 2 (13): 177–197.

Westle, Bettina. 1989. Politische Legitimität. Theorien, Konzepte, empirische Befunde. Baden-Baden: Nomos.
Westle, Bettina. 2005. Politisches Wissen und Wahlen. In: *Analysen aus Anlass der Bundestagswahl 2002*, Hrsg. Jürgen W. Falter, Oscar W. Gabriel und Bernhard Weßels, 484–512. Wiesbaden: Westdeutscher Verlag, 2005, S. 484–512.
Westle, Bettina. 2009. Politisches Wissen als Grundlage der Entscheidung bei der Bundestagswahl 2005. In *Wähler in Deutschland. Sozialer und politischer Wandel, Gender und Wahlverhalten,* Hrsg. Steffen Kühnel, Oskar Niedermayer und Bettina Westle, 366–398. Wiesbaden: VS Verlag für Sozialwissenschaften.
Westle, Bettina, Christian Begemann, und Astrid Rütter. 2015. Das Wissen zum Wahlsystem vor der Bundestagswahl 2013. *Politische Psychologie* 4 (1), 108–138.
Yollu-Tok, Aysel. 2010. *Die fehlende Akzeptanz von Hartz IV. Eine Reanalyse individuellen Verhaltens jenseits des Homo oeconomicus Modells.* Baden-Baden: Nomos.

**Dr. Bettina Westle** ist Professorin (i.R.) am Fachbereich Gesellschaftswissenschaften und Philosophie der Philipps-Universität Marburg. Forschungsschwerpunkte: Wahl-, Partizipations- und Einstellungsforschung, Politik-Kognitionen, Politische Kultur, Kollektive Identität, Migration und Demokratie. E-Mail: westle@staff.uni-marburg.de

# Wenn falsch nicht das Gegenteil von richtig ist. Korrektes Wissen, falsche Vorstellungen und Ignoranz im sicherheits- und verteidigungspolitischen Politikfeld

Markus Steinbrecher und Heiko Biehl

## 1 Einleitung

Normative Vorstellungen von demokratischen Systemen gehen davon aus, dass politisches Wissen im Allgemeinen und politikfeldspezifische Kenntnisse im Speziellen notwendig sind, damit die Bürger politische Präferenzen bilden, politische Entscheidungen verstehen, die politischen Eliten kontrollieren sowie selbst politisch aktiv werden können (Westle 2011; Kleinberg und Lau 2019). Wie die sozialwissenschaftliche Forschung wiederholt nachgewiesen hat, wird nicht jeder Staatsbürger diesem Ideal gerecht. Ein wesentlicher Teil der Bevölkerung hat nur begrenzte Kenntnisse von politischen Strukturen, Prozessen, Akteuren, Themen und Entscheidungen (Westle und Tausendpfund 2019b). Gerade für Außen-, Sicherheits- und Verteidigungspolitik hielt sich lange die Vermutung, dass in der Bevölkerung nur rudimentäre Kenntnisse vorhanden seien, weil viele Bürger in

---

M. Steinbrecher (✉) · H. Biehl
Zentrum für Militärgeschichte und Sozialwissenschaften der Bundeswehr (ZMSBw), Potsdam, Deutschland
E-Mail: MarkusSteinbrecher@bundeswehr.org

H. Biehl
E-Mail: HeikoBiehl@bundeswehr.org

© Der/die Autor(en), exklusiv lizenziert an Springer Fachmedien Wiesbaden GmbH, ein Teil von Springer Nature 2024
B. Westle und M. Tausendpfund (Hrsg.), *Politisches Wissen: Korrekte Kenntnisse, Fehlvorstellungen und Ignoranz,* Politisches Wissen,
https://doi.org/10.1007/978-3-658-42979-9_6

ihrem alltäglichen Leben keinerlei persönliche Bezüge zu diesen Politikbereichen haben. Deshalb galten die Einstellungen der Bevölkerung zu diesen Politikfeldern im Sinne des Almond-Lippmann-Konsenses (Lippmann 1922; Almond 1950) lange Zeit als erratisch, instabil und wenig fundiert – und damit für die politischen Entscheidungsträger als weitgehend irrelevant. Neuere Analysen zeigen allerdings, dass zumindest in Deutschland das Wissen im Bereich der Sicherheits- und Verteidigungspolitik auf einem ähnlichen Niveau liegt wie das Wissen zu allgemeinen bzw. anderen politischen Themen und Fragen (Steinbrecher und Biehl 2019, 2020). Um zu prüfen, ob der Kenntnisstand im Bereich der Sicherheits- und Verteidigungspolitik besonders niedrig ist, legten die bisherigen Veröffentlichungen – wie fast alle Studien zum politischen Wissen – ihren Schwerpunkt auf die Erfassung und Analyse von objektiv richtigen Antworten.

Entsprechend war es üblich, in den Auswertungen politischer Wissensfragen nur die korrekten Antworten zu betrachten und falsche sowie „weiß nicht" Angaben in einer Residualkategorie zusammenzufassen, wobei diese als fehlendes Wissen interpretiert wurden (Mondak 1999). Diese Zusammenfassung unterschlägt, dass beide Antwortoptionen und -strategien auf unterschiedlichen Gründen und Motiven basieren und unterschiedliche Folgen haben können. „Weiß nicht" sollte bei Wissensfragen eher von Befragten genutzt werden, denen bewusst ist, dass sie die richtige Antwort nicht wissen. Ebenso kann es sich um Befragte handeln, die in ihrer Einschätzung unsicher sind und lieber auf eine Festlegung verzichten. Und nicht zuletzt kann es Befragte geben, welche „weiß nicht" als Option wählen, da sie ihren Kenntnisstand nicht preisgeben wollen (Beatty und Herrmann 1995).

Befragte, die eine falsche Antwort auf eine Wissensfrage geben, sind zu einer Festlegung auf eine inhaltliche Antwort bereit. Dies kann zum einen daher rühren, dass sie annehmen, ihre Antwort sei korrekt. Oder sie sind in ihrer Einschätzung unsicher, wollen aber auf eine Festlegung nicht verzichten – weil sie das Bekenntnis fehlenden Wissens scheuen oder sie glauben, die soziale Situation des Interviews erfordere eine Antwort. Sie versuchen daher, die korrekte Antwort zu erraten (Beatty und Herrmann 1995; Mondak 1999).

Vor diesem Hintergrund untersucht dieser Beitrag mit Daten der Bevölkerungsbefragung 2022 des Zentrums für Militärgeschichte und Sozialwissenschaften der Bundeswehr (ZMSBw) korrekte Antworten, falsche Angaben und „weiß nicht" Nennungen bei Wissensfragen im Politikfeld Sicherheits- und Verteidigungspolitik in Deutschland. Neben der Verteilung der Antworten auf diese drei Kategorien ist von Interesse, worauf diese zurückzuführen sind: Welche Befragten antworten aus welchen Gründen richtig, falsch oder mit „weiß nicht"?

Thematischer Schwerpunkt sind die Kenntnisse über die Auslandseinsätze der Bundeswehr. Seit Jahren zeigen Untersuchungen, dass der subjektive Kenntnisstand zu den internationalen Missionen der deutschen Streitkräfte gering – und in Teilen rückläufig – ist (Graf 2021; Steinbrecher und Wanner 2021). Zugleich kommt diesem selbst zugeschriebenen Wissen ein erheblicher Einfluss auf die Haltung der Bevölkerung zu den verschiedenen Engagements zu. Es gibt einen deutlichen positiven Zusammenhang zwischen dem, was Befragte nach eigenem Bekunden über die Missionen wissen und dem Ausmaß ihrer Unterstützung für diese Einsätze (Steinbrecher und Wanner 2021; Graf 2022, S. 8–11). Von daher ist es auch aus politikpraktischer Perspektive von Interesse, ob das verbreitete (subjektive) Nicht-Wissen über die Auslandseinsätze eher auf objektiv falschen Kenntnissen beruht oder ob in der Bevölkerung ein realistisches Bewusstsein über das geringe eigene Wissensniveau vorherrscht und daher bei Fragen nach objektiv überprüfbarem Wissen eher die „weiß nicht" Option gewählt wird.

Der Beitrag ist folgendermaßen aufgebaut: Zunächst werden wir im zweiten Abschnitt die für die Untersuchungsfrage relevanten theoretischen Überlegungen sowie ausgewählte Forschungsergebnisse zu korrekten, falschen und „weiß nicht" Antworten präsentieren. Im dritten Abschnitt werden wir die Datenbasis und die Operationalisierung der für die Analysen relevanten Variablen vorstellen. Der vierte Abschnitt zeigt und interpretiert die Ergebnisse der empirischen Analysen. Dabei ist zunächst das Ausmaß von richtigen, falschen und „weiß nicht" Antworten für Faktenfragen zur Sicherheits- und Verteidigungspolitik zu bestimmen. Dann wird untersucht, welchen Einfluss Ressourcen und soziodemografische Eigenschaften, Motivationsfaktoren sowie Gelegenheitsstrukturen der Befragten auf die Abgabe von richtigen, falschen und „weiß nicht" Antworten haben. Dabei ist vor allem von Interesse, ob die Nutzung der drei Antwortoptionen auf ähnlichen oder unterschiedlichen Erklärungsfaktoren basiert. Schließlich fasst der fünfte und letzte Abschnitt die Befunde zusammen und diskutiert deren Relevanz für die weitere Forschung zu politischen Wissensfragen.

## 2 Theoretische Überlegungen und Hypothesen

### 2.1 „Weiß nicht" und falsche Antworten bei politischen Wissensfragen

Um die Forschungsfrage in die wissenschaftliche Diskussion einzuordnen, sind verschiedene Debatten zu betrachten. Für die Untersuchung richtiger und falscher Antworten auf politische Wissensfragen ist die Literatur zu politischem Wissen wesentlich (Westle und Tausendpfund 2019a). Diese konzentriert sich zumeist auf die Erfassung und Erklärung von objektiv richtigem politischem Wissen, wodurch wir nachstehend Hypothesen zur Erklärung korrekter Angaben ableiten. Hingegen gibt es kaum Literatur, die Annahmen über die Ursachen falscher Antworten diskutiert. Wir behelfen uns, indem wir die vorliegenden Studien zu korrektem politischem Wissen quasi gegen den Strich lesen und durch Umkehrschlüsse Hinweise auf objektiv falsche Antworten auf Wissensfragen und deren Erklärungsfaktoren generieren.

Zu „weiß nicht" Antworten gibt es in der politischen Einstellungsforschung zwei relevante Literaturstränge. Einerseits beschäftigt sich die Forschung aus einer eher methodischen Perspektive unter Rückgriff auf das Konzept von *Item nonresponse* generell mit der Nutzung von „weiß nicht" bei unterschiedlichen Fragen und Themen. Wissensfragen spielen dort nur am Rande eine Rolle (Gabriel und Thaidigsmann 2009; Rothbart 2021). Andererseits gibt es einen Bereich der Literatur, der sich explizit mit der Nutzungshäufigkeit, den Erklärungsfaktoren und den Konsequenzen von „weiß nicht" bei politischen Wissensfragen beschäftigt (Nadeau und Niemi 1995; Luskin und Bullock 2011; Jessee 2017; Tsai 2023). Der zweite Literaturstrang ist für die hier untersuchte Forschungsfrage von größerer Bedeutung und wird daher im Folgenden genauer betrachtet.

Lange Zeit war es üblich, in den Auswertungen politischer Wissensfragen nur die korrekten Antworten zu betrachten und falsche sowie „weiß nicht" Angaben in einer Residualkategorie zusammenzufassen. Beide Antwortoptionen wurden dementsprechend als fehlendes Wissen interpretiert (Mondak 1999). Einige Beiträge haben in den letzten Jahren argumentiert (Mondak 1999, 2001; Mondak und Davis 2001), dass diese Vorgehensweise nicht angemessen ist, sondern eine separate Betrachtung der falschen sowie der „weiß nicht" Antworten notwendig ist, weil beiden Optionen unterschiedliche Ursachen zugrunde liegen können. So „kann eine ‚Weiß nicht'-Angabe durchaus valide und empirisch wertvoll sein, wenn der Befragte tatsächlich keine Meinung zum Thema hat" (Rothbart 2021, S. 22). Dies gilt insbesondere für Fragen zum politischen Wissen. Die separate Analyse ist zudem notwendig, weil Forschungsergebnisse belegen, dass Befragte, welche „weiß nicht" wählen, dennoch manchmal über ein gewisses Ausmaß an Wissen verfügen. Dies zeigt sich besonders bei offenen Wissensfragen (Mondak 1999; Mondak und Davis 2001; Tsai 2023; für anderslautende Ergebnisse Sturgis et al. 2008; Luskin und Bullock 2011). Vor allem in der US-amerikanischen Forschung zum politischen Wissen gab es eine intensive Debatte darüber, ob man Befragte explizit dazu ermutigen soll, eine „weiß nicht" Antwort zu geben oder nicht. Die Forschungsergebnisse von Mondak und seiner Kollegin (Mondak 1999; Mondak und Davis 2001) zeigen, dass das Fehlen einer Ermutigung für

„weiß nicht" dazu führt, dass bei den entsprechenden Fragen ein größeres Wissensniveau gemessen wird, weil die Befragten sich eher für eine substanzielle Antwort entscheiden. Allerdings liegt hierin durch die persönlichkeitsbedingte unterschiedliche Rateneigung der Befragten auch die Gefahr einer Verzerrung der Ergebnisse (Walter et al. 2020, S. 18–19; für anderslautende Ergebnisse Jessee 2017). In den für diesen Beitrag genutzten Daten wurden die Befragten daher weder ermutigt noch entmutigt, eine „weiß nicht" Antwort auszuwählen.

Des Weiteren gehen wir – anders als Rothbart (2021, S. 23) – nicht davon aus, dass es sich bei den hier untersuchten Wissensitems um Fragen zu kontroversen oder als heikel empfundenen Themen handelt – vielmehr sollte die Beschäftigung mit sicherheits- und verteidigungspolitischen Fragen nach dem russischen Angriff auf die Ukraine im Jahr 2022 zum Alltag der meisten Bürger gehören. Daher ist nicht mit einer stärkeren Nutzung der „weiß nicht" Option zu rechnen als bei Fragen zu anderen politischen Bereichen.

## 2.2 Erklärungsfaktoren für politisches Wissen sowie falsche und „weiß nicht" Antworten

In der Literatur zum politischen Wissen haben sich seit Delli Carpini und Keeter (1996) drei Erklärungsansätze etabliert – Ressourcen, Motivation und Gelegenheiten. Diese zielen darauf ab zu erklären, weshalb einige Bürger objektiv mehr politische Kenntnisse als andere haben. Mit kleinen Anpassungen können diese Ansätze verwendet werden, um die Gründe und Motive hinter falschen und „weiß nicht" Antworten auf Wissensfragen herauszuarbeiten. Die drei Gruppen von Faktoren finden sich in ähnlicher Weise in der Literatur zur Erklärung von „weiß nicht" Antworten bei Meinungs- und Einstellungsfragen (Gabriel und Thaidigsmann 2009; Rothbart 2021). So stellen Beatty und Herrmann (1995, S. 1005–1006) fest, dass „DK ("don't know", Anm. der Autoren) responses may represent not only nonattitudes, but also inability to choose among the responses offered, and misunderstanding". Dies gilt gleichermaßen für die Erklärung von „weiß nicht" Antworten bei politischen Wissensfragen (Nadeau und Niemi 1995). Dementsprechend untersuchen wir die Einflussfaktoren auf korrekte, falsche und „weiß nicht" Antworten entlang derselben drei Erklärungsansätze. Während die Erklärungsmuster für falsche Antworten zumeist spiegelbildlich aus den Determinanten für korrektes Wissen abgeleitet werden, sind für die Analyse von „weiß nicht" Antworten einige ergänzende Ausführungen notwendig. In den vergleichenden Analysen zu richtigen, falschen und „weiß nicht" Antworten erwarten wir Abweichungen zwischen dem Gewicht einzelner Erklärungsgrößen sowie

**Tab. 1** Hypothesen zum Einfluss von Ressourcen und Soziodemographie auf richtige, falsche und „weiß nicht" Antworten zu sicherheits- und verteidigungspolitischen Themen

| | Korrekte Antworten | Falsche Antworten | „Weiß nicht" Antworten |
|---|---|---|---|
| Frauen | − | + | + |
| Alter | o | o | + |
| Niedrige Bildung | − | + | + |
| Hohe Bildung | + | − | − |
| Haushaltsnettoeinkommen (bis 2 000 €) | o | o | o |
| Haushaltsnettoeinkommen (4 001 € und mehr) | o | o | o |
| Ostdeutschland | o | o | o |
| Migrationshintergrund | − | + | + |

Erläuterungen: +: positiver Zusammenhang, o: kein Zusammenhang, −: negativer Zusammenhang ; Darstellung: Steinbrecher und Biehl

in der Relevanz der drei Ansätze, wie nachfolgend genauer ausgeführt wird. Die Tab. 1 bis 3 fassen die Erwartungen und Hypothesen für alle drei abhängigen Variablen anschaulich zusammen.

Die Ressourcentheorie geht von unterschiedlichen individuellen Fähigkeiten aus, Informationen zu erlangen, diese zu verarbeiten und zu kontextualisieren. Das politische Wissen einer Person ist demnach vor allem Ausdruck ihres Könnens. Kognitiv ressourcenschwache Bürger verfügen über weniger Kenntnisse und daher öfter über kein oder fehlerhaftes Wissen. Gemäß des Ressourcenansatzes ist eine wesentliche Ursache für „weiß nicht" und falsche Angaben daher, dass Befragte eine Frage nicht korrekt beantworten können, weil sie nicht über die notwendigen kognitiven Ressourcen verfügen, die für die Beantwortung gebraucht werden, oder sie generell kognitive Probleme haben bzw. ihnen ggf. vorhandene Informationen unzugänglich sind. Motivationale Erklärungsmuster betonen hingegen das Wollen. Diejenigen, die sich für einen Politikbereich interessieren, die sich kompetent fühlen und sich politisch etwas zutrauen, sollten über einen größeren Wissensstand verfügen. Wer sich hingegen für Politik nicht interessiert und eine inhaltliche Distanz zu politischen Themen pflegt, hat weniger Kenntnisse. Entsprechend sollten diese Befragten eher falsche oder „weiß nicht" Antworten geben. Ein dritter Ansatz wiederum sieht Angebote und Gelegenheiten als zentral

**Tab. 2** Hypothesen zum Einfluss von Motivationsfaktoren auf richtige, falsche und „weiß nicht" Antworten zu sicherheits- und verteidigungspolitischen Themen

|  | Korrekte Antworten | Falsche Antworten | „Weiß nicht" Antworten |
|---|---|---|---|
| Internale verteidigungspolitische Efficacy | + | − | − |
| Politisches Interesse | + | − | − |
| Wahlabsicht vorhanden | + | − | − |
| Einstellung zur Bundeswehr | + | − | − |
| Subjektives Wissen | + | + | − |

Erläuterungen: +: positiver Zusammenhang, o: kein Zusammenhang, −: negativer Zusammenhang ; Darstellung: Steinbrecher und Biehl

**Tab. 3** Hypothesen zum Einfluss von Gelegenheitsstrukturen auf richtige, falsche und „weiß nicht" Antworten zu sicherheits- und verteidigungspolitischen Themen

|  | Korrekte Antworten | Falsche Antworten | „Weiß nicht" Antworten |
|---|---|---|---|
| Bin/war Soldat | + | − | − |
| Verwandter/Bekannter ist/war Soldat | + | − | − |
| Index persönliche Wahrnehmung Bundeswehr | + | − | − |
| Index massenmediale Wahrnehmung Bundeswehr | + | − | − |
| Nutzung Fernsehen | + | − | − |
| Nutzung Zeitungen | + | − | − |
| Nutzung Radio | + | − | − |
| Nutzung Internet | + | − | − |

Erläuterungen: +: positiver Zusammenhang, o: kein Zusammenhang, −: negativer Zusammenhang ; Darstellung: Steinbrecher und Biehl

für die Erlangung politischer Kenntnisse an. Dazu zählen persönliche Erfahrungen und Begegnungen sowie mediale Berichte und Vermittlung. Personen, die eine alltägliche oder medial vermittelte Nähe zum Wissensthema haben, sollten deshalb über ein größeres Wissen verfügen. Wem diese Kontakte und individuellen Bezüge fehlen, der weist ein geringeres Wissen auf, wählt die „weiß nicht" Option oder gibt falsche Antworten auf Wissensfragen.

Die *Ressourcentheorie* wird zumeist über soziodemografische Merkmale operationalisiert. Dazu zählen Geschlecht, Alter, ethnische und regionale Herkunft, Bildung, als die zentrale kognitive Ressource, sowie Einkommen, als Indikator für ökonomische Ressourcen. Mit Blick auf verteidigungspolitisches Wissen haben Männer ein merklich größeres Kenntnisniveau als Frauen (Steinbrecher und Biehl 2019). Dieser Gender Gap ergibt sich aus der traditionellen Nähe von Männern zum Politikfeld, die Folge der jahrzehntelangen Wehrpflicht sowie der rückläufigen, aber fortbestehenden Konnotation des Soldatenberufs als männliche Tätigkeit ist (Fiebig 2013). Studien zu sicherheits- und verteidigungspolitischen Einstellungen zeigen entsprechend wiederholt Unterschiede zwischen den Geschlechtern (Graf et al. 2022). Wendet man diese Befunde auf die Abgabe der beiden anderen Antwortoptionen an, ist davon auszugehen, dass Frauen mehr falsche Antworten auf politische Wissensfragen geben als Männer. Hinsichtlich der Nutzung von „weiß nicht" Antworten zeigt die Literatur, dass Frauen eher zu „weiß nicht" Antworten neigen als Männer (Gabriel und Thaidigsmann 2009, S. 292, 311; Rothbart 2021, S. 46). Diesen Erwartungen schließen wir uns für die folgenden Analysen an und gehen davon aus, dass Frauen mehr „weiß nicht" und mehr falsche Angaben auf verteidigungspolitische Wissensfragen abgeben.

Es scheint plausibel, dass jüngere Befragte weniger Wissen zur Verteidigungspolitik aufweisen als Ältere – sind sie doch bereits altersbedingt nicht so vertraut mit sicherheits- und verteidigungspolitischen Themen und Fragestellungen. Zudem weisen sie geringere Erfahrungen in und mit dem Militär auf. Und nicht zuletzt zeigt sich bei ihnen im Vergleich zu Älteren ein weniger positives Meinungsbild gegenüber den Streitkräften. Ungeachtet dieser Überlegungen sind die empirischen Ergebnisse zum Einfluss des Alters auf das sicherheitspolitische Wissen uneindeutig. Einige Studien bestätigen die vermuteten Zusammenhänge (etwa Steinbrecher und Biehl 2019). Andere deuten hingegen auf einen U-förmigen Zusammenhang mit dem höchsten Wissensstand bei Befragten mittleren Alters hin (etwa Fiebig 2013). Aufgrund des uneinheitlichen Forschungsstandes gehen wir davon aus, dass das Alter keinen systematischen Einfluss auf richtige und falsche Antworten bei Wissensfragen hat. Ein anders gelagertes Bild ergibt die Forschung zu „weiß nicht" Antworten. Hier zeigen Studien, dass Ältere eher zur Nutzung dieser Option neigen als Jüngere (Stocké und Stark 2005; Gabriel und Thaidigsmann 2009, S. 291). Daher gehen wir davon aus, dass Ältere auf politische Wissensfragen mehr „weiß nicht" Antworten geben.

Der Mangel an kognitiven und ökonomischen Ressourcen hat einen negativen Einfluss auf das politische Wissen (Delli Carpini und Keeter 1996; Bathelt et al. 2016; Steinbrecher und Biehl 2019). Gerade angesichts der steigenden Komplexität der internationalen Lage und der sicherheitspolitischen Maßnahmen sind kognitive Kapazitäten zur Orientierung, Informationsaufnahme und -verarbeitung erforderlich. Dementsprechend gehen wir davon aus, dass Personen mit geringer formaler Bildung mehr falsche Antworten geben. Hinsichtlich der Nutzung von „weiß nicht" Antworten ist die Literaturlage für Bildung und kognitive Fähigkeiten – zumindest mit Blick auf Einstellungsfragen – eindeutig: Mehr Fähigkeiten verringern die Wahrscheinlichkeit von „weiß nicht" Angaben (Stocké und Stark 2005, S. 16; Gabriel und Thaidigsmann 2009, S. 311; Rothbart 2021, S. 46–47). Aufbauend auf diesem Befund gehen wir davon aus, dass eine höhere Bildung auch bei Wissensfragen zu weniger „weiß nicht" Antworten führt. Personen mit niedriger Bildung sollten häufiger „weiß nicht" nutzen.

Für die ökonomischen Ressourcen sind keine starken Einflüsse auf falsche Antworten (Steinbrecher und Biehl 2019) und „weiß nicht" zu erwarten, auch wenn im Jahr 2022 der Nexus zwischen der Sicherheitspolitik und der wirtschaftlichen Situation vielen Bürgern deutlich stärker präsent sein dürfte (Stichworte: Inflation und mögliche Energieknappheiten). Vor dem Hintergrund der Ergebnisse von Marx (2019) zum negativen Zusammenhang zwischen ökonomischer Unsicherheit und politischem Wissen könnte man ebenfalls eine Wirkung auf falsche und „weiß nicht" Angaben annehmen. Aufgrund vorheriger Befunde zum verteidigungspolitischen Wissen (Fiebig 2013; Steinbrecher und Biehl 2019), gehen wir jedoch von keinem systematischen Zusammenhang zwischen ökonomischen Ressourcen und richtigen, falschen oder „weiß nicht" Antworten aus.

Ebenso wenig sollten sich die Befragten aus den verschiedenen Regionen Deutschlands hinsichtlich ihres verteidigungspolitischen Wissens und ihres Antwortverhaltens unterscheiden. Zwar haben ostdeutsche Befragte erst seit der Vereinigung Zugang und direkte Bezüge zur Bundeswehr. Jedoch sollte dieser Umstand drei Jahrzehnte nach der Wiedervereinigung keine entscheidende Rolle mehr spielen. Die vorhandenen Studien zum verteidigungspolitischen Wissen deuten auch nur geringe Unterschiede an (Fiebig 2013) oder zeigen gar, dass Ostdeutsche etwas mehr wissen als Westdeutsche (Steinbrecher und Biehl 2019). Für den Wohnort formulieren wir aufgrund der uneindeutigen empirischen Befunde keine Erwartungen im Hinblick auf die Wirkung auf richtige, falsche oder „weiß nicht" Angaben auf Wissensfragen. Von Personen mit Migrationshintergrund sind aufgrund der Tatsache, dass diese tendenziell über weniger politisches Wissen zum Einwanderungsland verfügen (Westle 2011) und der Dienst in der Bundeswehr an die deutsche Staatsbürgerschaft geknüpft ist, geringere verteidigungspolitische Kenntnisse und eine stärkere Nutzung der „weiß nicht" Option sowie mehr falsche Angaben zu erwarten.

Als *Motivationsfaktoren* lassen sich alle Einstellungen verstehen, die dazu führen, dass Befragte die Antwort auf eine Frage (nicht) kennen oder sie (nicht) beantworten möchten. Als Beispiele werden in der Literatur Ambivalenz und fehlende

Motivation angeführt (Beatty und Herrmann 1995, S. 1006). In Analysen zum verteidigungspolitischen Wissen wurden die internale verteidigungspolitische Efficacy, das politische Interesse, die Wahlabsicht (als parteipolitische Heuristik) und die Einstellung zur Bundeswehr als Erklärungsfaktoren berücksichtigt (Steinbrecher und Biehl 2019).

Die internale verteidigungspolitische Efficacy bildet ab, ob jemand sich zutraut, sich kompetent mit Verteidigungspolitik zu beschäftigen. Befragte mit größerem verteidigungspolitischem Selbstvertrauen haben mehr Kenntnisse in diesem Bereich (Steinbrecher und Biehl 2019) und sollten daher weniger falsche Angaben machen. Größere wahrgenommene politische Kompetenz senkt zugleich die Neigung zur Wahl der „weiß nicht" Option (Gabriel und Thaidigsmann 2009, S. 311; Rothbart 2021, S. 149–152) und führt zu mehr substanziellen Antworten. Zudem ist es ein wiederkehrendes Ergebnis der Forschung zum politischen Wissen, dass Personen mit größerem politischem Interesse einen größeren Kenntnisstand haben – dies gilt ebenso für verteidigungspolitisches Wissen (Steinbrecher und Biehl 2019). Im Umkehrschluss sollte größeres Interesse zu weniger falschen Antworten führen. Die über das politische Interesse gemessene politische Involvierung sollte sich ebenso auf die Nutzung der „weiß nicht" Option auswirken: Mehr Interesse führt zu weniger „weiß nicht" Antworten (Gabriel und Thaidigsmann 2009, S. 311; Rothbart 2021, S. 49–50), da die Motivation zur Abgabe einer substanziellen Antwort größer ist.

In den motivationalen Erklärungsansatz ist auch die Wahlabsicht als parteipolitische Heuristik einzusortieren. Es ist nicht davon auszugehen, dass sich die Anhängerschaften verschiedener Parteien hinsichtlich ihres verteidigungspolitischen Wissens unterscheiden (Steinbrecher 2016, S. 73–74). Allerdings sollten Nichtwähler bzw. Personen ohne Wahlabsicht über weniger verteidigungspolitisches Wissen verfügen, weil sie sich generell weniger mit Politik auseinandersetzen (Steinbrecher und Biehl 2019, S. 160–165) und daher mehr falsche Antworten geben. Befragte mit Wahlabsicht sollten auch weniger zur Abgabe von „weiß nicht" Antworten neigen. Da Personen ohne Wahlabsicht eine geringere Scheu haben, ihre Distanz zu politischen Themen preiszugeben, vermuten wir, dass sie eher zur „weiß nicht" Option tendieren. Dies untermauert der Befund von Gabriel und Thaidigsmann (2009, S. 311), die zeigen, dass negative Haltungen zu Parteien und Institutionen zu einer stärkeren Nutzung von „weiß nicht" Antworten führen.

Auch hinsichtlich der Haltung zu den Streitkräften ist ein Einfluss auf verteidigungspolitische Kenntnisse plausibel. Wer der Bundeswehr eher zugeneigt ist, sollte sich stärker mit ihr beschäftigen und auseinandersetzen, da er bzw. sie sich dann mit einem positiv bewerteten Einstellungsobjekt befasst. Somit sollten Personen mit positiver Sicht auf die Streitkräfte mehr über Verteidigungspolitik wissen und in der Folge seltener eine falsche oder „weiß nicht" Angabe machen. Affektive Nähe könnte demnach zu mehr Wissen führen, auch wenn bisherige empirische Analysen zum verteidigungspolitischen Wissen diesen Zusammenhang nicht bestätigen können (Steinbrecher und Biehl 2019).

Als zusätzliche Größe der persönlichen Motivation findet in den nachstehenden Auswertungen das subjektive Wissen Berücksichtigung. Für das subjektive Wissen der Befragten gibt es keine etablierten Erhebungsinstrumente (Weber und Köhler 2017) – möglicherweise auch, weil es sich konzeptionell mit Konstrukten wie politischen Effektivitätsüberzeugungen oder politischer Kompetenz überlagert (Walter et al. 2020, S. 15–17). Eine einfache Erhebung des subjektiven Wissens besteht in der direkten Abfrage (Weber und Köhler 2017, S. 2395–2397). In der für diesen Beitrag verwendeten ZMSBw-Bevölkerungsbefragung 2022 wird erhoben, wie viel die Befragten über die einzelnen Einsätze zu wissen glauben (Tab. 5). Unabhängig vom verwendeten Indikator ist anzunehmen, dass das subjektive Wissen sich auf die Nutzung der „weiß nicht" Option auswirkt. Plausibel erscheint, dass eine größere subjektive Kompetenz mit einer geringeren Wahrscheinlichkeit für „weiß nicht" bzw. mit insgesamt weniger „weiß nicht" Antworten einhergeht. Sollte die subjektive Einschätzung des eigenen Wissens mit dem tatsächlichen Kenntnisstand korrelieren, dann wäre die Erhebung subjektiven Wissens ein geeigneter Proxy für objektive Kenntnisse. Zugleich ist aber anzunehmen, dass subjektives Wissen zu mehr falschen Antworten führt, da die Befragten ihren persönlichen Kenntnisstand mitunter überschätzen oder nicht zugeben wollen, dass sie zu einer (objektiven) Wissensfrage nicht die passende Antwort kennen. Diese Vermutung ist für die vorliegende Datenbasis nochmals naheliegender, weil die Indikatoren für das subjektive Wissen in den Interviews vor den objektiven Wissensfragen erhoben wurden. Empirische Ergebnisse für diese Zusammenhänge im Bereich der Sicherheits- und Verteidigungspolitik liegen nicht vor, sodass diese Hypothesen auf Plausibilitätsüberlegungen beruhen.

Zu den *Gelegenheitsstrukturen* werden in der Forschung zum politischen Wissen alle Faktoren des persönlichen Umfelds gezählt, die es den Bürgern erleichtern, sich mit Politik oder einem bestimmten Politikbereich zu beschäftigen. Typischerweise berücksichtigen die einschlägigen Studien die Kommunikation über Massenmedien sowie persönliche Kontakte und Erfahrungen, da ein Großteil der politischen Informationen die Bevölkerung über diese beiden Wege erreicht (Maier 2009; Breunig und van Eimeren 2015).[1]

Die Unterscheidung zwischen persönlichen und medialen Gelegenheitsstrukturen ist auch für verteidigungspolitisches Wissen zentral, zumal Veränderungen in der Relevanz der beiden Kanäle festzustellen sind. So ging vom Ende des Kalten Krieges bis 2022 die institutionelle Präsenz der Streitkräfte in der deutschen Gesellschaft zurück. Verfügte die Bundeswehr zum Zeitpunkt der Vereinigung über eine halbe Million Soldaten, so sind es heute etwas mehr als 180.000. Kasernen und Standorte wurden in großer Zahl geschlossen. An die Stelle von Manövern in Deutschland traten Auslandseinsätze in weit entfernten Regionen. In der Folge nahmen die Kontakte zwischen Streitkräften und Gesellschaft ab. Die Aussetzung der Wehrpflicht seit dem Jahr 2011 führte schließlich dazu, dass immer weniger Personen persönliche Erfahrungen in und mit den Streitkräften haben. Mit dem Ukrainekrieg, der von Bundeskanzler Scholz ausgerufenen „Zeitenwende" und der gestiegenen Relevanz von Militär und Sicherheitspolitik könnte sich dies mittelfristig wieder ändern. Für das Jahr 2022, in dem die Daten für diesen Beitrag erhoben wurden, gilt, dass die Eindrücke, die die Bürger von den Streitkräften haben, in erster Linie medial vermittelt sind (Steinbrecher 2023).

Es ist in der Forschung zu politischem Wissen eine offene Frage, ob die mediale Vermittlung gleichermaßen zum Wissenserwerb beiträgt wie persönliche Erfahrungen und Begegnungen. Dafür sprechen die Ausweitung und die Spezifizierung der Medien, die den Zugang zu gezielten und themenbezogenen Informationen und Fakten erheblich erleichtert haben. Überhaupt sind mehr oder weniger nur über die Medien Kenntnisse zu den Einsätzen der Bundeswehr sowie zu internationalen Krisen und Konflikten zu erlangen. Zugleich sind Zweifel angebracht, inwieweit die vorhandenen Beiträge und Berichte über verteidigungspolitische Themen substanzielles Wissen und fundierte Kenntnisse vermitteln. In der Regel wird in Analysen zur Erklärung des politischen Wissensstands das Ausmaß

---

[1] In der Literatur zur Erklärung von „weiß nicht" oder falschen Antworten werden in dieser Kategorie solche Faktoren zusammengefasst, die unmittelbar mit der Befragung und dem Befragungsprozess selbst verbunden sind. Da diese Merkmale im Hinblick auf die Datenbasis unseres Beitrags alle konstant oder identisch sind oder keine Informationen dazu vorliegen, sollen sie lediglich erwähnt und nicht weiter ausgeführt werden. So sind Einflüsse des Befragungsmodus, der Platzierung der Fragen im Fragebogen, Instrumenten- und Skaleneffekte sowie Interviewereffekte belegt (Gabriel und Thaidigsmann 2009, S. 286–292; Rothbart 2021). Zudem wirkt es sich aus, ob es sich um Fragen zu aktuellen oder zukünftigen Sachverhalten handelt. Auch spielt es eine Rolle, ob eine persönliche und sensible Frage vorliegt. Nicht zuletzt ist das Vertrauen in Umfragen von Bedeutung (Gabriel und Thaidigsmann 2009, S. 288–290).

des Nachrichtenkonsums über verschiedene Kanäle wie Fernsehen oder Zeitungen berücksichtigt, wobei sich stärkere Wirkungen für den Konsum von Tageszeitungen als von Fernsehnachrichten zeigen (Bathelt et al. 2016). Zudem wird zwischen Qualitäts- und Boulevardmedien unterschieden, wobei der Konsum letzterer in der Regel einen deutlich schwächeren Effekt hat als die Nutzung von Qualitätsmedien (Tausendpfund 2020). Da im verwendeten Datensatz keine diesbezüglichen Informationen vorhanden sind, kann diese Differenzierung in den Analysen nicht vorgenommen werden. Abweichende Wirkungsmechanismen für Verteidigungspolitik im Vergleich zu anderen politischen Themenfeldern erscheinen nicht plausibel. Daher ist davon auszugehen, dass Medienkonsum, insbesondere über Zeitungen, zu einem größeren verteidigungspolitischen Wissen führt und dementsprechend die Neigung zur Nutzung der Antwortoption „weiß nicht" und die Anteile von falschen Antworten senkt.

Um das Wechselspiel zwischen persönlicher und massenmedialer Kommunikation abdecken zu können, genügen die Indikatoren zum Medienkonsum nicht. Zusätzlich können wir auf politikfeldtypische persönliche und mediale Begegnungen zwischen den Bürgern und den Streitkräften (bzw. Soldaten) zurückgreifen. So sollten die Befragten angeben, ob sie über verschiedene Wege in den letzten zwölf Monaten mit der Bundeswehr in Kontakt gekommen sind. Dabei wird zwischen persönlicher und massenmedialer Wahrnehmung der Bundeswehr unterschieden. Zugleich werden persönliche Erfahrungen betrachtet, die Befragte oder deren Angehörige aus dem engeren sozialen Umfeld während des Dienstes bei der Bundeswehr erworben haben. Für all diese Gelegenheitsstrukturen sind positive Wirkungen auf das verteidigungspolitische Wissen und negative Einflüsse auf die Wahrscheinlichkeit zur Nutzung der „weiß nicht" Option zu erwarten. Auch gehen wir davon aus, dass mit stärkerer Wahrnehmung der Bundeswehr in Alltag und Medien die Zahl der falschen Antworten auf Wissensfragen sinkt.

Ein Vergleich der Tab. 1 bis 3 zeigt, dass die theoretischen Arbeiten und empirischen Untersuchungen weit überwiegend ähnliche Zusammenhänge für falsche und „weiß nicht" Antworten erwarten lassen. Diese Parallelität ist selbst Ausdruck der fehlenden Differenzierung zwischen falschen und weiß nicht Antworten in den meisten Studien.

## 3 Daten und Operationalisierung

Datengrundlage unserer Auswertungen ist die Bevölkerungsbefragung 2022 zum sicherheits- und verteidigungspolitischen Meinungsbild, die durch das ZMSBw im Auftrag des Bundesministeriums der Verteidigung durchgeführt wurde. Zwischen dem 13. Juni und dem 17. Juli 2022 wurden 2741 zufällig ausgewählte Bürger mittels computergestützter persönlicher Interviews (CAPI) befragt. 2537 Befragte, die bei allen in der Analyse verwendeten Variablen gültige Werte aufweisen, gehen in die nachstehenden Auswertungen ein. Die durchschnittliche Interviewdauer betrug 61 min (Ipsos 2022, S. 2). Die Ausschöpfungsquote in Bezug auf die Nettostichprobe lag bei 54,2 % (Ipsos 2022, S. 9).[2] Die erhobenen Daten werden für die Analysen gewichtet. Die Gewichtungsvariable schließt die Merkmale Alter, Geschlecht, Bildung und Ortsgröße ein, um die realisierte Stichprobe der demografischen Struktur der Grundgesamtheit, der deutschen Wohnbevölkerung ab 16 Jahren, anzupassen.

## 3.1 Abhängige Variablen: Indizes zum verteidigungspolitischen Wissen

Die Befragung enthielt sechs Fragen zum verteidigungspolitischen (Fakten-)Wissen, die im Fragebogen den Abschluss des Fragenblocks zur Bundeswehr bildeten. Alle Wissensfragen wurden in einem geschlossenen Format abgefragt. Es konnte aus jeweils vier vorgegebenen Antwortoptionen eine ausgewählt werden. Die Fragen decken Faktenwissen zu den Auslandsmissionen der Bundeswehr und deren Einsätzen zur Bündnisverteidigung ab und variieren hinsichtlich des Schwierigkeitsgrades. Die Antwortmöglichkeit „weiß nicht" wurde durch den Fragebogen oder die Interviewer nicht explizit vorgegeben. Die Befragten wurden aber auch nicht entmutigt, diese Option zu wählen. Der genaue Wortlaut wird in Tab. 4 dargestellt.

Die deskriptiven Statistiken in Tab. 5 zeigen eine große Variabilität im Antwortverhalten und im Faktenwissen zu verteidigungspolitischen Fragen. Die Anteile richtiger Antworten bewegen sich zwischen 14,1 % und 83,0 %, die Anteile falscher Antworten zwischen 7,1 % und 72,2 %. Die Anteile der „weiß nicht" Antworten betragen zwischen 6,0 % und 29,7 %. Dass die Ukraine kein Mitglied der NATO ist, geben 83,0 % der Befragten richtig an. Hier liegen 10,5 % der Befragten falsch und 6,0 % antworten mit „weiß nicht". Dass die Bundeswehr noch nie in Kasachstan im Einsatz war, kann eine deutliche Mehrheit von 74,9 % korrekt sagen. 7,1 % geben eine falsche Antwort, 17,6 % wollen sich nicht auf eine

---

[2] Die Daten werden voraussichtlich 2025 im Gesis-Datenarchiv archiviert und stehen dann incl. Dokumentation der wissenschaftlichen Öffentlichkeit zur Verfügung.

**Tab. 4** Wortlaut und Umformung der Fragen zum verteidigungspolitischen Wissen

| | |
|---|---|
| F46 | Nachfolgend möchten wir Ihnen ein paar Wissensfragen zu den Einsätzen der Bundeswehr im Ausland stellen |
| A | Welches der folgenden Länder ist kein Mitglied der NATO? (1) Ukraine* (2) Estland, (3) Türkei, (4) Niederlande |
| B | In welchem der folgenden Länder war die Bundeswehr noch NIE im Einsatz? (1) Afghanistan, (2) Mali, (3) Kosovo, (4) Kasachstan* |
| C | Wer muss grundsätzlich zustimmen, bevor sich die Bundeswehr an einem Einsatz zur Sicherung des NATO-Bündnisgebietes beteiligen kann? (1) Das EU-Parlament, (2) Der Bundespräsident, (3) Die Bundesregierung*, (4) Der Bundestag |
| D | Wer muss grundsätzlich zustimmen, bevor die Bundeswehr einen bewaffneten Einsatz im Ausland durchführen kann? (1) Das EU-Parlament, (2) Der Bundespräsident (3) Der UN-Sicherheitsrat, (4) Der Bundestag* |
| E | Deutschland beteiligt sich zurzeit auch an der Enhanced Forward Presence („verstärkten Vornepräsenz") in Litauen. Welche Kräfte der Bundeswehr sind mit diesem Einsatz hauptsächlich betraut? (1) Die Marine, (2) Die Luftwaffe, (3) Das Heer*, (4) Der Sanitätsdienst |
| F | Deutschland beteiligt sich zurzeit auch an der Friedenstruppe der Vereinten Nationen im Libanon (UNIFIL). Welche Kräfte der Bundeswehr sind mit diesem Einsatz hauptsächlich betraut? (1) Die Marine*, (2) Die Luftwaffe, (3) Das Heer, (4) Der Sanitätsdienst |

Anmerkungen: Antwortoptionen randomisiert; korrekte Antworten mit * gekennzeichnet; bei allen Fragen konnten die Personen auch mit „weiß nicht" antworten oder die Antwort verweigern, diese Möglichkeiten wurden jedoch nicht explizit vorgelesen; Rekodierung: Zusammenfassung der falschen Antworten in einer Kategorie, die übrigen Antworten wurden identisch übernommen. Auf dieser Basis wurden Zählindizes für die Anzahl der richtigen, falschen und weiß nicht Antworten gebildet. Keine Angabe wurde als fehlender Wert definiert
Datenbasis: Bevölkerungsbefragung des Zentrums für Militärgeschichte und Sozialwissenschaften der Bundeswehr 2022, Rekodierungen: Steinbrecher und Biehl

substanzielle Antwort festlegen. Etwa zwei Drittel der Bevölkerung wissen, dass der Bundestag bei Einsätzen im Ausland (außerhalb des Bündnisgebiets) zustimmen muss. Auf diese Frage antwortet mehr als ein Fünftel der Befragten falsch. 12,9 % sagen, dass sie die Antwort nicht kennen. Nur etwa ein Drittel kann korrekt benennen, welche Teilstreitkraft bzw. welcher Organisationsbereich hauptsächlich die militärischen Kräfte im Einsatz in Litauen stellt. Mit 35,7 % knapp höher ist der Anteil falscher Antworten bei dieser Frage. Und auch der Anteil derjenigen, die angeben, die Antwort nicht zu wissen, beträgt mit 29,0 % fast ein Drittel.

**Tab. 5** Deskriptive Statistiken für die Fragen zum objektiven verteidigungspolitischen Wissen (Anteile in Prozent)

| Frage | Korrekt | Falsch | Weiß nicht | Keine Angabe |
|---|---|---|---|---|
| Kein NATO-Mitglied | 83,0 | 10,5 | 6,0 | 0,5 |
| Kein Bundeswehr-Einsatz | 74,9 | 7,1 | 17,6 | 0,4 |
| Zustimmung Auslandseinsätze | 64,9 | 21,6 | 12,9 | 0,6 |
| Kräfte Bundeswehr in Litauen | 34,6 | 35,7 | 29,0 | 0,7 |
| Kräfte Bundeswehr im Libanon | 31,4 | 38,0 | 29,7 | 0,9 |
| Zustimmung Einsätze Bündnisverteidigung | 14,1 | 72,2 | 12,9 | 0,8 |

Datenbasis: Bevölkerungsbefragung des Zentrums für Militärgeschichte und Sozialwissenschaften der Bundeswehr 2022, Berechnungen: Steinbrecher und Biehl. Fallzahl: 2537

Eine ähnliche Verteilung zeigt sich bei der Frage nach dem Organisationsbereich bzw. der Teilstreitkraft, der bzw. die die Mission im Libanon trägt. 31,4 % geben eine korrekte Antwort. 38,0 % antworten falsch und 29,7 % legen sich nicht auf eine der inhaltlichen Optionen fest. Am geringsten ist das Faktenwissen bei der Frage, welche Institution über Einsätze der Bundeswehr zur Bündnisverteidigung entscheidet (14,1 %). Hier ist der Anteil falscher Antworten mit 72,2 % deutlich am höchsten. Offensichtlich gehen viele Bürger davon aus, dass die Entscheidungsregeln bei Einsätzen innerhalb des Bündnisgebiets identisch sind mit denen für Einsätze außerhalb der NATO oder der EU – was nicht der Fall ist.[3] Der Anteil der „weiß nicht" Antworten beträgt hier 12,9 %. Er ist damit am höchsten für die Frage nach den hauptsächlich im Libanon-Einsatz befindlichen Kräften der Bundeswehr und am geringsten bei der Frage nach der NATO-Mitgliedschaft der Ukraine. Diese Ergebnisse zeigen, dass die Befragten bei objektiven Wissensfragen auch ohne explizite Vorgabe der Option „weiß nicht" bereit sind, diese Antwort in erheblichem Maß (spontan) zu wählen.

Für die folgenden Analysen werden nicht die genannten Einzelfragen, sondern Indizes verwendet. Tab. 6 zeigt die deskriptiven Statistiken für die Indizes zum objektiven Wissen. Im Mittel können die Befragten 3,03 der Faktenfragen richtig

---

[3] Wegen des hohen Anteils falscher Antworten wurden alle Analysen für diesen Beitrag auch ohne die Angaben zu dieser Frage berechnet. Da die Ergebnisse für die bivariaten und multivariaten Analysen nur in sehr geringem Maße zwischen beiden Operationalisierungen abweichen, werden für die nachstehenden Analysen die Informationen aus allen sechs Fragen verwendet.

**Tab. 6** Deskriptive Statistiken für die Zählindizes zum verteidigungspolitischen Wissen

| Zählindizes | 0 | 1 | 2 | 3 | 4 | 5 | 6 | Mw | SD |
|---|---|---|---|---|---|---|---|---|---|
| Korrekte Antworten | 5,0 | 10,7 | 16,4 | 27,9 | 25,9 | 13,0 | 1,2 | 3,03 | 1,39 |
| Falsche Antworten | 12,5 | 28,5 | 31,2 | 19,3 | 6,5 | 1,8 | 0,2 | 1,85 | 1,19 |
| „Weiß nicht" Antworten | 60,0 | 10,0 | 13,0 | 5,6 | 4,4 | 4,4 | 2,6 | 1,08 | 1,64 |

Anmerkungen: Alle drei Indizes haben einen Wertebereich zwischen 0 und 6; alle Angaben in Prozent; Mw.: Mittelwert, SD: Standardabweichung. Datenbasis: Bevölkerungsbefragung des Zentrums für Militärgeschichte und Sozialwissenschaften der Bundeswehr 2022, Berechnungen: Steinbrecher und Biehl. Fallzahl: 2537

beantworten (entspricht 50,5 % der Wissensfragen; Standardabweichung: 1,39). 5,0 % der Befragten können auf keine der Wissensfragen eine richtige Antwort geben. Nur 1,2 % beantworten alle Fragen richtig. 1,85 Fragen werden im Mittel falsch (entspricht 30,8 %; Standardabweichung: 1,19) beantwortet. 12,5 % geben keine falsche Antwort, während nur 0,2 % bei allen sechs Fragen falsch liegen. Die „weiß nicht" Option wird im Mittel bei 1,08 Fragen genutzt (entspricht 18,0 %; Standardabweichung: 1,64). 60,0 % der Befragten machen bei keiner Frage eine „weiß nicht" Angabe. 2,6 % nutzen diese Möglichkeit bei allen Wissensfragen.

Die drei Indizes hängen alle bivariat statistisch signifikant miteinander zusammen. Je mehr richtige Antworten ein Befragter bzw. eine Befragte gibt, desto weniger falsche Antworten werden genannt. Dieser Zusammenhang ist aber schwach ausgeprägt ($r = -0,17$; $p < 0,000$). Deutlich stärker ist der Zusammenhang mit einem Korrelationskoeffizienten von $-0,69$ ($p < 0,000$) zwischen der Zahl der richtigen und der „weiß nicht" Antworten. Je mehr richtige Antworten genannt werden, desto weniger „weiß nicht" Angaben werden gemacht (und vice versa). Ein wenig schwächer ist der bivariate Zusammenhang zwischen der Zahl der falschen Antworten und den „weiß nicht" Angaben ($r = -0,56$; $p < 0,000$). Auch hier gilt also: Je mehr falsche Antworten gegeben werden, desto weniger wird „weiß nicht" genutzt (und vice versa).

## 3.2 Unabhängige Variablen

Dieser Unterabschnitt zeigt die Frageformulierungen und Rekodierungen (beides in Tab. 7) der unabhängigen Variablen (Tab. 7). Nach Rekodierungen und ggf. Bildung von Indizes wurden alle Variablen auf den Wertebereich von 0 bis 1 umgeformt mit Ausnahme des Alters, das von 16 bis 92 Jahren reicht. Tab. 8 enthält die deskriptiven Statistiken dazu.

**Tab. 7** Wortlaut und Umformung der unabhängigen Variablen

| Variablen: Fragetexte | Rekodierung |
|---|---|
| **Geschlecht/Frauen:** Welches Geschlecht haben Sie? 1 männlich, 2 weiblich, 3 divers | 0 = männlich<br>1 = weiblich |
| **Alter:** Bitte sagen Sie mir, wie alt Sie sind | Keine |
| **Bildung/niedrig, hoch:** Welchen höchsten Bildungsabschluss haben Sie? 1 Hauptschulabschluss (Volksschulabschluss) oder Abschluss POS 8./9. Klasse; 2 Mittlere Reife, Realschulabschluss, Fachschulreife oder Abschluss POS 10. Klasse; 3 Fachhochschulreife, Abschluss einer Fachoberschule; 4 Abitur; 5 Hochschul- oder Fachhochschulabschluss; 6 Einen anderen Schulabschluss und zwar: *OFFEN; 7 Noch Schüler/in | 1 = 1 + 97 niedrig<br>0 = alle anderen:<br>1 = 3–5 hoch<br>0 = alle anderen |
| **Einkommen/Haushaltsnettoeinkommen (bis 2000 €), (4001 € und mehr):** Wie hoch ist etwa das monatliche Netto-Einkommen, das Sie alle zusammen im Haushalt haben, nach Abzug von Steuern und der Sozialversicherung? Alle Einnahmequellen zusammen genommen: In welche der folgenden Netto-Einkommensgruppen fällt dann Ihr Haushalt? 1: unter 500 €; 2: 501–1000 €; 3: 1001–2000 €; 4: 2001–3000 €; 5: 3001–4000 €; 6: 4001–5000 €; 7: 5001 oder mehr | Niedrig: 1–3: 1, alle anderen: 0; Hoch 6+7: 1, alle anderen: 0 |
| **Wohnort/Ostdeutschland:** Interviewerfeststellung über Adresszuweisung | Neue Bundesländer und Berlin: 1 = Ost, alle anderen: 0 = West |
| **Migrationshintergrund:** S. 16: (Int.: es ist Deutschland in den Grenzen von 1990 gemeint. ist jemand auf ehemaligem deutschem Gebiet geboren, z. B. in Schlesien oder Ostpreussen, bedeutet das „nein, im Ausland"): Sind Sie im Gebiet des heutigen Deutschland geboren? 1: Ja, im Gebiet des heutigen Deutschland; 2: Nein, im Ausland (**Filter: wenn S. 16 = 2 (wenn im Ausland), S. 17. Int.: wenn anderes Land (13), bitte eintragen): Bitte sagen Sie mir, wo Sie geboren wurden. 1: frühere deutsche Ostgebiete (z. B. Schlesien, Pommern, Ostpreußen); 2: Türkei; 3: Polen; 4: Italien; 5: Rumänien; 6: Griechenland; 7: Russland, Russische Föderation, ehemalige Sowjetunion (UdSSR); 8: Kroatien, Serbien, Bosnien und Herzegowina, Kosovo, ehemaliges Jugoslawien; 9: Österreich; 10: Schweiz; 11: Frankreich; 12: USA; 13: Anderes Land, und zwar _____; S. 18. (Int.: Anweisung siehe S. 17): Wurden Ihre Eltern im Gebiet des heutigen Deutschland geboren? 1: Ja, im Gebiet des heutigen Deutschland; 2: Nein, Mutter im Ausland geboren; 3: Nein, Vater im Ausland geboren; 4: Nein, Mutter und Vater im Ausland geboren; Bitte sagen Sie mir, wo Ihre Mutter geboren wurde. Länderliste wie S. 17; S. 20 (Int.: wenn anderes Land (13), bitte eintragen.) Bitte sagen Sie mir, wo Ihr Vater geboren wurde. Länderliste wie S. 17 | Wenn S. 16 = 2 und S. 17 ≠ 1 und S. 18 ≠ 1; außerdem, wenn S. 18 ≠ 1 und S. 19 ≠ 1 und wenn S. 18 ≠ 1 und S. 20 ≠ 1 |

(Fortsetzung)

**Tab. 7** (Fortsetzung)

| Variablen: Fragetexte | Rekodierung |
|---|---|
| **Internale politische Efficacy:** Bitte sagen Sie mir zu jeder dieser Aussagen, ob Sie ihr völlig zustimmen, eher zustimmen, teils zustimmen/teils ablehnen, eher ablehnen oder völlig ablehnen. \*\*RANDOM; A: Ich traue mir zu, in einer Gruppe, die sich mit verteidigungspolitischen Fragen befasst, eine aktive Rolle zu übernehmen. B: Im Allgemeinen weiß ich eher wenig über die Bundeswehr. C: Ich kann verteidigungspolitische Fragen gut verstehen und einschätzen. D: Verteidigungspolitik ist so kompliziert, dass jemand wie ich gar nicht versteht, was vorgeht. 1: stimme völlig zu; 2: stimme eher zu; 3: teils/teils; 4: lehne eher ab; 5: lehne völlig ab; | Umpolung der Items A, C; Rekode aller Items auf 0 bis 1: Mittelwertbildung über die vier Items: 0 = keine Efficacy bis 1 = hohe Efficacy |
| **Politisches Interesse:** Wie stark interessieren Sie sich im Allgemeinen für Politik, ist das… 1: sehr stark; 2: eher stark; 3: mittel; 4: wenig; 5: gar nicht? | 0 = gar nicht bis 1 = sehr stark |
| **Wahlabsicht vorhanden:** Wenn am nächsten Sonntag Bundestagswahl wäre, welche der folgenden Parteien würden sie dann wählen? 1: CDU/CSU; 2: SPD; 3: Bündnis 90/Die Grünen; 4: Die Linke; 5: FDP; 6: AfD (Alternative für Deutschland); 7: Andere Partei und zwar: \*OFFEN; 8: Keine Partei, würde nicht wählen gehen; 97: nicht wahlberechtigt | 1–7: 1 = ja, alle anderen: 0 = nein |
| **Einstellung zur Bundeswehr:** Wie ist Ihre persönliche Einstellung zur Bundeswehr? Ist diese … 1: sehr positiv; 2: positiv; 3: eher positiv; 4: eher negativ; 5: negativ; 6: sehr negativ? | 0 = sehr negativ bis 1 = sehr positiv |
| **Subjektives Wissen:** F41: Was wissen Sie über die aktuellen Einsätze der Bundeswehr im Ausland (Int.: Internationales Krisenmanagement)? Sagen Sie bitte zu jedem Einsatz, ob Sie sehr viel, eher viel, eher wenig oder gar nichts über diesen wissen? [Int.: Bildschirm zum Befragten drehen], \*\*Random, immer Item D und Item H nacheinander abfragen): Der Einsatz der Bundeswehr…, A: im Kosovo zur Stabilisierung der Balkanregion. B: vor der Küste Somalias zur Überwachung der Seegebiete und Eindämmung der Piraterie. C: vor der Küste des Libanons zur Ausbildung der libanesischen Marine und zur Kontrolle der Seewege. D: im westafrikanischen Niger zur Ausbildung und Unterstützung der nigrischen Spezialkräfte. E: im Mittelmeer zur Seeraumüberwachung. F: im Irak zum Fähigkeitsaufbau der irakischen Streit- und Sicherheitskräfte. G: im Südsudan zur Unterstützung der Umsetzung des Friedensabkommens und zur Beobachtung und Untersuchung von Menschenrechtsverletzungen. H: in Mali zur Unterstützung bei der Umsetzung des innermalischen Friedensabkommens, der Wiederherstellung von Staatlichkeit und dem Schutz von Zivilisten. I: vor der Küste Libyens zur Durchsetzung des Waffenembargos gegen Libyen und zur Überwachung der Seegebiete | 1 + 2: Wissen vorhanden (1), alle anderen Antworten: kein Wissen vorhanden (0); Bildung eines Zählindexes auf Basis aller Fragen mit Wertebereich von 0 (kein subjektives Wissen) bis 1 (sehr großes subjektives Wissen) |

(Fortsetzung)

**Tab. 7** (Fortsetzung)

| Variablen: Fragetexte | Rekodierung |
|---|---|
| F42. Und was wissen Sie über die folgenden Einsätze der Bundeswehr im Ausland (Int.: Landes- und Bündnisverteidigung der NATO)? Sagen Sie bitte zu jedem Einsatz, ob Sie sehr viel, eher viel, eher wenig oder gar nichts über diesen wissen? [Int.: Bildschirm zum Befragten drehen], \*\*Random: Der Einsatz der Bundeswehr… A: in Litauen zur gemeinsamen Ausbildung und Übung mit NATO-Partnern. B: im Baltikum zur Kontrolle und Sicherung des dortigen Luftraums. C: in Rumänien zur Kontrolle und Sicherung des dortigen Luftraums. D: zur Kontrolle und Sicherung des Luftraums über Polen. E: in der Slowakei zur Luftraumüberwachung und Luftverteidigung bei allen Items beider Fragen: 1: weiß sehr viel, 2: weiß eher viel, 3: weiß eher wenig, 4: weiß gar nichts | |
| **Bin/war Soldat:** Welche der folgenden Aussagen treffen auf Sie zu? A: Ich selbst bin gerade bei der Bundeswehr. (Int.: Ziviler Angestellter (Beamter, Angestellter) oder Soldat (Berufssoldat, Soldat auf Zeit, Freiwillig Wehrdienst Leistender)), B: Ich selbst war bei der Bundeswehr. (Int.: Ziviler Angestellter (Beamter, Angestellter) oder Soldat (Berufssoldat, Soldat auf Zeit, Freiwillig Wehrdienst Leistender). 1: ja, 2: nein | Bin/war Soldat: S3A = 1 oder S3B = 1, alle anderen: 0 |
| **Verwandter/Bekannter ist/war Soldat:** Welche der folgenden Aussagen treffen auf Sie zu? C: Einer meiner engsten Verwandten war bzw. ist bei der Bundeswehr. (Int.: Ziviler Angestellter (Beamter, Angestellter) oder Soldat (Berufssoldat, Soldat auf Zeit, Freiwillig Wehrdienst Leistender) 1: ja, 2: nein | Verwandter/Bekannter ist/war Soldat: S3C = 1, alle anderen: 0 |
| **Index persönliche Wahrnehmung Bundeswehr:** Haben Sie die Bundeswehr in den letzten 12 Monaten bei den folgenden Gelegenheiten wahrgenommen? \*\*Random, A: Im Alltag, da wo Sie wohnen, also zum Beispiel auf der Straße oder beim Einkaufen? B: Bei öffentlichen Veranstaltungen? C: Bei Gesprächen mit Freunden, Verwandten oder Kollegen? 1: ja, 2: nein | Additiver Index der Ja-Nennungen über alle 3 Items; 0 = keine bis 1 = Wahrnehmung über alle Kanäle |
| **Index massenmediale Wahrnehmung Bundeswehr:** Haben Sie die Bundeswehr in den letzten 12 Monaten bei den folgenden Gelegenheiten wahrgenommen? \*\*Random, D: Bei Sendungen im Fernsehen? E: Bei Sendungen im Radio? F: Bei Beiträgen im Internet? G: Bei Berichten in Zeitungen und Zeitschriften? 1: ja, 2: nein | Additiver Index der Ja-Nennungen über alle 4 Items; 0 = keine bis 1 = Wahrnehmung über alle Kanäle |
| **Nutzung Fernsehen, Zeitungen, Radio, Internet:** Wie oft haben Sie die folgenden Medien in der letzten Woche genutzt? A: Fernsehen, B: Zeitungen, C: Radio, D: Internet 1: täglich, 2: mehrmals die Woche, 3: einmal die Woche, 4: gar nicht | Jeweils: 0 = keine bis 1 = tägliche Nutzung |

Anmerkungen: bei allen Fragen konnten die Personen auch mit „weiß nicht" antworten oder die Antwort verweigern, diese Möglichkeiten wurden jedoch nicht explizit vorgelesen; Datenbasis: Bevölkerungsbefragung des Zentrums für Militärgeschichte und Sozialwissenschaften der Bundeswehr 2022, Rekodierungen: Steinbrecher und Biehl

**Tab. 8** Deskriptive Statistiken für alle Variablen in den multivariaten Analysen

| Variable | Prozent | Mittelwert (0 bis 1) | Standardabweichung |
|---|---|---|---|
| *Ressourcen und Soziodemografie* | | | |
| Frauen | 49,8 | | – |
| Alter (16–92) | | 49,23 | 18,11 |
| Niedrige Bildung | 32,3 | | – |
| Hohe Bildung | 32,8 | | – |
| Haushaltsnettoeinkommen (bis 2 000 €) | 22,1 | | – |
| Haushaltsnettoeinkommen (4 001 € und mehr) | 17,8 | | – |
| Ostdeutschland | 20,1 | | – |
| Migrationshintergrund | 9,6 | | – |
| *Motivation* | | | |
| Internale verteidigungspolitische Efficacy | | 0,40 | 0,22 |
| Politisches Interesse | | 0,45 | 0,23 |
| Wahlabsicht vorhanden | 77,1 | | |
| Einstellung zur Bundeswehr | | 0,69 | 0,18 |
| Subjektives Wissen | | 0,19 | 0,26 |
| *Gelegenheitsstrukturen* | | | |
| Bin/war Soldat | 16,0 | | – |
| Verwandter/Bekannter ist/war Soldat | 56,3 | | – |
| Index persönliche Wahrnehmung Bundeswehr | | 0,22 | 0,27 |
| Index massenmediale Wahrnehmung Bundeswehr | | 0,41 | 0,31 |
| Nutzung Fernsehen | | 0,72 | 0,31 |
| Nutzung Zeitungen | | 0,48 | 0,39 |
| Nutzung Radio | | 0,54 | 0,39 |
| Nutzung Internet | | 0,43 | 0,39 |

Datenbasis: Bevölkerungsbefragung des Zentrums für Militärgeschichte und Sozialwissenschaften der Bundeswehr 2022, Berechnungen: Steinbrecher und Biehl

## 4 Analysen und Ergebnisse

Dieser Abschnitt präsentiert die Ergebnisse der empirischen Analysen. Dabei werden multivariate lineare Regressionen für den Index richtiger, falscher und „weiß nicht" Antworten analysiert. In jeweils vier Modellen wird das Erklärungsmodell für die Indizes verglichen, um die Wirkungsmechanismen der einzelnen Erklärungsfaktoren und Determinantengruppen besser herausarbeiten zu können. Für die multivariaten Analysen zu den Wissensindizes in den Tab. 9 bis 12 werden separate OLS-Regressionen berechnet. Die Modelle I bis III in den Tab. 9 bis 11 prüfen den Einfluss einzelner Determinantengruppen (Ressourcen und Soziodemografie, Motivation, Gelegenheitsstrukturen), während das Modell IV in Tab. 12 als vollständiges Erklärungsmodell alle Determinanten gemeinsam berücksichtigt. Die Analysen sind im Hinblick auf die Ausgestaltung der einzelnen

**Tab. 9** Der Einfluss von Ressourcen und Soziodemografie auf die Wissensindizes

|  | Korrekte Antworten | Falsche Antworten | „Weiß nicht" Antworten |
|---|---|---|---|
| Frauen | −0,54*** | −0,06 | 0,60*** |
| Alter | 0,01*** | 0,00 | −0,01*** |
| Niedrige Bildung | −0,22** | −0,07 | 0,31*** |
| Hohe Bildung | 0,17* | −0,02 | −0,12 |
| Haushaltsnettoeinkommen (bis 2 000 €) | −0,11 | 0,04 | 0,06 |
| Haushaltsnettoeinkommen (4 001 € und mehr) | 0,13 | 0,13* | −0,24** |
| Ostdeutschland | 0,02 | 0,05 | −0,03 |
| Migrationshintergrund | −0,10 | −0,15 | 0,20 |
| Konstante | 2,97*** | 1,83*** | 1,17*** |
| Korrigiertes $R^2$ | 0,06 | 0,00 | 0,05 |
| N | 2537 | | |

Anmerkungen: Multiple lineare Regressionen; unstandardisierte Regressionskoeffizienten (b). Signifikanzniveau: *** $p < 0,001$; ** $p < 0,01$; * $p < 0,05$. Referenzkategorien für nominale Merkmale: Geschlecht: Männer, Bildung: mittlere, Haushaltsnettoeinkommen: 2001 bis 4000 €, Wohnort: Westdeutschland, Migrationshintergrund: keiner
Datenbasis: Bevölkerungsbefragung des Zentrums für Militärgeschichte und Sozialwissenschaften der Bundeswehr 2022, Berechnungen: Steinbrecher und Biehl

Modelle und die Zusammenführung der Determinanten für alle drei Wissensindizes äquivalent aufgebaut. Die Darstellung in den Tab. 9 bis 12 ermöglicht den direkten Vergleich der Ergebnisse zwischen den drei Indizes.

Modell I in Tab. 9 konzentriert sich auf Ressourcen und Soziodemografie und zeigt, dass Männer, Ältere sowie Personen mit mittlerer und hoher Bildung mehr über Verteidigungspolitik wissen. Mehr falsche Angaben werden eher von Befragten mit höherem Einkommen (im Vergleich zu Personen mit mittlerem Einkommen) gemacht. Andere Ressourcen und soziodemografische Merkmale sind für diesen Index nicht relevant. Zu mehr „weiß nicht" Antworten neigen Frauen, Jüngere, Personen mit niedriger Bildung und mit mittlerem Einkommen. Damit zeigen sich im Vergleich für richtige und „weiß nicht" Angaben nahezu vollständig inverse Effekte, d. h. die Vorzeichen der Effektkoeffizienten sind entgegengesetzt und die Effektstärken ähnlich, während dies für falsche Angaben nicht der Fall ist. Um dies an zwei Beispielen zu illustrieren: Frauen geben weniger richtige und mehr „weiß nicht" Antworten. Befragte mit niedriger Bildung wissen weniger über Verteidigungspolitik und nutzen häufiger die „weiß nicht" Option. Die Erklärungsleistung von Ressourcen und Soziodemografie ist für alle drei Indizes mit korrigierten $R^2$-Werten von maximal 0,06 gering, für den Index zu falschen Angaben liegt sie bei 0,00.

Modell II in Tab. 10 bildet die Motivationsfaktoren ab. Auf das verteidigungspolitische Wissen wirken sich die internale Efficacy, das politische Interesse, die Wahlabsicht und das subjektive Wissen positiv aus. Personen, die ihre politischen Einflussmöglichkeiten besser bewerten, die stärker an Politik interessiert sind, die eine Wahlabsicht für eine Partei haben sowie von sich denken, mehr über Verteidigungspolitik zu wissen, geben häufiger richtige Antworten. Für die Zahl falscher Antworten spielen internale Effektivitätsüberzeugungen, das politische Interesse und die Einstellung zur Bundeswehr keine Rolle. Dagegen führen eine Wahlabsicht und mehr subjektives Wissen dazu, dass häufiger falsche Antworten gegeben werden. Die Effekte der Motivationsfaktoren auf die Zahl der „weiß nicht" Angaben sind spiegelbildlich zu denen für den Wissensindex: Eine stärkere internale Effektivitätsüberzeugung, größeres politisches Interesse, die Wahlabsicht für eine Partei und größeres subjektives Wissen führen zu weniger „weiß nicht" Antworten bei objektiven Wissensfragen. Mit Abstand stärkster Faktor ist sowohl für den Wissens- als auch den „weiß nicht" Index die internale Efficacy. Die Einstellung zur Bundeswehr zeigt dagegen auf keinen der Indizes Effekte. Blickt man auf das korrigierte $R^2$, zeigt sich, dass die Determinantengruppe der Motivationsfaktoren jeweils den größten Beitrag zur Erklärung der Indizes leisten kann.

**Tab. 10** Der Einfluss von Motivationsfaktoren auf die Wissensindizes

| | Korrekte Antworten | Falsche Antworten | „Weiß nicht" Antworten |
|---|---|---|---|
| Internale verteidigungspolitische Efficacy | 1,72*** | 0,13 | −1,93*** |
| Politisches Interesse | 0,84*** | −0,12 | −0,62*** |
| Wahlabsicht vorhanden | 0,38*** | 0,30*** | −0,62*** |
| Einstellung zur Bundeswehr | 0,06 | 0,01 | 0,01 |
| Subjektives Wissen | 0,28* | 0,68*** | −0,93*** |
| Konstante | 1,57*** | 1,49*** | 2,78*** |
| Korrigiertes $R^2$ | 0,19 | 0,04 | 0,21 |
| N | 2537 | | |

Anmerkungen: Multiple lineare Regressionen; unstandardisierte Regressionskoeffizienten (b). Signifikanzniveau: *** $p < 0,001$; ** $p < 0,01$; * $p < 0,05$. Referenzkategorien für nominale Merkmale: Wahlabsicht: keine Wahlabsicht vorhanden
Datenbasis: Bevölkerungsbefragung des Zentrums für Militärgeschichte und Sozialwissenschaften der Bundeswehr 2022, Berechnungen: Steinbrecher und Biehl

Tab. 11 zeigt die Ergebnisse für die Wirkung der Gelegenheitsstrukturen (Modell III). Mehr verteidigungspolitisches Wissen liegt bei den Befragten vor, die eigene Erfahrungen bei der Bundeswehr oder jemanden in ihrem Umfeld haben, der bei der Bundeswehr war oder ist. Zudem sorgt die stärkere Wahrnehmung der Streitkräfte im persönlichen Bereich wie über die Massenmedien dafür, dass jemand mehr verteidigungspolitische Wissensfragen richtig beantwortet. Ein größerer Konsum politischer Informationen über Zeitungen oder das Internet führt ebenfalls zu mehr richtigen Antworten. Für die Erklärung der Zahl falscher Angaben spielen die persönlichen Gelegenheitsstrukturen kaum eine Rolle. Statistisch signifikant wirken sich lediglich die Nutzung von Zeitungen und des Internets aus. Die stärkere Nutzung beider Informationskanäle führt zu mehr falschen Antworten – der Wirkungsmechanismus ist also identisch zum Modell für die Zahl richtiger Antworten und belegt, dass es für den Wissenserwerb nicht so sehr auf das Ausmaß der Mediennutzung, sondern eher auf den qualitativen Schwerpunkt und die Motive für die politische Nutzung von Massenmedien ankommt – zu diesen Aspekten liegen aber in den verwendeten Daten keine weiterführenden oder präziseren Informationen vor. Auf den „weiß nicht" Index wirken sich die massenmedialen Gelegenheitsstrukturen etwas stärker aus als die persönlichen Kontakte. Hat jemand selbst bei der Bundeswehr gedient oder war ein Verwandter oder Freund

**Tab. 11** Der Einfluss von Gelegenheitsstrukturen auf die Wissensindizes

| | Korrekte Antworten | Falsche Antworten | „Weiß nicht" Antworten |
|---|---|---|---|
| Bin/war Soldat | 0,41*** | −0,01 | −0,40*** |
| Verwandter/Bekannter ist/war Soldat | 0,24*** | −0,09 | −0,15* |
| Index persönliche Wahrnehmung Bundeswehr | 0,39*** | 0,13 | −0,50*** |
| Index massenmediale Wahrnehmung Bundeswehr | 0,61*** | −0,13 | −0,45*** |
| Nutzung Fernsehen | 0,19 | −0,17 | 0,06 |
| Nutzung Zeitungen | 0,43*** | 0,29*** | −0,68*** |
| Nutzung Radio | 0,12 | 0,06 | −0,18 |
| Nutzung Internet | 0,31*** | 0,29*** | −0,58*** |
| Konstante | 1,96*** | 1,76*** | 2,15*** |
| Korrigiertes $R^2$ | 0,14 | 0,02 | 0,12 |
| N | 2537 | | |

Anmerkungen: Multiple lineare Regressionen; unstandardisierte Regressionskoeffizienten (b). Signifikanzniveau: *** $p < 0,001$; ** $p < 0,01$; * $p < 0,05$. Referenzkategorien für nominale Merkmale: Bin/war Soldat: nein, Verwandter/Bekannter ist/war Soldat: nein
Datenbasis: Bevölkerungsbefragung des Zentrums für Militärgeschichte und Sozialwissenschaften der Bundeswehr 2022, Berechnungen: Steinbrecher und Biehl

„beim Bund", dann senken diese persönlichen Kontakte die Neigung zu „weiß nicht" Angaben. Gleiches gilt für eine verstärkte Wahrnehmung der Bundeswehr über persönliche Kontaktwege. Eine stärkere Wahrnehmung der Streitkräfte über die Massenmedien sowie die vermehrte Nutzung von Zeitungen und des Internets für die politische Information führen zu einer selteneren Verwendung von „weiß nicht" Antworten.

Das vollständige Modell IV in Tab. 12 zeigt die Dominanz von Motivationsfaktoren und massenmedialen Gelegenheitsstrukturen für alle drei abhängigen Variablen. Auf den Wissensindex wirkt sich lediglich eine soziodemografische Variable aus: Frauen geben weniger richtige Antworten als Männer auf die sechs Fragen zum verteidigungspolitischen Wissen – selbst unter Kontrolle von Motivation und Gelegenheitsstrukturen. Mit großem Abstand erklärungsstärkster Prädiktor ist die internale verteidigungspolitische Efficacy: Personen, die ihre eigene

Wirksamkeit in diesem Politikfeld größer einschätzen, wissen mehr über Verteidigungspolitik. Ansonsten führen ein stärkeres politisches Interesse sowie das Vorhandensein einer Wahlabsicht zu mehr richtigen Antworten. Unter den Gelegenheitsstrukturen sind vor allem die Bezüge über die Massenmedien relevant. Hier wirken sich die stärkere Wahrnehmung der Bundeswehr über die Medien wie der größere politische Informationskonsum über Fernsehen und Zeitungen positiv auf das verteidigungspolitische Wissen aus. Hinzu kommt als weiterer Effekt, dass Befragte mehr verteidigungspolitisches Wissen haben, wenn einer ihrer Bekannten oder Verwandten bei der Bundeswehr gedient hat. Insgesamt kann das Gesamtmodell 23 % der Streuung des Wissensindexes erklären.

Für den Index zur Zahl der falschen Angaben ergibt sich eine deutlich schwächere Erklärungsleistung. Selbst das vollständige Modell kann lediglich 5 % der Streuung dieser abhängigen Variable erklären. Ressourcen und Soziodemografie sind irrelevant. D. h. die Angabe falscher Antworten unterscheidet sich nicht wesentlich zwischen den betrachteten Gruppen. In der Reihenfolge der Stärke der statistisch signifikanten Einflussfaktoren führen mehr subjektives Wissen, eine Wahlabsicht für eine Partei, eine verstärkte Nutzung des Internets und von Zeitungen zu mehr falschen Antworten auf verteidigungspolitische Wissensfragen. Reduzierend auf die Zahl falscher Angaben wirken sich in ähnlichem (geringen) Maße die verstärkte Nutzung des Fernsehens und mehr massenmediale Kontakte zur Bundeswehr aus. Insbesondere der relativ starke Einfluss des subjektiven Wissens ist interessant: Kontrastiert man subjektiv wahrgenommenes mit objektiv überprüfbarem Wissen, kommt es offensichtlich bei einigen Befragten zu deutlichen Fehleinschätzungen des eigenen Wissensbestandes.

Das Gesamtmodell für den „weiß nicht" Index kann insgesamt 24 % der Streuung erklären und ist damit ähnlich gut geeignet wie das Gesamtmodell zur Erklärung der richtigen Antworten. Unter den Ressourcen hat lediglich das Geschlecht noch einen statistisch signifikanten Effekt. Bei den persönlichen Gelegenheitsstrukturen sind alle Einflüsse verschwunden. In der Reihenfolge der Erklärungsstärke führen eine größere internale Efficacy, eine vorhandene Wahlabsicht, mehr subjektives Wissen, stärkere Nutzung von Zeitungen und größerer politischer Informationskonsum im Internet zu weniger „weiß nicht" Antworten. Männer nutzen „weiß nicht" etwas seltener als Frauen und eine stärkere massenmediale Wahrnehmung der Bundeswehr führt ebenfalls zu weniger „weiß nicht" Angaben.

Im Vergleich der drei Modelle wird deutlich, dass die üblichen Indikatorengruppen und politikfeldspezifische Erklärungsfaktoren für objektives Wissen zwar gut dazu geeignet sind, das Ausmaß des richtigen Wissens und die Anzahl der „weiß nicht" Antworten zu erklären, nicht aber die Häufigkeit falscher Antworten. Diese Befunde legen nahe, dass falsches Wissen nicht zwingend die

**Tab. 12** Gesamtmodelle für die Erklärung der Wissensindizes

| | Korrekte Antworten | Falsche Antworten | „Weiß nicht" Antworten |
|---|---|---|---|
| *Ressourcen und Soziodemografie* | | | |
| Frauen | −0,17** | −0,03 | 0,21** |
| Alter | 0,00 | 0,00 | 0,00 |
| Niedrige Bildung | −0,09 | −0,04 | 0,15 |
| Hohe Bildung | 0,07 | −0,07 | 0,02 |
| Haushaltsnettoeinkommen (bis 2 000 €) | 0,01 | 0,06 | −0,07 |
| Haushaltsnettoeinkommen (4 001 € und mehr) | 0,03 | 0,10 | −0,12 |
| Ostdeutschland | 0,10 | 0,04 | −0,10 |
| Migrationshintergrund | 0,07 | −0,07 | −0,04 |
| *Motivation* | | | |
| Internale verteidigungspolitische Efficacy | 1,45*** | 0,18 | −1,71*** |
| Politisches Interesse | 0,30* | −0,21 | −0,03 |
| Wahlabsicht vorhanden | 0,33*** | 0,30*** | −0,58*** |
| Einstellung zur Bundeswehr | −0,10 | 0,16 | 0,01 |
| Subjektives Wissen | 0,17 | 0,63*** | −0,79*** |
| *Gelegenheitsstrukturen* | | | |
| Bin/war Soldat | 0,05 | −0,13 | 0,10 |
| Verwandter/Bekannter ist/war Soldat | 0,20*** | −0,09 | −0,11 |
| Index persönliche Wahrnehmung Bundeswehr | 0,17 | 0,05 | −0,22 |
| Index massenmediale Wahrnehmung Bundeswehr | 0,46*** | −0,18* | −0,25* |
| Nutzung Fernsehen | 0,28** | −0,20* | −0,01 |
| Nutzung Zeitungen | 0,30*** | 0,20* | −0,45*** |
| Nutzung Radio | 0,02 | 0,01 | −0,02 |
| Nutzung Internet | 0,05 | 0,29*** | −0,35*** |
| Konstante | 1,57*** | 1,42*** | 2,86*** |

(Fortsetzung)

**Tab. 12** (Fortsetzung)

|  | Korrekte Antworten | Falsche Antworten | „Weiß nicht" Antworten |
|---|---|---|---|
| Korrigiertes $R^2$ | 0,23 | 0,05 | 0,24 |
| N | 2537 | | |

Anmerkungen: Multiple lineare Regressionen; unstandardisierte Regressionskoeffizienten (b). Signifikanzniveau: *** $p < 0,001$; ** $p < 0,01$; * $p < 0,05$. Referenzkategorien für nominale Merkmale: Geschlecht: Männer, Bildung: mittlere, Haushaltsnettoeinkommen: 2001 bis 4000 €, Wohnort: Westdeutschland, Migrationshintergrund: keiner, Wahlabsicht: keine Wahlabsicht vorhanden. Bin/war Soldat: nein, Verwandter/Bekannter ist/war Soldat: nein
Datenbasis: Bevölkerungsbefragung des Zentrums für Militärgeschichte und Sozialwissenschaften der Bundeswehr 2022, Berechnungen: Steinbrecher und Biehl

Kehrseite richtigen Wissens ist und die Entwicklung eigener, spezifischer Erklärungsmodelle für Falschangaben bei Faktenfragen notwendig ist. Die Ergebnisse für die Indizes zum Wissen und zu den „weiß nicht" Angaben sind hinsichtlich der Vorzeichen der statistisch signifikanten Einflüsse in weiten Teilen spiegelbildlich zueinander aufgebaut: Frauen geben weniger richtige und dafür mehr „weiß nicht" Antworten. Eine ausgeprägte Efficacy führt zu mehr Wissen und geringerer Nutzung der „weiß nicht" Option. Ist eine Wahlabsicht vorhanden, wissen die Befragten mehr und geben weniger „weiß nicht" Antworten. Die stärkere Wahrnehmung der Bundeswehr über die Massenmedien und die Lektüre von politischen Informationen in Zeitungen führen zu mehr Wissen und geringerer Neigung zu „weiß nicht". Diese Ergebnisse deuten insgesamt darauf hin, dass „weiß nicht" Angaben (und nicht etwa falsche Antworten) die Kehrseite korrekten politischen Wissens sind.

## 5 Schlussbetrachtung und Diskussion

Ziel dieses Beitrages war eine Analyse von richtigen, falschen und „weiß nicht" Angaben bei Wissensfragen zur Sicherheits- und Verteidigungspolitik in Deutschland. Mittels Daten aus der ZMSBw-Bevölkerungsbefragung 2022 haben wir das sicherheits- und verteidigungspolitische Wissen der deutschen Bevölkerung mit dem Fokus auf Einsätze der Bundeswehr im Ausland und zur Bündnisverteidigung erhoben. Dazu wurden den Befragten sechs Wissensfragen zu objektiven Fakten gestellt und jeweils vier Antwortvorschläge unterbreitet. Die Auswertungen belegen, dass das Ausmaß von richtigen, falschen und „weiß nicht" Antworten in

Abhängigkeit vom Schwierigkeitsgrad der Frage erheblich schwankt. In unserer Untersuchung reichte die Bandbreite des Anteils richtiger Antworten von 14 % bis 83 % und bei falschen Antworten von 7 % bis über 70 %. Obwohl in den Interviews die Option „weiß nicht" nicht aktiv angeboten wurde, gaben zwischen 6 % und 30 % der Befragten von sich aus an, dass sie die richtige Antwort nicht kennen.

Die Untersuchung der Erklärungsfaktoren für richtige Antworten hat den Forschungsstand für das Politikfeld Sicherheits- und Verteidigungspolitik (Fiebig 2013; Steinbrecher und Biehl 2019) weitgehend bestätigt und zugleich erweitert. Frauen haben ein geringeres verteidigungspolitisches Wissen. Der formalen Bildung kommt in diesem Themenfeld – und im Unterschied zum politischen Wissen in anderen Politikbereichen – bemerkenswerterweise kaum eine Bedeutung zu. Wesentlich sind motivationale Größen wie verteidigungspolitische Efficacy, politisches Interesse sowie das Vorliegen einer Wahlabsicht. Zudem spielen Kontakte und mediale Wahrnehmungen eine gewisse Rolle. Hinter den „weiß nicht" Antworten stehen ebenfalls in erster Linie motivationale Faktoren. Wer sich für Sicherheits- und Verteidigungspolitik keine Kompetenz, kein Interesse und keine Kenntnisse zuschreibt, wer nicht an Wahlen teilnimmt oder keine Partei präferiert und seltener Zeitung liest bzw. im Internet politische Nachrichten verfolgt, der bekennt häufiger, die richtige Antwortoption nicht zu kennen. Den soziodemografischen Merkmalen der Befragten und deren Beziehungen zur Bundeswehr kommt hingegen nur eine untergeordnete Rolle zu. Im Vergleich zeigen sich spiegelbildliche Einflüsse der Erklärungsfaktoren auf richtige und „weiß nicht" Antworten. Im Unterschied zur Erklärung der korrekten und der „weiß nicht" Angaben konnten unsere Auswertungen nur sehr bedingt die Determinanten von falschen Angaben identifizieren. Einflüsse konnten wir für das selbst zugeschriebene Wissen – insofern als Befragte, die sich selbst großes verteidigungspolitisches Wissen attestieren, eher falsche Antworten geben –, die Wahlabsicht und die Nutzung von Internet und Zeitungen als Informationsquelle nachweisen. Die Ressourcen der Befragten sowie ihre Motivation und ihre Kontakte zu den Streitkräften sind weitgehend ohne Belang.

Die Analysen zu den Erklärungsfaktoren objektiv falscher Antworten machen deutlich, dass die üblichen Indikatorengruppen und politikfeldspezifischen Erklärungsfaktoren für die Erklärung von korrektem Wissen und der Anzahl der „weiß nicht" Antworten gut geeignet sind, nicht aber für die Anzahl der falschen Angaben. Dies deutet darauf hin, dass falsche Angaben nicht die Kehrseite korrekter Antworten sind und die Entwicklung spezifischer Erklärungsmodelle für Fehlvorstellungen notwendig ist. Die künftige Forschung ist gefordert, zusätzliche Erklärungsgrößen in den Blick zu nehmen, die in unserer Datenbasis fehlen. Hierzu bieten sich etwa Persönlichkeitseigenschaften an. Die Forschung hat gezeigt, dass die Neigung, die Antworten zu raten, in Teilen von den Charakteristika der

Befragten abhängig ist (Mondak 1999; Walter et al. 2020). So sind risikobereite Personen eher geneigt, die Antwort zu erraten als sicherheitsorientierte Individuen. Ebenso könnte jemand, der das Eingeständnis von Unwissenheit als sozial unangenehm empfindet, in Interviews eher zu inhaltlichen Festlegungen tendieren, als seine Ignoranz gegenüber dem Interviewer preiszugeben. Hinsichtlich der Erklärungsgrößen gibt es weitere Limitationen: So haben wir keine weitergehenden Informationen zur Befragungssituation (Angaben zum Interviewer, zur Interviewsituation, zur Interaktion mit dem Befragten etc.), die wir in unserer Analyse berücksichtigen konnten. Auch könnten einige der Erklärungsgrößen – wie etwa der Medienkonsum – in künftigen Untersuchungen differenzierter erfasst werden. Dies gilt insbesondere für Angaben zur Rezeption von Informationen mit konkretem Bezug zum Politikfeld oder die Bewertung der Glaubwürdigkeit einzelner Medien oder Informationskanäle.

Daneben sind weitere Grenzen unserer Untersuchung offensichtlich: Wir haben Kenntnisse zu Formen, Ursachen und Bedingungen des Einsatzes der Bundeswehr im Ausland erhoben. Damit haben wir inhaltlich nur einen begrenzten Bereich der Sicherheits- und Verteidigungspolitik abgedeckt. Inwieweit unsere Befunde für dieses Politikfeld verallgemeinerbar sind, können wir auf Basis der verwendeten Umfrage nicht klären. Noch offener ist, zu welchem Grad unsere Befunde zu fehlendem Wissen und falschen Vorstellungen auf andere Politikfelder oder auf allgemeine politische Fragen zu transferieren sind.

Ungeachtet dieser Limitationen und Schwächen der Analyse ist zu konstatieren, dass deren Ergebnisse Hinweise darauf geben, wer aus welchen Gründen über Kenntnisse zur Sicherheits- und Verteidigungspolitik verfügt. Ebenfalls bietet unsere Untersuchung Einsichten, weshalb einige Befragte hierbei ihr fehlendes Wissen reklamieren und die „weiß nicht" Option wählen. Weniger deutlich wurde jedoch, weshalb falsche Antworten gegeben werden. Die bisherige Forschung zu politischem Wissen konzentriert sich zumeist auf die Analyse des Ausmaßes, der Bedingungen und der Einflussfaktoren von korrekten Antworten. Viele Untersuchungen unterscheiden gar nicht zwischen falschen und „weiß nicht" Antworten, sondern behandeln diese als Residual- bzw. als Kontrastkategorie zu richtigen Antworten. Die vorstehenden Ergebnisse zeigen, dass eine differenzierte Betrachtung der drei Antwortmöglichkeiten politischen Wissens notwendig ist. Richtige und falsche sowie „weiß nicht" Antworten sollten künftig getrennt voneinander betrachtet und analysiert werden. Angesichts von Desinformationskampagnen, Fake News und „alternativen Fakten" ist es gerade für den Bereich der Sicherheits- und Verteidigungspolitik relevant, nicht nur die Träger und Ursachen von korrektem Wissen zu kennen. Aus wissenschaftlicher wie politikpraktischer Sicht erscheint es ebenso notwendig und dringlich, zu untersuchen, worauf objektiv falsche Vorstellungen und politische Ignoranz beruhen.

## Literatur

Almond, Gabriel A. 1950. *The American People and Foreign Policy*. New York: Praeger.
Bathelt, Severin, Alexander Jedinger, und Jürgen Maier. 2016. Politische Kenntnisse in Deutschland: Entwicklung und Determinanten, 1949–2009. In *Bürgerinnen und Bürger im Wandel der Zeit. 25 Jahre Wahl- und Einstellungsforschung in Deutschland*, Hrsg. Sigrid Roßteutscher, Thorsten Faas und Ulrich Rosar, 181–207. Wiesbaden: Springer VS.
Beatty, Paul, und Douglas Herrmann. 1995. A Framework for Evaluation "Don't Know" Responses in Surveys. *Proceedings of the Survey Research Methods Section, American Statistical Association*: 1005–1010.
Breunig, Christian, und Birgit van Eimeren. 2015. 50 Jahre „Massenkommunikation": Trends in der Nutzung und Bewertung der Medien. *Media Perspektiven* 11: 505–525.
Delli Carpini, Michael X., und Scott Keeter. 1996. *What Americans Know About Politics and Why It Matters*. New Haven, CT: Yale University Press.
Fiebig, Rüdiger. 2013. Factual Knowledge and Public Support for German Military Operations: The Case of the German ISAF Mission in Afghanistan. In *The Armed Forces: Towards a Post-Interventionist Era?* Hrsg. Gerhard Kümmel und Bastian Giegerich, 93-109. Wiesbaden: Springer VS.
Gabriel, Oscar W., und S. Isabell Thaidigsmann. 2009. Item Nonresponse: Ausprägung und Ursachen. In *Vom Interview zur Analyse. Methodische Aspekte der Einstellungs- und Wahlforschung*, Hrsg. Harald Schoen, Hans Rattinger und Oscar W. Gabriel, 283–320, Baden-Baden: Nomos.
Graf, Timo. 2021. *Trendradar 2021: Die öffentliche Meinung zur Sicherheits- und Verteidigungspolitik in der Bundesrepublik Deutschland im Zeitverlauf*. Forschungsbericht Nr. 129. Potsdam: Zentrum für Militärgeschichte und Sozialwissenschaften der Bundeswehr.
Graf, Timo. 2022. *Zeitenwende im sicherheitspolitischen Meinungsbild: Ergebnisse der ZMSBw-Bevölkerungsbefragung 2022*. Forschungsbericht Nr. 133. Potsdam: Zentrum für Militärgeschichte und Sozialwissenschaften der Bundeswehr.
Graf, Timo, Markus Steinbrecher, Heiko Biehl, und Joel Scherzer. 2022. *Sicherheits- und verteidigungspolitisches Meinungsbild in der Bundesrepublik Deutschland: Ergebnisse und Analysen der Bevölkerungsbefragung 2021*. Forschungsbericht Nr. 131. Potsdam: Zentrum für Militärgeschichte und Sozialwissenschaften der Bundeswehr.
Ipsos. 2022. *Sicherheitspolitisches Meinungsbild 2022*. Methodenbericht. Berlin.
Jessee, Stephen A. 2017. „Don't Know" Responses, Personality, and the Measurement of Political Knowledge. *Political Science Research and Methods* 5 (4): 711–731.

Kleinberg, Mona S., und Richard R. Lau. 2019. The Importance of Political Knowledge for Effective Citizenship: Differences Between the Broadcast and Internet Generations. *Public Opinion Quarterly* 83 (2): 338–362.

Lippmann, Walter. 1922. *Public opinion*. Macmillan.

Luskin, Robert C., und John G. Bullock. 2011. "Don't Know" Means "Don't Know": DK Responses and the Public's Level of Political Knowledge. *The Journal of Politics* 73 (2): 547–557.

Maier, Jürgen. 2009. Was die Bürger über Politik (nicht) wissen – und was die Massenmedien damit zu tun haben – ein Forschungsüberblick. *PVS (Politische Vierteljahresschrift) Sonderheft* 42: 393–414.

Marx, Paul. 2019. Beschäftigungsunsicherheit, politisches Wissen und Wahlbeteiligung. In *Politisches Wissen. Relevanz, Messung und Befunde*, Hrsg. Bettina Westle und Markus Tausendpfund, 121–144. Wiesbaden: Springer VS.

Mondak, Jeffery J. 1999. Reconsidering the Measurement of Political Knowledge. *Political Analysis* 8 (1): 57–82.

Mondak, Jeffery J., und Belinda C. Davis. 2001. Asked and Answered: Knowledge Levels When We Will Not Take "Don't Know" for an Answer. *Political Behavior* 23 (3): 199–223.

Nadeau, Richard, und Richard G. Niemi. 1995. Educated Guesses: The Process of Answering Factual Knowledge Questions in Surveys. *Public Opinion Quarterly* 59 (3): 323–346.

Rothbart, Chariklia. 2021. *Mode- und Antwortskala-Effekte in Interviewer-administrierten Befragungen zu politischen Einstellungen*. Dissertation. Universität Potsdam.

Steinbrecher, Markus. 2016. Verteidigungspolitisches Wissen. In *Sicherheits- und verteidigungspolitisches Meinungsklima in der Bundesrepublik Deutschland. Ergebnisse und Analysen der Bevölkerungsbefragung 2016*, Hrsg. Markus Steinbrecher, Heiko Biehl, Chariklia Höfig und Meike Wanner, 62–81. Potsdam: Zentrum für Militärgeschichte und Sozialwissenschaften der Bundeswehr.

Steinbrecher, Markus. 2023. Militär und Öffentlichkeit. In *Militärsoziologie – eine Einführung*, 3. Auflage. Hrsg. Nina Leonhard und Ines-Jacqueline Werkner, 263-288. Wiesbaden: Springer VS.

Steinbrecher, Markus, und Heiko Biehl. 2019. Nur „freundliches Desinteresse"? Ausmaß und Determinanten verteidigungspolitischen Wissens in Deutschland. In *Politisches Wissen. Relevanz, Messung und Befunde*, Hrsg. Bettina Westle und Markus Tausendpfund, 145–175. Wiesbaden: Springer VS.

Steinbrecher, Markus, und Heiko Biehl. 2020. Military Know-Nothings or (At Least) Military Know-Somethings? Knowledge of Defense Policy in Germany and Its Determinants. *Armed Forces & Society* 46 (2): 302–322.

Steinbrecher, Markus, und Meike Wanner. 2021. Alles eine Frage des Erfolgs? Einstellungen zum internationalen Engagement Deutschlands und zum Einsatz in Afghanistan. In *Einsatz ohne Krieg? Die Bundeswehr nach 1990 zwischen politischem Auftrag und militärischer Wirklichkeit*, Hrsg. Jochen Maurer und Martin Rink, 257–279. Göttingen: Vandenhoeck & Ruprecht.

Stocké, Volker, und Tobias Stark. 2005. *Stichprobenverzerrung durch Item-Nonresponse in der international vergleichenden Politikwissenschaft* (Working Paper 05–43). Mannheim: Universität Mannheim, SFB 504.

Sturgis, Patrick, Nick Allum, und Patten Smith. 2008: An Experiment on the Measurement of Political Knowledge in Surveys. *Public Opinion Quarterly* 85 (1), 90–102.

Tausendpfund, Markus. 2020. Niveau und Determinanten politischen Wissens. In *Politisches Wissen in Deutschland. Empirische Analysen mit dem ALLBUS 2018*, Hrsg. Markus Tausendpfund und Bettina Westle, 89–126. Wiesbaden: Springer VS.

Tsai, Tsung-Han. 2023. When „Don't Know" Indicates Nonignorable Missingness: Using the Estimation of Political Knowledge as an Example. *Political Studies Review* 21 (1): 99–126.

Walter, Jessica G., Martina Wasmer, und Michael Blohm. 2020. Die Erfassung politischen Wissens in der Allgemeinen Bevölkerungsumfrage Sozialwissenschaften. In *Politisches Wissen in Deutschland: Empirische Analysen mit dem ALLBUS 2018*, Hrsg. Markus Tausendpfund und Bettina Westle, 11–54. Wiesbaden: Springer VS.

Weber, Mathias, und Christina Köhler. 2017. Illusions of Knowledge: Media Exposure and Citizens' Perceived Political Competence. *International Journal of Communication* 11: 2387–2410.

Westle, Bettina. 2011. Politisches Wissen in Deutschland: Ein Vergleich von Bürgern mit türkischem Migrationshintergrund und einheimischen Deutschen. *Zeitschrift für Parlamentsfragen* 42 (4): 835–850.

Westle, Bettina, und Markus Tausendpfund (Hrsg.). 2019a. *Politisches Wissen. Relevanz, Messung und Befunde*. Wiesbaden: Springer VS.

Westle, Bettina, und Markus Tausendpfund. 2019b. Politisches Wissen: Relevanz, Messung und Befunde. In *Politisches Wissen. Relevanz, Messung und Befunde*, Hrsg. Bettina Westle und Markus Tausendpfund, 1–39. Wiesbaden: Springer VS.

**Dr. Markus Steinbrecher** ist Wissenschaftlicher Mitarbeiter im Forschungsbereich Militärsoziologie am Zentrum für Militärgeschichte und Sozialwissenschaften der Bundeswehr in Potsdam. Seine Forschungsinteressen umfassen politisches Verhalten, politische Einstellungen, politische Psychologie und Militärsoziologie. E-Mail: MarkusSteinbrecher@bundeswehr.org

**Dr. Heiko Biehl** ist Leiter des Forschungsbereichs Militärsoziologie am Zentrum für Militärgeschichte und Sozialwissenschaften der Bundeswehr in Potsdam. Seine Forschungsinteressen umfassen Militärsoziologie und Politische Soziologie. E-Mail: HeikoBiehl@bundeswehr.org

# Misskonzeptuelle Vorstellungen zum parlamentarischen Regierungssystem

Katrin Hahn-Laudenberg

## 1 Einleitung

Das parlamentarische Regierungssystem ist prägend für die politischen Entscheidungsprozesse in der Bundesrepublik Deutschland. Sind die damit verbundenen Machtstrukturen und Gewaltenverschränkungen nicht bekannt oder werden sie falsch verstanden, dann fehlen zentrale Kriterien oder es werden unangemessene Kriterien zur Beurteilung politischen Handelns genutzt. Ob das politische System in Deutschland von seiner Bevölkerung verstanden wird, ist Gegenstand politikwissenschaftlicher Forschung (Maier et al. 2009; Tausendpfund und Westle 2020). Im vorliegenden Beitrag wird untersucht, inwieweit bei Jugendlichen misskonzeptuelle Vorstellungen zum parlamentarischen Regierungssystem verbreitet sind, insbesondere solche einer plebiszitären Abhängigkeit der Regierungsspitze oder der Existenz eines präsidentiellen Systems in Deutschland. Davon ausgehend wird die Veränderbarkeit dieser Vorstellungen durch die Thematisierung im Unterricht untersucht.

Zur Bearbeitung der Forschungsfrage ist der Beitrag wie folgt strukturiert: Im zweiten Abschnitt wird zum einen, unter Vergegenwärtigung der Merkmale eines parlamentarischen Regierungssystems, der Forschungsstand zum Verständnis der Bevölkerung zum parlamentarischen Regierungssystem beleuchtet. Zum anderen

---

K. Hahn-Laudenberg (✉)
Universität Leipzig, Leipzig, Deutschland
E-Mail: katrin.hahn-laudenberg@uni-leipzig.de

© Der/Die Autor(en), exklusiv lizenziert an Springer Fachmedien Wiesbaden GmbH, ein Teil von Springer Nature 2024
B. Westle und M. Tausendpfund (Hrsg.), *Politisches Wissen: Korrekte Kenntnisse, Fehlvorstellungen und Ignoranz*, Politisches Wissen,
https://doi.org/10.1007/978-3-658-42979-9_7

werden relevante kognitionspsychologische Grundlagen der Conceptual-Change-Forschung skizziert. Beide verbindende politikdidaktische Perspektiven leiten in die Fragestellung über. Im dritten Abschnitt werden nach der Vorstellung der Datengrundlage Instrumente zur Erfassung von auf das Regierungssystem bezogenen Wissens vorgestellt. Im vierten Abschnitt werden Ergebnisse zur Veränderung der Verankerung von Misskonzepten durch Unterricht berichtet. Interpretation und Fazit schließen den Beitrag ab.[1]

## 2 Forschungsstand und Fragestellung

### 2.1 Das Verständnis des parlamentarischen Regierungssystems in der Bevölkerung in Deutschland

Die Wahl und Abberufungsmöglichkeit der Regierung durch das Parlament ist das entscheidende Merkmal eines parlamentarischen Regierungssystems (Steffani 1997, S. 113). Der dadurch entstehende „neue Dualismus" verläuft nicht wie in der klassischen Gewaltenteilungslehre zwischen Parlament und Regierung, sondern zwischen parlamentarischer Regierungsmehrheit und Regierung einerseits und der Opposition andererseits. Die Trennung von Staatsoberhaupt und Regierung, die Kompatibilität von Regierungsamt und Parlamentsmandat sowie eine hohe Fraktionsdisziplin zählt Steffani (1997) zu den mit dieser Grundlogik des parlamentarischen Regierungssystems zusammenhängenden (Sekundär-) Merkmalen. In der politischen Kulturforschung wurde schon früh diskutiert, ob die Funktionslogik des durch Gewaltenverschränkung geprägten parlamentarischen Systems der Bevölkerung in Deutschland bewusst und verständlich ist. Fraenkel (1964/2011) stellte die These auf, dass die Verfassungsvorstellung in der deutschen Bevölkerung durch eine populäre Interpretation französischer Theoretiker wie Rousseau und Montesquieu geprägt sei, die starke Formen der Repräsentation und eine Verschränkung der Gewalten ablehne. Dies stünde jedoch in Konflikt mit der an dem parlamentarischen System Englands orientierten deutschen Verfassungsrealität.

---

[1] Der Beitrag basiert in Teilen auf Analysen und Ausführungen im Rahmen der Promotion „Konzepte von Demokratie bei Schülerinnen und Schülern" (Hahn-Laudenberg 2017, insb. S. 259–282).

Bereits in älteren Studien gab es Versuche, diese Frage auch empirisch zu untersuchen. Schüttemeyer (1986) diskutiert auf Basis verschiedener Studien empirische Ergebnisse über Kenntnisse und Einstellungen zum Parlament in den ersten Jahrzehnten der Bundesrepublik. Sie resümiert für die betrachtete Zeit bei einer deutlichen Mehrheit der westdeutschen Bevölkerung eine diffuse Unterstützung des Parlamentes, welche meist auf Gewöhnung, aber nur selten auf einer Einsicht in die strukturellen Möglichkeiten und Grenzen des Parlaments basiere, da nur eine Minderheit „normativ zutreffende Vorstellungen über das Parlament innerhalb der repräsentativen Demokratie der Bundesrepublik" habe (Schüttemeyer 1986, S. 272). Auch für das vereinigte Deutschland wurde vor allem auf Basis von Einstellungsbefragungen argumentiert, dass Vorstellungen zum Regierungssystem in Teilen der Bevölkerung eher dem eines präsidentiellen Systems entsprächen. Patzelt (1996, 1998, 2005) führte ausgehend von Fraenkels theoretischen Analysen einige empirische Befragungen durch, auf deren Basis er ein kritisches Bild von der Beziehung der deutschen Bevölkerung zu ihrem Parlament zeichnet. In seinen Analysen stellt er die These auf, die zentralen Merkmale des parlamentarischen Regierungssystems, also die Verschränkung von Parlament und Regierung, die Verbindung von Parlamentsmandat und Regierungsamt und/oder Parteiführungsfunktion sowie die Fraktionsdisziplin würden von der Mehrheit der Bevölkerung nicht verstanden und/ oder abgelehnt werden. Deshalb liege die schlechte Bewertung des Bundestags auch an diesem „falschen Maßstab" (Patzelt 1996, S. 315), der eher an einem präsidentiellen Regierungssystem oder gar einer konstitutionellen Monarchie orientiert sei: „Derzeit stammt nämlich der allgemeine Bezugsrahmen des Verständnisses von Parlament und Abgeordneten offenbar aus dem Konstitutionalismus und Frühparlamentarismus, so dass die Bürger an Volksvertretungen und Parlamentarier oft inadäquate Erwartungen richten" (Patzelt 1996, S. 320).

Die Interpretationen Patzelts sind sehr weitgehend, da sie auf meist deskriptiver Datenanalyse von Befragungsdaten beruhen, die nicht konkret auf die Fragestellung des Verständnisses des parlamentarischen Regierungssystems bezogen sind. Zudem ist der Kritik Welzels (2000) zuzustimmen, der Patzelt eine selektive Interpretation der Angaben vorwirft. Besonders gravierend ist aber, dass auf Grundlage der Daten Einstellungen, Bewertungen und konzeptionelles Wissen nicht sauber getrennt werden können. Die Interpretation Patzelts, dass die negativen Bewertungen des Bundestags in der Unkenntnis der parlamentarischen Funktionsweise der deutschen Demokratie begründet sind, ist vielleicht naheliegend. Sie lässt sich aber an den Daten selbst nicht belegen. So interpretiert Welzel (2000), in ebensolcher Überreizung der Aussagekraft der Daten, dieselben Ergebnisse in eine ganz andere Richtung, nämlich als einen Aufruf zu einer institutionellen Reform des Systems durch Einführung plebiszitärer Elemente.

Aber auch in späteren Studien wirft das Antwortverhalten in allgemeinen Bevölkerungsumfragen Fragen in Bezug auf das Verständnis des parlamentarischen Regierungssystems auf. Auf Grundlage von Analysen neuerer Instrumente zur Erhebung politischen Wissens weist Westle (2012) auf ein auffälliges Muster bei der Wissensfrage zur Bundeskanzlerwahl hin: Nur die Hälfte der Befragten wählte die parlamentarische Wahl als Antwortalternative aus, während fast ein Fünftel eine Direktwahl annahm. Auch wenn der Anteil in späteren Befragungen etwas geringer ausfällt (Moosdorf et al. 2020), bleibt die Frage, ob diesem Antwortverhalten eine grundlegend misskonzeptuelle Vorstellung des parlamentarischen Regierungssystems zugrunde liegt. Stark personalisierte Politikdarstellungen in den Medien, gerade auch die auf die Kanzlerkandidaten zugeschnittenen Berichte im Vorfeld von Bundestagswahlen, könnten zusätzlich Misskonzepte verstärken, welche von der Direktwahl der Regierungsspitze ausgehen lässt (Westle 2012, S. 56).

In aktuellen Veröffentlichungen wird die potenzielle Relevanz von misskonzeptuellen Vorstellungen zur Demokratie für Demokratiezufriedenheit diskutiert (Westle 2015) und die Bedeutung politischen Wissens für Aspekte politischer Unterstützung oder für die Ablehnung populistischer Argumentationsstrukturen stärker in den Blick genommen (Westle 2020), wenn auch dabei mögliche Effekte spezifischer Misskonzepte (noch) nicht analysiert werden. Allgemein stützen Analysen aktueller ALLBUS-Daten die Annahme, dass erwartungsgemäß größeres politisches Wissen mit geringerer Befürwortung populistischer Auffassungen einhergeht. Differenzierte Analysen von „weiß nicht"-Angaben und falschen Antworten auf politische Faktenwissensfragen geben gleichzeitig erste empirische Hinweise darauf, dass weniger letztere, sondern insbesondere das angegebene Fehlen von Wissen mit einer höheren Zustimmung zu populistischen (homogenitätsbezogenen und repräsentationskritischen) Auffassungen einhergeht. Westle (2020, S. 226) kommt auf Basis dieser Analysen zu dem Schluss, „dass Populismus-Affinität eher auf der Grundlage von Gleichgültigkeit oder Distanz gegenüber Politik als einer Ansammlung von Fehlinformationen ruht". Ausgehend von Theorien politischer Unterstützung (Easton 1965; Fuchs 2002) ist zu erwarten, dass Misskonzepte über die Funktionsweise des jeweiligen politischen Systems mit einer größeren Unzufriedenheit mit der Performanz der Entscheidungsträger und des politischen Systems einhergehen, weil systemkonforme Handlungen ggf. nicht als solche erkannt und daher negativ beurteilt werden.

In der politikdidaktischen Kompetenzdebatte wird für Jugendliche eine zur erwachsenen Bevölkerung analoge Problematik mit Blick auf das Verständnis des parlamentarischen Regierungssystems vermutet (Detjen 2007, S. 282–284; Weißeno et al. 2010, 71 und 138). Gleichzeitig wird konzeptuelles Wissen zu Grundelementen des politischen Systems, in denen Jugendliche leben, als Grundlage betont, um politische Entscheidungsprozesse verstehen und kompetent beurteilen sowie politische Entscheidungen im Sinne eigener Werte und Interessenlagen beeinflussen zu können (GPJE 2004; Detjen et al. 2012). Einer schulischen politischen Bildung, die potenziell alle Heranwachsenden erreicht, kommt für eine breite Verankerung systemspezifischen politischen Wissens eine Schlüsselrolle zu. Der damit angesprochene Bereich der Institutionenkunde ist einer der klassischen, gleichzeitig aber auch der meist kritisierten Bereiche der politischen Bildung – mit Verweis auf die Gefahr der abstrakten Vermittlung von institutionellen Strukturen und der damit einhergehenden Förderung eines statischen Politikverständnisses (Deichmann 2021). Für ein institutionenkundliches Lernen, welches den Sinn von Institutionen sowie ihren Interessen- und Herrschaftscharakter be-/hinterfragt, Perspektiven von Polity, Policy und Politics verbindet und subjektorientiert von der Bedeutung für die Lernenden her denkt, gibt es zahlreiche konzeptuelle politikdidaktische Konzepte und Methoden (Massing 2022). Diese ermöglichen, den Aufbau konzeptuellen Wissens zum politischen System konsequent mit der Förderung von politischer Urteils- und Handlungsfähigkeit zu verbinden (Hahn-Laudenberg 2022). Zur Frage, inwieweit diese Konzepte in die reguläre Schulpraxis hineinwirken, gibt es aber bislang kaum empirische Erkenntnisse. Ebenso liegen bislang jenseits der hier vorzustellenden Studie lediglich Einzelbefunde zur Frage möglicher Misskonzepte zum parlamentarischen Regierungssystem bei Jugendlichen vor.

In der Auswertung einer um die Jahrtausendwende durchgeführten Sachsen-Anhalt-Studie werden mögliche Probleme von Jugendlichen, die Rolle der Opposition zu verstehen, angesprochen (Krüger et al. 2002). Allerdings stützt sich dies allein auf den mit 70 % hohen Anteil der Befragten, die der Aussage „Aufgabe der politischen Opposition ist es nicht, die Regierung zu kritisieren, sondern sie in ihrer Arbeit zu unterstützen" eher oder vollkommen zustimmen. Im Vergleich dazu lag der Anteil der Zustimmung zu dieser Aussage in der Bevölkerung geschätzt auf Basis der Allgemeinen Bevölkerungsumfrage der Sozialwissenschaften (ALLBUS) 2018 bei 43,3 % (GESIS 2019). Die Verbindung dieses Einzelbefundes zu möglichen misskonzeptuellen Wissensstrukturen ist dabei nicht weitergehend untersucht worden. In der POWIS-Studie (Goll et al. 2010) adressieren eine Reihe von Fragen die spezifische institutionelle Struktur des Regierungssystems in Deutschland (Wahlrecht, Verhältnis Bundestag und Regierung, Föderalismus). Zwar zeigten die mit dem Prozess der Raschmodellierung verbundenen Itemanalysen einige Auffälligkeiten bei Fragen etwa zu Bundeskanzlerwahl oder zur Opposition; die letztendlichen Analysen nahmen aber auf Grundlage des eindimensionalen Raschmodells eine spezifische Betrachtung möglicher misskonzeptueller Strukturen nicht weiter in den Fokus. Auch in der

International Civic and Citizenship Education Study (ICCS) 2016 zielen die Instrumente auf die Erfassung konzeptuellen Wissens und nicht auf die Identifikation von möglichen Misskonzepten (Hahn-Laudenberg und Abs 2017). Zudem sind in der Studie durch die notwendige internationale Vergleichbarkeit keine regierungssystemspezifischen Fragestellungen im Wissenstest möglich.

## 2.2 Alltagsvorstellungen, Misskonzepte und Conceptual Change

Die Orientierung am konzeptuellen Wissen sowie die Frage nach Struktur und Veränderbarkeit möglicher Misskonzepte zum politischen System lassen sich theoretisch der Conceptual-Change-Forschung zuordnen (Vosniadou et al. 2008), die die kognitionspsychologische Grundlage des Beitrags bildet. Mit den Annahmen Andersons (2001) kann die Repräsentation deklarativen Wissens in einem Konzepte verbindenden Netzwerk beschrieben werden. Wissensstrukturen werden durch die Auseinandersetzung mit Unterricht erweitert und verändert, ihre Entwicklung findet daneben aber auch in Auseinandersetzung mit Alltagssituationen und ihren Anforderungen statt. In Alltagssituationen entwickelte inhaltliche Vorstellungen können subjektiv erfolgreich zur Erklärung der eigenen Umwelt eingesetzt werden und dennoch fachlichen Konzepten widersprechen.

In dieser Arbeit wird der Begriff Alltagsvorstellung verwendet, wenn es um allgemeine Vorstellungen geht, von denen angenommen wird, dass sie in Auseinandersetzung mit Alltagssituationen entwickelt wurden. Beziehen sich diese Alltagsvorstellungen auf ein fachliches Konzept, lassen eine konzeptuelle Struktur vermuten und stehen zugleich im Widerspruch zu wissenschaftlichen Konzepten, wird der Begriff Misskonzept verwendet: „Other prior conceptions, however, are incompatible with currently accepted scientific knowledge; these conceptions are commonly referred to as misconceptions" (Yin et al. 2008, S. 35). Alltagsvorstellungen und Misskonzepte werden als Teil der Wissensstrukturen bei der individuellen Konstruktion von mentalen Modellen und Schemata einbezogen. Ihre Veränderung ist daher vor allem im Kontext der Veränderungen mentaler Modelle und Schemata zu verstehen (Seel 1997; Al-Diban 2002). Dennoch hat sich für diese spezielle Fragestellung die Conceptual-Change-Forschung als eigener wissenschaftlicher Diskurs etabliert.

Alle theoretischen Conceptual-Change-Ansätze schreiben übereinstimmend dem Vorwissen eine starke Bedeutung für den Lernprozess und den Lernenden eine aktive Rolle bei der Wissenskonstruktion zu. Die Forschung zum Conceptual-Change steht in Tradition von Piagets (1976) Theorie zur Assimilation und

Akkommodation. Sie nimmt jedoch eine domänenspezifische Perspektive ein. Innerhalb der Conceptual-Change-Forschung können zwei Forschungsperspektiven unterschieden werden, *Knowledge-as-Theory-* und *Knowledge-as-Element-*Ansätze (Schneider et al. 2012).

*Knowledge-as-Theory-Ansätze* nehmen an, dass Alltagsvorstellungen bereits in einer theorieähnlichen Struktur geordnet und verknüpft sind (Chi 2008). Sie betonen die Veränderungsresistenz bestimmter Alltagsvorstellungen sowie die Bedeutung kognitiver Konflikte für einen Conceptual-Change. Ein Konzeptwechsel tritt nach dieser Auffassung dann ein, wenn ein Konzept, bestehend aus mit einem Begriff verbundenen Wissensrepräsentationen, durch kontraintuitive Erfahrungen und Informationen so stark infrage gestellt wird, dass ein kognitiver Konflikt entsteht und eine Assimilation in bestehende Wissensstrukturen unmöglich ist. Dann würde das bisherige Konzept aufgegeben und durch ein neues ersetzt (harter Conceptual-Change) werden. Eine weitere Annahme ist der hierarchische Aufbau von Wissensstrukturen: Auf der Ebene der Konzepte *(False Beliefs)* könne eine Revision der Konzepte durch Konfrontation mit der korrekten Information erreicht werden. Dies sei erfolgreich, wenn die neuen Informationen den Alltagsvorstellungen direkt und explizit widersprechen und nicht nur implizit (zum Beispiel einer logischen Transferleistung bedürfen). Mentale Modelle entstehen durch die Verknüpfung von Konzepten, die erzeugt werden, um bei einem Problem oder einer Frage zu einer subjektiv plausiblen Lösung zu gelangen (Al-Diban 2002). Mentale Modelle können in sich kohärent sein, aber wissenschaftlichen Erkenntnissen widersprechen. Auf der Ebene mentaler Modelle sei Chi (2008) zufolge Conceptual-Change voraussetzungsvoller und könne nur durch Konfrontationen auf derselben hierarchischen Ebene ausgelöst werden, also durch die holistische Konfrontation beider Modelle. Ebenso bedürfe Conceptual-Change auf der übergeordneten Ebene der kategorialen Zuordnung *(Category Mistakes)* einer Konfrontation auf der Kategorienebene (Chi 2008). Ein Beispiel wäre hier die Annahme, physikalische Prozesse wie Kraft und Hitze seien politische Entscheidungen. In dem Fall läge ein Fehler der kategorialen Zuordnung zwischen Physik und Politik vor. Übertragen auf das parlamentarische Regierungssystem würde die Annahme der Direktwahl der Regierungsspitze dann ein Hinweis auf ein Misskonzept auf der Ebene mentaler Modelle sein, wenn diese Annahme, wie im Abschn. 2.1 diskutiert, verbunden ist mit umfassenderen Vorstellungen zum Regierungssystem (etwa der eines präsidentiellen Regierungssystems).

Kritik an klassischen Conceptual-Change-Ansätzen wird meist aus ressourcenorientierter oder sozialkonstruktivistischer Perspektive geübt. Dabei wird der theorieähnliche, deduktiv bestimmbare und hierarchische Aufbau von Wissensstrukturen grundsätzlich in Zweifel gezogen und der Vorstellung mehr oder weniger unverbundener Wissenselemente entgegenstellt. Mit Knowledge-as-Elements-Ansätzen wird argumentiert, dass Wissen ein komplexes System darstellt, in dem eine Vielzahl von generellen und kontextbezogenen Komponenten verteilt und lediglich lose miteinander verbunden sind. Als kleinste Einheit würden in sogenannten *P-Prims* (Phenomenological primitives) alltägliche Erfahrungen abstrahiert (z. B. die Überzeugung, mehr Aufwand führe zu besseren Ergebnissen) (Smith et al. 1993, S. 145). Erst mit steigender Expertise würden abstrakte Zusammenhänge erkannt und die Wissenselemente dadurch stärker verknüpft und hierarchisiert (Schneider et al. 2012).

Neben der Annahme theorieähnlicher Strukturen wird die Defizitorientierung klassischer Conceptual-Change-Ansätze kritisiert. In Konsequenz daraus wird es ebenfalls abgelehnt, kognitive Konflikte auszulösen, um dadurch einen Conceptual-Change herbeizuführen. Einer – so der Vorwurf – reinen Identifikation von Misskonzepten wird die konstruktive Nutzung von Alltagsvorstellungen für die Entwicklung und den Aufbau von Wissensstrukturen entgegengehalten. Entscheidend sei nicht die Einteilung in richtig und falsch, sondern die Funktionalität von Alltagsvorstellungen: „Fehlkonzepte sind also aus situationistischer Perspektive nicht deshalb problematisch, weil sie aus wissenschaftlicher Sicht falsch sind. Probleme resultieren lediglich aus der Anwendung dieser Konzepte außerhalb der Kontexte, in denen sie Funktionalität beanspruchen können" (Stark 2002, S. 16). Solche relativistische Konzeptionen von (politischem) Wissen sind vor der Bedeutung von Desinformation und Fake-News in einem „postfaktischen Zeitalter" (May 2019) neu zu hinterfragen, zugleich werden sie dafür kritisiert, keinen Beitrag zu der (didaktischen) Problematik leisten zu können, dass Alltagsvorstellungen unter bestimmten Konstellationen das Verständnis fachlicher Konzepte behindern können (Vosniadou et al. 2008, S. 24). Der Rahmentheorieansatz von Vosniadou et al. (2008) nimmt verschiedene Kritikpunkte an klassischen Conceptual-Change-Ansätzen auf, ist aber insgesamt den Knowledge-as-Theory-Ansätzen zuzurechnen. Spezifische Theorien und Konzepte sind nach dem Rahmentheorieansatz Vosniadous in domänenspezifische Rahmentheorien eingebettet. Durch ihre die Domäne strukturierende Funktion sind Veränderungen der Rahmentheorie kognitiv schwieriger und weitreichender als Veränderungen einzelner Konzepte. Bei der Konfrontation von Misskonzepten mit kontraintuitiven Erfahrungen bzw. wissenschaftlichen Modellen geht Vosniadou et al. (2008) weniger von einem Konzeptwechsel als von progressiven Prozessen aus. Die Auseinandersetzung mit wissenschaftlichen Modellen im schulischen Kontext, wo kontraintuitive Konzepte in relativ kurzer Zeit verstanden werden sollen, führe oft zunächst zu sogenannten „synthetischen Modellen". Lernende versuchen, Elemente der wissenschaftlichen Modelle in misskonzeptuelle Alltagsvorstellungen zu integrieren, ohne diese dabei grundlegend zu verändern. Auch könnten Alltagsvorstellungen unverbunden neben wissenschaftsbezogenen, konzeptuellen Strukturen bestehen bleiben, besonders wenn „es versäumt oder bewusst vermieden wird, Verknüpfungen zwischen dieser neu erworbenen Vorstellung und altbekannten Beobachtungen herzustellen" (Barke 2006, S. 24).

Neben der Erzeugung kognitiver Konflikte als nach wie vor zentraler didaktischer Herangehensweise, um einen Conceptual-Change zu erreichen, plädieren Vosniadou et al. (2008) ergänzend für eine Didaktik, die die Kluft zwischen Alltagsvorstellungen und ursprünglichen Rahmentheorien langzeitperspektivisch verringert. Alltagsbezogene Grundannahmen sollten demnach zunächst hinterfragt und modifiziert werden, bevor darauf aufbauende Konzepte eingeführt werden. Gängige didaktische Reduktionen in frühen Lernphasen seien dahingehend zu überprüfen, inwiefern sie Alltagsvorstellungen bestärken und festigen, die sich für den weiteren Lernprozess als kontraproduktiv erweisen. Barke (2006, S. 25.) warnt, dass die didaktische Reduktion selbst zur Bildung hausgemachter Misskonzepte führen kann, wenn sie an der Komplexität des Gegenstandes oder der Überwindung verfehlter didaktischer Traditionen scheitert. Übertragen auf Konzepte zum parlamentarischen Regierungssystem können Lehrmaterialien etwa zur Gewaltenteilung zu einer Verstärkung von Verständnisproblemen oder eventuellen Misskonzepten beitragen, wenn historische oder politische Lehrwerke Gewaltenteilung ausschließlich am Dualismus von Parlament und Krone bzw. Regierung diskutieren und andere Formen und Ebenen der Gewaltenteilung ignorieren.

Herauszustellen ist, dass selbst im Falle einer systematischen Forschung die Kenntnis typischer Misskonzepte eine schülerorientierte Unterrichtsgestaltung nicht ersetzen, sondern vielmehr für spezifische Herausforderungen und mögliche didaktische Interventionen sensibilisieren und vorbereiten kann. Metastudien in anderen Fachkontexten zeigen, dass Interventionen, die in verschiedenen Formen direkt auf Misskonzepte abzielen, stärkere Effekte hervorrufen als Interventionen, die mehr Wert auf die Präsentation korrekter wissenschaftlicher Informationen legen (Murphy und Alexander 2008).

## 2.3 Fragestellungen

Die nachfolgenden Analysen orientieren sich an den vorgestellten theoretischen Annahmen des Rahmentheorieansatzes von Vosniadou et al. (2008). Betrachtet werden Misskonzepte bezogen auf den neuen Dualismus, also das Verhältnis von Parlament und Regierung, insbesondere auf die Wahl und Abwahlmöglichkeiten der Regierungsspitze. Dieser Aspekt bildet die Schlüsselstellung für das Verständnis des parlamentarischen Regierungssystems, andere wichtige Konzepte wie die Rolle der Opposition oder der Fraktionen hängen hiervon ab. Damit liegt der Fokus nicht darauf, mögliche Alltagsvorstellungen induktiv zu erfassen und in ihrer Diversität aufzuzeigen. Die Analysen untersuchen stattdessen die Fragestellungen, inwieweit Jugendliche von einer Direktwahl der Bundeskanzlerin durch das Volk ausgehen, wie stabil dieses Misskonzept ist und ob ein solches Direktwahlkonzept in komplexere Konzepte plebiszitärer Abhängigkeit oder präsidentielle Misskonzepte eingebettet ist. Auf Grundlage der bisherigen politikwissenschaftlichen und -didaktischen Forschung werden dabei folgende Erwartungen formuliert:

Basierend auf politikwissenschaftlichen Analysen von Bevölkerungsumfragen und auf im fachdidaktischen Diskurs adressierte (nur in Teilen empirisch gestützte) Herausforderungen des Verständnisses parlamentarischer Regierungssysteme wird erwartet, dass (1) das Misskonzept der Direktwahl der Bundeskanzlerin bei Jugendlichen weit verbreitet ist. Dem Conceptual-Change-Ansatz Vosniadous et al. (2008) folgend werden Misskonzepte durch Unterricht grundsätzlich als veränderbar betrachtet. Daher wird erwartet, dass sich (2) die Veränderbarkeit von Vorstellungen zum Regierungssystem bei Unterricht zum Themenbereich Demokratie in Deutschland über die in der vorliegenden Untersuchung eingesetzten Messinstrumente aufzeigen lässt: Unterricht zur Demokratie in Deutschland geht bei einem relevanten Teil der Jugendlichen mit Direktwahlvorstellungen mit einem Conceptual-Change in Bezug auf die Bundeskanzlerwahl einher.

Für didaktische Ansätze zum Conceptual-Change ist dabei relevant, wie eng ein Direktwahlkonzept in ein kohärentes mentales Modell zum Regierungssystem insgesamt eingebettet ist. Ausgehend von einer politikwissenschaftlichen Perspektive, die die Abhängigkeit der Regierungsspitze strukturlogisch mit anderen (Sekundär-)Merkmalen von Regierungssystemen verknüpft (Steffani 1997), sowie anknüpfend an den politikwissenschaftlichen Diskurs zum (Miss-)Verständnis der Funktionslogik des Regierungssystems in der deutschen Bevölkerung (u. a. Patzelt 1996) wird dabei die Erwartung geprüft: Direktwahlkonzepte sind eingebettet in komplexere misskonzeptuelle Vorstellungen, die (3a) die Annahme eines durch plebiszitäre Abhängigkeit geprägten oder (3b) eines präsidentiellen Regierungssystems in Deutschland implizieren.

## 3 Daten und Operationalisierung

### 3.1 Datengrundlage

Die Analysen basieren auf einer Zusatzstudie der Interventionsstudie „Wissen zu Demokratie bei Schüler*innen" (Hahn-Laudenberg 2017), in der zwischen Ende 2008 und 2010 zu zwei Messzeitpunkten (Pretest und Posttest) Jugendliche in 25 Klassen befragt wurden. Untersucht wurden dabei Klassen der 9. oder 10. Jahrgangstufe an (Werk-)Realschulen in Baden-Württemberg. 21 der 25 Klassen behandelten zwischen den beiden Messzeitpunkten das Thema „Demokratie in Deutschland" im Unterricht (Versuchsgruppe). Der Posttest erfolgte hier in den Wochen nach Abschluss des Themas. Hinzu kamen vier Kontrollklassen ohne Unterricht zu diesem Themenbereich. In den Analysen fließen Informationen von 578 Jugendliche ein, für die Daten aus dem Pre- und Posttest vorlagen und miteinander verbunden werden konnten.

### 3.2 Erfassung politischen Wissens

Für die Analysen werden zwei unterschiedliche Methoden der Wissenserhebung miteinander verschränkt: ein Multiple-Choice-Test zum konzeptuellen politischen Wissen sowie eine Concept-Map-Aufgabe zur Demokratie in Deutschland.

Der Multiple-Choice-Test umfasst 44 Items und adressiert überwiegend das konzeptuelle Wissen zu den Bereichen Demokratie, Bürgerrechten und allgemeine und aktuelle Fragen zur Demokratie in Deutschland (Hahn-Laudenberg 2017, S. 203–214[2]). Fragestellungen wurden dabei soweit wie möglich durch in einer i. d. R. mit einem Satz skizzierten Situation kontextualisiert, wie am Beispiel in Tab. 1 sichtbar wird. Wie in den meisten fachdidaktisch konzipierten Wissenstests wird – insbesondere unter Berücksichtigung der empirischen Hinweise zu geschlechtsspezifischem Antwortverhalten (Mondak und Anderson 2004) – auf eine Möglichkeit „weiß nicht" anzukreuzen, verzichtet (Oberle 2012). Die Befragten werden stattdessen im Einleitungstext dazu ermuntert, auch bei Zweifeln

---

[2] Die Analyse und Dimensionalitätsprüfung der Daten ergab ein dreidimensionales Raschmodell, welches inhaltlich die Aspekte der Demokratie allgemein, Frage zu Bürgerrechten und allgemeine und aktuelle Fragen zur Demokratie in Deutschland differenziert (Fitwerte Posttest, $\chi^2/df(p) = 1006{,}035/942({,}072)$; CFI = ,969; RMSEA = ,011; WRMR = ,991).

**Tab. 1** Item Bundeskanzlerwahl in Pre- und Posttest

| Angenommen: Morgen ist Bundeskanzlerwahl. Ein Kandidat von Partei X kann nur dann Bundeskanzler werden, wenn … | | |
|---|---|---|
| | Antwortverhalten (%) | |
| | Pretest % | Posttest % |
| ☒ Die Mehrheit im Bundestag für ihn stimmt | 36,9 | 56,4 |
| ☐ Alle Parteien für ihn stimmen | 2,6 | 2,9 |
| ☐ *Die Mehrheit der Bevölkerung ihn wählt* | 51,4 | 28,0 |
| ☐ Partei X die meisten Sitze im Bundestag hat | 8,3 | 10,6 |
| *Fehlende Angabe* | 0,9 | 2,1 |

Anmerkung: N = 578. Die richtige Antwort ist durch x markiert. Berechnung Hahn-Laudenberg

eine Antwortmöglichkeit auszuwählen. „Wenn Du Dir bei einer Frage nicht ganz sicher bist, kreuze die Antwort an, die Du für die beste hältst." Im Rahmen des Paper&Pencil-Verfahrens war es praktisch aber durchaus möglich, Fragen unbeantwortet zu lassen. Diese Möglichkeit wurde, wie exemplarisch in Tab. 1 erkennbar, nur von vereinzelten Befragten gewählt. In den rein deskriptiven Tabellen werden im Folgenden die Anteile der fehlenden Werte angezeigt. Alle weitergehenden Berechnungen beruhen auf der Berücksichtigung gültiger Werte.

Unter den Items zur Dimension allgemeine und aktuelle Fragen zur Demokratie in Deutschland betreffen einige Fragen konkret das parlamentarische Regierungssystem, etwa mit Bezug auf die Rolle der Opposition und zur Möglichkeit vorgezogener Neuwahlen. Ein Item fragt direkt nach der Bundeskanzlerwahl. Hier wird neben der richtigen Antwort (durch Kreuz markiert) als einer von drei Distraktoren die Direktwahl durch die Bevölkerung (in kursiv) als Antwortoption aufgeführt. Der Wortlaut des Items sowie die deskriptiven Ergebnisse sind in Tab. 1 dargestellt.

Als zweite Methode zur Erfassung politischen Wissens wurde eine Concept-Map-Aufgabe eingesetzt. In einer Concept-Map werden Begriffe durch inhaltlich beschriebene und gerichtete Relationen in einem Netzwerk miteinander verbunden, wobei zwei mit einer Relation verbundene Begriffe eine Proposition bilden (Ruiz-Primo 2000). Das Potenzial, konzeptuelles Wissen durch dieses Instrument zu erfassen, wird insbesondere mit Verweis auf die Annahme diskutiert, dass die strukturelle Anordnung von Begriffen und Relationen in einer Concept-Map mit der Wissensrepräsentation semantischen, konzeptuellen Wissens korrespondiert (Novak und Gowin 1984). Eine weitere Stärke liegt in der Identifikation möglicher aus fachlicher Perspektive misskonzeptueller Wissensstrukturen (Richter 2009) und der Erkennbarkeit von Conceptual-Change im Zeitverlauf (Peuckert und Fischler 2000). Der Einsatz von Concept-Maps gilt als eine zunehmend auch in der Politikdidaktik diskutierte Möglichkeit, konzeptuelles Wissen von Lernenden mit seinen strukturellen Verknüpfungen zur erheben (Richter 2009; Mosch 2011; Gottfried 2019). Im Rahmen der WizDes-Studie erhielten die Befragten die Aufgabe, mit einem Begriffsnetz zu erklären, wie die Demokratie in Deutschland funktioniert.

Dafür konnten sie 14 Begriffe, die auf einem DINA3-Blatt aufgedruckt waren (vgl. Abb. 1) unter Nutzung von 10 (mehrfach einsetzbaren) Relationen verbinden (vgl. Abb. 2). Die Struktur der Verbindungen war dabei nicht vorgegeben. Erkennbar ist auf dem Aufgabenblatt, dass ein Teil der Concept-Map die Beziehung zwischen den „Bürger/-innen", dem „Bundestag" und der „Bundeskanzler/-in" betrifft.

Nach einer Klassifikation, die Concept-Mapping-Aufgaben dahingehend unterscheidet, wie viele Vorgaben für die Bearbeitung gemacht werden, ist dies eine Aufgabe mittlerer Restriktionsstärke (Ruiz-Primo 2000). Diese methodische Spezifizierung erlaubt einen Vergleich und eine automatisierte Auswertung der Netze, ist aber gleichzeitig nicht so restriktiv, dass individuelle Wissensstrukturen nicht mehr abgebildet werden können. Das Aufgabenformat wurde in den teilnehmenden Klassen in Vorbereitung der Erhebung anhand einer inhaltlichen nicht verwandten Aufgabenstellung (zum Weg des Wassers) eingeübt.

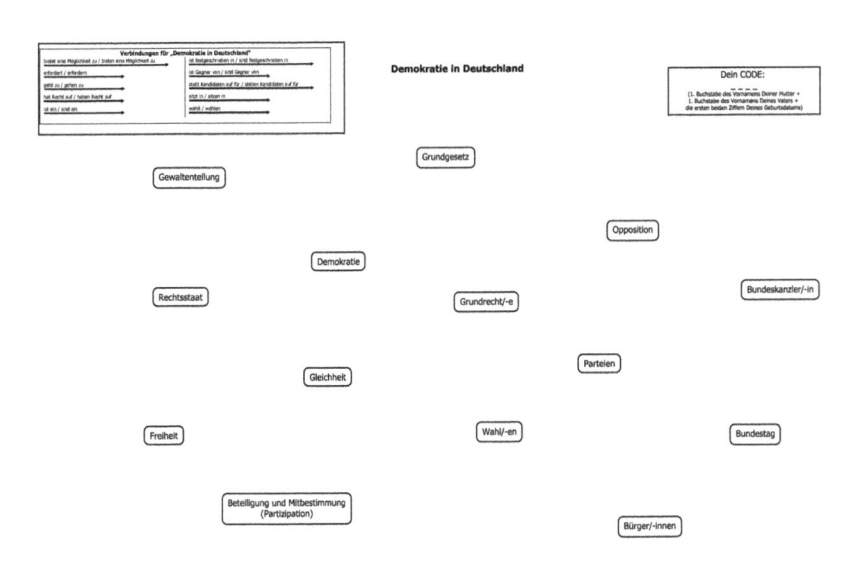

**Abb. 1** Das Concept-Map Aufgabenblatt. (Darstellung Hahn-Laudenberg)

| **Verbindungen für „Demokratie in Deutschland"** | |
|---|---|
| bietet eine Möglichkeit zu / bieten eine Möglichkeit zu | ist festgeschrieben in / sind festgeschrieben in |
| erfordert / erfordern | ist Gegner von / sind Gegner von |
| geht zu / gehen zu | stellt Kandidaten auf für / stellen Kandidaten auf für |
| hat Recht auf / haben Recht auf | sitzt in / sitzen in |
| ist ein / sind ein | wählt / wählen |

**Abb. 2** Liste der vorgegebenen Relationen in der Concept-Map-Aufgabe. (Darstellung Hahn-Laudenberg)

Bei der Auswertung der Concept-Map wurden unterschiedliche Ansätze ergänzend eingesetzt: Zum einen erfolgte ein automatisierter Abgleich der Schülernetze mit einem Referenznetz, welches in einem mehrstufigen Verfahren unter Einbeziehung von unterschiedlichen Expertisegruppen entwickelt wurde (Ruiz-Primo et al. 2001; Hahn-Laudenberg 2018). Dabei wurden sowohl graphische (Umfang, Komplexität) als auch inhaltliche Übereinstimmungsmaße (proportional, relational) berücksichtigt (Ifenthaler und Pirnay-Dummer 2014). Die interne Konsistenz der Maße ist hoch ($\alpha = ,83$). Zum zweiten wurden die Concept-Maps auf Basis von erstellten Modalnetzen analysiert. Modalnetze visualisieren ein typisches Netz der befragten Jugendlichen, denn sie enthalten die durchschnittliche Zahl an Verbindungen und repräsentieren dabei die am häufigsten vorkommenden Propositionen (Weber 1994). Zum dritten wurden Teilaspekte der Concept-Maps, wie nachfolgend vorgestellt, spezifisch mit Blick auf eventuelle Misskonzepte untersucht.

### 3.3 Erfassung von (Miss-)Konzepten zum parlamentarischen Regierungssystem

Für die spezifische Untersuchung unmittelbar auf das parlamentarische Regierungssystem bezogener (Miss-)Konzepte werden Elemente des Multiple-Choice-Tests und der Concept-Map für die empirische Erfassung des Direktwahlkonzepts in Pre- und Posttest berücksichtigt und mit einem für den Posttest spezifisch entwickelten Test zur Erfassung von Misskonzepten zum parlamentarischen Regierungssystem ergänzt.

Die Erfassung des Direktwahlkonzepts: Für die Analyse, ob Alltagsvorstellungen von Jugendlichen eine Direktwahl der Bundeskanzlerin unterstellen, konnten die eingesetzte Frage aus dem Multiple-Choice-Test und das Concept-Mapping miteinander kombiniert werden. Hierzu werden zwei Marker miteinander verschränkt. Als erster Marker fungiert die dritte Antwortmöglichkeit des bereits in Tab. 1 vorgestellten Items zur Bundeskanzlerwahl aus dem Multiple-Choice-Test: „Ein Kandidat von Partei X kann nur dann Bundeskanzler werden, wenn" ... „*die Mehrheit der Bevölkerung ihn wählt*". Den zweiten Marker bildet die in der Concept-Map frei gesetzte Proposition „Bürger/-innen wählen Bundeskanzler/-in" wie in Abb. 3 dargestellt.

Bei Multiple-Choice-Items mit vier Antwortoptionen besteht rechnerisch eine 25 %ige Ratewahrscheinlichkeit für jeden Distraktor. Nicht nur eine richtige Antwort, sondern auch das Ankreuzen der hier interessanten misskonzeptuellen Antwortalternative kann demnach zufällig zu Stande gekommen sein. In der Concept-Map werden die Verbindungen dagegen selbständig gezogen, wodurch eine zufällige Setzung nahezu ausgeschlossen werden kann. Allerdings ist im weitesten Sinne eine Interpretation möglich, nach der die „Bürger/-innen" durch die Bundestagswahl indirekt die „Bundeskanzler/-in" bestimmen. Dies wäre zwar eine verkürzte Darstellung, ließe aber nicht auf ein Konzept plebiszitärer Abhängigkeit

**Abb. 3** Im Referenznetz vorgesehene Verbindung zwischen Bürger/innen, Bundestag und Bundeskanzler/-in sowie hervorgehoben die Direktwahlverbindung als Marker für Direktwahlkonzept. (Quelle: Darstellung Hahn-Laudenberg)

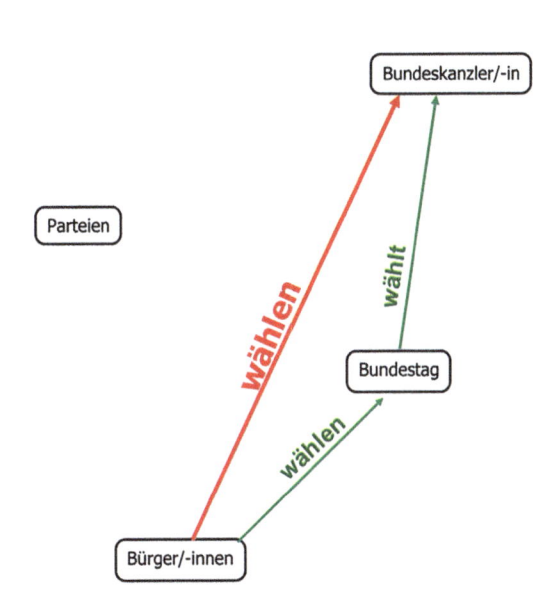

schließen. Diese weite Interpretationsmöglichkeit bietet das Multiple-Choice-Item nicht, denn dort ist die richtige Antwort explizit angegeben. Daher wird angenommen, dass diejenigen im Pretest ein konsistentes Direktwahlkonzept aufweisen, die in beiden Methoden ein entsprechendes Antwortverhalten zeigen. Diese Annahme ist streng und unterschätzt wahrscheinlich den tatsächlichen Anteil der Jugendlichen mit einem Direktwahlkonzept.

Test zur Erfassung von Misskonzepten zum parlamentarischen Regierungssystem: Im Posttest wurden der Untersuchung zur Erhebung von Alltagsvorstellungen zusätzlich zwölf selbst entwickelte Items zur Demokratie in Deutschland vorangestellt. Eingebettet in eine kleine Geschichte über einen Staatsbesuch, bei welchem die Besucherin vor dem Sitz des Bundestages mit verschiedenen Menschen ins Gespräch kommt, sollten die Befragten fiktive Aussagen mit „stimmt" oder „stimmt nicht" bewerten. Tab. 2 gibt einen Überblick über die aufgeführten Aussagen und deskriptiven Ergebnisse. Durch die Art der Itemformulierung wurden Lerneffekte auf den nachfolgenden Posttest vermieden. Neben Aussagen, die ein parlamentarisches System kennzeichnen, standen Aussagen, die auf ein präsidentielles System zutreffen, eine Direktwahl oder -abberufung der Bundeskanzlerin vorsahen oder einem harmonistischen Politikkonzept zugeordnet werden konnten. Ziel des Tests war zunächst eine Validierung der im Pre- und Posttest eingesetzten Methode zur Messung des Direktwahlkonzeptes. Zugleich sollten die Einbettung in mögliche umfassendere Alltagsvorstellungen, wie Konzepte plebiszitärer Abhängigkeit oder präsidentielle Misskonzepte, sowie mögliche Zusammenhänge und Einflussfaktoren untersucht werden.

Bei der deskriptiven Betrachtung des Antwortverhaltens sei auf einen Aspekt hingewiesen, gerade weil dieser in den weiteren Analysen nicht berücksichtigt werden kann. Die Aussage, die auf ein harmonistisches Politikverständnis hinweist „Alle Abgeordneten des Bundestages müssen mit der Regierung zusammenzuarbeiten und sie unterstützen" wird von der Mehrheit der Jugendlichen als korrekt eingeschätzt. Aussagen zur Wahl bzw. Abwahl der Bundeskanzlerin werden jeweils etwa von einem Drittel der Jugendlichen fachlich inkorrekt bewertet, was vor dem Hintergrund der Anteile im Multiple-Choice-Test des Posttests ein erwartbares Ergebnis darstellt.

## 3.4 Analysestrategie

In der nachfolgenden Auswertung wird in einem Teil die Verbreitung des Direktwahlkonzeptes unter Berücksichtigung der Marker in Multiple-Choice-Test und Concept-Map und deren Veränderungen zwischen Pre- und Posttest analysiert.

**Tab. 2** Fragestellung und Items im Misskonzepttest

| | Einleitungstext: Königin Rania hat vor dem Bundestag verschiedenen Bürger/-innen Fragen zur Politik in Deutschland gestellt. Vor dem Treffen mit der Bundeskanzlerin ist sie unsicher, welche der folgenden Aussagen richtig sind. Kreuze für jede Aussage an, ob sie stimmt oder nicht | | | |
|---|---|---|---|---|
| | | Antwortverhalten (%) | | |
| | Items | Stimmt | Stimmt nicht | n. a. |
| 1 | Die Bundeskanzlerin wird von den Bürgern gewählt | 39,3 | **58,8** | 1,9 |
| 2 | Die Amtszeit der Bundeskanzlerin dauert immer 4 Jahre, selbst wenn die Mehrheit des Bundestages und der Bürger sie nicht mehr haben will | 38,9 | **60,0** | 1,0 |
| 3 | Jeder Abgeordnete ist völlig unabhängig von der Regierung und kontrolliert die Arbeit der Regierung | 29,8 | **67,3** | 2,9 |
| 4 | Die Bundeskanzlerin wird entlassen, wenn die Mehrheit der Bürger einen Nachfolger wählt | 38,2 | **59,5** | 2,2 |
| 5 | Ein Minister kann gleichzeitig auch Abgeordneter im Bundestag sein | **62,8** | 34,4 | 2,8 |
| 6 | Die Bundeskanzlerin wird vom Bundestag gewählt | **67,6** | 30,6 | 1,7 |
| 7 | Die Mehrheit im Bundestag ist für eine stabile Regierung verantwortlich | **80,6** | 16,8 | 2,6 |
| 8 | Die Bundeskanzlerin wird entlassen, wenn die Mehrheit des Bundestages einen Nachfolger wählt | **60,0** | 37,0 | 3,0 |
| 9 | Die Opposition kontrolliert die Arbeit der Regierung | **68,0** | 28,4 | 3,6 |
| 10 | Alle Abgeordneten des Bundestages müssen mit der Regierung zusammenarbeiten und sie unterstützen | 62,3 | **35,1** | 2,6 |
| 11 | Ein Abgeordneter muss so abstimmen, wie seine Partei es verlangt | 22,5 | **75,8** | 1,7 |

(Fortsetzung)

**Tab. 2** (Fortsetzung)

| | **Einleitungstext:** Königin Rania hat vor dem Bundestag verschiedenen Bürger/-innen Fragen zur Politik in Deutschland gestellt. Vor dem Treffen mit der Bundeskanzlerin ist sie unsicher, welche der folgenden Aussagen richtig sind. Kreuze für jede Aussage an, ob sie stimmt oder nicht | | | |
|---|---|---|---|---|
| | | Antwortverhalten (%) | | |
| | Items | Stimmt | Stimmt nicht | n. a. |
| 12 | Jeder Abgeordnete bildet sich zu einem Gesetzesvorschlag eine eigene Meinung und stimmt so ab | **69,6** | 27,7 | 2,8 |

Anmerkung: n. a. = keine Angabe. N = 578. Die richtige Antwort ist jeweils fett gedruckt. Berechnung Hahn-Laudenberg

Dafür werden zunächst Berechnungen von Mittelwertsunterschieden getrennt für Versuchs- und Kontrollgruppe durchgeführt. Zudem werden zur Ermittlung von Gruppeneffekten die Varianzanteile auf Individual- und Klassenebene analysiert. Zuletzt wird die Untersuchung zur Verbreitung und Veränderungen des Direktwahlkonzepts über eine Analyse der Modalnetze der Jugendlichen ergänzt. Im zweiten Teil wird mittels konfirmatorischer Faktorenanalyse des im Posttest eingesetzten Misskonzepttests untersucht, inwiefern Direktwahlkonzepte bei Jugendlichen in umfassendere Konzepte der plebiszitären Abhängigkeit der Regierungsspitze oder in präsidentielle Misskonzepte eingebettet sind.

# 4 Empirische Befunde

## 4.1 Konzeptuelles Wissen zu Demokratie, Verbreitung von Direktwahlkonzepten und deren Veränderung

Wie erwartet, lässt sich bei der Betrachtung des Wissenstests insgesamt aus den Daten für die Versuchsgruppe – also in Klassen, in denen zwischen den Messzeitpunkten Unterricht zur Demokratie in Deutschland stattfand – auf einen signifikanten Zuwachs an politischem Wissen schließen (MC-Test Effektstärke d = ,28***/ CM d = ,34***), während in der Kontrollgruppe in keinem der Maße eine signifikante Veränderung des politischen Wissens erkennbar ist. Im konkreten Bezug auf die Frage der Abhängigkeit der Regierungsspitze vom Parlament zeigt sich sowohl in Multiple-Choice-Tests als auch in den Concept-Maps ein auffälliges Antwortverhalten. Die fehlende Repräsentativität des Samples berücksichtigend, sollten die

**Tab. 3** Kreuztabelle der beiden Methoden zur Messung eines Direktwahlkonzepts

|  |  | Concept-Map | | |
|---|---|---|---|---|
|  |  | Keine Direktwahl | Direktwahl | Gesamt |
|  | **Pretest** | | | |
| Multiple-Choice-Item | Keine Direktwahl | 36,6 | 11,5 | 48,2 |
|  | Direktwahl | 22,0 | **29,8** | 51,8 |
|  | Gesamt | 58,6 | 41,4 | 100,0 |
|  | **Posttest** | | | |
| Multiple-Choice-Item | Keine Direktwahl | 64,3 | 7,1 | 71,4 |
|  | Direktwahl | 15,7 | **12,9** | 28,6 |
|  | Gesamt | 80,0 | 20,0 | 100,0 |

Anmerkung: Angegeben sind hier die gültigen prozentualen Häufigkeiten in Pre- und Posttest Quelle: Hahn-Laudenberg (2017, S. 271).

im Folgenden berücksichtigten deskriptiven Ergebnisse weniger mit Blick auf die absoluten Werte, sondern vielmehr in Bezug auf die Veränderungen und das Verhältnis zueinander analysiert werden. Über die Hälfte der Befragten wählen wie in Tab. 1 erkennbar wird, bei der Frage der Bundeskanzlerwahl im Pretest die Antwortmöglichkeit aus, nach der der Bundeskanzler direkt durch die Mehrheit der Bevölkerung gewählt wird. Im Posttest sind es immerhin noch 28 %. Die korrekte Antwort wählen im Pretest knapp 37 %, im Posttest dann 56 % der Befragten aus. Auch in den Concept-Maps wird deutlich, wie verbreitet die Annahme der Direktwahl ist. 41 % der Jugendlichen verbinden im Pretest „Bürger/-innen" und „Bundeskanzler/-in" mit der Relation „wählen". Damit ist dies über alle Netze hinweg die siebthäufigste Proposition und mit 239 Nennungen mehr als doppelt so häufig zu finden wie die parlamentarische Alternative „Bundestag wählt Bundeskanzler/-in" mit 110 Nennungen. Im Posttest kehrt sich dieses Verhältnis um. Der Anteil derjenigen, die eine Direktwahl als Proposition bilden, sinkt auf 20 % (114 Nennungen), das fachlich richtige Äquivalent lässt sich dann in 225 Netzen lesen.

In Tab. 3 wird erkennbar, dass die Concept-Map im Vergleich zu dem Multiple-Choice-Item eine genauere Vorhersage über das Vorhandensein eines Direktwahlkonzeptes erlaubt. Im Pretest kreuzen fast drei Viertel derjenigen, die in der Concept-Map die Verbindung „Bürger/-innen wählen Bundeskanzler/-in" gezogen haben, auch in der Multiple-Choice-Frage die entsprechend falsche Antwortmöglichkeit an; umgekehrt sind es weniger als drei Fünftel. Insgesamt zeigen fast 30 % ein per Definition konsistentes Direktwahlkonzept, während es nur bei gut

**Tab. 4** Gepaarte Vergleiche des prozentualen Anteils der Jugendlichen mit Direktwahlkonzept zwischen Pre- und Posttest

|  | Prozent | SD | Effektstärke d |
|---|---|---|---|
| Gesamtgruppe (N = 578) | | | |
| Pretest | 29,6 | 0,46 | −,37*** |
| Posttest | 12,6 | 0,33 | |
| Versuchsgruppe (N = 475) | | | |
| Pretest | 30,3 | 0,46 | −,40*** |
| Posttest | 12,0 | 0,33 | |
| Kontrollgruppe (N = 103) | | | |
| Pretest | 26,2 | 0,44 | −,24* |
| Posttest | 15,5 | 0,36 | |

Anmerkungen. Angegeben sind die gültigen prozentualen Häufigkeiten in Pre- und Posttest. Signifikanzangaben auf Basis von T-Tests, berechnet mit SPSS22. * p ≤ ,05. ** p ≤ ,01. *** p ≤ ,001. Quelle: Hahn-Laudenberg 2017, S. 272

einem Drittel der Befragten (36 %) im Antwortverhalten keine Anzeichen für ein Direktwahlkonzept gibt. Dies unterstützt die aufgestellte Erwartung zur breiten Verankerung von Direktwahlkonzepten bei Jugendlichen. Im Posttest zeigen mit 13 % wesentlich weniger Befragte als im Pretest ein konsistentes Direktwahlkonzept auf. Die Zahl derjenigen, bei denen sich keine Anzeichen für ein Direktwahlkonzept finden, steigt auf etwa zwei Drittel.

Eine Analyse unter Berücksichtigung des Paneldesign (nicht tab. abgebildet) zeigt ein über beide Zeitpunkte stabiles konsistentes Direktwahlkonzept bei gut 6 % der Befragten. 21 % derjenigen, die im Pretest ein konsistentes Direktwahlkonzept aufwiesen, zeigen dies auch im Posttest. Über die Hälfte von ihnen gab in der Zwischenzeit ihr Direktwahlkonzept auf. Die absoluten Fallzahlen erlauben leider keine vertiefenden Analysen für die Teilgruppen mit konsistentem oder stabilem Direktwahlkonzept.

In der getrennten Betrachtung von Versuchs- und Kontrollgruppe in Pre- und Posttest, welche in Tab. 4 dargestellt ist, ergeben die gepaarten Vergleiche bei der Versuchsgruppe bei mittleren Effektstärken eine hochsignifikante Abnahme des Anteils derjenigen, die ein Direktwahlkonzept aufzeigen. Allerdings sind die Veränderungen in der Kontrollgruppe bei schwächeren Effekten ebenfalls schwach signifikant.

Ein möglicher Grund für den geringen Unterschied zwischen Versuchs- und Kontrollgruppe ist der starke Unterschied zwischen den einzelnen Klassen in

**Tab. 5** Varianzanteile auf Individual- und Klassenebene bei der Direktwahlkonzept

| Direktwahlkonzept | Im Pretest | Im Posttest | Veränderung |
|---|---|---|---|
| Konstante | 0,30*** | 0,13*** | −0,17*** |
| Varianzkomponenten: | | | |
| Individualebene (N=578) | 0,17*** | 0,11*** | 0,24*** |
| Klassenebene (N=25) | 0,04*** | 0,01* | 0,03** |
| Intraklassenkorrelation (ICC) | 0,20 | 0,05 | 0,11 |
| Design-Effekt | 5,45 | 2,05 | 3,41 |

Anmerkungen. Random-Intercept Modell berechnet mit MPlus7. Zum Vergleich: die ICC für den Wissenstest liegen im Pre- und Posttest bei 0.113 bzw. 0.117. Für Clusteranalysen berechnet sich der Designeffekt nach: *(Design Effekt ~ 1+(durchschnittliche Gruppengröße-1) x ICC)*. * p≤,05. ** p≤,01. *** p≤,001. Quelle: Hahn-Laudenberg 2017, S. 273

Bezug auf den Anteil der Jugendlichen mit einem konsistenten Direktwahlkonzept. Im Pretest schwankt er zwischen 0 und 83 %. Der F-Test ist signifikant, es zeigt sich zudem ein starker Effekt des Klassenunterschieds (F=7,337; p <,001; E=,567). Auch im Posttest unterscheiden sich die Klassen signifikant voneinander (F=2,222; p <,001; E=,314), mit einem mittleren Effekt sind die Schwankungen zwischen 0 und 35 % nicht mehr ganz so groß wie noch im Pretest. Eine bei der Wissensmessung ansonsten nicht besonders auffällige Kontrollklasse weist jeweils den höchsten Anteil an Jugendlichen mit Direktwahlkonzept zu beiden Messzeitpunkten auf. Die damit immer noch deutliche Abnahme erklärt einen Teil des Effekts aus der im Umfang sehr kleinen Kontrollgruppe.

Mittels Mehrebenenanalysen lassen sich die Varianzen, wie in Tab. 5 abgebildet, getrennt auf Individual- und Klassenebene analysieren. Die Intraklassenkorrelation (ICC) gibt den Anteil an, den die Kontextebene, hier die Klasse, an der Gesamtvarianz hat (Geiser 2011). Aus diesem und der durchschnittlichen Gruppengröße lässt sich der Design-Effekt bestimmen, welcher angibt, wie stark die Standardfehler in einem komplexen Sample gegenüber einem reinen Zufallssample unterschätzt werden. Geringere Werte als zwei werden dabei als kleine Effekte gewertet (Maas und Hox 2005).

Im Pretest liegen über 20 % der Gesamtvarianz auf der Klassenebene, im Posttest sinkt die Gesamtvarianz deutlich und ist zu über 95 % der Individualebene zuzuordnen. Dies bedeutet, dass die verbleibenden statistischen Unterschiede zwischen Schüler*innen vor allem innerhalb der Klassen und deutlich weniger zwischen den Klassen festgestellt werden können. Der Design-Effekt liegt aber sogar hier noch über der Marke von zwei. Die Mehrebenenanalysen erhärten

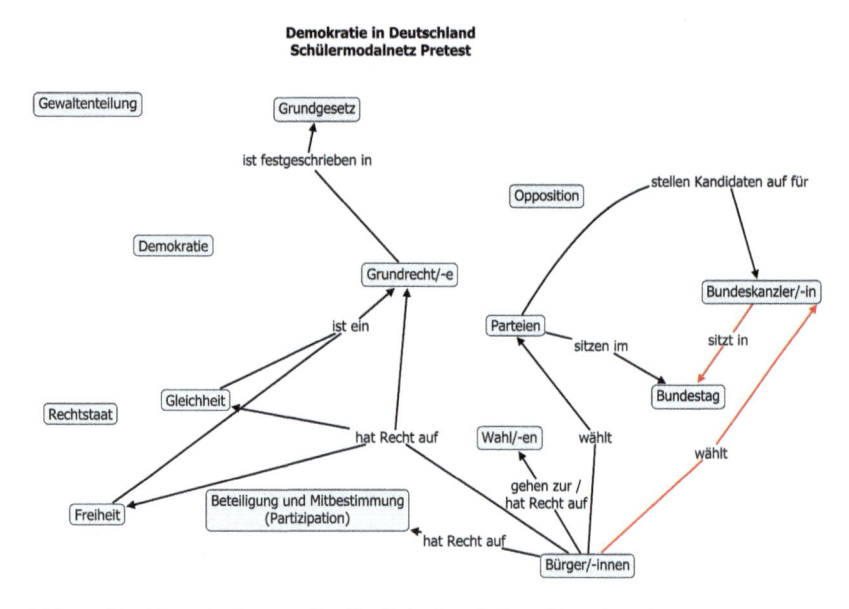

**Demokratie in Deutschland
Schülermodalnetz Pretest**

**Abb. 4** Modalnetz im Pretest. (Quelle: Hahn-Laudenberg 2017, S. 193)

damit den Eindruck aus dem Vergleich zwischen Versuchs- und Kontrollgruppe und geben zusätzliche Hinweise auf die Bedeutsamkeit von Unterricht für die Veränderungen von Vorstellungen zum parlamentarischen Regierungssystem. Denn obwohl die Trennung zwischen Kontroll- und Versuchsklassen nicht signifikant wird, legt die statistische Bedeutsamkeit der Klassenebene nahe, dass ein Teil des stattgefundenen Conceptual-Change auf den Unterricht zurückzuführen ist. Leider reicht die Anzahl der untersuchten Klassen für eine vertiefende Analyse mittels Mehrebenenmodellen nicht aus.

Die breite Verankerung des Direktwahlkonzepts vor dem Unterricht sowie die darauf bezogenen Veränderungen in den Wissensstrukturen werden in besonderer Weise über die Betrachtung der Modalnetze erkennbar. Abb. 4 zeigt das Modalnetz der Befragten im Pretest, also die durchschnittliche Zahl an Verbindungen repräsentiert durch die am häufigsten vorkommenden Propositionen (vgl. Hahn-Laudenberg 2017, S. 192–196). Im Vergleich mit dem Referenznetz weichen zwei Propositionen ab: Zum einen ist dies die fälschlicherweise eine Direktwahl unterstellende Proposition „Bürger/-innen wählen Bundeskanzler/-in", die von mehr als zwei Fünftel der Befragten gezogen wurde. Zum anderen ist es die Proposition „Bundeskanzler/-in sitzt im Bundestag", die sich in über der Hälfte der Netze finden lässt und die nicht unmittelbar falsch ist, aber von den Befragten der alternativen, inhaltlich bedeutsameren Proposition „Bundestag wählt Bundeskanzler/-in" vorgezogen wurde.

Im Modalnetz der Befragten im Posttest kommt eine zusätzliche Verbindung hinzu: „Demokratie erfordert Gewaltenteilung". Inhaltlich besonders relevant ist die darüber hinausgehende Veränderung der Häufigkeiten, die zur Folge hat, dass die Proposition „Bürger/-innen wählen Bundeskanzler/-in" im Modalnetz durch die richtige Proposition „Bundestag wählt Bundeskanzler/-in" ersetzt ist. Der Begriff Opposition wird im Pre- wie Posttest mit Abstand am seltensten mit anderen Konzepten verknüpft und bleibt vielen Jugendlichen am Ende der Sekundarstufe I auch nach der Behandlung des Themas Demokratie in Deutschland im Unterricht weitgehend unbekannt.

## 4.2 Dimensionalisierung von (Miss-)Konzepten zum parlamentarischen Regierungssystem

Das Ergebnis der Analysen zum Direktwahlkonzept soll in einem nächsten Schritt durch die speziell für diese Fragestellung konzipierten Items des Misskonzepttests im Posttest kontextualisiert werden. Dabei wurde der Wortlaut der Items gemeinsam mit den deskriptiven Ergebnissen bereits in Tab. 2 aufgeführt. Wie erläutert, wurden die Befragten gebeten, die Korrektheit fiktiver Aussagen zu bewerten. Die zwölf dem Posttest vorangestellten Items wurden mittels konfirmatorischer Faktorenanalysen ausgewertet. Konkret wurden ein engeres, auf plebiszitäre Abhängigkeit der Regierungsspitze bezogenes und ein komplexeres, präsidentielles Misskonzept getestet. Das auf plebiszitäre Abhängigkeit beruhende Misskonzept umfasst neben dem Direktwahlkonzept (1) die Vorstellung, dass die Bundeskanzlerin durch die Bürger direkt abgewählt werden könne (4). In der Konsequenz müssten bei einer kohärenten Wissensstruktur die parlamentarischen Konzepte der Wahl durch den Bundestag (6) sowie das konstruktive Misstrauensvotum (8) verneint werden, diese fließen invertiert in das Modell ein. Das Modell zum präsidentiellen Misskonzept besteht analog dazu aus einer Kombination von Items, die typische Merkmale eines präsidentiellen Systems thematisieren, sowie Items bezogen auf typische Merkmale des parlamentarischen Systems, welche invertiert in die Analysen eingingen. Neben der Ablehnung der parlamentarischen Berufung (6) und Abberufung (8) des Regierungschefs wurde in das Modell die Direktwahl (1) und die politische Nichtabberufbarkeit durch Bevölkerung und Parlament (2) aufgenommen, sowie Items zur Beziehung von Abgeordneten und Regierung (3, 5, 7, 12). Abb. 5 zeigt im Vergleich auf der linken Seite Faktorenstruktur und -ladungen

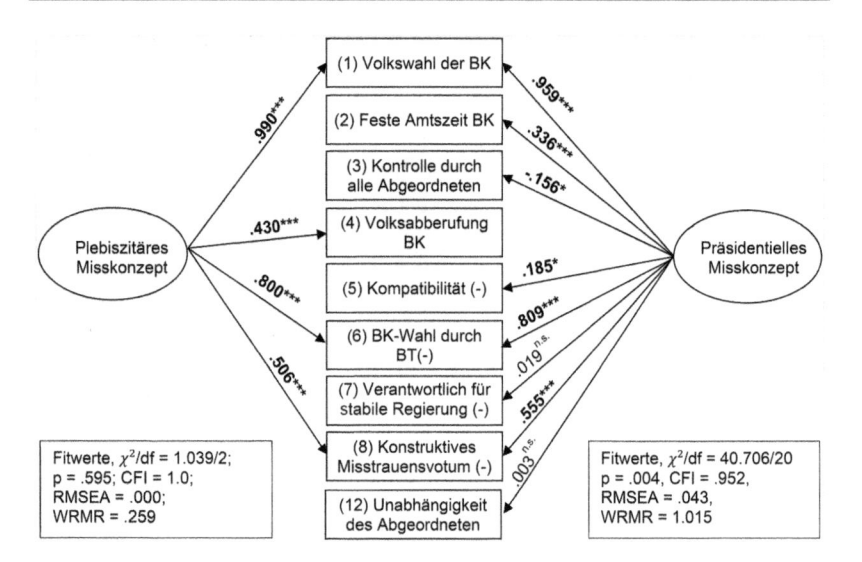

```
                    ┌─────────────────────────┐
                    │ (1) Volkswahl der BK    │
                    ├─────────────────────────┤
                    │ (2) Feste Amtszeit BK   │
                    ├─────────────────────────┤
                    │ (3) Kontrolle durch     │
                    │    alle Abgeordneten    │
                    ├─────────────────────────┤
                    │ (4) Volksabberufung BK  │
                    ├─────────────────────────┤
                    │ (5) Kompatibilität (-)  │
                    ├─────────────────────────┤
                    │ (6) BK-Wahl durch BT(-) │
                    ├─────────────────────────┤
                    │ (7) Verantwortlich für  │
                    │    stabile Regierung (-)│
                    ├─────────────────────────┤
                    │ (8) Konstruktives       │
                    │    Misstrauensvotum (-) │
                    ├─────────────────────────┤
                    │ (12) Unabhängigkeit     │
                    │    des Abgeordneten     │
                    └─────────────────────────┘
```

(Schematische Darstellung: Links "Plebiszitäres Misskonzept" mit Ladungen .430***, .800***, .506*** ; rechts "Präsidentielles Misskonzept" mit Ladungen .959***, .336***, -.156*, .185*, .809***, .019 n.s., .555***, .003 n.s.)

Fitwerte, $\chi^2$/df = 1.039/2;
p = .595; CFI = 1.0;
RMSEA = .000;
WRMR = .259

Fitwerte, $\chi^2$/df = 40.706/20
p = .004, CFI = .952,
RMSEA = .043,
WRMR = 1.015

**Abb. 5** Messmodelle für plebiszitäres und präsidentelles Misskonzepte. (Anmerkungen. Konfirmatorische Faktorenanalysen (CFA) berechnet mit MPlus7 * p ≤ ,05. ** p ≤ ,01. *** p ≤ ,001. Darstellung Hahn-Laudenberg)

für das Misskonzept plebiszitärer Abhängigkeit, auf der rechten Seite die Faktorstruktur und -ladungen für das präsidentielle Misskonzept.

Die beiden alternativen Dimensionalitätsberechnungen ergeben im Fall des plebiszitären Misskonzepts passgenaue, im Fall des präsidentiellen Misskonzepts immer noch gute Fitwerte. Im Modell zum plebiszitären Misskonzept tragen alle Items substantiell zum latenten Faktor bei. Es ist deutlich zu sehen, dass die Items, die sich auf die Wahl beziehen, wesentlich höher auf den latenten Faktor laden als die Items, die sich auf die Abwahl beziehen. Ein Grund ist sicher zum einen die höhere praktische Relevanz von Wahlen in einem politischen System, in der Abwahlen eine Ausnahme sind. Ein weiterer Grund könnte sein, dass auch die präsidentielle Variante fester Amtszeiten in den Thesen aufgeführt, aber im plebiszitären Präkonzept nicht enthalten ist.

Im Modell zum präsidentiellen Misskonzept spiegelt die Struktur der Faktorladungen nicht die theoretisch angenommene Kohärenz wider: So laden drei Items nicht signifikant oder sogar negativ auf dem latenten Konstrukt zum präsidentiellen Misskonzept. Diese adressieren das Verhältnis zwischen Parlament und Regierung und die Stellung des einzelnen Abgeordneten im Gesetzgebungsprozess. Im Wesentlichen steuern erneut vor allem die Items, die sich direkt auf die Wahl und Abwahl beziehen, zur Erklärungskraft des Modells bei.

Diese Ergebnisse können als Hinweis daraufhin gedeutet werden, dass bei Misskonzepten der Jugendlichen in relevanter Anzahl zumindest keine – im politikwissenschaftlichen Sinne konsistente – Übertragung des präsidentiellen Regierungssystems auf die Bundesrepublik Deutschland stattfindet. Die hierauf bezogene Erwartung (3b) bestätigt sich für den untersuchten Kontext nicht.

## 5 Fazit und Ausblick

Die Abhängigkeit der Regierung vom Parlament zu verstehen, stellt eine zentrale Herausforderung für das Verständnis des demokratischen Systems in Deutschland dar. Die Ergebnisse zeigen, dass Verständnisprobleme an dieser Stelle bei Jugendlichen weitverbreitet sind. Bei mindestens einem Drittel der Befragten lässt sich aus dem Antwortverhalten schließen, dass sie vor der expliziten Thematisierung im Unterricht von der Vorstellung einer direkten Wahl und Abhängigkeit der Regierungsspitze durch die Wählenden ausgehen. Misskonzepte der Direktwahl und plebiszitären Abhängigkeit bleiben auch nach der Thematisierung im Unterricht bestehen. Die deutliche Abnahme ihres Anteils auf etwa ein Achtel zeigt aber, dass dieses Misskonzept nicht so robust gegenüber Veränderung zu sein scheint, wie dies für andere, etwa manche naturwissenschaftliche Misskonzepte aufgezeigt wurde. Ob die Veränderungen der Wissensstrukturen dauerhaft sind, kann auf Basis der vorliegenden Studie allerdings nicht beantwortet werden. Analog zu den theoretischen Annahmen Vosniadous et al. (2008) könnte argumentiert werden, dass das Misskonzept keinen grundlegenden ontologischen Rahmenüberzeugungen zur politischen Domäne widerspricht, da es unter die demokratische Vorstellung von Repräsentation und Legitimation etwa ebenso wie das fachlich korrekte parlamentarische Konzept passt. Im Gegensatz dazu konnte die empirische Relevanz eines komplexeren, konsistent präsidentiellen Misskonzeptes nicht beobachtet werden. Die Dimensionalitätstests geben im Gegenteil empirische Hinweise darauf, dass zumindest bei der erfassten Zielgruppe keine systematische Übertragung von Merkmalen eines präsidentiellen Systems auf Deutschland vorliegt. Gleichzeitig deuten der nach dem Unterricht noch weiterbestehende Anteil von Misskonzepten sowie die deutlichen Unterschiede bei Ausprägung und Veränderung in den Klassen auf die Relevanz didaktischer Interventionen hin.

Methodisch erlauben sowohl die kombinierte Erfassung über Multiple-Choice-Test und Concept-Map als auch der Misskonzepttest Rückschlüsse auf ein eine plebiszitäre Abhängigkeit der Regierungsspitze unterstellendes Misskonzept bei Jugendlichen. Der Vorteil der Methodenkombination ist die größere Anschaulichkeit, der Misskonzepttest erlaubt eine bessere latente Modulation. Von den allgemeinen Methoden zur Wissensmessung scheint in Übereinstimmung mit bisheriger Forschung eine inhaltliche Analyse der Concept-Maps mit ihrer starken Fokussierung auf konzeptuelle Wissensstrukturen am sensibelsten auf Misskonzepte zu reagieren. Ein weiterer Vorteil von Concept-Map-Aufgaben in der eingesetzten Form ist die geringe Ratewahrscheinlichkeit. Gleichwohl bedürfte eine differenziertere Erfassung von Konzepten zum Regierungssystem eine Weiterentwicklung der eingesetzten Methoden. So könnte in einer Weiterentwicklung die Concept-Map-Aufgabe in mehrere Aufgaben aufgeteilt werden, die weniger Begriffe umfassen, aber dafür differenzierter etwa auf Fragen des Regierungssystems fokussieren. Ebenso waren aufgrund der (im Gesamtkontext der Erhebung notwendigen) dichotomen Antwortstruktur des Misskonzepttests die Analysemöglichkeiten etwas eingeschränkt. Eine Weiterentwicklung könnte hier noch breiter typische Misskonzepte operationalisieren, um etwa auch harmonistische Vorstellungen von Demokratie als eigene Dimension zu erfassen.

Eine Differenzierung von Nichtwissen und fehlerhaftem Wissen erscheint bei der Fokussierung der Forschungsfrage auf Misskonzepte relevanter als bei der Fokussierung auf politisches Wissen allgemein. Allerdings sprechen die im methodischen Teil angesprochenen Hinweise auf systematisch ungleiches Rateverhalten gegen eine Aufnahme einer expliziten „weiß nicht" Kategorie, zumindest im Kontext von Studien im Bildungsbereich (oder auch im internationalen Vergleich). Auch die für in Auswertungen von quantitativen Wissenstests in den Bildungswissenschaften in der Regel verwendeten Skalierungen auf Basis der Item-Response-Theorie passen weniger zu einer expliziten Berücksichtigung einer „weiß nicht" Kategorie, da nicht die Beantwortung bestimmter Einzelitems, sondern die auf Grundlage aller richtigen Antworten geschätzte Personenfähigkeit relevant ist. Meist steht dabei zudem nicht die exakte Schätzung der Fähigkeit der Einzelnen, sondern in Bezug auf die Population im Fokus (Ziemes et al. 2017). Vielversprechender erscheinen im Bildungskontext ergänzende Skalen, die nicht nur das allgemeine oder bereichsbezogene subjektive politische Wissen (Oberle 2012), sondern spezifisch die subjektive Sicherheit des Wissens mit Fokus auf für die Erfassung von Misskonzepten bezogenen Items erfassen.

Sowohl eine vertiefte Mehrebenenanalyse als auch eine klassenspezifische Auswertung anhand der jeweiligen, ebenfalls erhobenen Lehrpersonennetze hätten für diese Fragestellung interessante Erkenntnisse bringen können, waren im Rahmen der vorliegenden Studie aber leider nicht möglich. Ersteres scheiterte an der nicht ausreichenden Anzahl an Klassen, letzteres an der fehlenden Zustimmung eines großen Teils der an der Studie teilnehmenden Lehrpersonen. Dass nach dem Unterricht zum Thema wesentlich weniger Jugendliche eine direkte Abhängigkeit der Regierungsspitze annehmen, ist hinsichtlich der Zugänglichkeit für Conceptual-Change-Prozesse ein ermutigendes Ergebnis. Die Bedeutsamkeit der Klassenebene könnte darauf hindeuten, dass die konzeptuellen Vorstellungen der Lehrenden bzw. die didaktische Konzeption des Unterrichts einen durchaus wichtigen Einfluss auf die Lernergebnisse der einzelnen Lernenden nehmen.

## Literatur

Al-Diban, Sabine. 2002. *Diagnose mentaler Modelle.* Hamburg: Kovač.
Anderson, John Robert. 2001. *Kognitive Psychologie.* Heidelberg: Spektrum.
Barke, Hans-Dieter. 2006. *Chemiedidaktik: Diagnose und Korrektur von Schülervorstellungen.* Berlin: Springer.
Chi, Michelene T.H. 2008. Three Types of Conceptual Change: Belief Revision, Mental Model Transformation, and Categorical Shift. In *International Handbook of Research on Conceptual Change*, Hrsg. Stella Vosniadou, 61–82. New York: Taylor & Francis.
Deichmann, Carl. 2021. Institutionenkunde. In *Konzeptionen, Strategien und Inhaltsfelder politischer Bildung*, Hrsg. Dirk Lange und Volker Reinhardt, 263–275. Baltmannsweiler: Schneider Verlag Hohengehren.
Detjen, Joachim. 2007. *Politische Bildung: Geschichte und Gegenwart in Deutschland.* München, Wien: Oldenbourg.
Detjen, Joachim, Peter Massing, Dagmar Richter, und Georg Weißeno. 2012. *Politikkompetenz – ein Modell.* Wiesbaden: Springer VS.
Easton, David. 1965. *A System Analysis of Political Life.* Chicago/London: University of Chicago Press.
Fraenkel, Ernst. 2011. Strukturdefekte der Demokratie und deren Überwindung. In *Deutschland und die westlichen Demokratien*, Hrsg. Ernst Fraenkel, 91–113. Baden-Baden: Nomos.
Fuchs, Dieter. 2002. Das Konzept der politischen Kultur: Die Fortsetzung einer Kontroverse in konstruktiver Absicht. In *Bürger und Demokratie in Ost und West: Studien zur politischen Kultur und zum politischen Prozess*, Hrsg. Dieter Fuchs, Edeltraud Roller und Bernhard Weßels, 27–49. Wiesbaden: Westdeutscher Verlag.
Geiser, Christian. 2011. *Datenanalyse mit Mplus: Eine anwendungsorientierte Einführung.* Wiesbaden: VS.
GESIS. (2019). Allgemeine Bevölkerungsumfrage der Sozialwissenschaften ALLBUScompact 2018: GESIS-Variable Reports Nr. 2019|7. GESIS – Leibniz-Institut für Sozialwissenschaften.
Goll, Thomas, Dagmar Richter, Georg Weißeno, und Valentin Eck. 2010. Politisches Wissen zur Demokratie von Schüler/-innen mit und ohne Migrationshintergrund: (POW-IS-Studie). In *Bürgerrolle heute: Migrationshintergrund und politisches Lernen*, Hrsg. Georg Weißeno, 21–48. Bonn: Bundeszentrale für politische Bildung.
Gottfried, Lara M. 2019. *Politisches Lernen mit Concept Maps: Ergebnisse einer empirischen Untersuchung von Kindern mit und ohne Migrationshintergrund.* Münster: Waxmann.
GPJE. 2004. *Anforderungen an nationale Bildungsstandards für den Fachunterricht in der Politischen Bildung an Schulen: Ein Entwurf.* Schwalbach/Ts.: Wochenschau.

Hahn-Laudenberg, Katrin. 2017. *Konzepte von Demokratie bei Schülerinnen und Schülern: Erfassung von Veränderungen politischen Wissens mit Concept-Maps.* Wiesbaden: Springer VS.

Hahn-Laudenberg, Katrin. 2018. Assoziationstest und Concept-Mapping zum Begriff Demokratie: Eine empirische Analyse zu einem Fachkonzept der Politischen Bildung. In *Kompetenzorientierung: Potenziale zur Professionalisierung der Politischen Bildung*, Hrsg. Sabine Manzel und Monika Oberle, 99–112. Wiesbaden: Springer VS.

Hahn-Laudenberg, Katrin. 2022. Kompetenzorientiert unterrichten: Gestaltung von Anforderungssituationen und kognitiv aktivierenden Lernaufgaben. In *Handbuch politische Bildung*, Hrsg. Wolfgang Sander und Kerstin Pohl, 543–552. Frankfurt a. M.: Wochenschau Verlag.

Hahn-Laudenberg, Katrin, und Hermann Josef Abs. 2017. Politisches Wissen und Argumentieren. In *Das politische Mindset von 14-Jährigen: Ergebnisse der International Civic and Citizenship Education Study 2016*, Hrsg. Hermann Josef Abs und Katrin Hahn-Laudenberg, 77–111. Münster: Waxmann.

Ifenthaler, Dirk, und Pablo Pirnay-Dummer. 2014. Model-Based Tools for Knowledge Assessment. In *Handbook of Research on Educational Communications and Technology*, 4. Aufl., Hrsg. J. Michael Spector, David M. Merrill, Jan Elen und M.J Bishop, 289–301. New York: Springer.

Krüger, Heinz-Hermann, Sibylle Reinhardt, Catrin Kötters-König, Nicolle Pfaff, Ralf Schmidt, Adrienne Krappidel, und Frank Tillmann (Hrsg.). 2002. *Jugend und Demokratie – Politische Bildung auf dem Prüfstand: Eine quantitative und qualitative Studie aus Sachsen-Anhalt.* Opladen: Leske + Budrich.

Maas, Cora J.M, und Joop J. Hox. 2005. Sufficient Sample Size for Multilevel Modeling. *Methodology* 1 (3): 86–92.

Maier, Jürgen, Alexander Glantz, und Severin Bathelt. 2009. Was wissen die Bürger über Politik? Zur Erforschung der politischen Kenntnisse in der Bundesrepublik Deutschland 1949 bis 2008. *Zeitschrift für Parlamentsfragen* 40 (3): 561–579.

Massing, Peter. 2022. Institutionenkundliches Lernen. In *Handbuch politische Bildung*, Hrsg. Wolfgang Sander und Kerstin Pohl, 271–278. Frankfurt a. M.: Wochenschau Verlag.

May, Michael. 2019. Politische Urteilsbildung in der politischen Bildung und „Postfaktizität" – Eine Problembestimmung. In *Orientierungen politischer Bildung im "postfaktischen Zeitalter"*, Hrsg. Carl Deichmann und Michael May, 39–55. Wiesbaden: Springer Fachmedien Wiesbaden.

Mondak, Jeffery J., und Mary R. Anderson. 2004. The Knowledge Gap: A Reexamination of Gender-Based Differences in Political Knowledge. *The Journal of Politics* 66 (2): 492–512.

Moosdorf, Daniel, Christian Schnaudt, Markus Tausendpfund, und Bettina Westle. 2020. Messung politischen Wissens. In *Politisches Wissen in Deutschland*, Hrsg. Markus Tausendpfund und Bettina Westle, 55–88. Wiesbaden: Springer.

Mosch, Mirka. 2011. Diagnostikmethoden in der politischen Bildung: Vorstellungen von Schüler/-innen im Unterricht erheben und verstehen. Dissertation, Justus-Liebig-Universität, Gießen. http://geb.uni-giessen.de/geb/volltexte/2013/9404/pdf/MoschMirka_2013_02_21.pdf.

Murphy, Karen, und Patricia A. Alexander. 2008. The Role of Knowledge, Belief, and Interest in the Conceptual Change Process: A Synthesis and Meta-Analysis of the Research. In *International Handbook of Research on Conceptual Change*, Hrsg. Stella Vosniadou, 581–616. New York: Taylor & Francis.

Novak, Josepf D., und Bob Gowin. 1984. *Learning how to learn*. Cambridge: Cambridge Univ. Press.

Oberle, Monika. 2012. *Politisches Wissen über die Europäische Union: Subjektive und objektive Politikkenntnisse von Jugendlichen*. Wiesbaden: Springer VS.

Patzelt, Werner J. 1996. Das Wissen der Deutschen über Parlament und Abgeordnete: Indizien für Aufgaben politischer Bildung. *Gegenwartskunde* 3:309–322.

Patzelt, Werner J. 1998. Ein latenter Verfassungskonflikt? Die Deutschen und ihr parlamentarisches Regierungssystem. *Politische Vierteljahresschrift* 39 (4): 725–757.

Patzelt, Werner J. 2005. Warum verachten die Deutschen ihr Parlament und lieben ihr Verfassungsgericht? Ergebnisse einer vergleichenden demoskopischen Studie. *Zeitschrift für Parlamentsfragen* 36 (3): 517–538.

Peuckert, Jochen, und Helmut Fischler. 2000. Concept Maps als Diagnose- und Auswertungsinstrument in einer Studie zur Stabilität und Ausprägung von Schülervorstellungen. In *Concept Mapping in fachdidaktischen Forschungsprojekten der Physik und Chemie*, Hrsg. Helmut Fischler und Jochen Peuckert, 91–116. Berlin: Logos.

Piaget, Jean. 1976. *Die Äquilibration der kognitiven Strukturen*. Stuttgart: Klett.

Richter, Dagmar. 2009. Teach and diagnose political knowledge: Primary school students working with concept maps. *Citizenship Teaching and Learning* 5 (1): 60–71.

Ruiz-Primo, Maria Araceli. 2000. On the Use of Concept Maps as an Assesment Tool in Science: What We Have Learned so Far. *Revista Electrónica de Investigación Educativa* 2 (1): 29–52.

Ruiz-Primo, Maria Araceli, Susan E. Schultz, Mi Li, und Richard J. Shavelson. 2001. Comparison of the reliablility and validity of scores from two concept-mapping techniques. *Journal of Research in Science Teaching* 38 (2): 260–278.

Schneider, Michael, Xenia Vamavakoussi, und Wim van Dooren. 2012. Conceptual Change. In *Encyclopedia of the sciences of learning*, Hrsg. Norbert M. Seel, 735–738. New York: Springer.

Schüttemeyer, Suzanne S. 1986. *Bundestag und Bürger im Spiegel der Demoskopie: Eine Sekundäranalyse zur Parlamentarismusperzeption in der Bundesrepublik*. Wiesbaden: VS Verlag für Sozialwissenschaften.

Seel, Norbert M. 1997. Pädagogische Diagnose mentaler Modelle. In *Wege zum Können: Determinanten des Kompetenzerwerbs*, Hrsg. Hans Gruber und Alexander Renkl, 116–137. Bern: Verlag Hans Huber.

Smith, John P., Andrea diSessa, und Jeremy Roschelle. 1993. Misconceptions Reconceived: A Constructivist Analysis of Knowledge in Transition. *The Journal of the Learning Sciences* 3 (2): 115–163.

Stark, Robin. 2002. *Conceptual Change: kognitivistisch oder kontextualistisch?* (Forschungsberichtno. 149). München: Ludwig-Maximilians-Universität München. https://epub.ub.uni-muenchen.de/257/

Steffani, Winfried. 1997. *Gewaltenteilung und Parteien im Wandel*. Opladen: Westdeutscher Verlag.

Tausendpfund, Markus, und Bettina Westle (Hrsg.). 2020. *Politisches Wissen in Deutschland: Empirische Analysen mit dem ALLBUS 2018*. Wiesbaden: Springer VS.

Vosniadou, Stella, Xenia Vamavakoussi, und Irini Skopeliti. 2008. The Framework Theory Approach to the Problem of Conceptual Change. In *International Handbook of Research on Conceptual Change*, Hrsg. Stella Vosniadou, 3–34. New York: Taylor & Francis.

Weber, Susanne. 1994. *Vorwissen in der Betriebswirtschaftlichen Ausbildung*. Wiesbaden: Deutscher Universitäts-Verlag.

Weißeno, Georg, Joachim Detjen, Ingo Juchler, Peter Massing, und Dagmar Richter. 2010. *Konzepte der Politik – ein Kompetenzmodell*. Bonn: Bundeszentrale für politische Bildung.

Welzel, Christian. 2000. Volkserziehung oder Institutionenreform? Ein Kommentar zu Werner Patzelts Bürgerschelte in der PVS 4/1998. *Politische Vierteljahresschrift* 41 (2): 316–326.

Westle, Bettina. 2012. Souveräne Teilhabe unter Unsicherheit und Halbwissen: Politisches Wissen und politische Partizipation. In *Die verstimmte Demokratie: Moderne Volksherrschaft zwischen Aufbruch und Frustration*, Hrsg. Stephan Braun und Alexander Geisler, 51–68. Wiesbaden: VS.

Westle, Bettina. 2015. German Views of the Political System. *German Politics* 24 (3): 317–353.

Westle, Bettina. 2020. Schützt politisches Wissen vor Populismus? In *Politisches Wissen in Deutschland: Empirische Analysen mit dem ALLBUS 2018*, Hrsg. Markus Tausendpfund und Bettina Westle, 199–244. Wiesbaden: Springer VS.

Yin, Yue, M. K. Tomita, und Richard J. Shavelson. 2008. Diagnosing and Dealing with Student Misconceptions: Floating and Sinking. *Science Scope* 31 (8): 34–39.

Ziemes, Johanna F., Janina Jasper, Daniel Deimel, Katrin Hahn-Laudenberg, und Hermann Josef Abs. 2017. ICCS 2016 – Design und methodisches Vorgehen. In *Das politische Mindset von 14-Jährigen: Ergebnisse der International Civic and Citizenship Education Study 2016*, Hrsg. Hermann Josef Abs und Katrin Hahn-Laudenberg, 47–76. Münster: Waxmann.

**Dr. Katrin Hahn-Laudenberg** ist Juniorprofessorin für Bildung und Demokratiepädagogik im Kontext von Integration und Migration am Erziehungswissenschaftlichen Institut der Universität Leipzig. Ihre Forschungsschwerpunkte umfassen u.a. international vergleichende Bildungsforschung zu Civic and Citizenship Education (etwa im Rahmen von ICCS 2022), die Entwicklung politischer Kompetenzen und Einstellungen sowie schulische Partizipationsmöglichkeiten. E-Mail: katrin.hahn-laudenberg@uni-leipzig.de.

# Politisches Wissen und Pseudowissen in Online-Erhebungen: Raten und Recherchieren

Bettina Westle

## 1 Einleitung

Die Untersuchung politischen Wissens von Erwachsenen wurde in Deutschland lange Zeit vernachlässigt, da die Befürchtung herrschte, dass Befragte dies als unangemessene Prüfung ablehnen (zu weiteren Ursachen Westle und Tausendpfund 2019). In jüngerer Zeit wurde politisches Wissen jedoch sowohl in Einzelstudien erhoben als auch in einige Befragungsprogramme integriert, ohne dass Verweigerungen, Proteste oder Abbrüche in nennenswertem Ausmaß vorkamen. Gegenwärtig geraten Studien zu politischem Wissen allerdings erneut ins Abseits. Die Ursache ist der exorbitante Preisanstieg für persönliche und telefonische Erhebungen, der auch wissenschaftliche Forschung zunehmend zwingt mit den preisgünstigeren Online-Stichproben zu arbeiten. Dieser Befragungsmodus stellt die Ermittlung von Wissen vor neue Herausforderungen. Insbesondere wirft er das Problem auf, dass Befragte die Antworten leicht recherchieren können. Damit werden die erhobenen Verteilungen von Wissen – je nachdem, wie häufig und mit welchem Erfolg dieses Verhalten vorkommt – potenziell stark verzerrt und wertlos für die Forschung. Konkret stellt sich damit als zentrale Frage, inwieweit im Online-Modus erhobenes politisches Wissen im Hinblick auf die Verteilung zwischen korrekten, falschen und „weiß nicht" Antworten nicht nur wie in anderen

B. Westle (✉)
Philipps-Universität Marburg, Marburg, Deutschland
E-Mail: westle@staff.uni-marburg.de

© Der/die Autor(en), exklusiv lizenziert an Springer Fachmedien Wiesbaden GmbH, ein Teil von Springer Nature 2024
B. Westle und M. Tausendpfund (Hrsg.), *Politisches Wissen: Korrekte Kenntnisse, Fehlvorstellungen und Ignoranz*, Politisches Wissen,
https://doi.org/10.1007/978-3-658-42979-9_8

Erhebungsmodi stärker oder schwächer durch Raten kontaminiert wird, sondern auch durch Recherchen nach den richtigen Antworten.

Während Forschungsrecherchen in Deutschland kaum Treffer zu der Thematik erzielten, konnten in der anglo-amerikanischen Literatur doch einige Arbeiten gefunden werden, die sich auf der Grundlage von persönlichen, telefonischen, postalischen und selten auch Online-Befragungen mit Problemen der Erhebung von Wissen befassen. Im vorliegenden Beitrag wird versucht, die Überlegungen und Erkenntnisse aus diesen Studien zu den Problemen des Ratens und des Recherchierens bei Wissensfragen zu Fakten und zu fiktiven Objekten zusammenzufassen und anschließend auf den spezifischen Erhebungskontext des Online-Modus von Befragungen zu übertragen bzw. wo es notwendig erscheint zu verändern. In den Ausführungen werden Effekte auf korrektes Wissen ebenso berücksichtigt wie potenzielle Unterschiede zwischen fehlendem Wissen und falschen Vorstellungen. Die theoretischen Überlegungen bilden das Zentrum in diesem Beitrag. Angesichts der Datenlage ist keine strikte oder gar umfassende Überprüfung aller aufgeworfenen Fragen möglich. Vielmehr bilden die nachfolgenden empirischen Analysen überwiegend erste Exploration zu einigen Fragen. Der Beitrag soll jedoch einen „Auftakt" zum Thema bilden und versteht sich als Anregung für weitere Studien. Deshalb folgt im Fazit auch ein Ausblick auf den Forschungsbedarf.

## 2 Forschungsstand und Annahmen

### 2.1 Varianten von Online-Erhebungen

Online-Studien unterliegen teilweise anderen Verhaltenslogiken als Präsenz-, Telefon- oder postalische Befragungen. Für die nachfolgenden Überlegungen ist zudem zusätzlich zu der Differenzierung nach dem Erhebungsmodus auch eine Differenzierung innerhalb der Online-Surveys erforderlich. Nachfolgend werden die gängigsten Varianten genannt.

(a) Befragungen, die ein klassisch per *Zufallsauswahl* (z. B. über Gemeinde- oder Telefonstichproben) gewonnenes Sample Online *einmal* befragen (z. B. künftig der ALLBUS, der bisher als face-to-face Interview erhoben wurde, 2021 erstmals im Methodenmix und künftig nur noch Online erfolgen soll). In dieser Variante sind ausschließlich die Unterschiede des Online-Modus zu den anderen Erhebungsmodi zu berücksichtigen. Dazu gehören vor allem infolge der fehlenden Interviewerpräsenz entfallende Möglichkeiten zur Anleitung, Unterstützung und Steuerung der Befragungszeit, aber auch die geminderte soziale Kontrolle (z. B. wer die Befragung beantwortet) und entfallende Interviewereinflüsse, Aspekte der optischen Darstellung sowie der Fähigkeiten der Befragten im Umgang mit der Technik.

(b) Einige Institute bauen aus Zufallsauswahlen sukzessiv einen Befragtenpool auf, der sowohl mehrmals für thematische Einmal- als auch für Wiederholungsbefragungen genutzt werden kann. Hier sind zusätzlich alle Spezifika zu berücksichtigen, die auch für andere Panels gelten, angefangen von einer besonderen Befragungsbereitschaft der Teilnehmer bis hin zu Lern- und Gewöhnungseffekten durch die Beteiligung an den Befragungen (Schwarz 1995; Struminskaya 2016), die sich auf das Antwortverhalten auswirken können (z. B. schnellere Bearbeitung, da Fragen oder Strukturen der Erhebungen bekannt sind).

(c) Angebote kommerzieller Institute, die Befragtenpools auf diversen Wegen wie Werbung und Selbstrekrutierung der Teilnehmer aufbauen (Convenience Samples). Ziel der Firmen ist dabei, Auftraggebern genügend passende Befragungswillige zu liefern. Ziele der Teilnehmenden dürften häufig monetärer Art sein, denn für die Teilnahme an jeder Befragung werden geldwerte Entlohnungen geboten, die aber erst nach Ansammlung einer bestimmten Höhe eingelöst werden können. Dies stellt einen Anreiz dar, sich häufig an Befragungen zu beteiligen. Die Entlohnungen sind jedoch nicht so hoch, dass davon der Lebensunterhalt bestritten werden kann (was evtl. anders aussieht, wenn Personen sich für viele Befragentenpools rekrutieren lassen). Um die passende Zielpopulation bereitzustellen, wird auf Merkmale zurückgegriffen, die teils bei der Rekrutierung der Befragten erhoben wurden und gelegentlich aktualisiert werden. Oft sind aber zusätzliche Screening-Fragen erforderlich, um nicht passende Beteiligungswillige auszufiltern. Dies ist für erfahrene Teilnehmende ein Einfallstor für falsche Angaben, um sich so darzustellen, dass sie in die vermutete Stichprobe passen. Nachfolgend wird bei diesem Typus von „Hobby-Befragten" die Rede sein.

(d) In Deutschland noch nicht weit verbreitet sind Online-Erhebungen mit „Berufs-Befragten", wie der US-amerikanische Amazon-Mechanical Turk. Dabei handelt es sich um regelmäßige Teilnehmende der Umfrageplattform, die dafür so bezahlt werden, dass eine spürbare Aufbesserung des Lebensstandards erreicht werden kann. Infolge der höheren Incentivierung und wohl auch Kontrollen des Antwortverhaltens sollen diese Befragten ein größeres Verpflichtungsgefühl haben und eine sorgfältigere Bearbeitung der Fragebögen anstreben als sonst üblich (Motta et al. 2017).

## 2.2 Probleme der Ermittlung von Wissen: Raten

### 2.2.1 Raten allgemein

Antworten auf Faktenfragen können (a) auf Basis fundierter Kenntnisse korrekt ausfallen, (b) auf Grundlage von Fehlinformationen (z. B. „Enten", „Fake-News") oder verfehltem Verständnis korrekter Informationen falsche Annahmen zum Ausdruck bringen und (c) bei mangelnden Informationen, unzureichendem Verständnis oder Erinnerungslücken das Fehlen von Vorstellungen indizieren sowie bei als widersprüchlich wahrgenommenen Informationen in Unentschiedenheit münden, was in Form von „weiß nicht", Antwortauslassungen oder -verweigerungen zum Ausdruck kommen kann. Alle drei Möglichkeiten sind jedoch von unterschiedlichen Niveaus der subjektiven Sicherheit begleitet und durch unterschiedliche Rateneigungen kontaminiert. So kann sowohl eine korrekte als auch eine falsche Antwort auf einem Spektrum zwischen großer Überzeugung zu ihrer Korrektheit bis hin zu völliger Zufallsauswahl der Antwort beruhen (so unterscheiden Nadeau und Niemi 1995 wohlüberlegtes und wildes Raten). Spiegelbildlich kann sich hinter einer Antwort mittels „weiß nicht", Auslassung oder Verweigerung – neben dem offenen Bekenntnis zur Ignoranz – unsicheres Wissen verbergen (Mondak 1999; Prior und Lupia 2008); ferner auch Unlust zur Beantwortung und sog. Speeding. Gegenpositionen dazu vertreten Luskin und Bullock (2011) sowie Jessee (2017), die davon ausgehen, dass „weiß nicht" kein verborgenes Wissen enthalte.

Personen mit geringer Risikoaversion (Ben-Shakkar und Sinai 1991), starker Wettbewerbsorientierung (Hirschfeld et al. 1995) und/oder großem Selbstvertrauen (Casey et al. 1997) raten laut Forschung häufiger als ihre jeweiligen Pendants mit demselben Wissensstand (und umgehen somit „weiß nicht"). Ein weiterer, in der Literatur nicht angeführter Grund könnte das Bedürfnis nach positiver Selbstdarstellung sein (vgl. aber 2.2.2). Allerdings bedarf m. E. auch das offene Bekenntnis zur Ignoranz eines gewissen Selbstbewusstseins. Verfügen Befragte über geringe Sicherheit zum Thema, aber große Selbstsicherheit, so dürfte eine Tendenz zu „weiß nicht", Auslassung oder Verweigerung bestehen. Liegt jedoch geringe Sicherheit zum Thema kombiniert mit großer Rateneigung vor, steigt die Wahrscheinlichkeit einer substanziellen Antwort, welche dann prinzipiell auf die richtige wie auf eine falsche Antwortoption entfallen kann. Im Ergebnis können richtige Antworten durch „glückliches" Raten und falsche Antworten durch „unglückliches" Raten inflationiert sein, während sich hinter nicht-substanziellen Reaktionen, die im allgemeinen als fehlendes Wissen interpretiert werden, durchaus „Teilwissen" verbergen könnte.

Um das Raten zu minimieren, empfehlen Delli Carpini und Keeter (1996) die Befragten zu „weiß nicht" Antworten zu ermutigen. Dazu wird den Befragten bereits in der Einleitung zu Wissenstests fehlendes Wissen als legitim dargestellt. Außerdem ist die Wortwahl in den Fragen häufig indirekt (z. B. durch Einleitungsphrasen wie „wissen Sie vielleicht …"). Die „weiß nicht" Option wird explizit vorgesehen (statt sie nur als Ausweichoption in der Rückhand zu halten, aber nicht vorzulesen bzw. nicht schriftlich anzubieten). Und schließlich werden die Interviewer dazu angehalten nicht nachzufragen, wenn sich Respondenten unsicher sind. Dieses Vorgehen ist auch heute in politikwissenschaftlichen Studien gängig.

Allerdings deuten lerntheoretische Befunde darauf hin, dass damit die Rateneigung nicht hinreichend reduziert, sondern Mut „prämiert" und Unsicherheit „bestraft" wird. So zeigte sich bspw. wiederholt, dass Frauen öfter als Männer „weiß nicht" antworten (s.a. Best und Huber in diesem Band), obwohl sie im Fall eines Antwortzwangs etwa denselben Wissenstand zeigen (Francis und Busch 1975; Mondak und Anderson 2004, Best und Huber in diesem Band). Mondak und Davis (2001) kritisieren folglich an der Ermutigung zu „weiß nicht", dass die Ergebnisse zwar größere Reliabilität zeigen, aber die Messung des Wissens durch die Ratenneigung verzerrt sei. Die Validität würde hingegen nur dann erhöht, wenn zwei sehr unwahrscheinliche Annahmen zuträfen: *Nur* die Uninformierten müssten von substanziellen Antworten abgehalten werden und *alle* Uninformierten müssten substanzielle Antworten verweigern.

Mondak (1999, 2001), Mondak und Davis (2001) sowie Krosnick et al. (2002) plädieren daher dafür, nicht-substanzielle Antworten zu entmutigen oder sogar nicht zuzulassen. Zudem sollen die Fragen direkt (nicht abmildernd) formuliert werden und Teilnehmenden, wenn sie Unsicherheit zeigen, von den Interviewenden zu substanziellen Antworten gedrängt werden. Wenn dennoch „weiß nicht" Ausprägungen auftreten, wird empfohlen, diese per Zufall den substanziellen Antworten zuzuordnen. Das lange übliche Vorgehen, bei der Indexbildung für falsche Antworten Punkte abzuziehen, sei dann verzichtbar.

Beiden Vorgehensweisen bleiben jedoch Probleme inhärent. Mit der ersten Variante kann das Raten nicht völlig vermieden werden. Zwar sind sog. Zufallskorrekturen möglich (Moosbrugger und Kelava 2012), allerdings nur mit teils unrealistischen Annahmen wie einer Zufallsverteilung der geratenen Antworten (obwohl dabei auch unbeobachtbare Heuristiken außerhalb der Befragung sowie in den Distraktoren enthaltene Cues eine Rolle spielen können). Zudem betreffen solche Zufallskorrekturen lediglich die Aggregatebene, während geratene Antworten auf Individualebene damit weder identifiziert noch korrigiert werden können. Die Möglichkeit zusätzlich in Befragungen ein Instrument zur individuellen

Rateneigung zu integrieren, kann Anhaltspunkte, aber keine verbindliche Auskunft über geratene Antworten im Einzelnen geben. Durch die zweite Variante werden unterschiedliche Rateneigungen zwar nivelliert, aber geratene Antworten können sich bei beiden Verfahren sowohl bei dem Anteil richtiger als auch dem falscher Antworten niederschlagen. Dabei ist zudem kontrovers, ob dies zufällig geschieht (Münzwurfprinzip bei „richtig-falsch" Items nach Converse (1964) oder übertragen auf MC-Fragen nach dem Würfelprinzip) oder in Abhängigkeit von anderen Faktoren wie dem Ausmaß der subjektiven Sicherheit, primacy- oder recency-Effekten, genutzten Heuristiken und anderen unbekannten Einflüssen.

Ein Antwortzwang zielt nach der hier vertretenen Auffassung auf den rein kognitiven Aspekt von Wissen. Dagegen nimmt die Zulassung der „weiß nicht" Option die Interferenzen durch Unsicherheiten und Raten in Kauf. Ein aus politikwissenschaftlicher (im Gegensatz zu erziehungswissenschaftlicher) Sicht dennoch für die Zulassung nicht substanzieller Antworten sprechendes Argument ist aber, dass mit Antwortzwang die Möglichkeit der Unterscheidung zwischen dem Bewusstsein der eigenen Ignoranz und falschen Faktenauffassungen verhindert wird. Beides kommt jedoch auch im realen politischen Leben vor und hat vermutlich unterschiedliche Auswirkungen auf politische Einstellungen und Handeln.

Eine dritte Vorgehensweise empfehlen Kuklinski et al. (1998, 2000), die ebenfalls auf die Wichtigkeit einer Differenzierung zwischen „confident held false beliefs" und „awareness of one's ignorance" hinweisen, denen sie und auch andere seither unterschiedliche Ursachen und Folgen zuschreiben (Westle 2005, 2009; Hochschild und Einstein 2015; Westle et al. 2015). Sie empfehlen, in Umfragen kein „weiß nicht" zuzulassen, aber nach der subjektiven Sicherheit der Antwort zu fragen. Eine abgestufte Sicherheitsvorgabe erleichtere es Befragten besser als die klare „weiß nicht" Option fehlendes Wissen und Raten zu bekennen. Lee und Matsuo (2018) zeigten empirisch, dass Wissen und seine Sicherheit unabhängige Dimensionen bilden, die parallel analysiert oder miteinander kombiniert werden können. Die Kombination unkorrekter Antworten mit der Sicherheit, dass die eigenen Antworten falsch waren, entspricht dem Bekenntnis, dass geraten wurde, also auch dem Bewusstsein über die eigene Ignoranz. Die Kombination falscher Antworten mit Sicherheit, dass sie korrekt waren, entspricht Fehlvorstellungen/-überzeugungen. Korrekte Antworten gepaart mit Unsicherheit können sowohl verborgenes Wissen als auch glückliches Raten repräsentieren. Korrekte Antworten mit Sicherheit fußen demnach auf fundiertem Wissen und bringen Expertise zum Ausdruck. Empirische Forschung auf diese Weise ist jedoch noch selten. Im deutschsprachigen Kontext konnten keine Publikationen, die damit arbeiten, gefunden werden. Beispiele dafür sind aber auf europäischer Ebene Partheymüller et al. (2022) und im vorliegenden Band die Beiträge von Moosdorf und

Westle; bei letzteren deuten sich für die Sicherheit ähnliche Probleme an wie für die „weiß nicht" Option, also dass bspw. Frauen häufiger zur Unter- und Männer zur Überschätzung ihrer Sicherheit tendieren. Bei dem Vorgehen von Lee und Matsuo (2018) wird zu jeder Wissensfrage eine Nachfrage zur subjektiven Sicherheit gestellt (nur dann kann die Dimensionalität geprüft werden). Diese Erhebung ist jedoch äußerst zeitaufwendig und daher für Befragungen, die nicht ausschließlich auf Wissen fokussiert sind, unrealistisch. Ob das Vorgehen, stattdessen summarische Selbsteinschätzungen zu jeweils einigen oder gar allen Antworten zu erfassen, zu validen Messungen führt, ist noch offen.

### 2.2.2 Raten in Online-Studien

Selbstverständlich kann das Problem des Ratens auch in Online-Erhebungen auftreten und wird dort ebenfalls von den oben erörterten Vorgehensweisen tangiert. Allerdings ist denkbar, dass diese teilweise andere Effekte haben als andere Befragungsmodi.[1] Denn das Raten in Umfragen ist nicht nur auf die Rateneigung zurückführbar, sondern auch auf die *Orientierung an sozialen Normen*. Eine substanzielle Antwort zu geben, wird sogar als wichtigste soziale Norm in Umfragen bezeichnet (Reuband 1990). Dies betrifft erstens Konversations- und Höflichkeitsnormen gegenüber dem Interviewer und der Forschung und zweitens die Selbstdarstellung der Befragten, da als Norm gelten kann, das Erfragte zu kennen bzw. zu wissen. Die nahe liegende Annahme, dass das Erfragte wohl wichtig sein muss (denn sonst würde es nicht erfragt), dürfte in besonderem Maß infolge der ihnen zugeschriebenen Seriosität für Studien mit wissenschaftlichen Auftraggebern gelten.

Aber schriftlichen Befragungen (online und postalisch) kann wegen der Abwesenheit eines Interviewers und damit der fehlenden sozialer Kontrolle sowie allenfalls mäßigen Peinlichkeit von „weiß nicht" Antworten eine geringere Anfälligkeit für solche Effekte sozialer Erwünschtheit zugeschrieben werden. Dies könnte bei dem Vorgehen der Ermutigung zu und Angebot von „weiß nicht" Antworten (Variante 1) zu weniger Raten beitragen als in den anderen Befragungsmodi (bei den anderen Varianten besteht ohnehin Zwang zu einer Antwort und somit zu evtl. Raten).

---

[1] In den Abschnitten zu Spezifika der Online-Studien werden nur Faktoren behandelt, die sich von anderen Erhebungsmodi mutmaßlich unterscheiden. So werden hier bspw. keine Effekte des Selbstbildes behandelt, da angenommen wird, dass diese bei allen Erhebungsmodi identisch sind. Dagegen dürfte das Bild, das man anderen bietet, Online weniger virulent sein als in persönlichen Interviews.

Allerdings richtet sich diese Überlegung auf klassisch rekrutierte „Einmal-Befragte", ist jedoch für Befragten-Online-Panels nicht notwendig passend. Zwei gesonderte Merkmale solcher Angebote scheinen im Zusammenhang mit der Erfahrung von „Hobbybefragten" zu der Struktur der Umfragen „ihres" Instituts sowie mit ihrer eigenen Interessenlage für die Rate-Problematik besonders relevant: Kommerzielle Umfragen bieten häufig keine explizite Ausweichoptionen wie „kann ich nicht sagen/weiß nicht" oder „will ich nicht sagen/verweigert" an, (b) sehr häufig arbeiten sie zusätzlich mit Antwortzwang, indem verhindert wird, dass bei Nichtbeantwortung einer Frage mit der nächsten Frage fortgefahren werden kann. Die Befragten sind daran gewöhnt und könnten bei oberflächlichem Lesen angebotene Ausweichkategorien nicht wahrnehmen. Dies würde vermutlich zu einem ähnlichen Rateaufkommen beitragen wie in anderen Studien, bei denen die „weiß nicht" Option nur in Form der Antwortoptionen erkennbar ist. Erfolgen jedoch – wie die Empfehlung der ersten Variante zur Reduzierung von Raten – explizite Ermutigungen zur Angabe von „weiß nicht", könnte dies über das Ziel hinausschießen, da der normative Druck zu substanziellen Antworten durch die unkontrollierte Interviewsituation entfällt und das wiederholte Anklicken von „weiß nicht" es erlaubt, die Befragung schneller durchzuführen, also als Einladung zum Speeding missbraucht werden könnte. Das ist besonders bei Befragten zu erwarten, die keine intrinsische Motivation zur Beantwortung der Wissensfragen haben und eher aus monetären Gründen an einer Vielzahl von Interviews teilnehmen. Zur Erfahrung der Befragten liegen den Auftraggebern der Studien aber für gewöhnlich keine Informationen vor, sodass dieser Faktor nicht hinreichend kontrollierbar ist.

## 2.3 Probleme der Ermittlung von Wissen: Betrügen durch Recherchieren

### 2.3.1 Betrügen durch Recherchieren allgemein

Die Teilnahme an Wissenstest dürfte für viele Befragte den Charakter eines Wettbewerbs haben. Was in der Schule der Spickzettel und das Abschreiben war, ist bei Umfragen ohne Kontrolle durch Interviewer oder Studienleitung (in Laborsituationen) die ad hoc Informationsbeschaffung. Während das Motiv für Schummeln in der schulischen Situation auf der Hand liegt (Erzielung besserer Noten), sind die Gründe des Betrügens in Umfragen weniger offensichtlich und weniger pragmatisch. Aus sozialpsychologischer Sicht werden dafür vor allem zwei Motive angeführt: Bei Impression Management (IM) handelt es sich um die bewusste Absicht zum overreporting von sozial Wünschbarem und underreporting von sozial nicht Wünschbarem, also bei Wissensfragen das Erzielen korrekter Antworten und die Vermeidung falscher Antworten sowie des Bekenntnisses fehlenden Wissens. „Self-Deceptive-Enhancement" (SDE) bezeichnet eine Tendenz sich selbst zu positiv zu sehen, die Antworten aber als ehrlich zu empfinden (Clifford und Jerit 2016).

Wegen der Möglichkeit der Informationsbeschaffung von externen Quellen erfolgten Wissenstests gewöhnlich auch kaum bei postalischen Befragungen. Denn dabei ist offen, ob die Respondenten bei den Antworten Hilfe in Anspruch nehmen, sei es durch andere Personen oder Hilfsmittel (z. B. wie Lexika oder Wikipedia). Diese Vermeidung von Wissensfragen in unkontrollierter Befragungssituation scheint so selbstverständlich gewesen zu sein, dass hierzu keine politikwissenschaftliche Literatur gefunden werden konnte.

### 2.3.2 Betrügen in Online-Studien

Mit zunehmender Verbreitung von Online-Studien ohne Kontrolle der Interviewsituation hat sich das zumindest für den amerikanischen Kontext deutlich und für weitere Länder vereinzelt geändert. Nahezu konsensual zeigen die meisten Studien, dass das Wissensniveau in Online-Surveys deutlich größer ausfällt als in persönlichen und telefonischen Befragungen (Berrens et al. 2003; Elo 2009; Jensen und Thomson 2014; Shulman et al. 2014; Clifford und Jerit 2016; Motta et al. 2017) sowie zwischen postalischen und Online-Erhebungen (Burnett 2016; Schreiber et al. 2022). Selbst der Vergleich von Online-Interviews im Labor und in unkontrollierter Situation verweist auf eine stärkere Konsultation externer Quellen bei letzterem Modus (Clifford und Jerit 2014). Nur selten gibt es den Befund, dass nicht recherchiert wird (Berinsky et al. 2012; Munzert und Selb 2017) oder es wird der Wissensunterschied auf ein mutmaßliches Oversampling von Personen mit größerem Wissen zurückgeführt (Ansolabehere und Schaffner 2014). Dies legt den Verdacht nahe, dass die Befragten die Antworten im Internet (z. B. Wikipedia, ChatGPT, Seiten von Parteien, Ministerien, Behörden) recherchieren – Formen des „Spickzettels" die extrem umfangreich, aktuell und gleichzeitig leicht und schnell anwendbar sind. Allerdings können mit den angeführten Vergleichen nur auf dem Aggregatlevel Anhaltspunkte für das Ausmaß des Betrügens gewonnen werden.

Für Informationen zum individuellen Verhalten werden die Teilnehmenden in einigen Studien gefragt, ob sie recherchiert haben. Das selbst berichtete Recherchieren variiert zwischen 5 % bis 40 % (Jensen und Thomson 2014, 2016; Clifford und Jerit 2016; Shulman et al. 2016), wobei diese Angaben aber durch unterschiedliche Offenheit der Befragten beeinträchtigt sein können. Eine aus Datenschutzgründen vermutlich nur in der Laborsituation oder ähnlichen Kontexten durchführbare Option ist die Nachverfolgung der individuellen Suchhistorien während der Beantwortung des Fragebogens (Gooch und Vavreck 2019; Munzert et al. 2022). Allerdings wird das Rechercheverhalten durch das Wissen der Respondenten beobachtet und identifiziert zu werden vermutlich vermindert (Motta et al. 2017).

Will man Wissenstest in Online-Umfragen nicht völlig aufgeben, stellen sich also die Fragen, ob das Rechercheverhalten auf Individualebene identifiziert oder sogar unterbunden werden kann. Recherchen während der Beantwortung eines Fragebogens benötigen gewisse Ressourcen wie Zeit, Technik und technische Fähigkeiten sowie einer Motivation zum Recherchieren. Auf die Rolle der Motivation deuten Zusammenhänge mit Merkmalen der Studien. So fällt bei politischen Fragen das selbst berichtete Recherchieren besonders hoch aus, wenn es sich um Studierendenstichproben handelt, die Befragten über hohe Bildungsabschlüsse verfügen oder großes Interesse an Politik äußern (Shulman und Boster 2014; Clifford und Jerit 2016; Jensen und Thomson 2016; abweichend dazu fanden Jensen und Thomsen 2014 eine höhere Betrugsrate bei geringer Bildung). Auch wurden Zusammenhänge mit Internetfähigkeiten gefunden (Schreiber et al. 2022). Recherchieren komme seltener bei Nutzung von Mobil-Telefonen als von Notebooks und Desktops vor, bei denen das parallele Öffnen mehrere Internetseiten einfacher ist (Motta et al. 2017). Selbstbekundetes und besonders extern beobachtetes Recherchieren gehe mit größerem Zeitaufwand einher (Shulman und Boster 2014; abweichend dazu fanden Jensen und Thomes 2016 kürzere Antwortzeiten bei selbstbekundetem Recherchieren).

Manche empfehlen daher enge Zeitlimits, um das Recherchieren zu verhindern (Prior und Lupia 2008; Strabac und Aalberg 2011). Dieses Vorgehen wird von anderen jedoch als ineffektiv angesehen (Clifford und Jerit 2016) oder sogar als kontraproduktiv, weil zu enge Zeitlimits das Frageverständnis beeinträchtigen können, während zu weite Zeitlimits Recherchen erlauben (Motta et al. 2017). Auch die Bitte, nicht zu recherchieren, sei wenig effektiv (Clifford und Jerit 2016). Zu einem anderen Befund kommen Motta et al. (2017), die in Bezug auf den Amazon Mechanical Turk ohne Instruktion ein Recherchelevel von rund 25 % identifizieren, aber bei Hinweis darauf, dass nicht recherchiert werden soll, eine deutliche Reduktion beobachten. Sie vermuten, dass die „Berufsbefragten" sich bemühen möglichst umfassend vermeintlich optimale Antworten zu liefern und ihnen nicht klar sei, dass sie dafür nicht recherchieren sollen. Eine ähnliche Vermutung wird von Clifford und Jerit (2016) unter Verweis auf Experimente von Ward (2013) und Fisher et al. (2015) auf die allgemeine Population generalisiert. Sie meinen, die Menschen glaubten zunehmend, sie wüssten die erfragten Fakten, einfach weil sie wissen, wo sie die Antworten finden könnten. Sozialpsychologisch unterstützt diese Annahme das SDE- im Gegensatz zum IM-Motiv. Als erfolgreicher stellte sich in dieser Studie die Unterzeichnung einer Verpflichtungserklärung der Befragten heraus, keine Recherchen zu unternehmen, da dies zu deutlich geringeren Wissensniveaus geführt habe (Clifford und Jerit 2016).

Die Mehrheit der Studien bewertet Rechercheverhalten als schädlich für die valide Erhebung von Wissen. Nicht nur die Niveaus des als korrekt klassifizierten Wissens würden dadurch inflationiert, sondern auch Zusammenhänge mit anderen Variablen beeinträchtigt, z. B. würde der steigernde Effekt von Bildung auf politisches Faktenwissen durch Betrügen unterschätzt (Jensen und Thomsen 2016). Seltener findet sich die Einschätzung, Recherchen stellten keine wesentliche Beeinträchtigung der Messung und der Zusammenhangsbefunde dar (Munzert et al. 2022).

Welche Auswirkungen sind nun von (erfolgreichem) Betrügen auf die Differenzierung von korrektem Wissen, Fehlvorstellungen und Ignoranz zu erwarten? Wer die richtige Antwort nicht weiß, kann recherchieren und braucht daher nicht zu raten. Folglich ist ein Anstieg der korrekten Antworten bei gleichzeitiger Verringerung falsch geratener und „weiß nicht" Antworten zu erwarten. Ob dies falsche und „weiß nicht" Antworten gleichermaßen oder in unterschiedlichem Ausmaß reduziert, ist offen. So könnten sowohl Personen, die sich ihres fehlenden Wissens bewusst sind als auch der Antwort unsichere Personen zur Recherche greifen, womit sich Ignoranz und Fehlwahrnehmungen reduzieren würden. Bei Antwortzwang dürften vor allem unsichere Personen recherchieren und somit die Fehlvorstellungen verringern. Wenn keine Information zur subjektiven Sicherheit der Antworten vorliegt, bleibt beim gegenwärtigen Stand der Forschung nur der Versuch, mittels Zusammenhangsanalysen mit weiteren Variablen zur Persönlichkeit, zur Motivation und zu Ressourcen Indizien für die Recherche auf Individualebene zu finden. Konterkariert werden könnten diese Möglichkeiten allerdings durch das Bestreben von Studienteilnehmern nach schneller Absolvierung der Befragung, d. h. Speeding stände Recherchen entgegen.

## 2.4 Probleme der Ermittlung von Pseudowissen

### 2.4.1 Pseudowissen allgemein

Pseudowissen ist ein bislang in der Forschung nicht benutzter Begriff. Er wird hier abgeleitet von dem Begriff der Pseudomeinungen, um substanzielle Antworten auf Wissensfragen zu fiktiven Objekten zu bezeichnen („Fake-Fragen"). Auf fiktive Objekte ist die korrekte Antwort „kenne ich nicht" oder „weiß nicht". Die Tendenz auch auf solche Fragen eine substanzielle Antwortvorgabe zu nutzen, deutet folglich auf Raten hin. Für die Untersuchung politischen Wissens können Antworten auf Fake-Fragen daher nahezu spiegelbildlich zu realen Faktenfragen verstanden werden bzw. zumindest Anhaltspunkte zu Raten auch auf individueller Eben geben.

Zu politischem Pseudowissen finden sich jedoch weder im amerikanischen noch im deutschen Kontext aktuelle Arbeiten, während Pseudomeinungen früher in den USA durchaus häufig untersucht wurden (im Überblick Bishop 2005, Kap. 2). Da in ihnen zumindest indirekt die Artikulation von Pseudowissen zum Ausdruck kommt, werden an dieser Stelle zentrale Befunde daraus als Grundlage herangezogen. Laut einer sehr frühen US-Studie sollen über zwei Drittel der Stichprobe eine substanzielle Meinung zu einem fiktiven „Metallic Metals Act" geäußert haben (Payne 1951), glaubten oder behaupteten also damit diese Policy zu kennen. Spätere Studien kamen zu deutlich geringeren Anteilen, so z. B. Schuman und Presser (1980) mit einem Drittel. Um zu untersuchen, woran unterschiedliche Anteile liegen, entwarfen Bishop et al. (1980, 1986) zwei Fragevarianten zu fiktiven Objekten, wobei in der ersten Variante direkt nach dem Einstellungsobjekt gefragt wurde und eine „weiß nicht" Option vorgesehen war, während in der zweiten Variante der eigentlichen Meinungsfrage Filterfragen vorgeschaltet waren, ob man eine Meinung zu dem Objekt habe (schon darüber nachgedacht habe und ähnliches). Ohne Filtervorfrage ermittelten sie ebenfalls ein Drittel substanzielle Antworten, mit Filtervorfragen dagegen nur 5 % bis 10 %. Der Verdacht, dass Befragte auch reale Objekte beurteilen, ohne sie zu kennen, wurde durch eine deutliche Korrelation zwischen Pseudomeinungen und Meinungsäußerungen zu realen Objekten gestützt. Als Gründe für die Artikulation von Pseudomeinungen vermuteten sie Gesichtswahrung gegenüber dem Interviewer und als Voraussetzung für das Zugeben fehlender Meinung ein hohes Selbstwertgefühl (ähnlich Hawkins und Coney 1981; Bishop et al. 1986; Graeff 2002).

In Deutschland hat sich Reuband (2001) mehrfach mit Pseudomeinungen beschäftigt. Er identifiziert in verschiedenen Bevölkerungsumfragen zwischen 12 % bis 25 % Stellungnahmen zu Fragen mit fiktiven Inhalten und kritisiert, dass Meinungslosigkeit zumeist nicht als explizite Kategorie im Fragebogen angeboten wird, sondern nur als Residualkategorie. Außerdem vermutet er, dass Interviewer die Befragten zu substanziellen Antworten ermuntern bzw. sogar drängen. Als optimale Lösung zur Verhinderung von Pseudomeinungen führt er die Befunde anderer Studien an, Meinungslosigkeit und Unkenntnis als legitime Antworten darzustellen (Reuband 1990). Im Rahmen von zwei eigenen Telefonbefragungen kommt er auf 13 % bis 19 % substanzielle Bewertungen von jeweils zwei fiktiven Politikern. Die Frageformate sahen aber nur nicht vorzulesende Kategorien für die Artikulation von Unkenntnis vor („Politiker ist nicht bekannt" und „Politiker ist bekannt, kann aber nicht bewertet werden" (2001).

In einer britischen CAPI-Studie (Sturgis und Smith 2010) zu zwei fiktiven Policy-Issues anhand von fünf Antwortkategorien waren die Optionen „don't know" und „never heard of it" vorgesehen, wobei allerdings nicht berichtet wird, ob diese auch vorgelesen wurden. Das Vorkommen substanzieller Antworten unter Ausschluss der mittleren Ausweichkategorie variierte zwischen 11 % und 56 %. Diese stark differierenden Befunde sprächen gegen Selbstwertgefühl als Ursache für Pseudoantworten und für Item-spezifisches Antwortverhalten. Darüber hinaus meinen die Autoren, dass bei der substanziellen Beantwortung von Fake-Fragen häufig kein „wildes Raten" erfolgt, sondern die Befragten das fiktive Objekt mit etwas Realem assoziieren (nicht verwechseln), das sie als Heuristik zur Beantwortung nutzen (ähnlich zuvor Holtgraves 2004; Bishop 2005).

### 2.4.2 Pseudowissen in Online-Studien

Substanzielle Antworten auf Fake-Fragen sollten am häufigsten in persönlichen und telefonischen Befragungen vorkommen, sei es wegen Drucks der Interviewer, Befolgung von Erwartungsnormen eines Interviews oder Peinlichkeit des Bekenntnisses fehlenden Wissens vor dem Interviewer. Diese Facetten des IM entfallen bei postalischen und bei Online-Erhebungen, könnten also dort zu geringeren Anteilen von Pseudoantworten beitragen.

Das in allen Arbeiten als optimal zur Verhinderung von Pseudoantworten angeführte Vorgehen, Meinungslosigkeit bzw. fehlende Kenntnis als legitime Antwort darzustellen, wird von Reuband (1990, S. 433) als ‚ohne negative Nebenwirkungen des umgekehrten Fehlers' kommentiert. Das dürfte für klassische Erhebungsmodi mit aktuellen Zufallsstichproben zutreffen. Aber genau diese „Nebenwirkung" wird hier als Gefahr in Online-Studien betrachtet, weil sie für erfahrene Befragte als praktische Möglichkeit zum Speeding erscheint. Damit zeigt sich ein weiterer Faktor, der die Bekundung substanzieller Antworten auf fiktive Frageobjekte bei Onlinebefragungen mit „Hobby-Befragten" reduzieren sollte.

In solchen Studien sind aber auch Antwortzwänge üblich, indem eine Fortführung der Befragung nur möglich ist, wenn die vorherigen Fragen beantwortet wurden. Ist darüber hinaus keine „kenne ich nicht" oder „weiß nicht" Option vorgesehen, können die Antworten nur den richtigen und den falschen Antworten zugutekommen. Dies würde zwangsläufig zu einer Erhöhung von Pseudoantworten führen.

Zumeist bleibt es bei Online-Studien den Befragten überlassen, wie lange sie sich mit einer Frage beschäftigen. Experimentell wurde beobachtet, dass längere Präsentationszeiten bei fiktiven Objekten zu valideren Antworten („weiß nicht") beitrugen (Paulhus 2011). Daher lange Verweildauern pro Frage vorzugeben könnte allerdings bei routinierten Befragten zu Reaktanz führen und bei Befragten mit generell langsamer Bearbeitungszeit nicht ausreichen. Daher ist dieses Vorgehen wohl keine praktikable Lösung.

Ferner ist bei dem Design und der Interpretation von Antworten auf fiktive Frageinhalte zu berücksichtigen, ob diese Anlass zur Verwechslung, zur Assoziation mit realen Objekten und/oder zur Nutzung von Heuristiken bieten und inwieweit sie thematisch von sozialer Wünschbarkeit tangiert sind, was jeweils ihr Vorkommen steigern dürfte.

Schließlich kann der Faktor des „Betrügens" in Online-Studien bei Fake-Fragen konträre Effekte zu den oben skizzierten Folgen haben. Denn wenn Befragte, die selbst glauben, ein Bewertungsobjekt nicht zu kennen, im Netz recherchieren und nichts finden, stufen sie dies möglicherweise als Marginalie ein oder erkennen es sogar als Fake und entschließen sich daher dazu, keine substanzielle Antwort zu geben. Auch dieser Faktor würde das Vorkommen substanzieller Antworten auf Fake-Fragen in Online-Studien reduzieren.

## 2.5 Explorationen und Hypothesen

Angesichts des explorativen Charakters der Thematik und der Datenlage werden nur wenige explizite Hypothesen erstellt, wobei überwiegend nur die Verteilungsunterschiede im Aggregat überprüft werden können, nicht die dahinter vermuteten Mechanismen. Wenn die Daten Hypothesen falsifizieren, wird dies nicht als endgültige Wahrheit verstanden, sondern explorativ nach möglichen Gründen gefragt.

H1: Das Niveau korrekten politischen Wissens im Aggregat fällt Online höher aus als bei nicht-selbstadministrierten Erhebungsmodi.

H2: Online werden (wegen Recherchen) weniger falsche als „weiß nicht" Antworten erwartet, während sich bei den anderen Erhebungsmodi die Anteile von falschen und „weiß nicht" Antworten eher annähern.

H3: Pseudowissen kommt Online selten vor (im Vergleich zu den in der Forschung berichteten Vorkommen in Face-to-Face oder Telefonerhebungen und im Vergleich zu substanziellen Antworten bei realen Objekten) (infolge von geringem IM-Druck und Speeding).

H4: Wird fehlende Kenntnis eines Objekts explizit als Vorfrage angeboten, führt dies auch Online zu weniger substanziellen Antworten als bei Angebot dieser Option im Rahmen der Antwortvorgaben auf die inhaltliche

Frage zu dem Objekt – und zwar sowohl bei realen als auch bei fiktiven Objekten.

H5: Pseudowissen indiziert Rateneigung und korreliert daher mit korrekten Antworten auf Wissensfragen zu realen Objekten negativ und mit falschen Antworten positiv.

An dieser Stelle ist noch zu erwähnen, dass keine allgemein zugängliche deutsche Online-Studie mit mehreren Fragen zu politischem Faktenwissen gefunden wurde.[2]

## 3 Daten und Operationalisierungen

### 3.1 Datengrundlage

Die Grundlage der folgenden Analysen bildet eine Online-Erhebung der Autorin zur politischen Links-Rechts-Semantik rund vier Wochen vor der Bundestagswahl 2021, durchgeführt von der Firma Respondi, die über einen per Werbung rekrutierten Befragtenpool verfügt („Hobbybefragte"). Die Teilnehmenden sollten die deutsche Staatsbürgerschaft und die Wahlberechtigung zur Bundestagswahl haben. Eine weitere Screening-Frage betraf die subjektive Kenntnis der politischen Links-Rechts-Begrifflichkeit. Das Design sah zehn Quasi-Experimentalgruppen (Splits) vor, denen verschiedene Varianten der Links-Rechts-Skala vorgelegt wurden und die sich teilweise auch im weiteren Frageprogramm unterschieden, sodass nicht bei allen Analysen die volle Fallzahl vorliegt. Für jede

---

[2] Nur in der GLES-Querschnittsstudie, die 2021 erstmals postalisch und Online durchgeführt wurde, findet sich eine einzige MC-Frage zu politischem Wissen, nämlich zur Bedeutung der Zweitstimme. Vorwahl- und Nachwahlstudie zusammengefasst (nur Befragte ab 18 Jahren, gewichtet) zeigt sich Online ein deutlich höherer Anteil korrekter Antworten (57,6 %) als bei den Erhebungen per Papierfragebögen (44,9 %) und auch als bei den face-to-face Interviews im Jahr 2017 mit (49,0 %). Dabei fallen die korrekten Antworten bei den Papierfragebögen am niedrigsten aus, obwohl auch dort Recherchen und Hilfe durch andere Personen möglich sind. Dies ist vermutlich auf die Präferenz vieler älterer Menschen für die schriftliche Befragung auf Papier zurückzuführen, zumal sich bei ihnen eine besonders große Diskrepanz in den korrekten Antworten zwischen den beiden Modi zeigt). Der Unterschied 2021 besteht auch in den nach West und Ost, Geschlecht, Bildung und Interesse an Politik differenzierten Daten in allen Gruppen. Ferner sind die Anteile korrekter Antworten durchgehend nach der Wahl größer als vorher, wie es auch in früheren Studien mit persönlichen Interviews der Fall war.

der Gruppen wurde als Zielgröße eine identische Quotierung in Form der kombinierten Merkmale Gebiet (West/Ost), Geschlecht, Alter und Schulabschluss angestrebt (s. u.). Die Quotenpläne wurden nicht exakt, aber doch weitgehend realisiert, was zu 4118 Fällen führte.

## 3.2 Operationalisierungen

Politisches Wissen wurde im Split in zwei Multiple Choice Varianten erhoben. Die erste Variante erfasst *wahlrelevantes* Wissen (Tab. 1) und ist an eine telefonische Erhebung aus dem Jahr 2013 angelehnt (Westle et al. 2015). Bei den sechs Fragen gibt es neben der richtigen Antwort je zwei Distraktoren und die „weiß nicht" Option. Zusätzlich enthält diese Variante eine offene Frage. Die zweite Variante zu *allgemeinem politischem Wissen* (Tab. 2) enthält sechs Fragen des Allbus 2018, mit jeweils drei Distraktoren und „weiß nicht" Option. Beim Allbus handelt es sich zwar um eine face-to-face Erhebung, das Quiz erfolgte jedoch als Selbstausfüller in Anwesenheit der interviewenden Person, um evtl. Peinlichkeiten von falschen und „weiß nicht" Antworten zu mindern.

In der Eingangsfrage wird bei beiden Quiz-Versionen lediglich um Unterlassung von Recherchen gebeten sowie um zügiges Bearbeiten und Nutzung der „weiß nicht" Option bei fehlender Kenntnis. Bei den für diesen Beitrag ausgewählten Items handelt es sich ausschließlich um solche, die Strukturwissen oder längerfristig bekannte Fakten erfassen, während vier weitere, aber hochaktuelle Fragen hier ausgeschlossen wurden, da Vergleiche mit den genannten Studien erfolgen sollen.

Im Anschluss daran wurde nach der Parteizugehörigkeit von acht realen und zwei fiktiven Politikern gefragt (Zufallsrotation). Für die Parteien wurden das Kürzel und der ausgeschriebene Name angeführt. Auch hier gab es neben acht realen zwei fiktive Angebote, die aber nicht neutral formuliert, sondern mit Hinweisen für die Verortung im Links-Rechts-Spektrum versehen waren: RB = Regenbogen*Liste (Partei für Gendervielfalt) im linken und PNZ (Partei Nationaler Zusammenhalt) im rechten Spektrum vermutbar. Trotz identischer Zahl von Politikern und Parteien waren Mehrfachzuordnungen möglich und somit auch freibleibende Zellen in der Antwortmatrix. Außerdem wurde „kenne die Person nicht" und „kenne die Person, weiß aber nicht zu welcher Partei sie gehört" angeboten (Tab. 3).

**Tab. 1** Fragetexte: Wahlrelevantes Wissen

In dieser Umfrage gibt es auch einige Quizfragen. Bitte beantworten Sie diese zügig und so gut wie Sie können. Bitte fragen Sie niemanden dazu und recherchieren Sie auch nicht. In unserem ersten Quiz mit 10 Fragen geht es um demokratische Wahlen. Wenn Sie eine Frage nicht beantworten können, markieren Sie einfach „weiß nicht" und machen mit der nächsten Frage weiter. Bei jeder Frage gibt es nur eine richtige Antwort

| | |
|---|---|
| Q1a | Was bedeutet der Begriff „freie Wahl"? A) *dass man zwischen verschiedenen Parteien bzw. Kandidaten auswählen kann*, B) dass man der Partei, die man wählen will, beliebig viele Stimmen geben kann, C) dass der Bundeskanzler frei entscheiden kann, wann Bundestagswahlen sind |
| Q1b | Was bedeutet der Begriff „gleiche Wahl"? A) *dass die Stimme von jedem Wähler gleich viel zählt*, B) dass alle Parteien die gleichen Chancen im Wahlkampf bekommen, C) dass alle Parteien gleich viele Kandidaten aufstellen |
| Q1c | Was bedeutet der Begriff „geheime Wahl"? A) *es darf nicht kontrollierbar sein, wen oder was der einzelne Bürger gewählt hat*, B) man darf nicht darüber sprechen, wen oder was man gewählt hat, C) es darf nicht veröffentlicht werden, wen oder was bestimmte Gruppen in der Bevölkerung gewählt haben |
| Q1d | Bei der Bundestagswahl haben Sie ja zwei Stimmen, eine Erststimme und eine Zweitstimme. Wie ist das eigentlich, welche der beiden Stimmen ist ausschlaggebend für die Sitzverteilung im Bundestag? A) die Erststimme, B) *die Zweitstimme*, C) beide gleich |
| Q1e | Durch wen wird der Bundeskanzler bzw. die Bundeskanzlerin der Bundesrepublik gewählt? A) *durch den Bundestag*, B) durch das Volk, C) durch die Bundesversammlung |
| Q1f | Welche Auswirkungen kann es auf die Verabschiedung von Gesetzen haben, wenn im Bundes*rat* andere Parteien die Mehrheit haben als im Bundes*tag*? A) *dann können bestimmte durch den Bundestag vorgeschlagene Gesetze blockiert werden*, B) dann entscheidet bei der Verabschiedung von Gesetzen der Bundestag, C) dann werden Gesetze nur provisorisch verabschiedet und müssen nach drei Jahren wieder vorgelegt werden |

Korrekte Option kursiv; „weiß nicht" bei jeder Frage zusätzlich angeboten; Rotation der Antwortvorgaben außer bei Item Q1d. Datengrundlage „Links-Rechts" Orientierungen 2022; Zusammenstellung: Westle

**Tab. 2** Fragetexte: Allgemeines politisches Wissen

In dieser Umfrage gibt es auch einige Quizfragen. Bitte beantworten Sie diese zügig und so gut wie Sie können. Bitte fragen Sie niemanden dazu und recherchieren Sie auch nicht. In unserem ersten Quiz gibt es 10 Fragen zu politischen Ämtern, Institutionen und Politikern. Wenn Sie eine Frage nicht beantworten können, markieren Sie einfach „weiß nicht" und machen mit der nächsten Frage weiter. Bei jeder Frage gibt es nur eine richtige Antwort

| | |
|---|---|
| Q2a | Wer verfügt über die sogenannten „Richtlinienkompetenz"? A) *der Bundeskanzler*, B) der Außenminister, C) der Bundespräsident, D) der Bundestagspräsident |
| Q2b | Welche von diesen Parteien hat aktuell die meisten Sitze im deutschen Bundestag? A) AFD, B) FDP, C) Die Linke, D) Bündnis 90/Die Grünen |
| Q2c | Der Solidaritätszuschlag ist ein Zuschlag zur Einkommens- und Körperschaftssteuer. Wozu dient er? A) *zur Finanzierung der deutschen Einheit*, B) zur Finanzierung des deutschen Bergbaus, C) zur Finanzierung der gesetzlichen Renten, D) zur Finanzierung der Reform des Gesundheitswesens |
| Q2f | Bei welchen Wahlen dürfen EU-Bürger OHNE deutsche Staatsangehörigkeit in Deutschland wählen? A) bei Bundestagswahlen, B) bei Landtagswahlen, C) *bei Kommunalwahlen*, D) sie dürfen bei nichts davon wählen |
| Q2g | Wie viele Mitgliedsstaaten umfasst die Europäische Union zurzeit? A) 18, B) 22, C) *27*, D) 34 |
| Q2i | Welches Land hat KEINEN ständigen Sitz im UN-Sicherheitsrat? A) *Japan*, B) China, C) Russland, D) USA |

Korrekte Option kursiv, „weiß nicht" bei jeder Frage zusätzlich angeboten; Rotation der Antwortvorgaben außer bei Q2 f und Q2g. Datengrundlage „Links-Rechts" Orientierungen 2022; Zusammenstellung: Westle

Etwas später waren dieselben Parteien auf der Links-Rechts-Skala einzustufen. Hier war eine Frage nach Kenntnis der Parteien vorgeschaltet. Die Reihenfolge des Angebots der Parteien wurde zufallsrotiert. Als unbekannt benannte Parteien wurden für die nachfolgende Einstufung ausgeblendet. Innerhalb der Fragen war es zudem möglich, Einordnungen auszulassen, worauf im Einleitungstext hingewiesen wurde (Tab. 4). Einem Teil der Stichprobe wurde eine 11-Punkte-Skala, einem anderen eine 10-Punkte-Skala vorgelegt. Als substanzielle Antwort wird jede Einstufung auf den Skalen gewertet. Allerdings lässt die 11-Punkte-Skala eine genaue Mitte (Skalenwert 5) zu, die ggf. als Ausweichoption zur Verdeckung von „weiß nicht" genutzt wird.

**Tab. 3** Fragetexte: Zuordnung von Politikern zu Parteien
Zu welcher Partei gehören die folgenden Politiker*innen?

| | CDU | CSU | SPD | AfD | FDP | Die Linke | Grüne/Bündnis 90 | NPD | RB | PNZ | Kenne die Person nicht | Kenne die Person, weiß aber nicht, zu welcher Partei sie gehört |
|---|---|---|---|---|---|---|---|---|---|---|---|---|
| Janine Wissler | | | | | | X | | | | | | |
| Dietmar Bartsch | | | | | | X | | | | | | |
| Annalena Baerbock | | | | | | | X | | | | | |
| Olaf Scholz | | | X | | | | | | | | | |
| Christian Lindner | | | | | X | | | | | | | |
| Armin Laschet | X | | | | | | | | | | | |
| Alice Weidel | | | | X | | | | | | | | |
| Tino Chrupalla | | | | X | | | | | | | | |
| Felix Frau | | | | | | | | | | | X | |
| Martina Santra | | | | | | | | | | | X | |

Korrekte Antwort mit X (oder x) gekennzeichnet. Datengrundlage „Links-Rechts" Orientierungen 2022; Zusammenstellung: Westle

**Tab. 4** Fragetexte: Links-Rechts-Einordnung von Parteien und von Politikern

**Parteien:** Kennen Sie die folgenden Parteien? 1) ja, kenne ich; 2) nein, kenne ich nicht. Frage nach Links-Rechts nur bei Code 1. Auch Parteien werden oft auf dieser Skala eingestuft. Bitte markieren Sie auf der Skala, wie Sie selbst die unten aufgeführten Parteien einstufen. Wenn Sie keine Einstufung vornehmen, gehen wir davon aus, dass Sie die Position nicht kennen. Parteien wie in Tab. 3

**Politiker\*innen:** Auch Politikerinnen und Politiker werden oft auf dieser Skala eingestuft. Bitte markieren Sie auf der Skala, wie Sie selbst die unten aufgeführten Personen einstufen. Wenn Sie keine Einstufung vornehmen, gehen wir davon aus, dass Sie die Person nicht zuordnen können oder wollen. Politiker\*innen wie in Tab. 3

Datengrundlage „Links-Rechts" Orientierungen 2022; Zusammenstellung: Westle

Einige Varianten des Fragebogens enthielten zusätzlich die Links-Rechts-Einstufung der Politiker. Personen, zu denen Probanden bei der Frage nach der Parteizugehörigkeit „kenne die Person nicht" angegeben hatten, wurden ausgeblendet. Wie bei den Parteien war es, so der Hinweis in der Einleitung, möglich Personen auszulassen (Tab. 4).

# 4 Befunde

## 4.1 Raten und Betrügen durch Recherchieren

Auf Aggregatebene gelten als Anhaltspunkte für das *Raten* in kontrollierten Interview-Situationen viele richtige und falsche Antworten bei gleichzeitig wenig „weiß nicht" Angaben. Für Online-Studien wird erwartet, dass Befragte das Raten durch *Recherchen* ersetzen, was sich in einem höheren Niveau der richtigen und einem geringeren der falschen sowie der „weiß nicht" Antworten niederschlagen sollte. Zur Überprüfung wären Vergleiche der Online-Erhebung mit kontrollierten Befragungssituationen zu demselben Erhebungszeitpunkt und mit identischen Sample-Zusammensetzungen optimal. An dieser Stelle sind leider nur Vergleiche mit zwei Repräsentativbefragungen der Wahlbevölkerung aus früheren Jahren möglich, und zwar mit der Telefonstudie zu „Wahlrelevantem Wissen" aus dem Jahr 2013 und dem Face-to-Face erhobenen Allbus aus dem Jahr 2018.

Der große zeitliche Abstand zwischen den Studien wird als eher geringfügiges Problem betrachtet, da ausschließlich Fragen zu langfristig stabilen Fakten ausgewählt wurden. Zudem hat sich gezeigt, dass es über Jahrzehnte hinweg keinen Anstieg der korrekten Antworten zum Zweistimmenwahlsystem gegeben hat

(Schmitt-Beck 1993; Westle 2009) und selbst zwischen einer größeren Zahl identischer Faktenfragen im Allbus 2008 und 2018 liegt große Stabilität der Antwortstrukturen vor (Tausendpfund und Westle 2021; Westle 2021b).

Problematischer für die Vergleichbarkeit sind die unterschiedlichen Stichproben. Um eine (wenn auch begrenzte) Vergleichbarkeit der Studien herzustellen, wurden bestimmte Fälle aus den Datensätzen ausgeschlossen. Dies betrifft beim Allbus Personen ohne deutsche Staatsangehörigkeit und solche ohne Wahlberechtigung zum Bundestag. In der Online-Studie wurde bei Geschlecht die Angabe „divers" ausgeschlossen, da sie in der Quotierung nicht vorgesehen war. Bei der Wahlstudie und beim Allbus wurden Personen im Alter ab 75 Jahren und solche ohne Angabe sowie Fälle ohne ordinal kategorisierbare Angabe zur Bildung ausgeschlossen. Unterschiede zur Online-Studie bestehen nach den Ausschlüssen noch in einem etwas geringeren Anteil jüngerer Befragter in der Wahlstudie und einem deutlich höheren Bildungsniveau im Allbus (Tab. 5). Daher werden diese demografischen Merkmale anschließend noch als Gruppierungsvariablen genutzt.

Der Vergleich (Tab. 6) zeigt zu Hypothese 1 für Quiz 1, dass in der Online-Studie drei der sechs Fragen von mehr (bes. auffällig bei der Frage zum Zweistimmensystem), aber drei auch von weniger Befragten korrekt beantwortet werden als in der Telefonerhebung. Falsche Antworten sind zwar Online überwiegend seltener, aber „weiß nicht" bis auf eine Ausnahme häufiger. Bei Quiz 2 dagegen sind die korrekten Antworten zwar bei vier von sechs Fragen Online häufiger als Face-to-Face und die „weiß nicht" Antworten durchgehend seltener, aber die falschen Antworten umfangreicher. Bei den additiven Indizes verschiebt sich dieses Bild geringfügig. Bei Quiz 1 ist Online der Mittelwert der korrekten Antworten etwas höher und der der falschen Antworten geringer als im Telefon-Modus. Die „weiß nicht" Antworten sind aber auch beim Index etwas häufiger. Bei Quiz 2 ist dagegen die Zahl korrekter Antworten Online geringer und die der falschen häufiger, während die „weiß nicht" Antworten Online seltener sind. Entgegen Hypothese 2 finden sich Online bei Quiz 1 sowohl bei den einzelnen Items (mit einer Ausnahme) als auch summarisch mehr falsche als „weiß nicht" Antworten, während bei Quiz 2 gemäß der Hypothese 2 bei den einzelnen Items (mit 2 Ausnahmen) und summarisch die „weiß nicht" Antworten häufiger auftreten als die falschen Antworten. Die empirische Evidenz ist somit sowohl zu Hypothese 1 als auch zu Hypothese 2 widersprüchlich.

Der Studien-Vergleich entlang der Quotenmerkmale (Tab. 7) entspricht bei Quiz 1 eher den Erwartungen. Fast durchgehend sind pro Ausprägung die korrekten Antworten Online häufiger als in der Telefonbefragung (Ausnahmen Alter 18–49 und niedrige Bildungsgruppe). Entgegen der Erwartung sind aber auch die „weiß nicht" Antworten etwas häufiger (außer in den Bildungsgruppen). Bei Quiz 2 wird

**Tab. 5** Ausschlüsse und Vergleich der Samples nach Ausschlüssen

| | Online 2022 Links-Rechts | | Telefon 2013 Wahlwissen | Face-to Face 2018 Allbus |
|---|---|---|---|---|
| Ausschlüsse: Fallzahlen ungewichtet | | | | |
| | Split A | Split B | | |
| Keine deutsche Staatsbürgerschaft | – | | – | 209 |
| Keine Wahlberechtigung zur Bundestagswahl | – | – | – | 166 |
| Geschlecht divers | 7 | 4 | – | – |
| Alter 75+, keine Angabe | – | – | 200 | 395 |
| Bildung: anderer Abschluss, keine Angabe | – | – | 21 | 23 |
| Verbleibend | 2423 | 1695 | 1655 | 2868 |
| Merkmale (2013 und 2018 gewichtet) N | | | 1655 | 2855 |
| Gebiet Prozentanteil West (vs. Ost) | 82,0 | 83,5 | 84,3 | 82,5 |
| Geschlecht: Prozentanteil Mann (vs. Frau) | 49,4 | 50,3 | 49,2 | 50,5 |
| Altersgruppe in Prozent | | | | |
| 18–49 | 47,8 | 46,7 | 55,4 | 48,4 |
| 50–74 | 52,2 | 53,3 | 44,6 | 51,6 |
| Bildungsabschluss in Prozent | | | | |
| Ohne bis Hauptschule | 32,0 | 31,4 | 30,5 | 21,4 |
| Mittlere Reife, Fachschule, noch Schüler | 34,5 | 32,6 | 33,7 | 35,2 |
| Ab Fachhochschulreife | 33,5 | 36,0 | 35,8 | 43,4 |

Berechnungen: Westle

entgegen den Erwartungen die geringere Anzahl korrekter Antworten im Online-Modus als im Allbus auch beim Vergleich der Quotenmerkmale überwiegend nicht überwunden (Ausnahme mittlere Bildungsgruppe). Dagegen entspricht den Erwartungen die Online geringere Anzahl an „weiß nicht" Antworten. Falsche Antworten wiederum sind Online in allen Gruppen entgegen der Erwartung häufiger als im Allbus, was gegen Recherchen spricht, aber für Speeding durch willkürliches

**Tab. 6** Wahlrelevantes und allgemeines politisches Wissen

| Quiz 1 | Wahlrelevantes Wissen | | | | | |
|---|---|---|---|---|---|---|
| | Online Links-Rechts 2022 | | | Telefon Wahlwissen 2013 | | |
| | Korrekt | Falsch | Weiß nicht | Korrekt | Falsch | Weiß nicht |
| Bedeutung freie Wahl | 92,8 | 4,0 | 3,2 | 91,8 | 5,9 | 2,3 |
| Bedeutung gleiche Wahl | 55,5 | 31,5 | 13,0 | 60,7 | 31,0 | 8,3 |
| Bedeutung geheime Wahl | 79,4 | 18,0 | 2,5 | 87,9 | 10,4 | 1,7 |
| Zweistimmensystem | 55,7 | 38,6 | 5,7 | 35,6 | 51,1 | 13,3 |
| Wahl Bundeskanzler | 69,1 | 26,3 | 4,6 | 61,1 | 35,6 | 3,3 |
| Folgen konträrer Mehrheiten im Bundestag | 57,4 | 17,3 | 25,4 | 64,6 | 17,9 | 17,4 |
| *Summenindizes der MC-Fragen: Mittelwerte 0–6* | *4,10* | *1,36* | *,54* | *4,02* | *1,52* | *,46* |
| N | 2423 | | | 1622 | | |
| Quiz 2 | Allgemeines politisches Wissen | | | | | |
| | Online Links-Rechts 2022 | | | F-to-F Allbus 2018 | | |
| | Korrekt | Falsch | Weiß nicht | Korrekt | Falsch | Weiß nicht |
| Richtlinienkompetenz | 38,1 | 24,8 | 37,2 | 27,8 | 21,1 | 51,1 |
| Parteisitze im Bundestag | 18,4 | 63,4 | 18,2 | 44,6 | 31,8 | 23,6 |
| Solidaritätszuschlag | 81,6 | 10,6 | 7,8 | 81,5 | 7,9 | 10,7 |
| Wahlrecht von EU-Bürgern in Deutschland | 26,4 | 56,5 | 17,1 | 32,0 | 39,6 | 28,3 |
| EU: Anzahl Mitgliedsstaaten | 53,5 | 29,4 | 17,1 | 45,6 | 24,7 | 29,7 |
| UN Sicherheitsrat | 37,0 | 35,3 | 27,7 | 35.1 | 27,9 | 37,0 |
| *Summenindizes der MC-Fragen: Mittelwerte 0–6* | *2,55* | *2,20* | *1,25* | *2,67* | *1,53* | *1,80* |
| N | 1695 | | | 2855 | | |

Berechnungen: Westle

Raten. Da Recherchen im Allbus als Verhaltensmöglichkeit entfallen, erscheint es denkbar, dass sowohl der Rekrutierungsmodus (Gemeindestichprobe) und die vermutbare Seltenheit einer solchen Befragungsteilnahmeals auch der Kontext einer relativ lange dauernden Befragung im häuslichen Umfeld mit Interviewerpräsenz zu einer größeren Ernsthaftigkeit und Anstrengung bei der Beantwortung der Quizfragen beigetragen haben als der Kontext einer Online-Erhebung unter potenziell vielen anderen Erhebungsteilnahmen der Befragten.

Daneben zeigen sich aber in allen Studien überwiegend ähnliche Zusammenhänge wie aus der Forschung bekannt. In beiden Quizvarianten sind die Anteile korrekter Antworten im Osten etwas kleiner als im Westen, bei Frauen seltener als bei den Männern und steigen mit dem Bildungsgrad. Die höhere Altersgruppe weist in allen Befragungen etwas mehr korrekte Antworten auf. „Weiß nicht" Antworten kommen im Osten, bei Frauen, jüngerem Alter und sinkender Bildung häufiger vor als bei ihren jeweiligen Pendants. Falsche Antworten finden sich in Quiz 1 in beiden Erhebungsmodi und in Quiz 2 nur Online im Osten ebenfalls häufiger als im Westen und in allen vier Varianten bei Frauen häufiger als bei Männern und bei Jüngeren häufiger als bei Älteren. Das wahlrelevante Wissen zeigt in beiden Erhebungsmodi eine Zunahme von Fehlvorstellungen bei sinkender Bildung, während beim allgemeinen Wissen in beiden Studien die mittlere Bildungsgruppe am häufigsten falsch liegt.

Für Raten wird als motivationaler Hintergrund in der Forschung u. a. politische Involvierung herangezogen. Ähnliches ist für Recherchieren zu vermuten. Mit steigendem Interesse an Politik, Nachrichtenkonsum öffentlich-rechtlicher Sender und der Existenz einer Parteiidentifikation sollten also korrekte Angaben in allen Modi zunehmen, falsche und „weiß nicht" Antworten abnehmen (Westle 2019, 2021a; Tausendpfund 2020), jedoch im Onlinemodus infolge des Recherchierens stärker. Diese Erwartungen treffen jedoch nur teilweise zu (Tab. 8). In allen drei Erhebungsmodi korrelieren Interesse an Politik, Rezeption der Nachrichten von ARD und ZDF und Parteiidentifikation positiv mit korrektem Wissen, jedoch Online nicht systematisch stärker. Die durchgehend negativen Zusammenhänge mit der Skala der „weiß nicht" Antworten sind dagegen Online stärker. Die Korrelationen mit falschen Antworten sind überwiegend schwach oder insignifikant. Damit ist erneut keine verbindliche Aussage zu dem Recherche-Problem möglich. Jedoch wird ein klarer Unterschied in den Korrelaten der „weiß nicht" und der falschen Antworten deutlich.

**Tab. 7** Wahlrelevantes und Allgemeines politisches Wissen in Abhängigkeit der Quotenmerkmale

| Mittelwerte: 0–6 | | Wahlrelevantes Wissen | | | | | |
|---|---|---|---|---|---|---|---|
| | | Online Links-Rechts 2022 | | | Telefon Wahlwissen 2013 | | |
| | | Korrekt | Falsch | Weiß nicht | Korrekt | Falsch | Weiß nicht |
| Gesamt | | 4,10 | 1,36 | ,54 | 4,02 | 1,52 | ,46 |
| Gebiet | Ost | 3,92 | 1,51 | ,57 | 3,77 | 1,70 | ,53 |
| | West | 4,14 | 1,32 | ,53 | 4,06 | 1,48 | ,45 |
| Geschlecht | Frau | 3,80 | 1,49 | ,72 | 3,70 | 1,65 | ,65 |
| | Mann | 4,41 | 1,22 | ,37 | 4,35 | 1,38 | ,27 |
| Alter | 50–74 | 4,35 | 1,21 | ,44 | 3,92 | 1,63 | ,45 |
| | 18–49 | 3,83 | 1,52 | ,66 | 4,10 | 1,43 | ,48 |
| Bildung | hoch | 4,73 | ,98 | ,30 | 4,59 | 1,10 | ,31 |
| | mittel | 4,09 | 1,36 | ,55 | 3,87 | 1,57 | ,56 |
| | niedrig | 3,46 | 1,75 | ,79 | 3,51 | 1,95 | ,54 |
| N | | 2423 | | | 1622 | | |
| | | Allgemeines politisches Wissen | | | | | |
| | | Online Links-Rechts 2022 | | | F-to-F Allbus 2018 | | |
| | | Korrekt | Falsch | Weiß nicht | Korrekt | Falsch | Weiß nicht |
| Gesamt | | 2,55 | 2,20 | 1,25 | 2,67 | 1,53 | 1,80 |
| Gebiet | Ost | 2,35 | 2,27 | 1,38 | 2,49 | 1,49 | 2,02 |
| | West | 2,59 | 2,19 | 1,23 | 2,70 | 1,54 | 1,76 |
| Geschlecht | Frau | 2,18 | 2,24 | ,92 | 2,17 | 1,57 | 2,25 |
| | Mann | 2,92 | 2,16 | 1,59 | 3,15 | 1,49 | 1,36 |
| Alter | 50–74 | 2,82 | 2,08 | 1,10 | 2,94 | 1,43 | 1,63 |
| | 18–49 | 2,24 | 2,33 | 1,43 | 2,38 | 1,63 | 1,99 |
| Bildung | hoch | 3,11 | 1,99 | ,90 | 3,11 | 1,42 | 1,46 |
| | mittel | 2,39 | 2,36 | 1,26 | 2,36 | 1,62 | 2,02 |
| | niedrig | 2,07 | 2,27 | 1,65 | 2,27 | 1,59 | 2,14 |
| N | | 1695 | | | 2855 | | |

Gebiet: In der Online-Studie und im Allbus ist Berlin in West und Ost differenziert, in der Wahlstudie ist Berlin nur insgesamt erhoben und West zugerechnet. Berechnungen: Westle

**Tab. 8** Wahlrelevantes und Allgemeines politisches Wissen nach motivationalen Merkmalen

| | Online Links-Rechts 2022 | | | | Telefon Wahl-Wissen 2013 | | | |
|---|---|---|---|---|---|---|---|---|
| | Mittelwert oder % | Korrekt | Falsch | Weiß nicht | Mittelwert oder % | Korrekt | Falsch | Weiß nicht |
| Interesse an Politik (Mw) | 3,49 | ,33** | −,09** | −,39** | 3,46 | ,33** | −,18** | −,27** |
| Nachrichtenkonsum (Mw) | 4,01 | ,20** | −,05 | −,25** | 3,26 | ,05 | ,07* | −,18** |
| Parteiidentifikation (in %) | 63,3 | ,18** Para> | −,04 | −,22** | 60,4 % | ,07* | −,04 | −,06* |
| N (in Reihenfolge der Variablen) | 2424 | | | | 1621, 1622, 1622 | | | |
| | Online Links-Rechts 2022 | | | | F-to-F Allbus 2018 | | | |
| | Mittelwert oder % | Korrekt | Falsch | Weiß nicht | Mittelwert oder % | Korrekt | Falsch | Weiß nicht |
| Interesse an Politik | 3,53 | ,43** | ,03 | −,44** | 3,33 | ,45** | −,02 | −,42** |
| Nachrichtenkonsum | 4,19 | ,28** | −,04 | −,26** | 3,68 | ,23** | −,07** | −,18** |
| Parteiidentifikation | 63,0 | ,20** | −,02 | −,19** | 60,7 | ,19** | −,02 | −,17** |
| N (in Reihenfolge der Variablen) | 1695 | | | | 2855, 2855, 2847 | | | |

Interesse an Politik: 1 = überhaupt nicht bis 5 = sehr stark; Nachrichtenkonsum: 0 = nie bis 7 = täglich; in der Online-Studie und im Allbus wurde nach „öffentlich-rechtlichen (ARD und ZDF)" Nachrichten gefragt, in der Wahlstudie wurden die Sender separat erfragt und hier ein entsprechender Index gebildet. Personen, die nie diese Sender sehen (und daher bei der Frage nach den Nachrichten ausgefiltert waren), wurden hier bei 0 codiert. Bei der Parteiidentifikation wurde „ja" mit 1, „nein" und fehlende Angaben mit 0 codiert. Signifikanzniveaus * p < ,05, ** p < ,01, *** p < ,001; Berechnungen: Westle

## 4.2 Pseudowissen

Hypothese 3, die postuliert, dass die Artikulation von Pseudowissen im Online-Modus seltener vorkommt als laut Literaturberichten in Face-to-Face oder Telefonbefragungen, wird durchgehend bestätigt. Bei den fiktiven Politikern „Felix Frau" und „Martina Santra" (Tab. 9) geben ohne Vorfrage nach deren Kenntnis über 80 % der Befragten an, dass sie die Person nicht kennen (bei realen Politikern dagegen zwischen knapp 3 % und im höchsten Fall 44 %). Weitere 13 % behaupten die Person zwar zu kennen, nicht jedoch ihre Parteizugehörigkeit bzw. weitere 5 % lassen diese Politiker bei der Links-Rechts-Einstufung aus. Damit verbleiben an substanziellen Antworten zur Parteizugehörigkeit fiktiver Politiker lediglich rund je 6 % und 15 % bei der Links-Rechts-Einstufung gegenüber 36–88 % bei der Parteizugehörigkeit realer Politiker und 50–92 % bei deren Links-Rechts-Einstufung. Diese massiven Unterschiede zu den Antworten bei realen Politikern erhärten den Eindruck der seltenen Artikulation von Pseudokenntnissen. Heuristiken scheinen dabei keine Rolle gespielt zu haben, denn die Verteilungen bei den substanziellen Antworten ähneln sich stark und zeigen zudem bei beiden fiktiven Politikern einen leichten Schwerpunkt auf der Mittelkategorie. Der höhere Anteil substanzieller Antworten bei der ideologischen Einstufung als bei der Parteizugehörigkeit deutet aber auf stärkeres willkürliches Raten hin. Der Summenindex (nicht tab. ausgewiesen) zeigt darüber hinaus, dass über 78 % angegeben haben, keinen der Fake-Politiker zu kennen und 11 % bei beiden deren Partei nicht zu kennen. Zusammengefasst ergeben sich nur noch knapp 5 %, die beiden Fake-Politikern eine Partei zuordnen und 3 %, die einem eine Partei zuordnen sowie 13 %, die beide und 5 %, die einen auf der Links-Rechts Skala einordnen.

Bei der direkten Vorfrage nach der Kenntnis von Parteien (Tab. 11) äußern zu den fiktiven Parteien 85–86 % zur RB (Partei für Gendervielfalt) und je 95 % zur PNZ (Partei Nationaler Zusammenhalt) sie nicht zu kennen, also wie in Hypothese 4 erwartet mit rund 5–15 Prozentpunkten mehr als bei den fiktiven Politikern ohne explizite Vorfrage nach der Kenntnis. Hinzu kommen bei der Einstufung auf den Links-Rechts-Skalen nur noch unter 1 % Auslassungen. Diese Werte an substanziellen Antworten von rund 13–14 % bei RB und 3–4 % bei PNZ unterscheiden sich erheblich von denen der realen Parteien, bei denen die bekundete Unkenntnis nur bis zu 4 % für die etablierten Parteien umfasst und selbst bei der NPD, die offenbar etwas aus dem Blickfeld geraten ist, nur rund 16 %.

Die zusätzlichen Auslassungen unterscheiden sich anders als erwartet wegen des Fehlens der Mitte als Ausweichposition bei der 10-Punkt-Skala kaum von der 11-Punkt-Skala. Die mit den Namen der fiktiven Parteien intendierten Heuristiken

**Tab. 9** Bekundete Unkenntnis bei Politikern (keine Vorfrage nach Kenntnis)

| | Faktenfragen zu Parteizugehörigkeit | | | | | Zuordnung auf der Links-Rechts-Skala | | | | |
|---|---|---|---|---|---|---|---|---|---|---|
| | Kenne die Person nicht | Kenne Person, nicht ihre Partei | Falsche Fake-Partei | Falsche reale Partei | Richtige Partei | Kenne die Person nicht | Auslassung | Mitte bei 11er Skala (6) | Links (1–5) | Rechts (7–11) |
| Felix Frau | 80,6 | 13,3 | 0,8 | 5,3 | / | 80,6 | 4,7 | 6,4 | 4,7 | 3,6 |
| Martina Santra | 80,4 | 13,5 | 0,6 | 5,5 | / | 80,4 | 4,0 | 6,7 | 5,2 | 3,7 |
| Janine Wissler | 43,8 | 13,4 | 0,6 | 6,1 | 36,1 | 43,8 | 5,6 | 7,6 | 38,2 | 4,8 |
| Timo Chrupalla | 35,9 | 16,1 | 0,5 | 9,6 | 37,9 | 35,9 | 6,9 | 9,8 | 7,9 | 39,5 |
| Dietmar Bartsch | 29,0 | 17,1 | 0,5 | 10,3 | 43,1 | 29,0 | 6,9 | 9,1 | 47,7 | 7,2 |
| Alice Weidel | 16,1 | 8,6 | 0,3 | 6,9 | 68,1 | 16,1 | 5,0 | 7,3 | 7,4 | 64,2 |
| Christian Lindner | 7,2 | 6,2 | 0,2 | 6,3 | 80,0 | 7,2 | 5,2 | 36,5 | 22,9 | 28,1 |
| Olaf Scholz | 3,1 | 4,4 | 0,3 | 6,1 | 86,1 | 3,1 | 4,7 | 26,1 | 56,9 | 9,3 |
| Annalena Baerbock | 3,1 | 3,9 | 0,3 | 0,5 | 87,6 | 3,1 | 5,2 | 21,2 | 63,9 | 6,6 |
| Armin Laschet | 2,6 | 4,8 | 0,3 | 7,7 | 84,6 | 2,6 | 5,0 | 32,3 | 22,4 | 37,7 |
| N | 1588 | | | | | | | | | |

Datenquelle: Online Links-Rechts; Berechnungen: Westle

scheinen genutzt worden zu sein, denn die RB wird deutlich häufiger links als rechts und die PNZ etwas öfter rechts als links eingeordnet. Der Summenindex (nicht tab. ausgewiesen) weist aus, dass über 85 % keine der Fake-Parteien substanziell eingeordnet haben, knapp 12 % eine und nur rund 3–4 % beide. Dies sind ähnliche Werte wie bei den Politikern, d. h. der Hinweis aus der Forschung, dass eine Vorfrage zur Kenntnis den Anteil von Pseudoantworten im Vergleich zum indirekten Angebot deutlich reduzieren würde, kann auf der summarischen Grundlage nicht bestätigt

**Tab. 10** Bekundete Unkenntnis bei Parteien (mit Vorfrage nach Kenntnis)

| | Kenne nicht | Auslassung | Mitte bei 11er Skala | Links (1–5) | Rechts (7–11) | Kenne nicht | Auslassung | Links (1–5) | Rechts (6–10) |
|---|---|---|---|---|---|---|---|---|---|
| PNZ | 95,1 | 0,5 | 1,1 | 1,1 | 2,1 | 95,4 | 0,2 | 1,9 | 2,5 |
| RB | 85,1 | 0,9 | 3,6 | 9,0 | 1,3 | 86,0 | 0,8 | 11,3 | 1,9 |
| NPD | 16,6 | 2,5 | 3,4 | 4,0 | 73,5 | 15,6 | 3,2 | 7,9 | 73,2 |
| Die Linke | 3,9 | 2,6 | 4,7 | 86,4 | 2,5 | 2,9 | 3,0 | 90,0 | 4,1 |
| AfD | 3,9 | 2,7 | 5,9 | 5,0 | 82,6 | 3,5 | 3,3 | 7,1 | 86,0 |
| FDP | 3,3 | 3,6 | 40,7 | 22,7 | 29,8 | 2,3 | 4,2 | 48,9 | 44,6 |
| CSU | 3,5 | 3,1 | 27,2 | 17,9 | 48,2 | 2,7 | 3,6 | 34,6 | 59,2 |
| Grüne/ Bündnis 90 | 3,2 | 3,5 | 22,0 | 66,4 | 5,0 | 1,0 | 3,8 | 84,9 | 9,3 |
| CDU | 3,0 | 3,5 | 32,5 | 20,1 | 41,0 | 1,7 | 3,4 | 40,6 | 54,4 |
| SPD | 2,6 | 3,1 | 24,7 | 62,6 | 7,0 | 2,1 | 3,4 | 80,9 | 13,6 |
| | 2423 | | | | | 1695 | | | |

Datenquelle: Online Links-Rechts; Berechnungen: Westle

werden. Möglicherweise hat dies damit zu tun, dass auch das indirekte Angebot von „kenne ich nicht" in jedem Fall auf dem Bildschirm sichtbar ist, während bei mündlichen Interviews offenbleibt, ob dieses Angebot von den Interviewern vorgelesen wurde oder vom Befragten selbst als aktive Reaktion eingebracht werden musste.

Frauen neigen etwas stärker zu nicht substanziellen Antworten bei den realen Politikern und Parteien, jedoch nicht bei den fiktiven Objekten. Mit steigendem Lebensalter und höherer Bildung gehen mehr substanzielle Antworten bei den realen und weniger bei den fiktiven Objekten einher. Größere politische Involvierung trägt zu einer deutlichen Zunahme der Links-Rechts-Einstufungen realer Politiker und Parteien und geringfügig zu der fiktiver Objekte bei (nicht tab. ausgewiesen).

Entscheidend für Hypothese 5 sind die Zusammenhänge zwischen Pseudowissen und realem Wissen (Tab. 11). Dazu zeigt sich erwartungsgemäß, dass mit dem Anstieg korrekten Wahlwissens die Einstufung realer Politiker und Parteien deutlich zunimmt und die der fiktiven Objekte abnimmt. Falsche Vorstellungen zu Wahlen bieten hierzu das Spiegelbild, während fehlendes Wahlwissen auch mit

**Tab. 11** Zusammenhänge zwischen den Indizes der Links-Rechts-Einstufungen zu realen und fiktiven Politikern und Parteien mit politischem Wissen (substanzielle Antworten)

| $r^2$ | N | Wahlrelevantes Wissen | | | Allgemeines politisches Wissen | | |
|---|---|---|---|---|---|---|---|
| | | Korrekt | Falsch | Weiß nicht | Korrekt | Falsch | Weiß nicht |
| Reale Politiker (11er Skala) | 1588 | ,43** | −,19** | −,42** | | | |
| Fiktive Politiker (11er Skala) | 1588 | −,18** | ,30** | −,10** | | | |
| Reale Parteien (11er/10er Skala) | 2423/1695 | ,33** | −,15** | −,32** | ,21** | −,04 | −,26** |
| Fiktive Parteien (11er Skala) | 2423/1695 | −,11** | ,17** | −,05 | ,01 | ,07 | −,07* |

Signifikanzniveaus * p < ,05, **p < ,001; Datenquelle: Online Links-Rechts; Berechnungen: Westle

einer Tendenz zu „weiß nicht" Antworten sowohl bei realen als auch bei fiktiven Objekten einhergeht. Bei Quiz 2 zu allgemeinem politischem Wissen sind die Zusammenhänge allerdings schwächer und nicht so systematisch.

## 5 Fazit und Ausblick

Die valide Erhebung politischen Faktenwissens ist bereits bei traditionellen Erhebungsformen einer Vielzahl von Herausforderungen ausgesetzt. Durch den Online-Modus kommen neue Herausforderungen hinzu. Der Beitrag beschäftigte sich zunächst mit Überlegungen, wie die Probleme des Ratens und der Artikulation von Pseudowissen unter der Annahme der Befragungssituation im Online-Modus auftreten dürften, welche Mechanismen diese beiden Phänomene im Vergleich zu anderen Erhebungsmodi in spezifischer, durch die Online-Situation bedingter Weise fördern oder einschränken könnten und wie sich die Möglichkeit von Internetrecherchen im Online-Modus auswirken dürfte. Dazu konnten nur wenige, teils widersprüchliche Befunde primär aus der anglo-amerikanischen Forschung herangezogen werden, während keine Forschung zu Deutschland gefunden wurde. Die theoretischen Überlegungen fußten also überwiegend auf dem Versuch der modifizierten Übertragung bekannten Befragtenverhaltens in traditionellen Erhebungen auf den Online-Modus.

Anschließend wurde auf Grundlage einer Studie, die jedoch nicht explizit für den vorliegenden Zweck entworfen wurde, versucht einige der zuvor formulierten Annahmen zu testen. Die zentrale Erwartung zum Raten war, dass dies im Online-Modus seltener vorkommt, aber durch das Problem des Recherchierens abgelöst wird, da dies infolge fehlender Kontrolle durch Interviewer sowie gleichzeitig großer Verfügbarkeit von Fakteninformationen im Netz von Befragten leicht und sanktionsfrei durchgeführt werden kann. Die zentrale Erwartung zu Pseudowissen war ein geringeres Vorkommen als bei Interviewerpräsenz, da der evtl. aktive Druck durch Interviewer sowie der passive Erwartungsdruck durch Kommunikationsnormen an substanzielle Antworten sowie die evtl. empfundene Peinlichkeit von Kenntnislosigkeit im Online-Modus entfallen und die Möglichkeit des Recherchierens nach den fiktiven Fragestimuli hinzukommt. Da Recherchen allerdings Motivation voraussetzen und Zeit benötigen, könnte diese wiederum durch das Befrageninteresse an schneller Absolvierung der Interviews konterkariert werden.

Zu Raten zeigte sich als Überraschung, dass das Wissensniveau im Aggregat Online – anders als in der Forschung berichtet – nicht wesentlich höher ausfiel als in den herangezogenen Vergleichsstudien, sondern bei manchen Fragen höher, bei anderen niedriger. Die Überprüfung weiterer Annahmen zum Recherchieren scheiterte weitgehend an der Widersprüchlichkeit der Befunde und/oder der unzureichenden Qualität der Prüfkriterien. Spekulative ad hoc Interpretationen der contra-hypothetischen Befunde könnten sein, dass die „Hobby-Befragten" sich schlicht an die Bitte nicht zu recherchieren gehalten haben und/oder ihre Motivation für anstrengendes Nachdenken geringer war als in anderen Erhebungen und/ oder für Zeit kostende Recherchen zu gering war und sie stattdessen ähnlich häufig oder sogar häufiger zu Raten oder zur „weiß nicht" Option gegriffen haben wie in klassischen Befragungsformen. Denkbar ist auch, dass Recherchieren im Rahmen von Befragungsteilnahmen länderspezifisch ausfällt und in Deutschland (noch) nicht so verbreitet ist wie die amerikanischen Studien erwarten ließen.

Im Gegensatz dazu entsprechen die Befunde zu den Pseudoantworten eindeutig den Erwartungen. Sie kamen in der Online-Studie deutlich seltener vor als in der amerikanischen und der deutschen Forschung auf Grundlage von Face-to-Face und Telefoninterviews berichtet wurde. Die soziodemografischen Prädiktoren Alter und Geschlecht zeigen kontrastierende Zusammenhänge zu substanziellen Antworten bei realen und bei fiktiven Objekten, während höhere Bildung und nahezu alle motivationalen Prädiktoren klar und plausibel mit mehr substanziellen Antworten sowohl bei realen als auch bei fiktiven Objekten einhergehen. Korrektes politisches Faktenwissen zieht dagegen bei realen Objekten mehr und bei fiktiven weniger substanzielle Antworten nach sich, während dies bei Fehlvorstellungen genau umgekehrt ist und „weiß nicht" Antworten bei Faktenwissen auch mit mehr fehlenden substanziellen Antworten sowohl bei realen als auch bei fiktiven Objekten einhergehen. Diese Zusammenhänge mit Faktenwissen sind plausibel und sprechen zudem für die Trennung von falschen und „weiß nicht" Antworten.

Der Beitrag versteht sich als erster Auftakt zur Untersuchung von Spezifika der Erhebung politischen Wissens in Online-Studien. Dementsprechend bleiben auch viele Desiderata offen. Dies betrifft neben den hier nicht näher behandelten Phänomenen des Speeding und des Motivated Reasoning auch die hier untersuchten Fragen des Ratens und Recherchierens sowie der Pseudoantworten, zu denen nachfolgend nur die wichtigsten Punkte genannt werden; wünschenswert sind: (1) zeitlich parallele Untersuchungen in verschiedenen Erhebungsmodi mit möglichst ähnlichen Samples und identischen Instrumenten zu Faktenkenntnissen für belastbarere Verteilungsvergleiche im Aggregat; optimalerweise sollten diese nicht nur thematisch unterschiedliche Wissensbereiche abdecken, sondern auch mit unterschiedlicher Zahl an Distraktoren arbeiten, um deren evtl. Effekte auf Rate- und Rechercheerfolge aufzudecken; (2) experimentelle Ansätze mit unterschiedlichen Hinweisen an die Befragten zum Recherchieren; dazu können bspw. gehören: die einfache Bitte nicht zu recherchieren, eine Verpflichtungserklärung zur Unterlassung von Recherchen, eine allgemeine oder Item-spezifische Nachfragen nach Recherchen; (3) Experimente mit Zeitvorgaben bei Wissenstests und/ oder mit der Verhinderung einer Unterbrechung dieser Tests für die Behandlung/ Vermeidung des Rechercheproblems und sehr engmaschige Zeitmessungen; (4) bei Pseudofragen sind mehr Objekte empfehlenswert als hier möglich waren, um die Vergleichbarkeit mit den realen Objekten zu erhöhen, vor allem was die Frage nach einer allgemeinen Tendenz zur Beantwortung von Fake-Fragen und was die Zusammenhänge mit anderen Merkmalen betrifft; (5) eine Integration von Instrumenten zu psychologischen Persönlichkeitsmerkmalen der Wettbewerbsorientierung bzw. des Ehrgeizes und des Selbstbewusstseins im Hinblick auf den Bereich der Politik, um sowohl der Rate- als auch der Rechercheneigung auf Individualebene näher zu kommen; (6) eine Information der Institute über die Erfahrung der Probanden mit ihren Umfragen oder aber zumindest eine solche Frage an die Teilnehmer selbst sowie eine Frage an die Teilnehmer zu ihren Motivationen für die Teilnahme im Allgemeinen sowie an der spezifischen Umfrage, um allgemeine Neigungen zu Speeding zu überprüfen, die Recherchen (nicht aber notwendig Raten) konterkarieren könnten. In jedem Fall eröffnet die Tendenz zu Online-Umfragen ein neues und außerordentlich weites Feld für methodische und inhaltliche Pionierarbeiten sowie weitergehend für vertiefende Analysen.

## Literatur

Ansolabehere, Stephen, und Brian F. Schaffner. 2014. Does Survey Mode Still Matter? Findings from a 2010 Multi-Mode Comparison. *Political Analysis* 22 (3): 285–303.
Ben-Shakhar, Gershon, und Yakov Sinai. 1991. Gender Differences in Multiple-Choice Tests: The Role of Differential Guessing Tendencies. *Journal of Educational Measurement* 28 (1): 23–35.
Berinsky, Adam J., Gregory A. Huber, und Gabriel S. Lenz. 2012. Evaluating Online Labor Markets for Experimental Research: Amazon.com's Mechanical Turk. *Political Analysis* 20 (3): 351–368.
Berrens, Robert P., Alok K. Bohara, Hank Jenkins-Smith, Carol Silva, und David L. Weimer. 2003. The Advent of Internet Surveys for Political Research: A Comparison of Telephone and Internet Samples. *Political Analysis* 11 (1): 1–22.
Bishop, George F. 2005. *The Illusion of Public Opinion: Fact and Artifact in American Public Opinion Polls*. Lanham: Rowmann & Littlefield.
Bishop, George F., Robert W. Oldendick, Alfred J. Tuchfarber und Stephen E. Bennett. 1980. Pseudo-Opinions on Public Affairs. *Public Opinion Quarterly* 44 (2): 198–209.
Bishop, George F., Alfred J. Tuchfarber, und Robert W. Oldendick. 1986. Opinions on Fictitious Issues: The Pressure to Answer Survey Questions. *Public Opinion Quarterly* 50 (2): 240–250.
Burnett, Craig M. 2016. Exploring the difference in participants' factual knowledge between online and in-person survey modes. *Research & Politics* 3 (2): 1–7.
Casey, M. Beth, Ronald L. Nuttall, und Elisabeth Pezaris. 1997. Mediatiors of Gender Differences in Mathematics College Entrance Test Scores: A Comparison of Spatial Skills with Internalized Beliefs and Anxieties. *Developmental Psychology* 33 (4): 669–680.
Clifford, Scott, und Jennifer Jerit. 2014. Is There a Cost to Convenience? An Experimental Comparison of Data Quality in Laboratory and Online Studies. *Journal of Experimental Political Science* 1 (2): 120–131.
Clifford, Scott, und Jennifer Jerit. 2016. Cheating on Political Knowledge Questions in Online Surveys. *Public Opinion Quarterly* 80 (4): 858–887.
Converse, Philipp. 1964. The Nature of Belief Systems in Mass Publics. *Ideology and Discontent*, Hrsg. David E. Apter, New York: Free Press, S. 206–261.
Delli Carpini, Michael X., und Scott Keeter. 1996. *What Americans know about politics and why it matters*. New Haven: Yale University Press.
Elo, Kimmo. 2009. Asking Factual Knowledge Questions: Reliability in Web-Based, Passive Sampling Surveys. *Social Science Computer Review* 27 (4).
Fisher, Matthew, Mariel K. Goddu, und Frank C. Keil. 2015. Searching for explanations: How the Internet inflates estimates of internal knowledge. *Journal of Experimental Psychology: General* 144 (3): 674–687.
Francis, Joe D., und Lawrence Busch. 1975. What we now know about „I don't knows". *Public Opinion Quarterly* 39 (2), 207–218.
Gooch, Anrew, und Lynn Vavreck. 2019. How Face-to-Face Interviews and cognitive skill affect non-response: a randomized experiment assigning mode of interview. *Political Science Research and Methods* 7 (1): 143–162.

Graeff, Timothy R. 2002. Uninformed response bias in telephone surveys. *Journal of Business Research* 55 (3): 251–259.
Hawkins, Del I., und Kenneth A. Coney. 1981. Uninformed Response Error in Survey Research. *Journal of Marketing Research* 18 (3): 370–374.
Hirschfeld, Mary, Robert L. Moore, und Eleanor Brown. 1995. Exploring the Gender Gap on the GRE Subject Test in Economics. *Journal of Economic Education* 26 (1): 3–15.
Hochschild, Jennifer L., und Katherine L. Einstein. 2015. *Do Facts Matter? Information and Misinformation in American Politics*. Norman: University of Oklahoma Press.
Holtgraves, Thomas. 2004. Social Desirability and Self-Reports: Testing Models of Socially Desirable Responding. *Personality and Social Psychology Bulletin* 30 (2), 161–172.
Jensen, Carsten, und Jens Peter Frølund Thomsen. 2014. Self-reported cheating in web surveys on political knowledge. *Quality & Quantity* 48 (6): 3343–3354.
Jessee, Stephen A. 2017. "Don't Know" Responses, Personality, and the Measurement of Political Knowledge. *Political Science Research and Methods* 5 (4): 711–731.
Krosnick, Jon A., Allyson L. Holbrook, Matthew K. Berent, Richard T. Carson, W. Michael Handemann, Raymond J. Kopp, Robert Cameron Mitchell, Stanley Presser, Paul A. Ruud, V. Kerry Smith, Wendy R. Moody, Melanie C. Green, und Michael Conaway. 2002. The Impact of "No Opinion" Response Options on Data Quality: Non-attitude Reduction or an Invitation to Satisfice? *Public Opinion Quarterly* 66 (3): 371–403.
Kuklinski, James H., Paul J. Quirk, David Schwieder, und Robert F. Rich. 1998. „Just the Facts, Ma'am": Political Facts and Public Opinion. *Annals of the American Academy of Political and Social Science,* 560 (1): 143–154.
Kuklinski, James H., Paul J. Quik, Jennifer Jerit, David Schwieder, und Robert F. Rich. 2000. Misinformation and the Currency of Democratic Citizenship. The Journal of Politics, 62 (3), 790–818.
Lee, Seonghengi, und Akitaka Matsuo. 2018. Decomposing Political Knowledge: What is Confidence in Knowledge and Why It Matters. *Electoral Studies* 51 (1), 1–13.
Luskin, Robert C., und John G. Bullock. 2011. "Don't Know" Means "Don't Know": DK Responses and the Public's Level of Political Knowledge. *The Journal of Politics* 73 (2): 547–557.
Moosbrugger, Helfried, und Augustin Kelava. 2012. Deskriptivstatistische Evaluation von Items (Itemanalyse) und Testwertverteilungen. In *Testtheorie und Fragebogenkonstruktion*, Hrsg. Helfried Moosbrugger und Augustin Kelava, 75–102. Berlin: Springer.
Mondak, Jeffery J. 1999. Reconsidering the Measurement of Political Knowledge. *Political Analysis* 8 (1): 57–82.
Mondak, Jeffery J. 2001. Developing Valid Knowledge Scales. *American Journal of Political Science* 45 (1): 224–238.
Mondak, Jeffrey J., und Belinda Creel Davis. 2001. Asked and Answered: Knowledge Levels When We Will Not Take "Don't Know" for an Answer. *Political Behavior* 23 (3): 199–224.
Mondak, Jeffrey J., und Mary R. Anderson. 2004. The Knowledge Gap: A Reexamination of Gender-Based Differences in Political Knowledge. *The Journal of Politics* 66 (2): 492–512.
Motta, Matthew P., Timothy H. Callaghan, und Brianna Smith. 2017. Looking for Answers: Identifying Search Behavior and Improving Knowledge-Based Data Quality in Online Surveys. *International Journal of Public Opinion Research* 29 (4): 575–603.

Nadeau, Richard, und Richard G. Niemi. 1995. Educated Guesses: The Process of Answering Factual Knowledge Questions in Surveys. *Public Opinion Quarterly* 59 (3): 323–346.

Munzert, Simon, und Peter Selb. 2017. Measuring Political Knowledge in Web-Based Surveys. *Social Science Computer Review* 35 (2): 167–183.

Munzert, Simon, Sebastian Ramirez-Ruiz, Pablo Barberá, Andrew Guess, und JungHwan Yang. 2022. Who's cheating on your survey? A detection approach with digital trace data. *Political Science Research and Methods*, doi: https://doi.org/10.1017/psrm.2022.42.

Partheymüller, Julia, Sylvia Kritzinger, und Carolina Plescia. 2022. Misinformedness about the European Union and the preference to Vote to Leave or Remain, *Journal of Common Market Studies* 60 (5): 1–21.

Paulhus, Delroy L. 2011. Overclaiming on Personality Questionnaires. In *New Perspectives on Faking in Personality Assessment*, Hrsg. Matthias Ziegler, Carolyn MacCann und Richard Roberts, 151–164: Oxford University Press.

Stanley Le, Payne Baron 1951.*The Art of Asking Questions*. Princeton, NJ, Princeton University Press.

Prior, Markus, und Arthur Lupia. 2008. Money, Time, and Political Knowledge: Distinguishing Quick Recall and Political Learning Skills. *American Journal of Political Science* 52 (1): 169–183.

Reuband, Karl-Heinz. 1990. Meinungslosigkeit im Interview. Erscheinungsformen und Folgen unterschiedlicher Befragungsstrategien. *Zeitschrift für Soziologie* 19 (6): 428–443.

Reuband, Karl-Heinz. 2001. Politische Ignoranz und vorgetäuschtes Wissen. Über die Bewertung von Politikern in allgemeinen Bevölkerungsumfragen. *Zeitschrift für Parlamentsfragen* 32 (4): 812–821.

Schmitt-Beck, Rüdiger. 1993. Denn sie wissen nicht, was sie tun ... Zum Verständnis des Verfahrens der Bundestagswahl bei westdeutschen und ostdeutschen Wählern. *Zeitschrift für Parlamentsfragen* 24 (3), 393–415.

Schreiber, Shani, Leah Borovoi, und Ivo Vlaev. 2022. Online Surveys: How to Know Who Is Most Likely to Cheat and When Is It Important to Know It. *International Journal of Applied Behavioral Economics* 11 (1): 1–12.

Schuman, Howard, und Stanley Presser. 1980. Public Opinion and Public Ignorance: The Fine Line Between Attitudes and Nonattitudes. *American Journal of Sociology* 85 (5): 1214–1225.

Schwarz, Norbert. 1995. What Respondents Learn from Questionnaires: The Survey Interview and the Logic of Conversation. *International Statistical Review* 62 (2): 153–168.

Shulman, Hillary C., und Franklin J. Boster. 2014. Effect of Test-Taking Venue and Response Format on Political Knowledge Tests. *Communication Methods and Measures* 8 (3): 177–189.

Strabac, Zan, und Toril Aalberg. 2011. Measuring Political Knowledge in Telephone and Web Surveys: A Cross-National Comparison. *Social Science Computer Review* 29 (2): 175–192.

Struminskaya, Bella. 2016. Respondent Conditioning in Online Panel Surveys. *Social Science Computer Review* 34 (1): 95–115.

Sturgis, Patrick, und Patten Smith. 2010. Fictitious Issues Revisited: Political Interest, Knowledge and the Generation of Nonattitudes. *Political Studies* 58 (1): 66–84.
Tausendpfund, Markus. 2020. Niveau und Determinanten politischen Wissens. In *Politisches Wissen in Deutschland. Empirische Analysen mit dem ALLBUS 2018*, Hrsg. Markus Tausendpfund und Bettina Westle, 89–126. Wiesbaden: Springer VS
Tausendpfund, Markus, und Bettina Westle. 2021. Politisches Wissen im Zeitvergleich – Stabilität oder Veränderung? Beitrag zum Panel „Verstehen, Partizipieren, Vertrauen? Politisches Wissen, Demokratieentwicklung und politische Bildung" (Andrea Szukula und Marc Partetzke), 28. wissenschaftlicher Kongress der DVPW „Wir haben die Wahl" vom 14. bis 16. September 2021 (Online).
Ward, Adrian F. 2013. Supernormal: How the Internet Is Changing Our Memories and Our Minds. *Psychological Inquiry* 24 (4): 341–348.
Westle, Bettina. 2009. Politisches Wissen als Grundlage der Entscheidung bei der Bundestagswahl 2005. In *Wähler in Deutschland. Sozialer und politischer Wandel, Gender und Wahlverhalten*, Hrsg. Steffen Kühnel, Oskar Niedermayer und Bettina Westle, 366–398. Wiesbaden: VS Verlag für Sozialwissenschaften.
Westle, Bettina. 2005. Politisches Wissen und Wahlen. In: *Analysen aus Anlass der Bundestagswahl 2002*, Hrsg. Jürgen W. Falter, Oscar W. Gabriel und Bernhard Weßels, 484–512. Wiesbaden: Westdeutscher Verlag.
Westle, Bettina. 2019. Kognitives politisches Engagement. In *Politikwissenschaftliche Einstellungs- und Verhaltensforschung*. Hrsg. Thorsten Faas, Oscar W. Gabriel, und Jürgen Maier, 273–295. Baden-Baden: Nomos.
Westle, Bettina. 2021a. Parteiidentifikation und politische Kompetenz – Heuristik statt oder gepaart mit Wissen? In *Wahlen und Wähler. Analysen aus Anlass der Bundestagswahl 2017*. Hrsg. Bernhard Wessels, und Harald Schoen, 345-373. Wiesbaden: Springer VS.
Westle, Bettina. 2021b. Politisches Wissen in Deutschland 2008 und 2018: Verteilung, ausgewählte Determinanten und Folgen. Beitrag zur Ringvorlesung 40 Jahre Allbus. 10. Nov. (Online).
Westle, Bettina, Christian Begemann, und Astrid Rütter. 2015. Das Wissen zum Wahlsystem vor der Bundestagswahl 2013. *Politische Psychologie* 4 (1), 108–138.
Westle, Bettina, und Markus Tausendpfund. 2019. Politisches Wissen. Relevanz, Messung und Befunde. In *Politisches Wissen. Relevanz, Messung und Befunde*. Hrsg. Westle, Bettina und Markus Tausendpfund, 1–39. Wiesbaden: Springer VS.

**Dr. Bettina Westle** ist Professorin (i.R.) am Fachbereich Gesellschaftswissenschaften und Philosophie der Philipps-Universität Marburg. Forschungsschwerpunkte: Wahl-, Partizipations- und Einstellungsforschung, Politik-Kognitionen, Politische Kultur, Kollektive Identität, Migration und Demokratie. E-Mail: westle@staff.uni-marburg.de

Printed by Printforce, the Netherlands